学校教育の基礎知識 全訂版

小島 弘道 編著

協同出版

まえがき

　『学校教育の基礎知識』が初めて刊行されたのは、1993（平成5）年。その後、2002（平成14）年、『新版　学校教育の基礎知識』として改訂した。改訂から今日に至るまで、国際環境、日本の政治的・経済的・社会的環境、人間と社会の価値観が大きく変化した。それに伴い、学校教育も相当な変容を余儀なくされた。現在、学校教育は知識基盤社会、グローバル化社会などを前に新たな対応が迫られている。こうした変化とこれからの社会の在り方を見据えながら、これからの学校教育の基本原理について理解を深める、学校教育のそれぞれの活動に関する理解を深め実践的指導力を高める、さらに教職人として学校づくりへの主体的参加を図る姿勢と力量を高めることを目指して、このたび『全訂版　学校教育の基礎知識』として上梓した。他方、「学び続ける教師」、「考える教師」、「探究する教師」、「協働する教師」などと言われるような、新しい教師像が語られるようになった。わたしはこれらを「教職人としての教師」の言い方の中に包括している。それは教育実践者として自律的教師でありながら、加えて同僚としての教職員と協働する関係的自律人としての教師であること、さらに"いい学校"づくりに寄与するその担い手としての教師を視野に置くものである。こうした教師像における教師こそ、「教職人」と呼ぶにふさわしいものであると考える。教師、教員という言い方に含まれるイメージを超えて、教職人としての成長を目指すものであってほしいと考える。

　本書は、三部から構成されている。

　第Ⅰ部は「学校教育の原理」。ここでは現代の学校教育にかかわる、もしくは取り巻く環境の変化を踏まえ、学校教育をどう捉え、考え、受け止め、クリティカルに自らの学校教育認識を形成するかという観点から、「学校教育の原理」の知を示した。ここでは、学校教育を社会の変化、公教育制度、学校教育の歴史、学校教育の法と行政、学習権、教師教育と教師像、教育の質保証、学校参加、学校論について21世紀の学校教育を視野に論じている。

第Ⅱ部は「学校教育の実践」。ここでは学校現場で展開されている教育活動（教育実践）について、それぞれの実践の使命や目的、実践を支えている考え方や理論、そして方法を明らかにしている。ここでは、カリキュラム開発、学級経営、生徒指導、進路指導、特別活動、外国人児童生徒指導、シティズンシップ教育、学校保健、特別支援教育の実践について、その実践の目的と方法について論じている。

　第Ⅲ部は「学校づくりの方法」。ここでは学校の教育活動がどのような仕組みと力によって支えられ、かつ、"いい学校"に仕立て上げるためにどのような仕組みや力が必要であるか、つまり学校づくりの方法と実践について明らかにしている。教育活動を支える、そしてそれを促すさまざまな力や取り組みを学校経営とスクールリーダーシップにあるとし、教師の主体的な学び、校内研修、教職員の協働、危機管理、スクールリーダーシップなどの観点から学校づくりを明らかにしている。その方向を自律的学校経営にあるとしている。

　本書は改訂を重ね、このたび第3回の全面改訂をなしえ、世に問うことができたのは協同出版株式会社・社長の小貫輝雄氏のおかげであるとしか言いようがない。日頃から日本の学校教育への熱い思いと期待、学校教職員に対する深い敬意と愛情を持って本づくりをされてきた小貫社長の高い志に深甚の感謝を申し上げねばならない。またこのたびの仕事を誠実に、そしてわたしたちの執筆を辛抱強く支えてくださり、時に励ましていただいた編集制作部の高橋学様に衷心からお礼を申し上げる次第である。

2015年7月

編著者　小島　弘道

全訂版　学校教育の基礎知識＊目次

まえがき・1

第Ⅰ部　学校教育の原理

第1章　社会の変化と学校教育 …………………………………… 10
第1節　学校教育の使命・10
第2節　社会の変化と学校教育への期待・13
第3節　学校づくりの視点・18
第4節　学校づくりの言説と方法・23
第5節　自律的学校のための学校づくり・27

第2章　公教育制度と学校教育 …………………………………… 33
第1節　いま公教育を考えることの意義・33
第2節　公教育の制度理念とその成立過程・35
第3節　日本における公教育制度の変遷と学校教育・37
第4節　グローバリズムと公教育・44

第3章　学校教育の歴史 …………………………………………… 46
第1節　近代公教育以前の学校教育・46
第2節　近代公教育の成立と学校教育・49
第3節　戦後の教育改革と学校教育・56
第4節　「学校教育の歴史」を学ぶ意義・60
　　　　――「学校の自律性と責任」の担保要件を考究する
　　　　方途を例示して

第4章　学校教育の法と行政 ……………………………………… 64
第1節　学校教育の法・64
第2節　学校教育と教育行政・68
第3節　学校教育をめぐる教育法・行政の現代的課題・74

第5章　学習権の思想と制度 ………………………… 80
　　第1節　「教育を受ける権利」の法的性質・80
　　第2節　「教育を受ける権利」から「学習権」へ・82
　　第3節　学習権保障に向けて・86
　　　　　──何にどのように取り組んでいくか

第6章　教師教育と教師像 …………………………… 94
　　第1節　教師教育の制度・94
　　第2節　教職の専門性と職能成長・96
　　第3節　教師の専門性・105
　　第4節　教師の専門性の変化・111
　　第5節　これからの教師像と「教職人」の育成・118
　　　　　──わたしの教師教育の実践

第7章　教育の質保証と学校教育 …………………… 125
　　第1節　質保証を求める教育改革の展開・125
　　第2節　教育の質保証と学校の責任・129
　　第3節　教育の質を保証するための方策・131
　　　　　──アメリカにおける取り組みから
　　第4節　教育の質を保証するために学校教育はどう変化すべきか・135

第8章　学校参加の思想と制度 ……………………… 139
　　第1節　公教育の整備と戦後教育改革による学校参加の模索・139
　　第2節　社会の進展と家庭・地域の変容・142
　　第3節　「開かれた学校」の進展と学校参加の基盤形成・144
　　第4節　経営参加と教育参加の実現・148

第9章　今後の学校教育の課題 ……………………… 155
　　第1節　学校の環境変化・156
　　第2節　21世紀の学力観・160
　　第3節　学校組織と教員のキャリアの未来・163
　　第4節　おわりに・166

第10章　学校論の展開と未来の学校……………………………… 169
　第1節　戦後学校論形成期（1945 〜 60）・169
　第2節　学校論発展期（1960 〜 1975）・170
　第3節　学校改革論・学校批判論期（1975 〜 1990）・172
　第4節　学校像の模索期（1995 〜）・177

第Ⅱ部　学校教育の実践

　第11章　学校教育とカリキュラム開発……………………………… 186
　　第1節　学校教育におけるカリキュラム開発・186
　　第2節　カリキュラム経営の現代的意義・189
　　第3節　教育環境とカリキュラム開発・192
　　第4節　教育評価とカリキュラム評価の展望・195

　第12章　学級経営の実践と方法 ……………………………………… 200
　　第1節　学級制度と学級集団の日本的特徴・200
　　第2節　学級経営の今日的課題と学級集団の現在・202
　　第3節　21世紀の学級経営実践・207

　第13章　生徒指導の実践と方法 ……………………………………… 215
　　第1節　生徒指導とは・215
　　第2節　児童生徒理解・217
　　第3節　生徒指導体制の構築・220
　　第4節　生徒指導に関わる諸問題・224
　　第5節　生徒指導に関わる法規・226
　　第6節　これからの生徒指導実践の課題・229

　第14章　進路指導・キャリア教育の実践と方法 ………………… 233
　　第1節　進路指導・キャリア教育の背景と学校の役割・233
　　第2節　進路指導・キャリア教育の理念・234
　　第3節　進路指導・キャリア教育において育成される能力・241
　　第4節　学校における進路指導・キャリア教育・245
　　第5節　進路指導・キャリア教育の経営・248

第6節　進路指導主事の法規定・役割・252
第7節　進路指導・キャリア教育の課題・253

第15章　特別活動の実践と方法 …………………………… 258
第1節　教育改革と特別活動・258
第2節　特別活動の位置づけと目標・261
第3節　学校教育における特別活動の変遷・264
第4節　特別活動の内容と指導・267
第5節　特別活動の意義と課題・270

第16章　外国人児童生徒の指導の実践と方法 …………… 275
第1節　外国人児童生徒をめぐる教育課題の顕在化・275
第2節　外国人児童生徒の指導に関する施策の動向・280
第3節　外国人児童生徒の指導ができる教員の育成・285
第4節　教員の指導力が発揮できる学校組織づくり・289

第17章　シティズンシップ教育の実践と方法 …………… 293
第1節　シティズンシップ教育の理論と政策・293
　　　　――イギリスの取り組みを中心に
第2節　日本での動向と学校現場での実践・297
第3節　学校教育・学校づくりへの示唆・305

第18章　学校保健の実践と方法 …………………………… 310
第1節　健康の観点から捉える学校教育の方向性・311
第2節　学校教育における学校保健の在り方・316
第3節　学校保健の進め方・320
第4節　学校保健の普遍的かつ現代的な課題・328

第19章　特別支援教育の実践と方法 ……………………… 334
第1節　特殊教育から特別支援教育へ・334
第2節　特別支援教育の体制づくりと協同的取組み・338
第3節　今後の展開とまとめ・344

第Ⅲ部　学校づくりの方法

第20章　学校づくりと学校経営 …………………………………… 350
第1節　教育実践と学校経営・350
第2節　学校経営とは・354
第3節　学校はどのように運営されているか・363
第4節　学校づくりとスクールリーダーシップ・370

第21章　学校づくりと教職員の協働 ……………………………… 383
第1節　協働の位置づけ・383
第2節　誰と協働するのか─学校教職員の多様化─・385
第3節　学校改善と協働・393
第4節　まとめ─協働とは何か─・395

第22章　学校づくりと校内研修 …………………………………… 398
第1節　校内研修の位置と意義・398
第2節　校内研修の草創と技術的な定着・402
第3節　教師の学び合いを追究する校内研修・403
第4節　学校組織開発を志向する校内研修の展開・405
第5節　学校づくりを推進する校内研修の在り方・406
第6節　学校づくりと校内研修の課題・410

第23章　学校づくりと「教師の学習」の再定義 ………………… 414
第1節　生涯を通じた教師の学びや学習とその背景・415
第2節　教師の学習が抱える問題とその実態・417
第3節　学校づくりに資する教師の学習の在り方・424

第24章　学校づくりと子ども・保護者・住民 …………………… 431
第1節　課題設定・431
第2節　子ども・保護者・住民による学校づくりの効果・434
第3節　子ども・保護者・住民による学校づくりの方法・437
第4節　子ども・保護者・住民による学校運営参加の正当性と有効性の関係・442

第25章　学校づくりと危機管理 …………………………………… 445
　　第1節　学校危機管理の意義と目的・445
　　第2節　学校危機管理の制度と政策・450
　　第3節　学校危機管理の基本・457

第26章　学校づくりと学校評価 …………………………………… 464
　　第1節　学校評価システムの構築・464
　　第2節　学校づくりのための評価—視点と方法—・468
　　第3節　学校づくりに資する評価の課題・475

第27章　スクールリーダーシップの世界的視野 ………………… 477
　　第1節　スクールリーダーシップへの関心とその概念・477
　　第2節　スクールリーダーシップ開発の展開・481
　　第3節　イギリスのスクールリーダーシップ開発・487
　　第4節　スクールリーダーシップ開発の課題・490

第28章　学校づくりと自律的学校経営………………………………… 496
　　第1節　学校づくりの実践と展望・496
　　第2節　学校づくりと組織マネジメント・500
　　第3節　学校づくりと自律的学校経営・505

索引・509

第Ⅰ部

学校教育の原理

第1章
社会の変化と学校教育

第1節　学校教育の使命

　本章では、まず学校の本質を人間が生き、社会が存続することとのかかわりで明らかにし、そこでの学校教育の使命、役割を論じる。また教師は授業などの教育実践に責任を負うだけでなく、教育実践を支え条件づけている学校経営について、学校づくりという視野から理解する意義を考える。さらに学校づくり（論）のこれまで、現在について論じながら、これからの学校づくりの考え方と方法について明らかにすることにする。

　学校の使命は、社会や時代の課題や要請を踏まえ、現在及び未来の社会に生きる子どもたちに必要な人間的諸能力を全面的に開発、発達させることを視野に、人間がこれまでの生活や社会の中で創造し蓄積してきた実践や認識の諸形式（科学・芸術・文化・価値など）を教育的価値として構成、編集し、子どもたちの学びや学校生活を通して人間的、社会的、職業的自立に必要な能力を育成することにある。

　人間は自ら生きるために、生活するために自ら、または他者・社会が求め、必要とするものをつくり、もしくは加工し、さらには提供するという行為を通して創造された知を受け継ぎ、蓄積することで自らの生命と生活を持続させ、社会を営んできた。その知は、人間がその社会に生きるために不可欠な知であり、学校はそうした知を核として組織的、計画的に教育という事業を営む教育機関として誕生した。急激に変化し多様化・複雑化・高度化する現代社会にあっ

て、学校の基本的な課題はそうした社会に生きる人間にとって必要とする資質や能力を学校知(教育課程・カリキュラム)としてどう設計し、それを魅力的な教育活動としてどう展開するかにある。

　学校は社会とともに歩む。しかし学校は社会の後を追い、社会の求めに応ずるだけなく、社会を変え、社会を創るという気概を持ち、またそこに自らの役割を置き、そうした教育を実現する学校づくりを展開することが重要である。古い話になるが、戦後アメリカ教育使節団の一員として来日し(1946年)、戦後のわが国の教育の理念と方向を提言したアメリカ教育使節団の一員であったJ.S.Countsは、著『学校は新しい社会秩序をつくりうるか』(1932年)で、児童中心主義教育を批判し、学校は社会をリードし、社会改革の懸け橋として自らの役割、機能(社会改造のビジョン形成)を明確にし、その方向に変えていかねばならないと論じた。古典的な学校論ではあるが、これは戦後日本の学校論、学校改革論に大きな影響を与えた書である。学校は常に社会との接点をなし、それから自由ではなく、これからの社会を視野に置いた教育をつくっていくことを論じたものとして、今日でもその思想は我々に訴える価値と力強さを有している。

　学校は、人間の生活知、経験知、実践知が文字を介して言語化されることでその知の質量が飛躍的に増加し、進化していく過程で誕生し、発達した。つまり、生活の中で、仕事の中では学びきれない知や技が生まれたのである。人間社会は自らの存続をめざし、その力を教育・学校教育に求め、支配的な知(利害知)によってその社会と社会体制を持続させ、発展させてきた。今学校は、こうした知とともにある。しかしこの知は学校で学ぶ知として自己完結的に存在するのではない。それは社会における人間のさまざまな活動(政治、経済、生活、世論、メディアなど)との接点を持ち、時に緊張をはらみながら存在し、したがって常にその知の再構成、再編集、再定義が迫られる。

　学校は生活や仕事の中では学びきれない知や技がつくられてきたために誕生した。それは人間が社会の中で生きるために不可欠な社会的条件(生存権の文化的条件)となり、学校教育をみんなが等しく受けることが権利(教育権、学習権)となった。しかし教育はそれだけではない。国民や市民の育成、人材の育成も学校教育の役割である。教育が社会的な意味合いをもって、社会的な

ものとして営まれるようになってくると、社会をどうするか、その担い手をどう育てるか、国民や市民の形成とか人材の育成というものが学校教育の課題になる。さらに文化の創造、伝達、伝承というものも持続的な社会を構築するために必須の課題である。教育をめぐる価値観や思想・イデオロギーとして政治問題化することがしばしばである。学校教育をめぐる支配的な知の争奪とも言える。それは現実ではあるが、それをどのように文化の創造や伝達・伝承として調整し解決していくのか。それは、国民の知恵・知性・生き方の問題にかかわってくる。教育基本法は我が国の教育の在り方（教育の理念、目的・目標、教育の方針、教育政策・行政の役割など）を定めたものである。2006年に教育基本法が制定以来、初めて改定された（抄録）。旧法は人格の完成、市民の育成を目指し、公教育経営における国の関与は禁欲的であった。改定基本法は日本人としての自覚や道徳性など国籍のある教育と公共心の育成にシフトさせ、国が公教育経営に積極的に関与できることにした。

教育基本法

（教育の目的）

第一条　教育は、人格の完成を目指し、平和で民主的な国家及び社会の形成者として必要な資質を備えた心身ともに健康な国民の育成を期して行われなければならない。

（教育の目標）

第二条　教育は、その目的を実現するため、学問の自由を尊重しつつ、次に掲げる目標を達成するよう行われるものとする。

一　幅広い知識と教養を身に付け、真理を求める態度を養い、豊かな情操と道徳心を培うとともに、健やかな身体を養うこと。

二　個人の価値を尊重して、その能力を伸ばし、創造性を培い、自主及び自律の精神を養うとともに、職業及び生活との関連を重視し、勤労を重んずる態度を養うこと。

三　正義と責任、男女の平等、自他の敬愛と協力を重んずるとともに、公共の精神に基づき、主体的に社会の形成に参画し、その発展に寄与する態度を養うこと。

四　生命を尊び、自然を大切にし、環境の保全に寄与する態度を養うこと。

> 五　伝統と文化を尊重し、それらをはぐくんできた我が国と郷土を愛するとともに、他国を尊重し、国際社会の平和と発展に寄与する態度を養うこと。

　こうした社会にあって、わたしたちが守るべき価値、実現すべき価値、高めるべき価値、そして創るべき価値は何かという問いを視野に、社会の在り方、あるべき社会像を探究していく必要がある。これをするのは誰か。政治家だけでも学者だけでもメディアだけでもない。高等教育機関はもちろん、学校は価値判断の主体として、自らの使命に照らしてあるべき価値、その姿を探究する必要がある。学校教育において人間を育てるという立場からそれらの価値を問い、教育として展開させていく必要があるからである。現代社会における学校教育の位置や使命を考えた場合、自校はどのような教育と学校づくりを進めたらよいのだろうか、自校の特色、魅力、ブランドなどにさらに磨きをかけ社会から信頼される学校であるために、何をなすべきなのかが問われている。

　以上のことを踏まえ、学校教育の目的、学校教育に期待されている役割、さらに実際に果たしている機能を示せば、次のようになろう。
　①子ども一人ひとりの人間的諸能力の全面的発達と人格の完成
　②人間的、社会的、職業的自立を促し、生きる力の育成
　③社会を形成し、社会を創造する主体者の育成
　④社会や国家が持続し、発展していくために必要な人材と市民・国民の育成
　⑤文化（価値、思想、様式、ものの見方・考え方・行動など）の伝達・継承・創造

　ここにあげる学校教育の目的や機能は表現や力点の置き方の違いはあるものの、多くの国や地域で共通に認められるものである。

第2節　社会の変化と学校教育への期待

1．知識基盤社会と学校知

現代社会は知識基盤社会、高度情報化社会、グローバル化社会、少子高齢化

社会、人口減少・生産人口減少社会、価値多様・多元化社会、競争・能力主義社会などと言われる。他方で格差や貧困、雇用などをめぐる社会問題、環境問題、食料問題、エネルギー・原発問題などのほか領有権問題、歴史認識問題など国際環境のむずかしさも加わり、混沌とした不透明で不確実な社会、これが現代日本社会の特徴であり、現実である。

こうした社会の変化、そこでの課題はいずれも学校教育に多様な、そして重要な期待と課題を求める。たとえばグローバル化社会にあって国際社会で通用する人材（グローバル人材）をどう育成するか。また格差問題は政策や社会運営が生んだ問題で、家庭、学校、地域それぞれにおいて深刻な問題である。これは社会問題であるだけでなく、学校教育にとってもきわめて大きな課題である。これと並んで環境問題、食料問題、エネルギー・原発問題などのほか領有権問題、歴史認識問題、従軍慰安婦問題は国の政策の問題でありながら、実は学校教育の大きなテーマとなり、学校の教育目標、教育内容、教師の指導の在り方として強く深く影響する。

現代の社会を敢えて知識基盤社会と特徴づけるのは、その知が「ある知」や「存在する知」ではなく、未来のあるべき社会像を踏まえ、それを視野に求められる新たな知によって社会が成長し、発展するという認識があるからである。中教審答申「我が国の高等教育の将来像（答申）」（平成17年）で知識基盤社会について、「21世紀は、新しい知識・情報・技術が政治・経済・文化をはじめ社会のあらゆる領域での活動の基盤として飛躍的に重要性を増す、いわゆる『知識基盤社会』（knowledge-based society）の時代であると言われる。」として、次のように述べている。

> **知識基盤社会の特徴：**
> ①知識には国境がなく、グローバル化が一層進む
> ②知識は日進月歩であり、競争と技術革新が絶え間なく生まれる
> ③知識の進展は旧来のパラダイムの転換を伴うことが多く、幅広い知識と柔軟な思考力に基づく判断が一層重要となる
> ④性別や年齢を問わず参画することが促進される
> 中教審答申「我が国の高等教育の将来像（答申）」（平成17年）

ここで「新しい知識・情報・技術が政治・経済・文化をはじめ社会のあらゆる領域での活動の基盤として飛躍的に重要性を増す」との認識は、学校教育においても自覚的に共有すべきものだと思われる。こうした答申を受け継ぐかたちで、中教審「幼稚園、小学校、中学校、高等学校及び特別支援学校の学習指導要領等の改善について（答申）」（平成20年1月）は知識基盤社会の時代を視野に学校教育の目標としての「生きる力」の在り方を提言している。大学ではとりわけ「新たな知の創造・継承・活用」が強調されるが、学校においても、「新しい知」の絶えざる探究と創造、そして継承・活用という観点から学校知を再定義することが求められる。

　先にあげた現代社会のさまざまな課題をこうした知識基盤社会を視野にどう学校知として構想し、組み立て学校教育として展開するか、まさにここにこそ学校の役割、使命があるというべきだろう。ここでの学校知とその学びは、これまでのそれとは相当違ったものとして認識される必要がある。これからの学校は蓄積されてきた知を教え、学ぶだけではなく、知を発展させたり、知を活用するなどして、現在、そしてこれからの社会の課題を見出し、解決する能力を身につけ、これからの社会に生きる確かな知を身につけるよう設計する必要がある。これまで、学校で勉強したことをどれだけ知っているかをテストで測り、その成績によって能力や学力を判定してきた。中教審「幼稚園、小学校、中学校、高等学校及び特別支援学校の学習指導要領等の改善について（答申）」（平成20年）は、「生きる力」の育成を視野に学力の重要な要素を、①基礎的・基本的な知識・技能の習得、②知識・技能を活用して課題を解決するために必要な思考力・判断力・表現力等、③学習意欲、の三つとした。こうした学力観、能力観はOECDのPISA型学力の発想を受けたものである。これは、「これまで何を学んだか（パフォーマンス・学業成績モデル）」から、「これから何ができるか（コンピテンス・モデル）」という発想、方向である（福田誠治氏）。さらに大学入試改革はじめ、大学教育の質保証のほか、高大接続・連携、小中一貫・中高一貫教育、飛び級制度、国際バカロレア教育（IB）、外国大学への進学志向や外国学校との連携、高校教育の質確保などとかかわって、まさに学校教育の在り方が全面的に問われつつ進行しているというのが現実である。これに対処するた

めに生徒の関心、要求、意欲、能力の実態を踏まえて、カリキュラム開発、教育指導の在り方、学校教育の質保証、学校評価のほか、人事、財務、情報、マネジメント、リーダーシップが重要になる。

2012年の中央教育審議会答申「教職生活の全体を通じた教員の資質能力の総合的な向上方策について」は、「変化が激しく先行きが不透明な社会に移行しつつある」とし、「これからの社会と学校に期待される役割」について次のように提案している（囲み）。

これからの社会と学校に期待される役割
○グローバル化や情報通信技術の進展、少子高齢化など社会の急激な変化に伴い、高度化、複雑化する諸課題への対応が必要となっており、多様なベクトルが同時に存在・交錯する、変化が激しく先行きが不透明な社会に移行しつつある。
○こうした中で、幅広い知識と柔軟な思考力に基づいて、知識を活用し、付加価値を生み、イノベーションや新たな社会を創造していく人材や、国際的視野を持ち、個人や社会の多様性を尊重しつつ、他者と協働して課題解決を行う人材が求められている。
○これに伴い、21世紀を生き抜くための力を育成するため、これからの学校は、基礎的・基本的な知識・技能の習得に加え、これらを活用して課題を解決するために必要な思考力・判断力・表現力等の育成や学習意欲の向上、多様な人間関係を結んでいく力の育成等を重視する必要がある。これらは、様々な言語活動や協働的な学習活動を通じて効果的に育まれることに留意する必要がある。さらに、地域社会と一体となった子どもの育成を重視する必要があり、地域社会の様々な機関等との連携の強化が不可欠である。
○また、学校現場では、いじめ・暴力行為・不登校等生徒指導上の諸課題への対応、特別支援教育の充実、外国人児童生徒への対応、ICTの活用の要請をはじめ、複雑かつ多様な課題に対応することが求められている。加えて、社会全体の高学歴化が進行する中で教員の社会的地位の一層の向上を図ることの必要性も指摘されている。
中央教育審議会答申「教職生活の全体を通じた教員の資質能力の総合的な向上方策について」（平成24年8月28日）

2．学校教育の課題

　学校教育の課題には学校レベルの視点と教育政策レベルの視点がある。公教育の貧困が言われて久しいが、GDP（国内総生産）に占める教育機関に対する公的財政支出はOECD（経済協力開発機構）加盟国34カ国のうち比較可能な30カ国中の中で前年と同様の最下位の3.6％（2010年）で4年連続。OECD加盟国の平均が5.4％。ちなみに高い順にデンマーク7.6％、ノルウェー7.5％、アイスランド7.0％、ベルギー・フィンランド6.4％。続いてイギリス5.9％、アメリカは5.1％、韓国は4.8％。つまり、国として教育を大切にし、すべての国民が充実した知と環境において学校教育を受けることができるように積極的に財政出動させるという発想が極めて弱い。また格差の問題。学力格差、家庭格差、学校格差など、格差が日常の言葉になっている。さらに子どもの貧困。子どもの貧困は家庭の貧困でもあるが、それは所得、家庭環境などがその大きな原因である。子どもの貧困は家庭の貧困とイコールあるいは重なる部分があるから、家庭の力というのが非常に重要になる。子どもの学力とか社会力とか人間力で子どもの力を表すと一定の構造をなしているから深刻である。それから、保護者の対応、教育観の転換、価値観の転換などとかかわって学校や教師への信頼。その原因は教師自身の問題のほか、多忙化・長時間労働など教師の勤務上の問題、学校が教師を支え切れていない、教育行政のサポートが十分でないことなどがその原因である。

　学校づくりの基本は、学校での学習と生活における達成感、効力感を高めながら子どもの自己実現を図ることである。これを核にしながら、教育という仕事に教師と学校が誇りを持ち、夢を語れるような学校づくりが今こそ求められていると言える。グローバル人材の育成、学力問題、子どもや親の価値観の変化、教育格差、学校格差など学校に解決が期待されている課題は山積している。このためにどうするか、正解はないが、国内外の教育状況をクリティカルに分析、解釈しながら、日本の学校教育の在り方を展望しつつ、地域や自校の学校づくりを主体的に構想する必要がある。このような視野から、早晩改訂される学習指導要領にどう対応し、実践化するか。日本の教師は優秀だと言われて久しい。今後も新たな学校教育の課題に対処、対応できる力量に磨きをかけ、実力を高める必要がある。と同時に、教師の専門性を高度化させ、地域の学校、

自校の自律性を高めるために、たとえば小中学校教師に教科書を選択ないしは採択する経験を持たせることが戦略的な意味を有すると思われる。

第3節　学校づくりの視点

1．知的成長環境としての学校づくり

　教師は授業などの教育実践で手一杯であるが、その実践は学校という枠組み、制度の中で展開されている。いい授業をしていれば、それで十分かもしれない。特に教師になってからしばらくの間はそうしたことはむしろ歓迎もされるし、大切なプロセスである。子どもや親、社会の期待に沿うことでもある。教職経験を積めば、それでいいというわけにはいかない。相応の役割期待が学校内外から出てくる。自分以外の仕事、役割に無関心でいることができなくなるのである。これは広く言えば新たな職能期待、学校づくりへの期待といってよい。2008年に発足した、教員養成に特化した専門職大学院の設置目的のひとつは「組織の一員」に育成する「新人教育」である。組織の一員とはおのずと学校づくりに何らかの意味、かたちでかかわるということである。それなら、期待され、かかわらざるを得ない学校づくりを主体的に考え、対応するにはどうしたらよいだろうか。本節は、学校づくりへの教師のスタンスについて論じていくことにする。

　学校は、子どもにとって成長環境であるとともに、生活する時間空間でもある。これまで人間がさまざまな実践と生活の中で創造し、蓄積してきた知について、子どもはそれをわがものにすることで、将来の生活を設計し、職業を選択する能力、すなわち「生きるすべ」を身に付けていく。学校はそれを教科や領域として編成された知を子どもに教え、子どもはそれを学び人間としての諸能力を身に付けていく。

　他方、学校にはこうした学びを中心にしながら、それを含む時間空間としての子どもの生活がある。その生活のほとんどは学校によって計画され、教育という観点からフォーマルに組織されたものであるが、それにとどまらない。子どもは教師や仲間とさまざまな関係やつながりをつくっている。つながりの中で個人としても集団としても存在し、人間として、社会人として必要な能力や

振る舞いを身に付けていく。学校は子どもにとってまさに社会なのである。つまり子どもと教師、子どもと子どもの一対一のつながりだけでなく、それぞれが集団として、そしてそれらをひっくるめた集団（学校集団）として存在している。その集団は同時に学校という教育を行う時空という観点から活動ないしは機能し、また組織され、統制されている社会である。

　こうして学校は教育を受け、学ぶところであり、他方生活するところでもある。学校生活はこれらを含む全体としての時間空間である。したがって子どもの学校生活は学校であるかぎり、守るべき規範や約束ごとがあり、それによって組織され、統制されている。このことによって秩序が維持され、学校が子どもの成長環境として、さらに言うならば"知的"成長環境として存在し、またそのように高められ、維持される。冒頭で述べたように学校の存在意義を考えれば、成長環境が一般的な意味での生活の場であるというよりは、"知的"な生活の場でなければならないのである。それは見方を変えれば管理された環境にもなりうる。その知は小学校、中学校、高等学校というように教育制度として系統的、ないしは体系的に計画され、また組織的に実施運営されている。したがって学校は、そしてそこでの学びは楽しいというよりは、つらいもの、苦痛として感じもする。いや、そう感じ、学びから逃走し、ついには学びを放棄する子どもは決して少なくない。学校はそうした"力"を持っている。だからこそ、そうしないよう、またはそうならないように学校は創意工夫する必要がある。

　学校は本質的に知的成長環境として維持され、進化させ、そして機能させなければならない。学校は必ずしも楽しいところでなくても、楽しさを生み出し、生み出す努力が日常的に行われ、またそれが報われるところでなければならないと考える。知的成長環境とはそういうところである。しかし現実はそうなっていないばかりか、そうした環境の構築をむずかしくしている。これを学校のみの責任に転嫁させ、また学校の努力が足りないということだけではその克服は永遠に不可能になろう。今の時代状況、社会状況、この国の舵取りや"権力化"してきているマスメディアの影響、大人の振る舞いや能力、そして子どもたちの変化がそうした状況を生んできているという認識がなければ解決できない問題だと思う。

こうした状況を打開する道は、学校づくり、つまり学校が知的成長環境の教育機関として機能し、その確かな成果をあげ、保護者、地域住民、そして社会から信頼されるよう、学校が関係者、関係組織・機関と一体となって名実ともに"いい学校"をつくりあげることである。学校づくりとは、"いい学校"を求め、"いい学校"をつくろうとする関係者の意欲と努力の総合力であるからだ。

2．「備える教育」と「今を生きる教育」

　現在の教育は、「備える教育」、「…のための教育」が中心になって進められている。「備える教育」というのは、職業を選択するために備える教育である。さらに受験・進学のために備える勉強。これはあながち否定されることではないが、こうした面が強調されることによって「今を生きる教育」というものが失われているのではないか。子どもは年齢ごとに発達課題というものがあるから、その時々にふさわしいものを獲得する必要がある。遊びも重要なプロセスである。遊ぶ時期というチャンスがなくなった子どもは、成長してから精神的にいろいろな問題を起こすということが言われもする。"愛情障害"ということも聞く。「今を生きる教育」というようなものが失われつつある。こうした状況が1989年国連で採択された子どもの権利条約を生んだ（日本国の批准は1994年）。この条約の成立に貢献したのがポーランドの小児科医、ヤヌシュ・コルチャック（1878-1942）の思想と実践である。その当時1980年代のポーランドは政治的、経済的に大変な激動の時期で社会も疲弊していた。世界的に社会主義国の崩壊があちこちで進み、社会主義国家であったポーランドも崩壊寸前だった。

　にもかかわらず、国連の子どもの権利条約に対して、きわめて真剣に取り組んだのはヤヌシュ・コルチャックの存在がポーランドにあったからである。ヒトラーがポーランドの人種を絶やす政策をとった。その結果、孤児はたくさんつくられた。コルチャックはユダヤ人孤児のために孤児院をつくり、教育を「子どもとは小さな大人ではない」という理念で実践した。子どもは小さな大人ではなくて、今を生きる存在であると考えたのである。教育というものは、「備える教育」、「大人になるための教育」、「…のための教育」というようなことだけじゃないということが彼の教育信念、信条だった。「備える教育」の目的は子

どもの外にある。子どもの外にあるもの（目標）に向かって子どもを引っ張って勉強させる。これは必要なことではあり、またこれを否定すると教育は成り立たないが、しかし、そこにもうひとつ忘れてならない大切なものがあるのではないか。つまり子どもの現在を大切にしながら、「今を生きる」教育を先生方が一生懸命にやっていくということである。

3．"いい学校"という視点

「開かれた学校づくり」という教育政策のもと、学校評議員制度やコミュニティスクール・学校運営協議会制度が法制化されるなど、親・地域の学校参加が現実のものとなった。こうした学校参加制度は、学校教育を個人・個別の利害や特定の集団・団体・政党の利害ではなく、それを超えたところで教育の公共性実現という視野、つまり社会的視野に立って公教育を構築しようとする問題意識である。公教育はそれ自身、社会的視野に立つものであるが、現実は必ずしもそうではない。「隣の子ども」、「まわりの子ども」、「地域や社会に生きる子ども」の育成をみんなで考えよう、みんなでやっていこうとする認識が教育の社会的視野である。子育て、学校教育を社会的視野で行うことが公教育である、これを国家の責任として考えるということである。こうした視野は、頭で考えるほど単純ではないが、現実はそうなっていないからこそ、価値を持つことになる。

受験・進学学力に偏重した学校づくりや、国家社会の発展に向けた「～のための教育」、受験・進学に向けた「備える教育」のように、教育や学校づくりの目的が子どもの外側に置かれ、外側の目的のために教育活動や学校づくりが展開されている状況も気になる。学校評価の導入、全国学力調査の実施などはこうした状況に拍車をかけている。格差社会、家庭格差、教育格差、学校格差、学力格差などと言われる格差が進行する中にあって、今求められていることは、「社会的視野」に立って子どもの育成と充実した学校生活の実現に向けた学校づくりであると言える。これは学校教育の意思形成、実施運営に国や地方自治体、学校のほかに多様なアクターが参加し、教育の公共性をより高めていくことを視野に置いた学校づくりである。

教育の個人化（プラバタイゼーション）の傾向を相対化する、つまり教育利

益の個人化・個別化の傾向に待ったをかけ、もしくは相対化し、教育の持つ社会的機能や社会的利益に思いを寄せながら「教育の平等」や「教育の正義」を構築すべきだとする観点も大切にすべきだろう（宮寺晃夫編『再検討　教育の平等』岩波書店、2011年）。これが様々な格差を減らし、脱格差につなげる道である。ところが今我が国では、PISAの学力調査で日本の学力低下が著しいから、それ学力向上だ、全国学力調査だなどと、時に常軌を逸した言説が飛び交っている。学校評価もこれとセットで法制化され実施されている。学校ごとに学力成績を公表する、高い順位の学校の校長名を公表することも行われている。はたしてこれで"いい学校"ができるのか、はなはだ疑問である。"いい学校"とは、子どもが学びへの強い意欲を持ち、学習力が高く、充実感や達成感のある学校生活を子どもが味わい、実感を生み出している学校である。そのために教師の授業力や生徒指導力など指導力が高く、子どもたちを大切にする面倒見のいい教師がいるなど、個人としても集団としても教師力が高い学校である。安心・安全も"いい学校"の条件だ。また保護者等の教育意思を大切にし、その意思を学校経営や運営に反映させ、保護者などから支持と信頼を得ている学校となっていることも大切な要素で、"いい学校"の条件である。学校の伝統や文化も同様である。

　学校研究は学校教育の本質、学校の社会的機能・システム、学校経営論、階層と教育など多様な観点から行われてきた。その中にあって学校の総合力を問う"いい学校"に関する研究はほとんどなかったと言ってよい。もちろん「特色ある学校づくり」、「学びの共同体」、「学校の力」、「開かれた学校づくり」などの実践や研究はあった。しかし学校の総合力を問い、"いい学校"の姿やかたちを解明するという問題意識や研究関心はきわめて希薄であった。その理由は、いじめや不登校など子ども問題や、学校評価や全国学力調査などの対応に追われ、個別対応的な学校づくりへの問題意識にとどまっていたことにある。また専門的意思を学校というシステムの中でその位置を問い、確かめるなどして、そのポテンシャル、可能性を十分検証せずに進めてきたからである。ここに欠けていたのは"いい学校"とは何かを問う姿勢と問題意識であり、それを学校というシステムの中でどう実現するかという学校づくりの視野である。

第4節　学校づくりの言説と方法

　敗戦後の学校づくりと、そして現在の学校づくり、そしてこれからの学校づくりの実践と言説について素描すると以下のようになる。

1．伝統的学校づくり論

　学校づくりにかかわる実践と言説は、当時の生活や社会の現実、教育政策や行政の姿勢、教育や学校の現実、子どもや親の実態などを教育や学校の在り方に照らして、これでいいのかという思いから生み出されたものである。ここでの実践的、理論的知見は学校づくり論として学校論、教育論の中で一定の地位を占めるに至った。学校づくりの実践は社会経済の変化と学校の行政末端化という学校経営政策への危機感から民間教育運動として展開した。学校づくりの主体は校長を含む教職員集団・教師集団で、そのための集団づくりを次のような実践を通して実現しようとした学校づくりである。①授業づくりや授業研究、②学校の民主化、③教師集団の育成、④地域に根ざす教育と地域住民の意思・参加、などを視野に置いた学校運営。

　我が国の戦後初期の学校づくりについて、①「学校づくり」に求めたもの、期待したもの、学校づくりで実現したいとした学校像、学校経営スタイルとは何であったか、②「学校づくり」への思いやそこで描いたものは何であったか、③これらの学校づくりはその後、どう展開、語り継がれていったか、などの観点からまとめると次のようになる。

（1）戦後教育（いわゆる「新教育」）のリアリティのなさを実感し戦後教育への疑問と批判から、戦前の綴り方教育実践を受け継ぎながら克服しようとした無着成恭の教育実践（『やまびこ学校』1956年）。社会の現実と向き合い、社会を変えうる人間の育成を視野に置いた教育実践であるとともに、生活綴り方教育を学校づくりに継承し学校づくりの方法としても展開されていく（斉藤喜博「学校経営と生活綴り方」（『生活綴方事典』1958年））。

（2）学校の民主化、職場づくりを目指した学校づくり

　学校教育への国家の関与と統制・管理への危機感から学校の民主化、教育

の自由という観点からの学校づくりで、授業研究を軸にして研究集団としての教師集団・学校集団づくりを目指すとともに職場づくりを志向した学校づくり論（斉藤喜博『学校づくりの記』1957年）。
（3）「地域に根ざす学校づくり」
　高度経済成長下の地域開発にあって、地域社会破壊・崩壊への危機意識、地域存続への危機感からなされた実践で東井義雄『村を育てる学力』（1961年）、森垣修『地域に根ざす学校づくり』（1979年）などがある。
　伝統的学校づくり論から読み取れる学校づくり（論）への示唆は次の通りである。

・学校づくりには校長の教育哲学や学校経営観を基盤とするリーダーシップが不可欠である
・学校づくりには教職員の主体的な参加意欲と力量が必要である
・学校づくりには同僚性、集団づくり、教師集団、学校集団の形成が不可欠である
・学校づくりには地域住民の支援、信頼が重要だ
・学校づくりは学校を取り巻く内外の環境に対する実践的、知的緊張感から生まれる
・学校づくりにはグローバルスタンダードはない。その時々の社会経済的状況や国際環境、教育政策に対する学校の主体的取り組みがすべてである

2．「56年体制」における学校づくり論

　学校経営の「56年体制」とは、1956年制定の地方教育行政法とそれに基づいて措置された施策や指導によって形成された学校経営の秩序。中央集権化の中で学校の行政末端機関化をめざしたもので、その特徴は学校経営機能を行政側に吸い上げることによって進めた行政主導の学校経営、学校の裁量権限の縮減、校内管理体制の確立などを特徴とする。
（1）学校自治の構築を目指した学校づくり
　教科書裁判、勤評裁判、全国学力テストをめぐる裁判（学テ裁判）、研修裁判など、教師の教育権、学校の権限と国家の教育権をめぐって争われた一連の教育裁判で主張された学校自治論。兼子仁、神田修、堀尾輝久などの著作参照

（2）親の学校参加による学校づくり

体罰、いじめなどの解決をめぐって親の学校参加など、学校問題を開かれた学校づくりにおいて解決しようとした取り組み。今橋盛勝、喜多明人、小野田正利などの著作参照

（3）不登校などの児童生徒の居場所づくりとしての学校づくり

公教育からはみ出た機能、公教育では対応しきれない機能に着目し、強制され規格化された教育から自由な教育を求める学校づくり（白根開善学校・1978年、自由の森学園・1983年、フリースクールの東京シューレ・1985年など）。奥地圭子などの著作参照

（4）統制され、画一化された教育から自由な教育を求めた学校づくり

「きのくに子どもの村学園」は大阪市立大学教授であった堀真一郎氏が1991年、和歌山県に創設したもので、イギリスの教育者、A.S.ニイルの教育哲学に沿って、子どもの自由を教育理念にして徹底的に子どもの自由を尊重した学校づくり。「子どもの自由—自由な学校」「新しい生き方を見つける 共同生活の場」などがコンセプト。カリキュラムに教科はなく、プロジェクトによって進めた。たとえば小屋を作ろうというプロジェクトであれば、そのプロジェクトを通して、そこにはどんなものを作っていくかというデザインの問題、設計の問題、木の大きさ、太さなど数的な課題。字も読めなくてはいけない、そういったものの中に国語的な要素、算数・数学的な要素、社会的な要素を入れながら、それを授業の内容とした（堀・2009）。

以上のことから見えてくる知見、示唆されるものは、専門的意思への限りない信頼に基づく学校づくり、学校づくりは教職員の自治、合議制による学校づくり、学校づくりは子どもや親の参加を視野に置き開かれたものでなければならない、学校づくりは子どもに限りなく寄り添い、その立場に立って進めなければならない、学校づくりは学校により多くの自由、裁量権限を求める、というものである。

3．最近の学校づくり言説

子どもの学びをコアにした「学びの共同体」づくり

佐藤学氏は「学びの共同体の学校は、子どもたちが学び育ち合う学校であり、

教師たちも教育の専門家として学び育ち合う学校であり、さらに保護者や市民も学校の改革に協力し参加して学び育ち合う学校である。」のように、子どもの学びを軸に学校関係者の学びの共同体を構築する学校づくりを提唱した（佐藤・2012）。

教師集団による「力のある学校づくり」

　志水宏吉氏は「点数を上げるために、何が効果的（effective）だったかを議論するのに対して、わたしの言う『力のある学校』は、そこでの課題をクリアしつつも、点数を上げることを自己目的化しないで、子どもたちのさまざまなポテンシャルを引き出すことに専念し、その成果が周囲にも認められている学校」であるとし、教師集団の力、ミドルの力、学校集団の力による学校づくりを提唱している（囲み、志水・2003、2009）。

「力のある学校」—"スクールバスtogether号"　スクールバス・モデル
- 気持ちのそろった教職員集団
- 戦略的で柔軟な学校運営
- 豊かなつながりを生み出す生徒指導
- すべての子どもの学びを支える学習指導
- ともに育つ地域・校種間連携
- 双方的な家庭とのつながり
- 安心して学べる学校環境
- 前向きで活動的な学校文化

（志水宏吉編著『「力のある学校」の探究』大阪大学出版会、2009年）

教師の協働・チームづくりを通した学校づくり

　浜田博文氏は教師のエンパワーメント（教師の力）と組織の力をキーワードに学校経営学の立場から「教師のエンパワーメントを引き出す」学校づくりを提唱している（浜田・2012）。

第5節　自律的学校のための学校づくり

1．学校づくりに必要な力

　わが国では管理された学校が長く続いた。ところが2006年の地方教育行政法改正により学校運営協議会が法定されるなど、日本の学校運営のかたちが大きく変化した。自律的学校、自律的学校経営へのシフトである。新聞社説に「新政権の日本　『学校自治』に変えてゆこう」（朝日新聞朝刊社説、2009年10月19日）が出たのもこうした変化を反映している。

　1980代以降の教育改革によって管理された学校からの脱却も相当進んだようにも見えるが、未だ試行錯誤の連続であるというのが現実である。現代の学校改革のテーマとしての自律的な学校を実現するためには、急激に変化する社会における教育課題を見据え、カリキュラム、指導力、学力など個別課題の改善だけでなく、これらの個別課題を成り立たせ、機能させ、さらに息づかせ、輝かせる総合的な力としての学校力の質を向上させ、もしくは高度化するなどの学校づくり（学校経営）の視野が求められる。

　学校づくりに必要な力は、学校づくりの求心力とも言えるもので、本校の使命・目標・課題を踏まえ、それを実現する個人、集団、協働・チーム、組織、保護者・地域、学校力、学校ガバナンス、スクールリーダーシップ、行政の支援などである。下記の「わたしの学校づくり、その目標や行為のファクター」の囲みは、これらの力を活用して学校づくりを進める目標にかかわる行為群である。ここで見るように学校づくりはテクニカルな行為ではない。それは本校の未来に対する当事者たちの深く熱い思い、願い、希望、夢が息づく学校づくりの理念、哲学である。

- 学校づくりは、学校が進むべき方向を明確にした学校の理念、ビジョン、戦略に基づき、学校の使命を達成する活動である
- 学校づくりは、教職員が一体となって学校をよくする、"いい学校"をつくろうとする目的意識的な取り組みである
- 学校づくりは、教職員の力を学校の力に変える仕事である

- 学校づくりは、協働意欲と協働関係を学校の中につくり出す仕事である
- 学校づくりは、教職員に自らの仕事の誇りを持ち、能力を発揮することを求め、かつそうした教職人であるように、その条件や環境を充実させる仕事である
- 学校づくりは、関係者（ステークホルダー）の主体的、積極的な参加を求め、一体となって「わたしたちの学校」を創る仕事である
- 学校づくりは、教職員の間、学校関係者間にコミュニティ（学校コミュニティ）を構築する仕事である
- 学校づくりは、同僚性と協働関係の構築を視野に展開する活動である
- 学校づくりは、「人間と組織」というテーマから自由ではない。ジレンマ、アイロニー、アンビバランス、人間の尊厳、自由、自己実現などを学校における人間と組織という視野から克服しようとする意識と行動を大切にする活動である
- 学校づくりは誰のために、何のためにあるかという学校の社会的意義を問う作業である
- 以上のことを可能にするためにはスクールリーダーシップという、学校づくりのためのもうひとつの行為、機能、力が求められる。これも学校づくりに不可欠な力である

2．学校の総合力としての学校力の構築

　あの学校はいい学校だと言う場合、教育や学力、教師の力量や指導力、安心・安全や危機管理、学校文化やスクール・アイデンティティ、保護者・住民との関係やスクールガバナンス、経営力やリーダーシップなど、学校の力、エネルギー、ポテンシャルを生み、活性化させている活動それぞれの質が高い学校のことである。学校力とは、これらの質を生み機能させる力にかかわる概念で、学校を構成しているさまざまな要素や活動が作用して、"いい学校"、魅力ある学校だと思わせている活動や力の総体、総合力である。そうした全体として惹きつける力、オーラが感じられる学校でもある。

　学校力を考える場合、要素でも部分でもない全体であるという捉え方が重要になる。学校力は構成要素個別にとどまらず、それら全体が構造的に織りなして総合性をはぐくみ、戦略的変化、構造的変化を生み出す力である。こうした

学校力を持続させ、高める行為こそ、学校づくりの目的である。

　学校力は、これら学校力を構成する質が一定の構造をなして個性、特色、そして独自性をかたちづくっている姿であり、かたちである。学校力はそれを構成する個別要素が高い質を実現し、維持していけばよいということだけではない。いくつかの要素が相互に重なり、響き合って相乗的な力を生み、その学校らしさを醸し出しているもの、それが総合力である。またそれぞれの要素全体が構造的に織りなし、つながりながら総合性を醸し出している力である。その意味で学校力とは学校の総合力なのである。

　総合力とは、言い換えればその学校の伝統、雰囲気、風土、文化などと呼ぶことができる。その学校にしかない、他校とは異なる固有で独自な価値や文化だとイメージされるという意味でブランドだと言ってよいかもしれない。それはまたスクール・アイデンティティでもある。自ら学ぶ学校に強い愛着と帰属意識、そして高い誇りを持ち、この学校に学んでいることの喜び、満足がスクール・アイデンティティである。私立学校の場合は学校に"ブランド"を見る、感じるということになろうか。総合力としての学校力は格差やランクの話ではなく、それはすぐれて学校の個性、特色、独自性の問題として考えることが大切だ。各学校はその目指すべき独自の学校力を設計すべきであるし、その姿とかたちは多様であってよい。その意味で学校力は各学校固有で独自なものであり、比較するなど相対化になじむものではない。それを形成し、高め、進化させることは、各学校が"いい学校"づくりに努力する学校経営の問題として認識することができる。学校力は格差やランクの話ではなく、つまり、どこの学校と比べてこっちがいいというのではなくて、それは学校の個性・特色・独自性の問題として考え、その継承・維持・発展に向け、各学校が特色のある学校づくりに努力する学校経営の問題として認識されるべきだと思われる。今行われている全国学力調査には学校力という観点がない。学校はそれぞれ異なっているはずなのに、学力と学校力の関係を見ないで、国が求める学力レベルで競争をあおっているように思われる。学力が高いことが即"いい学校"にはつながらないことは多くの学校事例で経験するところである。学校力という観点を取り入れれば、比較することが、または比較したいという気持ちがいかにおかしいことかが明白になるはずである。

3．学校力をどう構築するか

　学校力の構築は学校経営の課題ではあるが、何よりも学校に対して子どもが抱く感情や思いを大切にし、それを重要指標として設計することが大切になる。子どもを惹き付ける魅力ある学校づくり、明日学校に行くことが待ち遠しいと思わせる学校づくりが今必要なことであり、学校づくりの基本課題として設定しておきたい。また子どもは勉強以上に友人の存在や関係が大切だと考え、教師には楽しい授業、分かりやすい授業と面倒見の良さを期待している。要するに子どもは学校に学びと友人とのつながりがある居場所を求めている。つながりがあり、それを基盤に存在する学びのある学校が"いい学校"だと子どもは思っている。これらはこれまで多くの人たちや学校関係者から広く指摘されていることである。勤務する教職大学院の学生（30代～40代の現職院生）たちも同じように考えている。ここに"いい学校"の一端が示されている。子どもに満足感、充実感を与える学びと人たちとのつながりを通して人間性、社会性、社会力を育成する学校づくりにこそ、"いい学校"づくりの原型やモデルがある。

　こうした学校の姿、これを可能にするには、関係者の努力、力量、共通理解や意思など、学校づくりを可能にする力と言うべきものがある。またこれらのほかに、ヒト、モノ、カネ、組織、スクールリーダーシップなど学校経営の力、学校環境とか学校文化がある（これについては第20章参照）。さらに学校の総合力としての学校力が醸し出すアイデンティティ、ブランドというものがある。これらとて関係者が持続させ、深化させる努力が関係者によって進められ、それぞれの立場、役割、関係をベースにした活動や実践が生まれる。これは学校力の構成要素と言うべきものである。学校力の構成要素をどう描くかは、学校の内外環境の状況や学校の教育方針によってさまざまである。学校選択制を実施している地域では温水プールやエアコン設置など施設設備のある学校に多くの生徒が応募した例があるように、学校力の一角に施設設備を位置づけることもあってもよい。先生、生徒、教育活動の要素のほか、施設設備も子どもたちを惹き付ける力となっているからである（「近所の公立学校の『学校力』を診断しよう」『プレジデント　Family』2006年3月号）。

第1章　社会の変化と学校教育

　"いい学校"というのは、どんなふうにつくられるのだろうか。学校の当事者である保護者は時にクレーマー、イチャノン、それからモンスターペアレンツなどと揶揄されている。本校の実践をいいものにし、もしくは完成するためにそれを大切にし、生かし、学校づくりに保護者とか地域住民を巻き込んでいく、そういうプロセスが大切になる。「対する」という関係ではなくて、「関係し合う」というシステムを学校の中につくり出していくことが必要である。保護者を学校の当事者と捉え、"いい学校"にしていく上で極めて重要になってきている。昔は安心・安全は今ほど考える必要がなかった。それが大阪教育大学附属池田小学校の事件（2001年、小学生無差別殺傷事件、8人死亡15人負傷）、最近では滋賀県大津市立中学校でのいじめによる自殺などが大きなきっかけとなり、安心・安全にかかわる危機管理が大きくクローズアップしてきた。「対する」という関係から「関係し合う」という関係、システムを学校の中につくり出す学校づくりの視点が重要になる。

　「最近の学校づくり論」との関係を言えば、筆者の場合、自律的学校の構築に必要な学校づくりを構想するために、学校経営とスクールリーダーシップの働きに注目している。事例的に"いい学校"にするための学校力モデルを示せば下図のようになる（小島他・2008）。

　学校力の構成要素は、これ以外のものもあるだろうし、また違った表現もあるだろう。この機会にどういうものがあるか話し合って学習を深めてみるのも

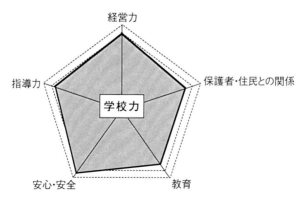

図1-1　学校力の構築

一考である。また学校力のうち指導力はここでのスコアは「8」くらいとしてある。「8」だとカウントしたのは指導力を構成する要素、ここでは授業力、生徒指導力、専門的知識・教養、研究力、教師としての自覚、チーム力とし、それぞれのスコアを総合した結果である。他の学校力要素についても試してみたらどうだろうか。

（小島弘道）

〔参考文献〕

志水宏吉『公立小学校の挑戦——「力のある学校」とはなにか』（岩波ブックレット No.611、2003 年）、志水宏吉編『「力のある学校」の探究』（大阪大学出版会、2009 年）

小島弘道・北神正行・水本徳明・平井貴美代・安藤知子『教師の条件 - 授業と学校を変える力』第 3 版、学文社、2008 年

堀真一郎『増補　自由学校の設計』黎明書房、2009 年

佐藤　学『学校を改革する——学びの共同体の構想と実践』岩波ブックレット No.842、2012 年

浜田博文編著『学校を変える新しい力——教師のエンパワーメントとスクールリーダーシップ』小学館、2012 年

第2章

公教育制度と学校教育

第1節　いま公教育を考えることの意義

　公教育とは、「公（おおやけ）」が関与する、あるいは公的機関が経費を負担する教育のことである。「公」を「個人の立場をはなれて全体にかかわること」という広い意味でとらえれば、「個人の立場」にとどまらない（あるいは、とどめておかなければならないと言った方がいいかもしれない）ものは、すべて含まれることになる。じっさい私たちが「教育」と言うことを思い浮かべるときには、ほとんどがこの公教育を指しているが、それは我々が生きる近代そのものと密接に関わっているからである。

　学校という機関を通じてすべての国民に一定の形式・内容を伴った文化の伝達が行われる教育の制度化と拡大は、近代と呼ばれる時代や、近代社会と呼ばれる社会の特徴と不可分に進行してきたものである（大澤真幸ほか編『現代社会学事典』弘文堂、2012年、265〜266頁）。近代社会では、前近代の身分制社会から解放された個人を、市民や国民として再設定するための手段としての教育の重要性が高まり、以前は教会や家庭などの私的領域に属するものと見なされてきた「教育」が、次々と「公」のもとに取り込まれていった。公営の教育機関が生まれ、義務教育制度が普及し、その設立が私人の自由な意思に基本的に委ねられるべき私立学校にも補助金が提供されるようになり、やがて「公」による教育が「教育」そのものを代置するかのように見なされるようになったのである。

しかし21世紀に入り、公教育の独占状況は再び私的領域の拡大によって危うい状況に置かれるようになってきている。フランスの経済学者・思想家のジャック・アタリの『21世紀事典』（柏倉康夫他訳、産業図書、1999年）の「教育」の項は、次のような一文から書き起こされている。

> もし市場原理が教育に持ち込まれるなら、教育は利益の原則が優先する見せものの一産業になってしまうだろう。そしてもはや各国民のアイデンティティを形成する主要な炉床ではなくなってしまう（101頁）。

私的領域の拡大は、市場だけではない。インターネットは高度で個別的な家庭学習を可能とし、私的領域における自己形成の可能性を拡張している。アタリは自己形成が、「社会的に有用な行為として認知されるようになる。そのために個人は国家、あるいは市場……から報酬を与えられるべきである」と述べると同時に、社会性を学ぶ場所として存続が見込まれる小学校以外の学校については、「公」の領域から外れていくだろうとも予言している（「中学校はなくなり、大学は企業が創設する」）。しかし、そのことは、果たして我々にとって望ましいことなのだろうか。

これから詳しく見ていくように、「公」の範囲やその関与の在り方がその時代の価値観に影響されて変化してきたことは、歴史的事実である。時代の尊ぶ価値は、19世紀の「自由」から20世紀の「平等」へと移り変わり、「公」の関与が拡大することを正当化した。アタリは、21世紀について、「友愛」を理想郷とする時代となるか、さもなくば市場や独裁の手に取り戻されてしまうのかの分かれ目の時代であると言う。21世紀のわれわれが何に価値を見出すのかということが、公教育の将来を決める大きな力になるのかもしれないのである。以下では、近代以降の社会に生じた様々な課題に対処する過程で発見され、蓄積されてきた公教育の構成要素一つ一つの意義について、改めて見直していく。その過程を通じて、我々にとって今後も守るべきものは何か、そして変えるべきものがあるとすればそれは何かということについて、一緒に考えていきたい。

第2節　公教育の制度理念とその成立過程

　公教育の中核を担う義務教育の最初の提唱者は、宗教改革の旗手、マルティン・ルターであったと言われる。ルターは教会の権威とカトリックの制度とを否認し、すべてのキリスト教徒に聖書を読む権利を認めた。聖書を読むためには人々は文字を知らなければならず、彼らに教育を与えて読み書きができるようにしなければならない。そのためにルターは、聖書のドイツ語訳や「教理問答書」を作成するとともに、国や市の当局者たちに民衆の子どもたちを教育する学校の設立・維持の義務を訴え、就学を督促していった。義務教育制度はルターの教義によって国家統一を志向したザクセンなどの領邦国家で開始され、プロイセンのフリードリッヒ大王による1763年の「一般地方学事通則」によって全王国を拘束する公法のもとで制度化される。このときの絶対主義王政下の義務教育は「公」（国王）の権力が保護者に対して子どもの就学を義務付けるものであり、特定の宗派の教育を国民に課すという点では、信仰を異にするすべての国民に開かれるものではなかった。

　やがて義務教育は、絶対主義君主制を倒し社会契約にもとづく市民国家を樹立した、フランス革命を契機として成立する公教育制度のもとで再定義される。コンドルセは、市民の教育の私的自由を侵害しない範囲において、非義務制で無償の学校制度を打ち立てる構想を提起した（「公教育の全般的組織についての報告と法案」1792年）。それまでの義務教育が、特定の宗派にもとづく教育を強制するという点で親の私的自由を侵害するものであったのに対して、コンドルセの考える義務とは、経済的に教育の機会をもち得なかった階層に平等に無償の学校を設立する国家の義務を指すものであった。コンドルセの理性にもとづく知的な公教育論はエリートに好意的な教育論として、祖国愛を育成する徳育を主張する立場からの批判を受けたが、最終的には労働者階級の教育と学識者階級の教育のどちらも、国家の繁栄のためには必要であるという意見に収斂していく。この市民国家の義務教育を再編強化したのが、19世紀に隆盛を迎える「国民国家」の義務教育制度であった。

　国民国家とは、国家内部の全住民をひとつのまとまった構成員（＝「国民」

第Ⅰ部　学校教育の原理

図1　モニトリアル・システム
脚注：モニトリアル・システムは「国民国家」の義務教育制度への移行期に盛んに取り組まれた
〔出典〕藤田英典・田中孝彦・寺崎弘昭『教育学入門』岩波書店、127頁

として統合することによって成り立つ国家のことを指し、近代国家の典型のひとつともされる。19世紀後半以降、国民国家形成を目指す各国ではほぼ同時期に義務教育制度（国民教育制度）が導入されていった。導入の目的は政治的には国民意識を育成し、個々人を国民として国家へ統合することであり、経済的には工業化社会に適応する人材を育成することや、工業化社会で働く親に代わって子どもを一定時間預かること、また子ども自身を過酷な労働から保護するための収容施設としての役割もあった。児童労働の制限・禁止、就学義務の規定、庶民学校への財政援助、公立学校の創設、学校体系の整備、授業料の無償の確立などの施策が国家政策として遂行されるようになり、こうした「公」の関与によって、これまで社会的・経済的な理由で子どもに教育の機会を与えることのできなかった者たちに対して、はじめて学校教育の機会が開かれることになったのである。

　国民教育は「公」の担う教育の発展型ではあったが、市民の教育の私的自由に「就学義務」という制約を加える点で、公教育本来の在り方とは矛盾する側面も有している。そうした矛盾は、複線型学校制度のもとでの階級的棲み分け

によって何とか均衡を保っていたが、やがて機会の不平等の是正を求める批判や改革運動に促されて、義務教育段階での階級的な格差を緩和する分岐型学校体系に移行すると、能力主義的な機会均等の原理のもとでの棲み分けに移行していった。

〔コラム①〕近代教育機関の一変種〜モニトリアル・システム

　モニトリアル・システムは、労働者階級の子どもたちのために、民間団体が寄付を集めて運営していた学校で開発された教授システム。ベル（A.Bell: 1753-1838）とランカスター（J.Lancaster: 1778-1837）がそれぞれ別個に開発した教育方法を総称して、ベル＝ランカスター方式とも呼ばれる。当初は政府からの資金援助もなかったため、必要な人数の教師を確保できなかった。そこで、児童の中から、成績優秀な年長の児童を助教に選び、その児童には前もって教師から指導案を渡した上で、その内容を他の児童たちに教えるという助教法が採用された。少数の教師で大量の子どもたちに教えることができるこの方法は、当時の社会状況においては大いに受け入れられた。特にランカスターの学校では、秩序保持の原則と競争原理を結びつけたシステムのもとで3R's（読み・書き・算）の教育が行われたが、それは産業革命以降の大量生産方式が非熟練工の安価な単純労働を必要とした時代背景を色濃く反映するものであった。初期のベル＝ランカスター・システムを支援していたオーエン（Owen, Robert, 1771-1858）は、のちに「子どもたちは、読み、書き、数え、縫うことを教えられるが、最悪の習慣を身につけ、その心は生涯不合理になる」と、彼らの教育方法を厳しく批判している。民間団体ではなく「公」が初等教育へ関与すべきとの認識は、徐々に市民権を得ていくこととなった。

第3節　日本における公教育制度の変遷と学校教育

1．「公」による教育の制度化と教育機会の拡大

「普通教育」「義務教育」「国民教育」といった概念については、いずれも公教育に関わる法令用語でもあることから、互いの違いを意識することなく公教育という大きな枠組みで括られることが多い。しかし、日本の公教育制度史を描く上ではこれら諸概念を史実に即して峻別する必要があると佐藤学は指摘

している。これら概念は、実はその狙いとするところが大きく違っており、その違いに注目することが、公教育の複合的な意味あいを考えるうえで大変有益であるということなのである。

　欧米の教育史における「公教育」の成立とは、教育の世俗化によって文化と教育の公共圏が成立し、党派や階級を超えた教育機関が成立したことを意味していた。同様の意味で定義すれば、日本の「公教育」の成立は、幕末期から明治初期に普及した郷学とその普及に求めることができる。郷学の多くは、士族が通う藩校と民衆が通う寺子屋を混成した教育内容を組織し、身分と階級の境界を超えた学校であった。1872（明治5）年の「学制」は、日本ではじめて近代学校制度の基本構造を定めた規定と目されてはいるが、それは「公教育」の起点であったのではなく、すでに全国に自生的に発生していた郷学という人々に開かれた「公教育」の場を、欧化＝近代化の政策にもとづき国家に吸収・再編する役割を果たすものであった。

　学制序文（「学事奨励に関する被仰出書」）にはたいへん有名な一節がある。「自今以後一般ノ人民（華士族農工商及婦女子）必ズ邑ニ不学ノ戸ナク家ニ不学ノ人ナカラシメン事ヲ期ス人ノ父兄タルモノ宜シク此意ヲ体認シ其愛育ノ情ヲ厚クシ其子弟ヲシテ必ズ学ニ従事セシメザルベカラザルモノナリ」。この一節は国民皆学の実現を謳ったものとされており、また「学制」本文にも、小学校について「教育ノ初級ニシテ人民一般必ス学ハスンハアルヘカラサルモノトス」（第21章）と就学を義務づける規定も見られるが、実際には学事奨励を意味するにすぎなかった。1879（明治12）年、政府は「学制」を廃止して「教育令」を制定する。「教育令」において、小学校は「普通ノ教育ヲ児童ニ授クル所」（第3条）とされ、町村または数町村が連合して公立小学校を設置することが義務付けられた（第9条）。「公立」と「私立」は、設置費用の負担形態では大別されたが（第19条）、いずれも文部卿の監督内にあるものとされ（第1条）、「町村人民ノ公益」があれば私立学校でも補助金も受けられた（第31条）。教育令の案文や翌年に改正された教育令の解説に「公立学校トハ官立私立ノ中間ニ位スル二種（府県立と町村立、引用者注）ノ学校ヲ指テ云フモノナリ」（「改正教育令制定理由・布告案」内閣編輯『法規分類大全』第一編）と定義されており、この段階での「公教育」は米国のコモン・スクールをモデルにした、地域

社会が公的資金で無料の教育を行う学校教育（＝公立学校）をイメージしたものであった。

2．義務教育と国民教育

米国の「公教育」が地域社会を担い手とすることからも分かるように、「公」は必ずしも国家を意味するわけではないし、日本でも初期の近代学校制度は国家が担うものと考えられていたわけでは必ずしもなかった。しかし、日本の場合、「公」が国家に横滑りして区別がつかなくなることも多い。そうした国家意識を日本人に植え込むことに熱意を傾けた最初で、なおかつ最重要な人物の一人と考えられるのが初代文部大臣森有礼である。じつは「国民教育」の概念がはじめて政策文書に登場するのは、森有礼による学制改革案の草稿、「学政要領」（作成年不明）においてである。この文書で森は、国家による教育を「国設教育（ナショナルエジュケーション）」と表現している（『森有礼全集』第1巻）。森文部大臣のもとで制定された「第一次小学校令」（1986年）の第3条には、「児童六年ヨリ十四年ニ至ル八箇年ヲ以テ学齢トシ父母後見人等ハ其学齢児童ヲシテ普通教育ヲ得セシムルノ義務アルモノトス」と、父母の就学義務がはじめて規定された。このときには義務教育の主要な財源は公費ではなく父母から徴収する授業料とされたが（第6条）、保護者が授業料を払えない地域では尋常小学校の代替として、修業年限3年の「小学簡易科」を設け、その財源は「公」（区町村費と地方税）によって賄われるものとも規定された（第15、16条）。国家が行う教育という意味での国民教育を主張しながらも、同時に「普通教育」を各自が受けることは私的な利益を得ることでもあるという、公教育の二面性を端的に反映した制度構想であった。

とはいえ森の「国民教育」についても、森個人の構想力のみに帰するのはやや単純であり、すでに国民形成の方針は政権内部での既定事項であった。自由民権運動の高揚と明治十四年の政変を経て、明治政権の国家構想と国民形成方針が定まった時期に文部省が招集した「学事諮問会」（明治15年11月21日から12月15日ののべ25日にわたり全国各府県の学事担当者を取集して開催された）では、小学校について、「全国一般ノ児童ヲ養成シテ以テ国家ノ良民タラシメント欲スルモノハ小学校教育ノ目的ナリ」と述べたうえで、「今ノ教育ハ或ハ智育

図2　小学校の先生　さあみんな、手を出すな。政治は君らの知ったことではない。
脚注　森の文教政策を批判した風刺画。森は国民国家の教育ビジョンを性急に実現しようとしたが、その実現半ばで若くして凶刃に倒れた。
〔出典〕清水勲編『続ビゴー日本素描集』岩波書店、1992年、177頁

ノ一方ニ偏シ徳育ト体育トヲ忽ニスルカ如キ虞ナキヲ保セス……修身ヲ教授スルニハ必ス皇国固有ノ道徳教ニ基キテ儒教ノ主義ニ依ランコトヲ要ス」(『文部省示諭』東書文庫所蔵)として、学制以来の公教育の方針を「国家の良民」の教育に転換する方向性が示されていた。智育に加え徳育・体育を重視する公教育方針は、森の暗殺をへて1890（明治23）年10月30日に渙発された「教育勅語」と、同月初旬に公布された「第二次小学校令」第1条の目的規定、「小学校ハ児童身体ノ発達ニ留意シテ道徳教育及国民教育ノ基礎並其ノ生活ニ必須ナル普通ノ知識技能ヲ授クルヲ以テ本旨トス」に明瞭に示され、約50年後に国民学校令（1941年）が「国民ノ基礎的錬成」の名のもとで道徳教育・国民教育・普通教育を一元的に統合するまで踏襲されていった。

　日本の公教育制度は、国民国家形成の先進地である欧米諸国をモデルとする文明化の過程で模倣され、意識的に選択・導入されてきたものであるが、最終的には義務教育としての国民教育を軸とすることで確定したと言える。国民主権と国家主権によって特徴づけられる国民国家は、国境線に区切られた一定の領域内に住む人々が国民的一体性を共有していること（＝国民意識を持つこと）

を要件とする。日本の場合、幕藩体制下の民衆はまず直接の統治者である藩を国（クニ）として意識しており、「日本国民」という意識が稀薄であった。明治政府にはそうした状況を改め、西欧諸国に対抗すべく一君万民のもとで中央集権化を進めて、「日本国民」としての意識を広めていく必要があった。学校は、とくにマスメディアの普及以前には最大の情報伝達装置であったことから、国民の就学を義務化することは重要な意味を持っていたのである。空間・時間・習俗・身体の「国民化」（表1）は、日本では義務教育を通じて国民の隅々にまで浸透していった。

表1　国民化（文明化）

(1) 空間の国民化—均質化、平準化された明るく清潔な空間／国境
　　　　　　　　中央（都市）—地方（農村）—海外（植民地）／中心と周辺、風景
(2) 時間の国民化—暦（時間の再編）、労働・生活のリズム／神話、歴史
(3) 習俗の国民化—服装、言語、アイサツ、儀式（権威—服従）／新しい伝統
(4) 身体の国民化—五感（味覚、音感、……）、起居、歩行—
　　　　　　　　学校、工場、軍隊等々の生活に適応できる身体と感覚／家庭
　↓
ナショナリズム
国民の誕生

〔出典〕西川長夫「日本型国民国家の形成」西川長夫・松宮秀治『幕末・明治期の国民国家形成と文化変容』新曜社、1995年、31頁

3．日本国憲法のもとでの公教育制度

　戦前の教育制度が大日本帝国憲法—教育勅語のもとで、勅令によって規定された国民教育を軸に展開されたのに対して、戦後の教育制度は日本国憲法—教育基本法の基本構想のもとで形づくられてきた。教育条項が初めて憲法に盛り込まれ、教育は天皇の慈恵から国民の権利として位置付け直された。憲法第26条は、「①すべて国民は、法律の定めるところにより、その能力に応じて、ひとしく教育を受ける権利を有する。②すべて国民は、法律の定めるところにより、その保護する子女に普通教育を受けさせる義務を負ふ」と保護者が負う就学義務が子女への「普通教育」であことを明確化したうえで、とくに義務教育については「これを無償とする」として、公権力に対する学校設置義務を明記

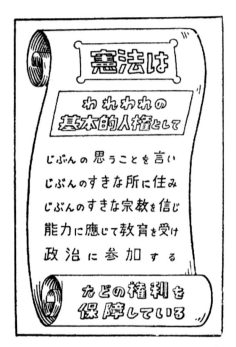

図3　文部省『あたらしい憲法のはなし』(22頁)
脚注　新憲法のもとではじめて教育条項が盛り込まれた。

した。義務教育については、憲法の教育条項の内実を補充するために制定された教育基本法（旧法、1947年）第4条第1項でも、「9年の普通教育を受けさせる義務」が改めて規定され、さらに「普通教育」について同法の解説書では、「人たるものすべての共通に必要な教育であり、人たる誰もが一様に享受しうるはずの教育」（教育法令研究会編『教育基本法の解説』国立書院、1948年、82頁）として、その万民に対する普遍的性格が強調された。なお同法には義務教育（第4条）の規定のほか、公教育をひろく国民に開放するという自由権的な権利保障の観点から、学校が「特定の政党」を支持・反対する政治教育を行うことを禁じる条項（第8条②）や、国公立の学校で「特定の宗教」のための宗教教育等を行わないこと（第9条②）、さらには「不当な支配に服することなく」教育行政が行われるべきこと（第10条①）など、公教育の中立性に関わる条項も盛り込まれた。

かくして戦後教育の開始時から、日本国憲法─教育基本法体制のもとで、中立性・義務性・無償性という、公教育の三原則すべてが盛り込まれた基本構想が示されたわけではあるが、これ以降も三つの原則の解釈をめぐっては様々な議論が重ねられてきている。憲法第26条第2項のいう義務教育の「無償」について、教育基本法第4条第2項は国・公立義務教育学校の授業料不徴収に限定したが、それだけでは義務教育の機会均等は達成されないとして、必要な経費や教材などにもその対象を広げるように求める学会や国民の声に呼応して教科書無償措置法が制定され（1963年）、私立学校を含む義務教育における教科書無償が実現した。また最近では、公立高等学校に係る授業料の不徴収及び高等学校等就学支援金の支給に関する法律（2010年）により、授業料無償の対象が義務教育後に拡大されている。

　義務性をめぐっても、近年、不登校児童生徒が増加する実態を踏まえて、憲法の「教育を受けさせる義務」が「一定の学校」での就学義務を要求しているわけではないとの指摘や、諸外国のように家庭教育の自由を理由とする就学義務の免除が一定の要件付きで認められるべきといった議論がなされるようになった。今のところ、保護者の就学義務不履行について罰金を科す旨を規定した学校教育法第144条を改正する動きまでは至らないが、不登校児童生徒の就学機会を保障するために、その実態に配慮した特別の教育課程を編成する学校への就学が経済改革特区での試行を経て2007（平成19）年に全国化され（学校教育法施行規則第56条、第86条）、IT等を活用した学習活動を自宅で行った場合についても、特定の条件を満たす場合には出席扱いにすることが可能となった。公立義務教育諸学校では、居住地により就学すべき学校が指定されることとなっているが、1997年の文部省（当時）通知を契機に通学区域の弾力化が進み、学校指定に際して保護者の意見を聴取する等の手続についても法制化された（学校教育法施行規則第32条）。

　中立性の原理は、勤務評定の導入や全国一斉学力テストなどの国の教育施策をめぐって多発した教育紛争のなかで、もっとも議論が重ねられてきた論点である。教育への国家統制に反対する立場からは、両親の子どもに対する教育責務を自然的な責務と見なす教育の私事性を根拠に、その付託を受けて専門家として教育を行う教師の教育権を正当化する「国民の教育権」論が主張された。

それに対して、国は議会制民主主義のもとでの民意の反映と中立性確保や機会均等を図る国の責務を論拠とする「国家の教育権」を掲げて反論した。両者の対立は、1976年最高裁学テ判決がいずれも極端な見解だとして親・教師・私学の自由を一定の範囲で肯定したうえで、国による「必要かつ相当と認められる範囲」における、教育内容の決定権を認める判示を受けて収束するが、その後学校や教師の教育・指導の在り方をめぐる教育紛争が頻発するようになると、親の教育権と教師の教育権を平和的に共存させてきた「国民の教育権」の虚構性が批判の対象とされるようにもなった。

中立性をめぐっては、フランスでスカーフを着用して登校したイスラム教徒の女生徒の退学措置について最高裁の判断が分かれ、2004年9月の宗教シンボル禁止法制定により政教分離の原則が徹底されたことについて、イスラム教徒の女性を公教育から排除する措置とも批判されている。日本では信仰上の理由によって剣道の必修実技を拒否した高等専門学校の学生を退学処分とした校長の措置が、裁量権の範囲を超えて違法と判示されたが（エホバの証人剣道拒否事件）、米国では信仰に反する内容を含む教科書を利用する授業の免除を求めた申し立てが棄却された（モザート判決）。法定意見では、公立学校は民主主義的社会にとって本質的である基本的価値を教えるという目的に資する場であり、宗教的寛容を尊重する一方で、多元的社会において共存するための市民的寛容を教える手段として「多様性にさらされること」が必要であるとの根拠が示されたが、論争は継続している。公共性と宗教的・文化的多様性への寛容との相克は、グローバル化時代の公教育が直面する重要な課題の一つと言えるのである。

第4節　グローバリズムと公教育

1970年代を代表する学校批判論者であったベライターは、「十分に食事をとれない子どもがいるからといって、すべての子どもに公設の食堂で定食を食べるようには強制できない……子どもを無知から守るためだからといって、同じ子どもを餓死から守る以上の厳しい措置をとることを正当化するのは難しい」

と、公設学校への義務的通学を強制する公教育を皮肉っている（下村哲夫訳『教育のない学校』学陽書房、1975年）。世界に目を転じれば「定食」さえ得られない子どもたちが多数存在する現状で、ベライターの批判は飽食社会の贅沢論とも言えそうである。しかし、内なるグローバリズムを考えるときに、「国民教育」という「定食」を強制する公教育の在り方には限界が見えてきている。国籍や民族を異にする児童・生徒や保護者との共生を前提に、その在り方を組み替えることが求められているのである。

　たとえば中立性の原理は、一見すると人々を公平・平等に扱うようにも受け取れるが、実はマジョリティの日本人男性の規範が反映されたものであるといった批判が、それに当たる。ほかにも憲法第26条がその保障する権利の対象者を「国民」に限定したことは、多様な国籍や文化的・宗教的なバックグラウンドをもつ人々が、日本において教育の機会を得るうえでの障害となっているとも言われており、同様の観点から改正教育基本法が伝統の継承（前文）や、公共の精神の育成を教育の目的として謳った（第2条）ことにも、国による愛国心の強制につながるのではとの懸念が表明されている。グローバルな市場の支配による文化的均一化を抑制するためにも、ローカルな文化や価値を継承することの重要性はますます高まっている。いま大切なのは、文化的寛容を含みこんだ新たな公教育理論を見つけ出していくことなのであろう。

（平井貴美代）

〔引用・参考文献〕

佐藤学「『義務教育』概念の歴史的位相」『教育学研究』第72巻第4号、2005年
西川長夫・松宮秀治『幕末・明治期の国民国家形成と文化変容』新曜社、1995年
広沢明「憲法26条に関する学説史」『日本教育法学会年報』第26号、1997年
巻美矢紀「公教育における平等と平等における公教育の意味」奥平康弘・樋口陽一編『危機の憲法学』弘文堂、2013年

第3章
学校教育の歴史

第1節　近代公教育以前の学校教育

1．学校の起源

　学校schoolが古代ギリシャ語のscholeを語源とし、学校は支配階級や特権階級の消閑（閑暇）の場として生起した。そして次第に、特定の階級や社会集団を維持・発展させるための、明確な教育目的・内容・方法をもった教育機関として発達していく。

　欧米では、古代ギリシャの都市国家、特にスパルタとアテネの学校にそれが求められる。アジアでは、インドと中国に学校教育の起源が見出され、特に中国では、孔子の儒教が大きな役割を果たし、隋・唐の時代には学校制度の発達をみる。わが国でも、701（大宝元）年に最初の教育制度が大宝律令の中に成文化され、氏族の子弟を対象とした大学寮、国学などの創始は、中国の唐制を模している。

　スパルタの教育は、身体鍛錬、武術・闘技の練成、英雄的闘士としての精神修養を内容とし、その学校は兵営でもあり、年長闘士が少年の教師となった。アテネの教育[1]は文芸的で、読み書き、音楽及び体育を内容とした。子どもは、親が雇う身分の低い教師によって音楽と文学を教える学校、国営のギムナジウム（体育学校）などで教育を受けた。古代ギリシャの学校は、支配的身分の自由市民の子女に、宗教と国政奉公について教え、その地位に相応しい力と教義を保持させることを目的とした。

他方、中国の隋・唐時代の学校や、それを模した日本の律令時代の大学、国学も、宮廷人の子弟や官吏を教育し、上流階層者が学問教養を磨く学校であった。そこでは儒教の政治哲学や道徳を中心とする経学が重視された。日本の大学、国学は官営であったが、貴族らは自ら学校（曹司）を興し、和気氏の弘文院、藤原氏の勧学院、橘氏の学館院、在原氏の奨学院など、漢文学を中心として、一族の学問教養と子弟の教育に努めている。大学・国学・曹司に対して、空海の設置した綜芸種智院（828～845年）はすべての民衆を対象とした教育を目的とした。

2．日本の中世の学校教育

鎌倉期以後から江戸時代初期まで、主に仏教が日本の精神文化を規定し、仏教各派の寺院が主な組織的教育の場となった。禅堂、檀林その他の各寺院では、公家、武家又は庶民の一部からも子どもの教育を託され、ここに寺子屋の語源が見られる。寺院は中世僧侶の修養の中心であった。特に、最澄が平安時代初期に創建した延暦寺は、長期にわたり仏教研究と僧侶教育の中心的役割を果たし、法然・親鸞・栄西・道元・日蓮などを輩出した。平安時代末期から鎌倉時代にかけて、栄西や道元により確立された禅林教育も僧侶、武家社会を中心に浸透していく。

足利学校[2]は、中世の代表的な学校であり、足利氏の学問所として設立された。漢学、易学、兵学を講じ、武家学校の発祥とされる。室町中期から戦国時代にかけて学問教官の養成機関として栄え、戦国時代には、修学者が易学や兵学の政治顧問として、武将に奉公する例も多かった。また、臨済宗が鎌倉や京都の五山の制を設けて、宋学をはじめとする学問文化研究の主な担い手となり、武家が教養の源泉として儒教を高く評価し始めている。また、今日の図書館的役割を果たした金沢文庫は、中世の貴重な教育施設である。寺院における教育は、宗教生活の中で信仰と徳義、戒律や儀式に基づく修行を主とし、知識、技術を組織的に教授する学校教育とは異質であった。

3．日本の近世の学校教育
（1）昌平黌

近世における指導層の学校は、江戸時代の武家学校、特に藩学である。徳川幕府は、その文治の枢要を朱子学に求め、家康が儒官として登用した林羅山に対し、家光が1630（寛永7）年に孔子廟を建て家塾の開設を許可した。さらに、綱吉の寵遇を得て、廟と家塾は聖堂として湯島に新営され、林家三代の鳳岡は大学頭に任ぜられた。しかし、この聖堂は幕府学校に数えられるが「本来儀礼の附」であり、その講釈も教育的性格は弱く、寛政期に松平定信により改革され昌平黌となった後も、学校というよりはむしろ幕臣の学問所、教養施設としての性格であった。昌平黌は、諸藩の藩校のモデル的役割を果たし、各藩は俊才を昌平黌に留学させ自藩の藩校指導者とした。

（2）藩校

昌平黌を模し、各藩では講堂型藩黌および自律的な藩校[3]を設立した。幕末には、国学・医学・兵学・洋学などを採用する藩が増える。藩校の代表的なものには、薩摩藩の造士館、長洲藩の明倫館、水戸藩の弘道館、会津藩の日新館がある。藩校は、18世紀半ば、宝暦期に始まり幕末までに250余校が創設された。

藩校は、生徒の年齢や学力段階に応じた等級制や試験制度が導入され、その組織化が進んでいたものも少なくない。入学年齢は7、8歳までが一般的で、20歳または24〜25歳で学を離れ藩政に登用された。教育内容[4]は漢学中心であり、経典の素読に始まる。江戸後期には、地方在住の藩士子弟のために、藩学の補助的教育機関として郷学が設営され、幕末には数百にのぼる。しかし、郷学には文化・文政期以降、庶民教化を設営目的とした性格も色濃く、主に藩校が武家の主要な教育機関を担っていたといえる。それは、儒教主義、特に官許思想となった朱子学の精神教育を中心として、学問と経世の術を教授し、武術訓練をする当時の指導層の学校であった。

（3）私塾

江戸時代には儒学をはじめ、国学・洋学・蘭学など諸分野で学問が発達した。学者は私的教育機関として塾を開き、師と塾生間の全人的信頼関係を基礎とし

て個性豊かな専門教育を行った。また幕末期には、西洋列強のアジア進出にともない、高揚する尊皇攘夷思想や倒幕運動などのイデオロギー形成や実際の拠点となる政治結社的な私塾も多数出現した。漢学では、中江藤樹の藤樹書院、伊藤仁斎の堀川塾、広瀬淡窓の咸宜園、吉田松陰の松下村塾が有名である。また国学には本居宣長の鈴の屋、蘭学には緒方洪庵の適塾（適々斎塾）などがある。

緒方洪庵は、当時の蘭学大家の坪井信道、宇田川玄真に師事し、長崎でシーボルト門下生やオランダ人について蘭学を深め、1838（天保9）年、大阪瓦町に適塾を開いた。適塾では、入塾者の身分・年令・学歴を問わず、実力本位の組織的な学級制と系統的な教授法を採用し、自学自習と塾生同士の相互教育を基本とする徹底した原書主義を貫いていた。この適塾から幕末・明治期に近代日本の建設を担う、大村益次郎、橋本左内、福澤諭吉らが輩出された。

（4）寺子屋の発展

寺子屋[5]の発生は15世紀後半まで遡るとされる。その著しい普及は江戸時代中期以降、急速に商業手工業が発達して、小ブルジョア層の町人階級が勢力を拡大するのに伴う。彼らの経済生活では、手紙の往来やそろばんを習うことが必要とされ、また各地の産物、交通の便、人情風俗に通ずることも肝要であった。都市から波及した商品経済は農村をもその渦中とし、民衆の間の知的要求の向上が寺子屋普及の背景となった。寺子屋は、徳川吉宗や老中松平定信、水野忠邦らの保護奨励政策により、江戸時代後期に普及が加速する。それは封建社会の矛盾が深刻化するのに対して、民衆を封建的モラルで教化する意図などを含み、寺子屋は江戸末期には3万以上存在した。

第2節　近代公教育の成立と学校教育

1．「学制」と近代学校

（1）「学制」の制定

1872（明治5）年8月に制定された「学制」[6]は、当時の欧米先進諸国の教育制度を模範としており、明治期以前の日本の教育形態とは異質であるが、近

世の藩校、郷学、寺子屋における就学機会の存在がその制定に大きな前提と影響を及ぼしている。

近代学校制度の創設にあたり、「学制序文」（「被仰出書」）が「学制」の教育理念と政府施策の基本方針を明示している。「人々自ら其身を立て其産を治め其業を昌にして以て其生を遂るゆゑんのものは他なし身を修め智を開き才芸を長するによるなり而て其身を修め智を開き才芸を長するは学にあらされは能はす是学校の設あるゆゑん」とあり、「身を立るの財本」である学問の重要性と学校設立の理由を述べ、従来の学問や学校に対する考えを批判する。すなわち、①身分階層を問わず、学問と学校設立がすべての国民において枢要と認識されるべきこと、②自己の立身を志向しないため、学問が実際に役立つことが少ないこと、などである。さらに、「自今以後一般の人民華士族農工商及婦女子必ず邑に不学の戸なく家に不学の人なからしめん事を期す」として、国民皆学の必要を述べ、加えて、子どもの就学が親の義務であると強調している。また、学問は国家ではなく自己のためであることを理由とし、学費の民費負担の原則を明示している。

学制序文においては、学問の意義を説き、四民平等の思想を基盤として、門地、身分などの差別なく全国民が等しく教育を受けるべきことを強調している。その思想は、近世封建社会のものではなく、欧米の近代教育思想に連なるものであり、個人主義、功利主義的教育観が垣間見られる。

（2）教育令と学校

1879（明治12）年9月、「学制」を廃止し「教育令」が公布された。当時は、「学制」の問題点である、①諸規定の内容が国情とかけ離れた理想案であったこと、②公布に際しての財政的措置が不明であったこと、③就学義務を定めながら教育費を民費負担としたことなどから、新しい教育は民衆の意識や生活と乖離し、民衆の不信・不満が蔓延した[7]。その情況の下、全国同一的な「学制」に代わり、地方分権的な教育制度として「教育令」が制定された。

「教育令」は、全47条と学制に比し簡略で、文部省と府県の権限を緩和し、また小学校の設置及び就学義務を緩和して、地方の自主性を尊重している。しかし、アメリカの教育行政を模範とした田中不二麻呂による「教育令」は、そ

第3章　学校教育の歴史

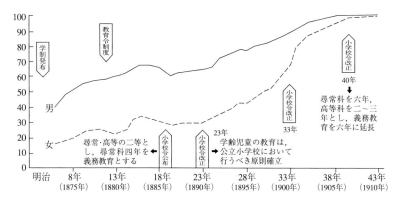

出典：文部省『目で見る教育100年のあゆみ』

図3-1　義務教育就学率の推移

の自由主義的・地方分権的性格が否定され、1880（明治13）年には「改正教育令」が制定された。これは「教育令」に比して、小学3年を義務づけ、就学義務、学校設置義務を強化した。また教育の管理、運営について文部省と府県の権限を強化した。この背景には、儒教主義的教育政策の強化、富国強兵、天皇中心の明治国家の確立に向けての政策側の意図がみられる。

　1879（明治12）年に元田永孚（侍講）によって記された「教学聖旨」が契機となり、明治10年代初めは、文明開化の風潮から儒教主義を中心とする復古思想へと転換する時期でもあった。この頃から、儒学主義的皇国思想が文部省の教育政策の中心となっていく。文部省は教育内容を規定するとともに、教員についても「小学校教員心得」などにより、教育方法に至るまでを規定した。

2．近代学校制度の確立・整備

（1）諸学校令の制定

　1885（明治18）年に内閣制度が創設され、森有礼が初代文部大臣となる。森文相は1886（明治19）年に学校制度全体の再編を図り、「帝国大学令」、「小学校令」、「中学校令」、「師範学校令」を制定し、学校制度の基礎を確立した。1890（明治23）年に、新たに小学校令が制定される。そこでは、小学校の目的

を「小学校ハ児童身体ノ発達ニ留意シテ道徳教育及国民教育ノ基礎並其生活ニ必須ナル普通ノ知識技能ヲ授クルヲ以テ本旨トス」(第1条)と定めた。これは、これまでの小学校の目的を普通教育をなす所との規定に対して、道徳教育をなす所でもあることを明示するものであり、これ以後50余年にわたり初等教育の目的規定となった。森文相は、普通教育の基盤として師範学校を重視した。師範学校令は「師範学校ハ教員トナルヘキモノヲ養成スル所トス　但生徒ヲシテ順良信愛威重ノ気質ヲ備ヘシムルコトニ注目スヘキモノトス」(第1条)と定めて、師範学校の目的及び教員の資質を規定した。このように、教員の資質や人間像をも固定化し、その養成を重視する師範教育のあり方が示され、いわゆる「師範タイプ」といわれる教員を輩出する大きな要因となった。

(2) 教育勅語

日本の初等教育は、1890 (明治23) 年の小学校令により基本構造が形成されたが、この時期には国民道徳及び教育の根本理念が、「勅語の形」により明示された。1890 (明治23) 年10月、「教育ニ関スル勅語」が公布された。それは、教学聖旨の主旨を継承したが、「一旦緩急アレハ義勇公ニ奉シ」と忠君愛国を目的とし、天皇制による国体論にたちながら、儒教主義と異なる徳育を強調し、国民から修身・道徳教育の根本規範、ひいては教育全般の規範と捉えられた。教育勅語は、謄本をつくり全国の各学校に頒布され、第二次世界大戦の敗戦まで50余年にわたり日本の教育の根本規範と捉えられていった。

(3) 学校制度の整備

日清・日露戦争を経て、日本の産業は近代化され急速に発展した。この時期に井上毅が文部大臣となる。井上文相は、富国強兵の基礎を実業教育の振興に求め、実業関係の学校に国家補助金を交付する規則や、「実業補習学校規程」などを制定し、実業教育施策を展開した。このため、森有礼の「普通教育の父」に対して井上毅は「実業教育の父」といわれた。その後1899 (明治32) 年に「実業学校令」が定められ、実業関係の諸学校の統一的な規定となった。

また井上文相は、1894 (明治27) 年に「高等学校令」を制定し、従来の高等中学校を高等学校と改めた。これにより、高等学校へは尋常中学校から直接進

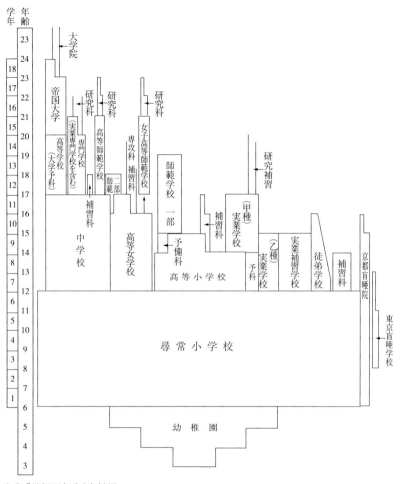

出典:『学制百年史』資料編

図3-2　学校系統図(1908・明治41年)

学するとされ、小学校─中学校─高等学校─大学の系統が成立した。

　近代産業の著しい発展の中で、明治20年代末から30年代にかけて児童の就学率が急激に上昇し、1902(明治35)年には90％を超えた。1907(明治40)年には、尋常小学校(6年)・高等小学校(2年または3年)となり、尋常小学校が

義務教育とされて、ここに初めて6年制義務教育制度が成立した。

(4) 教科書の国定化

「学制」後の暫くは、教科書は自由発行・採択であり、文部省の推薦教科書が存在したのみであった。しかし、自由民権運動が高まる1880（明治13）年に小学校教科書の使用禁止書目が出され、翌1881年に「小学校教則綱領」、「中学校教則大綱」の制定に伴い教科内容が示され、教科書はそれに基づき編纂されることとなった。これを契機に、「教学聖旨」に示された仁義忠孝的な教育内容への転換が行われ、修身科は最も重要な教科とみなされ、すべての教科の筆頭に位置づけられた。

1886年には、森文相の諸学校令により、小学校、中学校、師範学校の教科書は文部大臣の検定制となる。そして、1904（明治37）年から国定教科書の制度が発足し、修身、日本歴史、地理及び国語から全国同一の教科書制度が開始された。最初の国定日本歴史教科書の第1章は「天照大神」であり、神話が日本の古代史とされた。

3．大正自由教育から戦時教育

(1) 大正自由教育

1914（大正3）年に始まる第一次世界大戦への参戦を契機として、「大正デモクラシー」が花開き、欧米からの新思想の移入に影響を受けた大正自由教育が展開する。

従来の教師・教科書中心、教材の単純伝達、暗誦主義に対して、児童中心、自発性や個性の尊重、表現・自治活動の重視が唱えられた。このような児童中心主義の提唱には、背景にルソー、ペスタロッチに発し、エレン・ケイ、パーカー、デューイに至る欧米新教育運動の紹介がある。1917（大正6）年に、沢柳政太郎（1865-1927）が新しい教育をめざして成城小学校[8]を創設する。その他に、木下竹次の奈良女高師範附属小学校での合科学習、手塚岸衛の千葉師範附属小学校での自由教育、西村伊作の文化学院での芸術教育、野口援太郎、野村芳兵衛による池袋児童の村小学校の自由教育など、創造的な教育の試みが行われた。

また、漱石門下の鈴木三重吉が北原白秋らとともに少年少女雑誌『赤い鳥』

を創刊した（1918年）。子どもの作文、作詩に関して「思ったことをありのままに書」かせる指導方針は、従来の形式的で模倣的綴方や詩に対して新しい方向を示し、綴方教育に大きな影響を与えた。『赤い鳥』に啓蒙された教師は、子どもたちが生活をみつめ、物事の要因を科学的に思考することによって社会認識を形成していく教育を綴方の時間に行った。綴方は、当時国定教科書に束縛されない唯一の教科であった。公立小学校の教師も新教育の学校を見学し、その学校が発行する教育雑誌、機関誌〈成城小学校『教育問題研究』、奈良女高師範附属小学校『自由教育』、池袋児童の村小学校『教育の世紀』の読者となり、新しい教育を模索した。

（2）臨時教育会議

第一次世界大戦後、自由主義、社会主義運動が急速に発展する社会情勢の中で、政府は学制改革問題を解決し、さらに思想問題、社会問題を解決するための基本方策を教育制度改革に求め、1917（大正6）年内閣に「臨時教育会議」を設置した。「臨時教育会議」では、教育制度全般にわたり審議、答申され、教育内容についても実科教育が強調され理科教育の振興が諮られた。改革の基調は、教育勅語の精神を基幹とした国民道徳の徹底を期し、忠良な臣民として国民思想を統一することであった。

この答申に基づき、1918（大正7）年に「大学令」、「高等学校令」が制定され、特に高等教育機関を著しく拡充した。小学校については、義務教育費の国庫負担を増額させ教育内容を改革して、高等小学校の教育を普及させた。さらに、1926（大正15）年に初めて「幼稚園令」が定められ、幼稚園制度の整備を目指した。

（3）農業恐慌と郷土教育

第一次世界大戦後に急速に発展した日本資本主義は、戦後直ちに不況に見舞われ、1922（昭和4）年の世界大恐慌により決定的な打撃を受けた。大恐慌の日本への影響は翌年に現れ、農業恐慌を引き起こす。農村の不況と重なる「大正自由教育」は、郷土の再建、生活改善の教育を志向する「郷土教育」の主張となる。そこには、科学的知識や保護者との協力で農村困窮の課題解決を目指

す方向と、郷土愛を高め日本の伝統を重視し天皇中心の国体を優れたものと見る、国家主義へと傾斜する方向があった。

　日本が恐慌を打開するために、満州事変・日華事変と戦争拡大の途を進むにしたがい、前者は衰退し、後者の郷土教育が普及した。しかし、大正自由教育を経験した教師の中には農村の疲弊に直面し、貧困に耐えうる子どもを育てようとした者、例えば「北方教育」（北方性教育）の名で呼ばれる生活綴方運動の教師らが活動していた。

第3節　戦後の教育改革と学校教育

1．戦後の教育改革

（1）敗戦と教育改革

　1945（昭和20）年8月、日本は連合軍に無条件降伏し戦争は終結した。この敗戦により、近代的教育制度が創始されて以来の根本的な教育改革が行われていった。戦後日本の教育改革は、連合国軍の占領政策の指令、米国教育使節団の報告書に端を発し、教育刷新委員会の審議と建議を経て実施に移されていく。

　まず、占領直後に連合軍総司令部が出した四つの「指令」、①「日本教育制度の管理政策」（1945.10）、②「教員及び教育関係官の調査、除外、認可」（1945.10）、③「国家神道、神社神道に対する政府の保証、支援、保全並びに弘布の廃止」（1945.12）、④「修身、日本歴史及び地理の停止」（1945.12）である。

　次に、「米国使節団報告書」（1946.3）による教育課題の報告である。連合国軍最高司令官マッカーサーは米国教育家の来日を要請した。それに応じてG.D.ストダート団長以下27名の教育使節団（第一次）が来日した。使節団は、A「日本ニ於ケル民主主義教育」、B「日本ノ再教育ノ心理的部面」、C「日本教育制度ノ行政的再編成」、D「日本復興ニ於ケル高等教育」の4課題を研究調査し、30人の日本側教育家の委員会の協力のもと、わずか1ケ月後に報告書をまとめて帰国した。報告書は、民主主義、自由主義の立場から日本の教育への大胆な改革提案を示し、その後の6・3制教育改革の実質的な青写真となる。この報告書の趣旨に基づき、「教育刷新委員会」が設置され、教育改革についての調査、審

議を進めた。

　さらに、文部省が提出した「新教育指針」(1946.5)がある。これは、敗戦の状況下で教師に新しい教育目標を提示するために、総司令部の政策路線に沿いつつ、全国の訓導、教諭、師範学校生徒に配布され、教師の手引き書となった。

　そして1946（昭和21）年、民主的で文化的な国家の建設をめざす「日本国憲法」が発布された。翌1947年には、新憲法の精神に則り「教育基本法」が公布され、戦前の「教育勅語」が廃され、教育の基本方針が新たに示された。

（2）新学制の実施

　1947（昭和22）年に「教育基本法」とともに「学校教育法」が公布され、戦後の新学制が実施される。新学制は、6・3制の9年制義務教育を基盤とした。そして、教育基本法に定める教育の機会均等の原則にたち、戦前の階層的複線型の学校体系とは異なり、単線型の学校体系を構想した。小学校（6年）・中学校（3年）・高等学校（3年）及び大学（4年）の接続による6・3・3・4制の基本体系である。

　新学制により、新制の中学校（前期中等教育）は義務制となり、国民全体に対して共通の普通教育を与えるものとして成立し、初めて9年制義務教育が成立した。また、新制の高等学校（後期中等教育）は、旧制の中学校、高等女学校、実業学校などを母体として設立され、いわゆる高校三原則（総合制・小学区制・男女共学制）などが採用された。新学制による小学校及び中学校は1947（昭和22）年度から発足し、高等学校は翌1948（昭和23）年度から発足した。

2．戦後教育の転換

（1）学制改革の動向

　1950（昭和25）年、朝鮮戦争が起こり、米ソ間のいわゆる冷戦が深刻化する中で、米国の占領政策は大きく変化する。1951（昭和26）年、対日講和条約が締結され、日米安全保障条約が調印された。日本の政治体制の変革は、占領下の教育改革を基盤としながら、自律的な国家観の志向と相俟って戦後の教育改革の再編を企図していく。

　学校制度改革に関しては、1951（昭和26）年の政令改正諮問委員会の「教育

制度の改革に関する答申」がなされた。答申は、戦後の教育改革の意義を認めながらも、日本の国力と国情に適合して、真に教育効果をあげる合理的な教育制度改革の必要を求めた。改革の具体的施策の要点は次である。

①小学校、高等学校の課程を、普通課程に重点をおくものと、職業課程に重点をおくものとに分ける、②大学を、2年または3年の専修大学と、4年以上の普通大学に分ける。専修大学は専門的職業教育と教員養成とに分け、普通大学は学問研究と高度の専門的職業教育と教員養成とに分ける、③例外的な学校として、職業課程に重点をおく中・高一貫の高等学校（5年又は6年）や、職業教育に重点をおく高・大一貫の専修大学（5年又は6年）を設ける。

答申で示された職業課程と普通課程との分離や専修大学構想などは、複線型学校体系への逆行であり社会の階層制を助長するとの批判が出された。一方、日本経営者団体連合（日経連）は、1952（昭和27）年に「新教育制度の再検討に関する要望書」を岡野文相に提出し、職業ないし産業教育重視の観点から新教育制度の改革を要請した。この後、日経連をはじめ財界、産業界から教育に対する要望が公表されていく。

（2）「地教行法」の制定

対日講和条約の締結（1951・昭和26年）の頃から、占領中に実施された6・3制の教育制度が日本の社会的現実に適合しないとの理由から、再改革推進側と再改革阻止側が対立して、教育界は政治的に大きく二分される。再改革推進側では、特に戦後初めて実施された教育委員会制度、とりわけ教育委員の公選制の改革を求める声が強く、1954（昭和29）年に教員の政治的活動を禁止する政治的中立確保法（中確法）を制定して、日教組に加入する教員の政治的活動を規制しようとした。このように、講和後の再改革推進側の文部省と再改革阻止側の日教組が改革の可否をめぐって厳しく対立した。その焦点の一つが教育委員会法の改正であった。

1956（昭和31）年に「地方教育行政の組織及び運営に関する法律」（「地教行法」）が制定され、占領期に制定された教育委員会制度は根本的な性格変更とそれをめぐる論議の的となった。即ち、戦後における、教育の地方分権・民衆統制、自主性の三つの柱は事実上消失し、地方教育行政は再び中央集権と官僚統

制を受けることになるとの論議である。教育委員会法との内容上の相違点は、教育委員の公選制を廃し、自治体首長の任命制としたことである。これにより、教育長の任命は上部機関（市町村は都道府県教委、都道府県は文部大臣）の承認を要することとなった。さらに上部機関は下部機関に対し措置要求できるとした。また、教育委員会がそれまで有していた地方自治体議会に対する予算、条例に関する原案の送付権を取り消した。この他、義務教育学校教職員の任免権が市町村教委から都道府県教委に移された。この改正は、上下の指揮命令系統が確立され、かつての中央集権機構への回帰を企図するものとの議論を巻き起こした。

（3）後期中等教育の拡充

　1960年代初頭に高度経済成長の時代を迎えると、池田内閣は「国民所得倍増計画」（1960年）を掲げ、経済政策中心の政治が展開する。人間は「物的資源」に対し「人的資源」と考えられた。1963（昭和38）年に発表された経済審議会の「経済発展における人的能力開発の課題と対策」は、技術革新の主導力となる一部ハイタレント養成を眼目とし、高等学校の生徒にはその適性と能力に応じて多様なコースを用意する教育改革機構構想を示した。1962（昭和37）年から、産業界の要望により、「高等専門学校」が設置された。短期大学に関しては、当初暫定的な措置として出発したが、1964（昭和39）年には、初めて恒久的な制度として成立した。また、1961（昭和36）年には高等学校に全日制、定時制とならび通信制課程が認められた。

　中教審は、後期中等教育に対する経済界、保護者などからの期待の高まりに即応して、1966（昭和41）年に「後期中等教育の拡充整備について」の答申を行った。さらに中教審は、1971（昭和46）年に教育改革のための基本的施策を発表し、これを、1872（明治5）年の「学制」及び戦後の教育改革に続く「第三の改革」であるとした。教科書については、1963（昭和38）年に小・中学校の児童・生徒の教科書が無償化された。しかし、各学校で許可されていた教科書の自由採択は、広域採択となり、中央集権化・管理化の傾向が現れ始めた。「学テ裁判」と「教科書裁判」などは、教育行政がどこまで教育内容に介入できるかを争った教育裁判である。そこでは、教育行政の一般行政からの独立などの

根源的な論議を包含し、加速する中央集権化政策に対峙して、教育の自主性・中立性担保に関する願いや問いが議論を活発化させた。

第4節　「学校教育の歴史」を学ぶ意義
―「学校の自律性と責任」の担保要件を考究する方途を例示して

　自己の歴史認識を構築する手掛かりを得て、理想とする現代学校像を描き、学校改革の諸課題を考究するための方途として、歴史学習の深化に努めることが不可欠である。結語として、現代の学校改革課題である「学校の自律性と責任」の担保要件を考究する場合を想定し、「学校教育の歴史」を学ぶ意義について述べる。

　「学校の自律性」の担保については、これまでも学校経営研究の中核概念であるとともに、学校経営改革の運動論的な要件として、その必要性が強調されてきた。そこでは、学校が教育機関として独自の判断に基づいて、教育活動・経営活動を自主的・創造的に進めていくことがきわめて重要であるとの観点からア・プリオリに承認されてきたことでもある。今日では、「学校ガバナンス」との用語に置き換えて表現されてもいる。しかし現実には、「学校の自律性は脆弱であり、学校の自律性に関する理念と現実のギャップはあまりにも大きい」[9]ことも事実である。

　この問題に対しては、なぜ「学校の自律性」の担保が課題化されるかを考究するにおいて、前提として、明治期の「学制」、「教育令」制定から戦後教育改革の政策基調の変遷までを学習することが不可欠となる。

　また、「学校の責任」の担保については、「その行政構造とのかかわりにおいて、経営権限の不明確性―経営責任の曖昧性―当事者能力・責任の不十分性といった点から自律性確保の制度的枠組みの設定がきわめて不十分であり、結果として教育責任を果たす内部構造の構築に成功していない」[10]と、その問題構造が指摘されてきた。

　この問題に対しては、昭和56年制定の「地教行法」を巡る諸議論を省察し、政府が何を目的として法整備をし、その結果、「学校の責任」担保主体の曖昧性

又は喪失性が生起したか否か、一般行政と教育行政との矛盾構造関係及び「教育の自主性」担保の揺らぎをもたらしたか否かについて、考察することが不可欠である。

　現在進行する学校経営改革では、中央集権的な教育行政によるガバナンスと並行して、教育の地方分権化政策の名目のもと、主に学校―教育委員会の関係見直しに基づく学校の権限・裁量の拡大、学校の自己責任原理に基づく経営体制の再構築、保護者・地域住民の学校運営への参加を企図する新たな試み（学校評議員制度）の導入など、を柱とする政策転換のもとで、学校の自律性の確立、自律的学校経営の実現が依然として目指されている。その改革方向性は、「ゆとり教育」導入時の規制緩和を契機として「90年代の行政改革の展開による学校経営改革は、学校の権限拡大を担保しての学校の自主性・自律性の確立に向けた改革へと大きく様変わりした姿を読みとることができる」[11]と指摘される。

　この問題に対しては、戦後「第三の改革」の目指した教育改革案、その後の政策推移を詳細に考察することが不可欠である。「学校の自律性と責任」を担保する要件を考究するためには、上記に加えて、21世紀以前に、学校経営改革のドラスティックな進展が期待された歴史を紐解く必要がある。例えば、1990年代に指摘された「学校像」に関する諸言説を整理し、21世紀に期待されていた学校経営改革に関する提起を再確認することも作業方途の一つであろう。結果、学校像の転換が示唆されてきた要因として、現代教育改革でも継続課題として指摘される、学校機能の衰退と学校の存在危機（正統性の危機）が浮き彫りになるならば、その危機をもたらした社会情勢の変化はもとより、行政改革原理のもとで推進されてきた学校経営改革の基調（方向性）を歴史的見地から確認する必要も生じてくる。

　この例示からも、学校教育の歴史を学ぶことは、学校の現実課題を対象化する方途となり、加えて、今後より一層に未来的志向な課題解決を考究する際に、俯瞰的で巨視的（マクロ的）な事象の見方と微視的（ミクロ的）な見方を養う契機にもなり、自らの抱く理想の学校像のシステムデザインを内実化・鮮明化する一助となりえる。

　　　　　　　　　　　　　　　　　　　　　　　　　　　　（西山　亨）

〔注〕
(1) 既に計算板や筆記用具、楽器が使用され、教師も、読み書、算を教えるグラマティスト、音楽と読み書きを教えるシタリスト、及びパレーストラと呼ばれる体育教師など、分業が始まっていた。
(2) 初代痒主（校長）の快元はじめ代々僧籍の者が学を講じ仏教とも密接であった。
(3) 特に天明・寛政期より藩政改革、藩産業の育成、道路・治水治山事業、防疫を担う人材育成の必要から、各藩は自律的に塾をも保護援助し藩校としていった。
(4) 孔子の『孝経』、四書・五経が重視され、他に『蒙求』『十八史略』などの史書が使用された。藩校の普及につれて学習者年齢も低下し、経典に入る前に、手習い用の『千字文』や教訓書の『庭訓往来』などを用いる場合もあった。
(5) 一人の師匠がおよそ20〜40人程の子どもに、個別的に「いろは歌」「童子」「実語」「商売往来」など各種「往来物」や草紙を使って手習い中心で文字の読み書き、算術を教え、また生活上有用な知識、礼儀作法を授け、道徳的訓話を教授した。幕末までに民衆の2割程の層が寺子屋に学んでいたと推定されている。
(6) 「学制」構想は、全国を8大学区に分け（明治6年4月、7大学区に改定）、1大学区に大学校1校を、各中学・小学区に中学校・小学校1校を設置するとした。学校系統は「単線型」を目指し、大学には就業年限の定めがない。これらの学校とは別に、小学校教員を養成するための師範学校が構想された。
(7) 地方では就学拒否や学校焼打事件が起き、秩父事件では運動目標の一つに「学校費をはぶくため3ヶ年の休校を県庁に迫る事」を掲げた。自由民権運動も高揚し、植木枝盛は論文「教育ハ自由ニセザルベカラズ」の中で、教育の自由・独立を主張し、国家の教育関与を否定している。
(8) ①個性尊重の教育、附―能率の高い教育、②自然と親しむ教育、附―剛健不撓の意志の教育、③心情の教育、附―鑑賞の教育、④科学的研究を基とする教育、の四つをスローガンとして実験的教育を試み、1923年頃からは、パーカースト女史（米国）が創案したドルトン・プランを導入した。
(9) 大脇康宏「教育経営における学校の自律性の理念と現実」永岡順編『現代教育経営学―公教育システムの探究』教育開発研究所、1992年、49頁。
(10) 堀内孜「学校の自律性と教育責任」永岡順・金子照基・久高喜行編『学校経営』（現代教育問題セミナー・第4巻）第一法規、1988年、33頁。
(11) 小島弘道「学校の自律性・自己責任と地方教育行財政」『日本教育行政学会年報』第25号、教育開発研究所、1999年、24頁。

〔参考文献〕

結城陸郎『金沢文庫と足利学校』至文堂、1959 年

石川謙『日本学校史の研究』小学館、1960 年

倉沢剛『学制の研究』講談社、1973 年

大田堯編『戦後日本教育史』岩波書店、1978 年

石川松太郎『藩校と寺子屋』教育社、1980 年

井上久雄編『明治維新教育史』吉川弘文館、1984 年

門脇厚他編『高等学校の社会史』東信堂、1992 年

刈谷剛彦『大衆教育社会のゆくえ』中公新書、1995 年

尾崎ムゲン『日本の教育改革』中公新書、1999 年

第4章

学校教育の法と行政

第1節 学校教育の法

1．学校と法の関係

　学校教育のあり方や役割課題等を考える場合、法とのかかわりで見ていくことが一つの基本となる。実際、学校の性格やそこで働く教員の職務や資格、授業の在り方など、学校教育を枠づける基本は、すべて法によって規定されているのである。

　例えば、「学校」は国・公・私立学校の別なく「公の性質を有するもの」（教育基本法第6条）とその法的性格が示され、その設置者は国・地方公共団体・学校法人に限定され（学校教育法第2条）、その設置には一定の法的基準（小学校設置基準等）が適用されている。また、学校の教育課程や授業の内容は、国の定めた「教育の目標」（教育基本法第2条、学校教育法第21条等）とその大綱的基準としての「学習指導要領」に従って編成・実施され（学校教育法施行規則第52条）、授業は文部科学大臣の検定を経た教科用図書としての「教科書」の使用が義務づけられている（学校教育法第34条）。

　そして、公立学校の教員は「地方公務員」としての身分を有し、他の公務員と同様に、その「全体の奉仕者」（憲法第15条）としての服務規律から職務上及び身分上の服務義務（地方公務員法第30条～38条）が課されている。特に、近年の教育界をめぐる不祥事問題は、教員に対する法令遵守（コンプライアンス）を強く求めるとともに、その倫理観（モラルハザード）を根本から問い直

す必要性が指摘されている。また、この問題は単に教員個人に求められるだけでなく、いじめや体罰問題に典型に見られるように学校組織全体の問題（組織文化・風土）、すなわち学校づくりの課題として捉えていくことが必要だといえる。

　このように、一見、法とはかけ離れた教育の場としての学校とそこでの教育の在り方については数多くの法が関与している現実がある。それは、学校が「私教育」ではなく「公教育」として位置づけられているためである。学校（私立学校も含めて）は、公教育機関として国民形成という役割を担い、そこでの教育実践は公教育事業として「公共性」をもつためである。そのため、国家の関心は強く、教育における公共性を担保するために、法の制定とその執行を担う行政作用を通して関与することになるのである。

2. 教育法の体系と教育基本法の位置

　教育法を「教育に関係のある法」と捉えると、その範囲は極めて広いが、法は国家を単位として一つの体系を形成している。この法体系は、国の最高法規である憲法を頂点に、成文法の体系として整理することができる（図4-1）。

　そこでは、憲法第26条の「教育を受ける権利」を頂点に、その具体的保障を図るために法律で基本的事項について定め、政令や省令で具体的な事項を定めるという構造がとられている。例えば、学校教育法という法律で学校教育の基本的事項を定め、政令としての学校教育法施行令、省令としての学校教育法施行規則や学校の設置基準により具体的事項を規定している。さらに告示としての学習指導要領によって具体的な教育内容や教育課程編成の基準が定められているというものである。また、都道府県・市町村といった地方公共団体では、こうした国の法令に違反しない範囲で、関係する行政事務に関して地方公共団体の自治権に基づく自主法としての条例や規則を制定することができる。

　こうした成文法の解釈と運用に当たっては、法規の形式的効力の原理、後法優位の原理、特別法優先の原理によって、その優先順位が決まっている。なお、成文法を補完するものとして、慣習法、判例法、行政実例法、条理法といった不文法があり、成文法の解釈や運用において一定の役割を果たしている。

　教育法の体系の中で、教育基本法（1947年制定）という法律は特別な意味を

第Ⅰ部　学校教育の原理

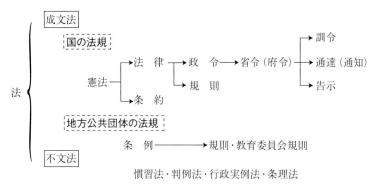

出典：下村哲夫『定本・教育法規の解釈と運用』ぎょうせい、1995年、P.29

図4-1　教育法の体系

もつものとして位置づけられてきた。法体系上、教育基本法も法律の一つであり、他の法律と同レベルのものであるが、その制定の趣旨・理念等から「教育憲章」「教育根本法」としての性格を有するものとして位置づけられてきた。こうした性格は、司法判断においても「教育基本法は、憲法において教育のあり方の基本を定めることに代えて、わが国の教育と教育制度全体を通じる基本理念と基本原理を宣明することを目的として制定されたものであって、（中略）教育の根本的改革を目途として制定された諸立法の中で中心的地位を占める法律であり、このことは、同法の前文の文言及び各規定の内容に徴しても明らかである」（学力テスト事件最高裁判決、1976.5.21）と確認されている。

3．教育基本法の改正と教育改革三法の制定

このような性格と意味を有する教育基本法が、2003（平成15）年3月20日の中央教育審議会答申「新しい時代にふさわしい教育基本法と教育振興基本計画の在り方について」を経て、改正法案の国会提出に向けた作業が与党・政府によって進められ、1947（昭和22）年3月31日の公布・施行以来、はじめて改正されることになった[1]。

2006（平成18）年12月22日に公布・施行された教育基本法は、前文と4章18条で構成され、旧法のそれ（前文と11条で構成）と比べて構成も内容も大き

く変化しており、「新教育基本法」とも呼べる性格のものとなっている。特に、①国家主義的・権威主義的傾向をもつ教育の目標を新たに盛り込んでいること（第2条）、②家庭教育という私的領域まで踏み込んだ規定がなされたこと（第10条）、③教育振興基本計画の策定を義務づける規定が新設されたこと（第17条）、④教育基本法の規定を実施するために必要な法令の制定を定めたこと（第18条）などに、その変更点が端的に現れているといえる。

その結果、教育の基本理念と基本原理を宣明する「教育理念法」から、国家が法を媒介として教育の内部に積極的に関与・介入し、教育の制度や組織を再編するための「教育改革法」へと変更した姿を読み取ることが出来る[2]。このことは、教育基本法の改正を受けて、2007（平成19）年6月に成立した「教育改革三法」（学校教育法の一部改正法、地方教育行政の組織及び運営に関する法律の一部改正法、教育職員免許法及び教育公務員特例法の一部改正法）によっても説明できる。これらは、改正教育基本法第18条の「この法律に規定する諸条項を実施するために、必要な法令が制定されなければならない」との規定を受けて改正されたものである。

このうち、学校教育法の一部改正法では、①義務教育の目標の新設と各学校種の目的・目標の見直し・修正、②新しい職の設置（副校長、主幹教諭、指導教諭）、③学校評価の実施と学校運営の状況に関する情報の提供の義務化、といった教育の目的から学校の組織や運営のあり方に関する改正が行われている。また、地方教育行政の組織及び運営に関する法律（以下、地方教育行政法）の一部改正法では、①教育委員会の責任体制の明確化、②教育委員会の体制の充実、③教育における地方分権の推進、④教育における国の責任の明確化、⑤私立学校に関する教育行政における教育委員会の役割の明確化などの観点から改正が行われている。そして、教育職員免許法及び教育公務員特例法の一部改正では、①教員免許更新制の導入（教育職員免許法）、②指導が不適切な教員の人事管理の厳格化（教育公務員特例法）、③分限処分を受けた者の免許状の失効（教育職員免許法）などが新たに規定されることになった。

なお、教育行政のあり方に密接に関連する地方教育行政法は、後述するように2014（平成26）年6月にその一部を改正する法律が制定され、教育委員会制度に関する大幅な見直しが行われている。

第2節　学校教育と教育行政

1．改正教育基本法と教育行政

　教育基本法の改正は、「教育行政」に関しても大きな修正を行っている。旧教育基本法では、教育行政の基本理念として国民に対する直接責任制と条件整備行政を規定していたが、改正法ではそれらが削除されている。それに代わって、教育行政は法律に基づくことと、国と地方公共団体との「適切な役割分担と相互協力」と「公正かつ適正」な実施を基本原理として規定している。ここには、教育行政は国の教育意思を実現するための国家作用であるという側面が強く打ち出されている。

　教育行政の捉え方、定義については立場によっていろいろあるが、その中で教育行政体制の転換（1954年）が行われた時期に、宗像が残した有名な定義がある。「教育行政とは権力の機関が教育政策を現実化すること」[3]であるというものである。ここで、教育政策とは「権力に支持された教育理念」のことであり、教育理念は「教育の目的と手段と、内容と方法との総体」を意味するとされている。この定義からは、教育政策の実現を通して教育のあり方を決定している教育行政という姿が浮かび上がってくる。

　このような捉え方に対しては異論もあるが[4]、改正教育基本法では国家主義的な教育目標の設定や私的領域への国家関与等を規定するなど、法を媒介に国家が教育に積極的に関与・介入しようとする指向のもと、その実現手段・作用としての教育行政という性格が強く打ち出されているともいえる。また、教育振興基本計画の策定（第17条）に見られるように、国に総合的教育施策の策定実施を義務づけることによって公教育全体をカバーする権限を付与する一方、国と地方との「役割分担と協力」の名のもとで教育行政における地方に対する国の相対的優位性のもとでの展開が想定されている。こうした点から考えれば、宗像の定義の持つ意味と意義を再確認しながら、今後の教育行政の具体的な姿を分析していくことが必要だともいえる。

> **旧教育基本法**
> 第10条（教育行政）教育は、不当な支配に服することなく、国民全体に対し直接に責任を負つて行われるべきものである。
> 2　教育行政は、この自覚のもとに、教育の目的を遂行するに必要な諸条件の整備確立を目標として行われなければならない。

> **第三章　教育行政**
> 第16条（教育行政）教育は、不当な支配に服することなく、この法律及び他の法律の定めるところにより行われるべきものであり、教育行政は、国と地方公共団体との適切な役割分担及び相互の協力の下、公正かつ適正に行われなければならない。
> 2　国は、全国的な教育の機会均等と教育水準の維持向上を図るため、教育に関する施策を総合的に策定し、実施しなければならない。
> 3　地方公共団体は、その地域における教育の振興を図るため、その実情に応じた教育に関する施策を策定し、実施しなければならない。
> 4　国及び地方公共団体は、教育が円滑かつ継続的に実施されるよう、必要な財政上の措置を講じなければならない。
> 第17条（教育振興基本計画）政府は、教育の振興に関する施策の総合的かつ計画的な推進を図るため、教育の振興に関する施策についての基本的な方針及び講ずべき施策その他必要な事項について、基本的な計画を定め、これを国会に報告するとともに、公表しなければならない。
> 2　地方公共団体は、前項の計画を参酌し、その地域の実情に応じ、当該地方公共団体における教育の振興のための施策に関する基本的な計画を定めるよう努めなければならない。

2. 教育行政を動かす組織

（1）中央教育行政の組織と役割

　国の教育行政を担う主な機関は、内閣、内閣総理大臣、文部科学大臣、文部科学省である。内閣と内閣総理大臣の教育行政にかかわる権限には、教育法案や教育関係予算案の国会提出、教育政策の閣議決定などがあげられる。文部科学大臣は文部科学省の長として、国の教育事務の総括と、教育関係法規等の閣議請求、文部科学省令の発令、私立大学等の設置認可などの権限を有している

(国家行政組織法第10、11、12条)。また、地方の教育委員会に対する指導、助言、援助を行うことや是正指示を行うことができる(地方教育行政の組織及び運営に関する法律第48、49、50条)。

また、文部科学省は「教育の振興及び生涯学習の推進を中核とした豊かな人間性を備えた創造的な人材の育成、学術、スポーツ及び文化の振興並びに科学技術の総合的な振興を図るとともに、宗教に関する行政事務を適切に行うことを任務とする」(文部科学省設置法第3条)とされ、その所掌事務は97項目にわたって規定されている(同第4条)。文部科学省は、文部科学大臣のもとに副大臣(2名)、大臣政務官(2名)の政治的任用職と事務方のトップである事務次官のほか文部科学審議官(2名)が首脳部を形成する。組織としては、省全体の総合調整等を行う内閣官房の他、生涯学習局、初等中等教育局、高等教育局、科学技術・学術政策局、研究振興局、研究開発局、スポーツ・青少年局、国際統括官が置かれているほか、外局として文化庁が設置されている。

国の教育政策を立案する際には審議会による審議を経る場合が多い。文部科学大臣から審議会に対して諮問を行い、これについて調査研究を踏まえた審議を行い、答申を提出する。答申の多くは行政施策に反映され、法令の改正などが行われる。現在、文部科学省に置かれている審議会には、中央教育審議会、教科用図書検定調査審議会、大学設置・学校法人審議会などが置かれている。

(2) 地方教育行政の組織と役割

地方における教育行政を担うものは、地方公共団体の長と教育委員会である。2014(平成26)年の地方教育行政法の一部改正によって、両者の権限と関係に大きな変更・修正が行われている。改正法は、平成27年4月1日から施行されることになっているので、現行法との違いを含めて見てみることにする。

まず、地方公共団体の長については、現行法では大学の設置、管理や私立学校行政(私学助成など)、教育財産に関する事務、教育関係予算の執行等の権限が付与されているが、改正法によって新たに首長と教育委員会によって構成される「総合教育会議」を主催するとともに、この会議での協議を経て、教育振興施策の「大綱」を作成する権限が付与されることになった。首長の教育に対する権限の拡大である。

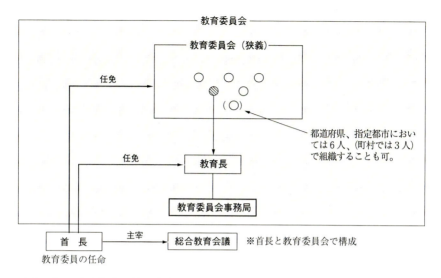

出典:『2016年度版 教員採用試験ヤリキル!シリーズ1』協同出版、2014年11月

図 4-2　教育委員会の組織

　この改正に合わせて、教育委員会についても次のような改正が行われた。まず、教育委員会は首長が直接任命する新「教育長」と教育委員によって組織されることになり、この「教育長」が教育委員会を代表する者という位置づけに変更されている。現行法では、教育委員の中から、委員会会議を主宰し代表する教育委員長と教育委員会事務局の長として教育行政実務を担当する教育長が選ばれるという仕組みであったが、首長の責任と権限との関係で新たな役割と責任を持つ新「教育長」の設置により、教育行政の責任の明確化を図ろうとするものである。そのため、「教育長」の任期は3年（教育委員は従来通り4年）とされ、首長在任期間中、少なくとも1回は人事権を行使できる仕組みが採られることになった。なお、教育委員会が担う事務執行については、現行と同じように学校の設置管理、教育財産の管理、教職員の任免や人事、学校の組織編制、教育課程、教科書・補助教材、学習指導、生徒指導、社会教育に関することなど、19項目にわたる事柄が地方教育行政法で定められている。

3. 学校教育と教育財政

　学校教育を維持し、その充実を図るためには多くの経費を必要とする。経費の負担の在り方やその運用の在り方など教育の財政的側面は、教育の機会均等や教育の義務制・無償制というわが国公教育制度の教育理念・原理と密接な関係をもっている。具体的には、まず憲法第26条第1項で教育を受ける権利がすべての国民に保障されていることを規定するとともに、同条第2項でそれを保障するための原理として、「すべて国民は、法律の定めるところにより、その保護する子女に普通教育を受けさせる義務を負ふ。義務教育は、これを無償とする。」と義務教育の無償規定を設けている。また、教育基本法第4条ではこの憲法の規定を具体化するために「教育の機会均等」を規定し、経済的理由による修学困難な者への支援を国と地方公共団体に義務づけている（第3項）。

　教育における無償制とは、教育を受ける者がそれに必要な費用を直接には負担せず、公費によって賄うことをいう。教育の公共性の観点から、教育の機会均等を図りそこからもたらされる社会全体の利益を確保するために学校教育を公費で賄うこと、とりわけ義務教育の無償制は現代公教育の基本原理とされている。ただ、この無償の範囲については議論の余地がある。

　学校教育の経費をめぐっては、学校教育法第5条で「学校の設置者は、その設置する学校を管理し、法令に特別の定のある場合を除いては、その学校の経費を負担する」という設置者負担主義の原則を定めている。これにより、国立学校は国、義務教育段階の公立学校は通常市町村、高等学校段階は都道府県、私立学校は学校法人がその経費を負担することになっている。これは教育事務の責任主体を明確にし、その独立性・自主性を確保するために採られている制度である。しかし、地方公共団体の財政力の格差や限度等の観点から、義務教育段階での教育の機会均等や公教育水準を維持する理由から特例が設けられ、必要な経費を国が一定率負担する制度が採られている。例えば、教職員の給与については、義務教育費国庫負担法第1条の趣旨に則り、国が実支出額の3分の1を負担することになっている。また、学校の校舎・体育館の新築・増築に対する国の補助や災害による施設の復旧に要する経費の補助等も法律で規定されている（義務教育諸学校等の施設費の国庫負担等に関する法律、公立学校施

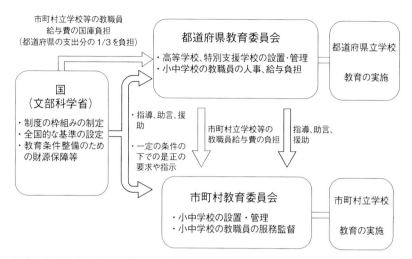

出典：高橋洋平・栗山和夫『現代学校マネジメントの法的論点』第一法規、2011年、P.7

図 4-3　国（文部科学省）－教育委員会－学校の役割と関係性

設災害復旧費国庫負担法）。私立学校に対しては私立学校振興助成法による助成措置がなされている。

このように、国は地方が主体となって経営する教育事業に対して、国庫支出金（国庫負担金および国庫補助金）を通して援助しているが、文部科学省の予算からそれらの現状を見てみると、平成25年度の場合、予算総額は5兆3558億円で、国の一般予算の約11％を占めている。その内訳は多い順に、①義務教育費国庫負担金（28.8％）、②国立大学法人運営費交付金（20.2％）、③科学技術振興費（16.4％）、④私学助成関係予算（8.1％）、⑤公立高校の授業料無償制及び高等学校等就学支援金（7.4％）となっている。このほか、公立学校施設設備費や小・中学校で使用される教科書を国が無料給付することによる教科書購入費などがある。

なお、国による地方公共団体への財政出動は、こうした国庫支出金（国庫負担金と国庫補助金）に加えて、地方交付税交付金がある。地方交付税交付金は、国全体の一定の高水準を維持することを目的に、地方公共団体の財政力に応じて付与するものであり、地方自治体にその使途の自由が保障されている一般財

源として使用できるものである。そのため、地方自治体の教育政策によってその使用の在り方に大きな違いも生ずることになる。

図4-3は、これまで述べてきたことをもとに、国（文部科学省）と教育委員会、学校の役割および関係性を示したものである。

第3節　学校教育をめぐる教育法・行政の現代的課題

1．教育の「法化」現象と学校教育の国家統治

　学校と法の関係は、基本的には法が教育における「公共性」を維持・確保するために一定の基準や規制を定めることを通して学校を制御する関係にある。しかし、この制御はあくまでも学校の相対的自律性の存在を前提として、決して学校の実践に公権力的に介入するものではなかった。あくまでも学校の実践を法が外側から条件整備する関係を基本とするものであった。

　しかし、「教育再生」という名のもとで進められている近年の学校改革は、新保守主義的な思想を背景に、国家が法を媒介として学校教育の内部に介入し、学校教育の目的・目標、内容・方法、組織運営の在り方の修正・改変による新たな学校統治システムの確立を図ろうとする意図が読み取れる。この点について、篠原は「その（改正教育基本法）法理念は、『人格の完成』から、『美しい国』にふさわしい徳目をもつ『日本人』の育成に変化した。また、その法機能は教育の条件整備から学校や家庭の自治・生活領域に介入し、教育の内容・方法と制度を国家統治することに変化した」と指摘するとともに、新教育基本法は教育振興基本計画の根拠法となり、「これからの日本の公教育の目標と構造そして制度を大きく変える教育改革のための教育ガバメント（統治）法となっている」と分析し、そうした現象を「教育の法化」と指摘している[5]。

　その中でも特に、学校教育の基本的在り方を規定する教育の目的・目標については、教育基本法における教育目標規定（第2条）を受けて、学校教育法の義務教育の目標規定（第21条）と、小学校から高等学校までの教育目的としての「学力」に関する法規定（第30条第2項）が新設され、学習指導要領の改訂を通じて学校の教育課程の変更へとつながっているのである。「教育価値の国

家法化」⑹の進行である。しかも、そこでの教育価値が国家が求める国民としての資質（「態度」）を強調するものであり、これまでの多くの教育法規はこうした教育価値理念を条文化することを抑制したものでもあったのである。そこには、人間形成という教育の価値理念は本来、多様な価値と個性を有する個人の問題として自己形成されるものであり、国家権力の発動としての法にはなじまないものという考え方が存在していたのである。

こうした国家による学校教育への積極的な関与・介入は、さらに「道徳の教科化」の動き⑺に見られる他、私的領域とされてきた家庭教育への積極的な関与（教育基本法第10条）という点にも現れており、国家と国民、国家と教育、国家と学校の関係の在り方について、新たなステージ（「教育の法化」）での検討が求められているといえる⑻。

2. 教育行政の分権改革と国－地方－学校の関係

1999（平成11）年の地方分権一括法の制定により、新たな法制度のもとでの地方自治、地方分権体制が2000（平成12）年4月からスタートした。この分権改革のねらいは、全国画一的な統一性と公平性を過度に重視してきた旧来の中央省庁主導の縦割り行政システムを、住民主導の個性的で多様な総合行政システムに変更すること、そして、国と地方自治体の関係を新しい対等・協力の関係へと改めることにあった（地方分権推進委員会『中間報告－分権型社会の創造』1996年3月）。

その中で、教育行政分野でもさまざまな見直しが行われた。2000年の分権改革前は、国のナショナル・ミニマム設定と適切で中立公正な教育水準の維持向上を理由に、国の法令、基準、意向等を自治体に遵守させる仕組みとして、機関委任事務とそれに伴う指揮監督権、措置要求、強制力を有した指導・助言、都道府県教育委員会の基準設定等、国や都道府県教育委員会に対する上級機関的規定が多く存在していた。その中で、分権改革に伴う国、都道府県、市町村の関係の見直しが、「対等・協力」関係の構築という点から行われ、上級機関からの規定の廃止や関与の縮小・整理等が行われた。その結果、都道府県や市町村が単費により独自の教職員採用を行って少人数学級をはじめ多様な教育活動、副教材づくり、特色あるカリキュラムの試み等の取組がみられるようになったと

いう成果も生まれてきた (9)。

　しかし、その後の「いじめ」問題や高校での必修科目未履修問題等で、教育委員会の隠蔽体質や当事者意識の欠如等が指摘され、教育委員会に対する強い社会不信が生じたことを背景に、2007（平成19）年の地方教育行政法の一部改正では2000年分権改革で見直された文部科学大臣の教育委員会に対する「関与」が新たに規定されることになった。「教育を受ける権利が明白に侵害」された場合には文部科学大臣は教育委員会に対して是正要求ができるとする規定（第49条）と、法令等に違反していると認められる場合に行使される是正指示（第50条）の新設である。さらに、2014（平成26）年の地方教育行政法の一部改正では、いじめによる自殺の防止等、児童生徒等の生命又は身体への被害の拡大や発生を防止する緊急の必要がある場合に、文部科学大臣が教育委員会に対して指示ができることを明確にするため、是正指示（第50条）の規定が見直されている。国の地方に対する「関与」の新たな仕組みづくりだといえる。

　また、教育振興基本計画の策定手続きにおいて、政府（国）に教育振興基本計画の策定実施を義務づけるとともに、地方公共団体には政府の教育振興基本計画を「参酌」して地域教育振興基本計画を策定実施する努力義務を課したことも国の地方に対する「関与」の新たな仕組みづくりだともいえる。この点については、「国と地方公共団体が一体となって教育内的事項に立ち入って学校教育活動をコントロールする仕組みを作り上げることに法的根拠を与えるねらいがある」(10)との指摘もあり、今後の動向を注視する必要があるといえる。

3. 教育委員会制度改革問題

　前述したように、2014（平成26）年6月に地方教育行政法の一部改正によって地方教育行政における教育委員、教育長、首長の関係が抜本的に見直され、戦後の地方教育行政を形成してきた制度原理が大きく変容することになった。

　現行教育委員会制度は、政治的中立性の確保、教育の継続性・安定性の確保、地域住民の意向の反映等を、その制度原理として組み立てられてきた(11)。その中で、今回の改正では首長の教育行政に対する関与の在り方が一つの争点として検討されてきた経緯がある。具体的には、「選挙で選ばれた住民の意向を反映できる首長」が地方教育行政の最終的な責任者となるべきだという考え方の

もとで首長の権限拡大を図る政策の転換である。

　しかし、この点に対して、政治的中立性の確保や継続性・安定性の確保の観点から懸念や課題が提示されているのも事実である。教育行政における政治的中立性とは、個人の精神的な価値の形成を目指して行われる教育においては、その内容は中立公正であることが求められ、このため教育行政の執行に当たっても個人的な価値判断や特定の党派的影響力から中立性を確保することが必要だというものである。と同時に、教育は子どもの健全な成長発達のために学習期間を通じて一貫した方針の下で安定的に行われることも必要とされるのである。こうした観点から、首長の教育行政への権限拡大については、地方教育行政のあり方を検討してきた中央教育審議会においても否定的な意見が表明されていたことが答申(「今後の地方教育行政の在り方について」2013年12月13日)にも記載されている点に留意が必要だといえる。

　また、教育委員会制度の見直しは、教育行政の地方分権下で学校経営の自主性・自律性の確立を目指してきたこれまでの改革にも大きな関わりをもつものとなる。特に、学校の経営責任や経営権限を変容させることは必至とも思われる。政策動向を踏まえながら、その改革内容と学校経営との関係を検討していくことも重要な課題だといえる。

　2015(平成27)年4月1日から施行される新たな教育行政の形と実際を注視していくことが必要だといえる。

(北神正行)

〔注〕
(1) 教育基本法改正の国会審議等での資料については、『文部科学時報』(平成19年3月臨時増刊号)に掲載されている。また、教育基本法の改正をめぐる論点等については、市川昭午編著『教育基本法』(リーディングス日本の教育と社会第4巻、日本図書センター、2006年)が参考になる。
(2) 篠原清昭「序章　教育基本法の改正」篠原清昭編著『学校のための法学(改訂版)』ミネルヴァ書房、2008年、P.5。
(3) 宗像誠也『教育行政学序説』岩波書店、1954年、P.1。
(4) 黒崎は、宗像の定義に対して教育問題は「教育政策の直接の帰結であるという

前提を捨てなくてはならない」のであり、「むしろ教育行政は教育の現実によって挑戦されている」という異論を提示している（黒崎勲『教育行政学』岩波書店、1999年、P114）。
(5) 篠原清昭「教育基本法の改正と教育法」篠原清昭・笠井尚・生嶌亜樹子『現代の教育法制』（講座　現代学校教育の高度化第4巻）学文社、2010年、P.50
(6) 篠原清昭「学校づくりと法」小島弘道編『学校経営』（教師教育テキストシリーズ8）学文社、2009年、P.49。
(7) 2014（平成26）年10月21日付けで、中央教育審議会から「道徳に係る教育課程の改善等について」が答申され、その中で道徳教育の要である道徳の時間について、「特別の教科　道徳」（仮称）として位置づけることが明記されている。
(8) この点について、勝野は「教育行政を規定する基礎が『教育と国民の関係』から、教育と法律（国家）の関係へと変更された」と指摘している（勝野正章「教育行政と教育行政学」勝野正章・藤本典裕編『教育行政学（改訂版）』学文社、2008年、P.15）。
(9) 小川正人『市町村の教育改革が学校を変える－教育委員会制度の可能性－』岩波書店、2006年。
(10) 中島哲彦「教育委員会の現状と課題」平原春好編『概説　教育行政学』東京大学出版会、2009年
(11) 平原春好『教育行政学』東京大学出版会、1993年を参照。

〔参考文献〕
市川昭午『教育基本法改正正論争史』教育開発研究所、2009年
小川正人『市町村の教育改革が学校を変える－教育委員会制度の可能性－』岩波書店、2006年
小島弘道編『学校経営』（教師教育テキストシリーズ8）学文社、2009年
勝野正章・藤本典裕編『教育行政学（改訂版）』学文社、2008年
黒崎勲『教育行政学』岩波書店、1999年
篠原清昭編著『学校のための法学（改訂版）』ミネルヴァ書房、2008年
篠原清昭・笠井尚・生嶌亜樹子『現代の教育法制』（講座 現代学校教育の高度化第4巻）学文社、2010年、P.50
高見茂・開沼太郎編『教育法規スタートアップ－教育行政・政策入門－』昭和堂、2008年

高橋寛人『危機に立つ教育委員会』クロスカルチャー出版、2013年
日本教育行政学会研究推進委員会編『地方政治と教育行財政改革』福村出版、2012年
平原春好『教育行政学』東京大学出版会、1993年
平原春好編『概説　教育行政学』東京大学出版会、2009年
堀内孜編著『公教育経営の展開』東京書籍、2011年
堀和郎・柳林信彦『教育委員会制度再生の条件』筑波大学出版会、2009年

第5章

学習権の思想と制度

第1節　「教育を受ける権利」の法的性質

1.「権利としての教育」

　日本国憲法第26条が規定する「教育を受ける権利」は、今日では、それを「学習権」として捉え、その理念のもとで学習権を保障する教育制度の構築が課題とされている。そこでまず、憲法第26条の「教育を受ける権利」の法的性質について整理しておこう。

　憲法第26条第1項は、「すべて国民は、法律の定めるところにより、その能力に応じて、ひとしく教育を受ける権利を有する。」とし、すべての国民に教育を受けることが「権利」として保障されることを定めている。また、第2項では「すべて国民は、法律の定めるところにより、その保護する子女に普通教育を受けさせる義務を負ふ。義務教育は、これを無償とする。」と「教育を受ける権利」の保障形態としての義務教育規定を設けている。

　ここには、教育を受けることが国民の権利として位置づけられたことが明記されているとともに、憲法という国の最高法規において国民に保障された権利として規定されたという点に、まず注目しなければならない。

　戦前の天皇制教学体制では、教育勅語を指導理念とする大日本帝国の発展に必要な国民（臣民）の育成が目指され、富国強兵のための労働力の基盤形成と天皇制ナショナリズムの注入を課題としていた。そこでは、教育は納税・兵役とともに国民に課された三大義務の一つとして位置づけられていた。また、教

育は軍隊を指揮する統帥権と並んで天皇の大権事項とされ、法律ではなく勅令（天皇の命令）によって方針が定められていた。

これに対して、戦後の教育改革では、この天皇制教学体制を否定し、憲法・教育基本法体制のもと、「権利としての教育」という観点から教育に関する関連規定が法律という形で形成されることになった。また、1947（昭和22）年に制定された旧教育基本法では「教育の機会均等」（第3条）や教育に対する行政権の「不当な支配」（第10条）を禁ずる規定などが設けられた。

こうした「権利としての教育」という考え方の意義は、単に戦前までの義務としての教育という枠組みからの転換というだけでなく、第2次世界大戦後の新しい国づくりの基本理念として憲法で掲げられた「国民主権」「平和主義」「基本的人権の尊重」を実現するための理念として規定されたものであるという点に注目する必要がある。

2. 社会権としての「教育を受ける権利」

「教育を受ける権利」は、憲法で保障する人権概念から見ると、「生存権」（第25条）、「勤労の権利」（第27条）、「労働基本権」（第28条）と並んで社会権に分類されるものである。社会権は、20世紀になって社会国家（福祉国家）の理想に基づき、特に社会的・経済的弱者を保護し実質的平等を実現するために保障されるに至った人権である。その内容は、国民が人間に値する生活を営むことを保障するのであり、法的に見ると、それは国に対して一定の行為を要求する権利であるとされるものである[1]。

その中で、「教育を受ける権利」は「生存権」と密接な関連性を有するものとして位置づけられている。具体的には、憲法第25条第1項は「すべて国民は、健康で文化的な最低限度の生活を営む権利を有する」と生存権の保障を定めているが、この規定は国民が誰でも人間的な生活を送ることができることを権利として有していることを宣言したものである。人間的な生活を送るためには、それに必要な知識や技能等を身につけることが必要不可欠であり、それを担うのは教育である。そこから、「教育を受ける権利」はこの生存権の文化的側面を確保するものとして保障される必要があるという関係にあり、国に対して権利保障のための法律を定め、適切な公教育制度の確立など積極的な措置を採る

べきことを要求することを権利として含むものとなる[2]。

なお、憲法では「教育を受ける権利」以外にも、教育関連規定を設けている。憲法が保障する基本的人権との関連から見ると、児童・生徒等の自己決定権や自由権と在学関係とのかかわりで問題となる第13条「個人の尊重、生命・自由・幸福追求の権利の尊重」や教育における機会均等・平等原則に関連する第14条「法の下の平等」、そして自由権に分類される第19条「思想及び良心の自由」、第20条「信教の自由」、第21条「表現の自由」、第23条「学問の自由」といった権利規定などである。これらの権利規定も「教育を受ける権利」の実質的保障のあり方等を検討していく上で重要な役割を担っている点に留意が必要である。

第2節　「教育を受ける権利」から「学習権」へ

1．教育理念としての「学習権」思想

憲法第26条の「教育を受ける権利」は、戦後当初の憲法学説では、教育の機会均等の経済的保障を求める生存権的人権であると狭く解釈されてきた。それに対して、教育法学説が文化的教育人権と捉え直し、すべての子ども・国民が人間的に成長・発達できるような「学習する権利（人間的発達権としての学習権）」であるという解釈を打ち出した。

この背景には、人間の成長・発達と学習の関係という教育学の基本的な思想が存在する。具体的には、人間は自立して生活するにはあまりにも未成熟で未完成の状態で誕生する。人間が人間らしく社会生活を送ることができるためには、そのために必要な事柄を学習することが必要不可欠なものだといえる。言い換えれば、学習なくして人間としての発達も生存もないということである。そこから、学習することは、人間として発達し生存するための権利であり、基本的人権の一環として社会的に承認され、法的・制度的に保護されなければならないという「学習し発達する権利」としての「学習権」の概念が成立するというものである。特に、こうした学習権の考え方は、「子どもの権利」という点から主張されてきたものである。例えば、その代表である堀尾は「子どもの権利」は発達の可能性を無限に含んだものであるという観点に立って次のよう

に学習権を位置づけている。すなわち、「子どもが将来にわたって、その可能性を開花させ、人間的に成長する権利である。(中略) 子どもの成長・発達の権利と、その実質を保障する学習の権利は、子どもの権利の中核をなす」[3] というものである。また、憲法第26条は「人権としての教育の思想と子どもの学習権思想を中核とする国民の教育権の憲法的表現」[4] であると指摘している。

こうした人間の成長・発達と学習という教育学的関係性概念を基底に、憲法第26条が規定する「教育を受ける権利」を「学習する権利」＝「学習権」として捉えていく思想には、人間の全面的発達可能性という考え方が存在するといえる。特に、「教育を受ける権利」を学習権と捉える思想は、受動的な教育を受ける権利から子どもの主体性を確立し、教育を子どもの人格形成と発展のためのものと把握する点で、その後の教育権論に大きな影響を与えることになる。

2. 司法判断としての「学習権」

こうした教育理念としての学習権の思想は、司法レベルでも受け入れられ、教育紛争解決に向けた司法判断として定着をみるようになる。ここでは、学習権を認めた代表的な判決からその意味するところを見てみよう。

第1は、1970 (昭和45) 年7月17日の家永教科書裁判第2次訴訟東京地裁判決 (いわゆる杉本判決) である。そこでは、憲法第26条の「教育を受ける権利」規定について、「この規定は、憲法第25条を受けて、いわゆる生存権的基本権のいわば文化的側面として、国民の一人一人にひとしく教育を受ける権利を保障し、その反面として、国に対し右の教育を受ける権利を実現するための立法その他の措置を講ずべき責務を負わせたものであって、国民とくに子どもについて教育を受ける権利を保障したものということができる」と捉えている。その上で、「子どもは未来における可能性を持つ存在でありことを本質とすることから、将来においてその人間性を十分に開花させるべく自ら学習し、事物を知り、これによって自らを成長させることが子どもの生来的権利であり、このような子どもの学習する権利を保障するために教育を行うことは国民的課題である」と指摘している。ここには、子どもをはじめとするすべての国民は、本来、生まれながらにして、教育を受けて学習し、人間的に成長・発達する権利を持っているという、前述の教育学的思想を基盤とする学習権思想が存在す

〔コラム〕「教育権論争」

　教育権論争とは、昭和30年代以降、わが国で発生した教育紛争（勤務評定、全国学力調査、教科書検定をめぐる紛争）の中で、「教育権」の所在をめぐって展開された理論闘争をいう。教育権をめぐる争点は多岐にわたるが、端的には教育内容の決定権の所在をめぐって展開されたものであり、「国民の教育権論」対「国家の教育権論」という図式の中での一大論争であったといえる。

　その中で、国民の教育権論では、子どもの教育を受ける権利を積極的に捉え、それを保障する義務と権利を何よりも親と教師に求める立場に立っている。そこから、親の教育の自由や学問の自由を基盤とする教師の教育の自由が強調され、公教育は親義務の共同化と捉えられる。そして、教育の内容に係わる事項は教師の自律性・専門性に委ねられるべきものとされ、教育行政の介入は厳しく制限され、例えば学習指導要領の法的拘束力は否定されることになる。

　それに対して、国家の教育権論は国民の教育を受ける権利を保障する責務は何よりも国家にあるとし、公教育は議会制民主主義を通じた国民の付託により、国家によって組織化されるものとする。そこでは、教育の機会均等と教育の水準確保のための国家の積極的関与が強調され、国家は教育内容にも関与できることから学習指導要領は法的拘束力をもつとされる。また、教師の教育権は職務遂行上の権限であり、独立した権利ではないという立場をとっている。

　学力テスト事件に関する最高裁判決では、こうした国民の教育権論と国家の教育権論は、「いずれも極端かつ一方的であり、そのいずれも全面的に採用することはできない」と結論づけ、法的論争の収束に向けて大きな影響力を発揮することになった。

るといえる。

　第2は、1976（昭和51）年5月21日の旭川・岩手学力テスト裁判の最高裁判決である。そこでは、憲法第26条の趣旨を説明するなかで、「国民各自が、一個の人間として、また一市民として、成長、発達し、自己の人格を完成、実現するために必要な学習をする固有の権利を有すること」、特に「みずから学習することのできない子どもは、その学習要求を充足するための教育を自己に施すことを大人一般に対して要求する権利を有するとの観念が存在している」と学習権思想に基づく解釈を展開している。そして、こうした権利の保障をめぐっては、「子どもの教育は、教育を施す者の支配的権能ではなく、何よりも、子

どもの学習する権利に対応し、その充足を図り得る立場にある者の責務に属する」と位置づけている。なお、この判決は、それまで長らく続いた「教育権論争」（コラム）に一定の終止符を打つことになる。

　こうした「学習権」の考え方には、「教育を受ける権利」を人間の成長・発達に不可欠の権利として、特に、「子どもの学習する権利」という観点から位置づける思想があるといえる。そこには、人権の基底にある生存の権利は子どもにとって人間的発達の権利を含み、その発達の権利は学習の権利によって充足されるとともに、真の人権の行使は子ども時代に学習の権利が保障されている場合においてのみ可能となるという立場をとっているといえよう。その意味では、学習の権利は子どもの人権であると同時に、生存権や参政権などのもろもろの権利を将来にわたって実質的に保障する人権であるという二重の意味をもっているといえる。

3.「学習権宣言」にみる学習権の意味

　さらに、「学習権」については国際文書の中でも明確に位置づけられている。その代表的なものは、1985（昭和60）年3月29日の第4回ユネスコ国際成人教育会議で採択された「学習権宣言」である。同宣言は、「学習権（right to learn）」について次のように述べている。

　「学習権とは、読み書きの権利であり、問い続け、深く考える権利であり、想像し、創造する権利であり、自分自身の世界を読みとり、歴史をつづる権利であり、あらゆる教育の手だてを得る権利であり、個人的・集団的力量を発達させる権利である。」というものである。

　また、「学習権は、人間の生存にとって不可欠な手段である」「学習権なくしては、人間的発達はあり得ない」と位置づけている。ここには、単なる個人としての発達概念を越えて、経済発展や健康的生活の実現、平和の達成といった社会全体に係わる価値の実現と結び付けて学習権の概念を理解しているところに、その特徴と意義があるといえる。さらに、「学習活動はあらゆる教育活動の中心に位置づけられ、人々を、なりゆきまかせの客体から、自らの歴史をつくる主体にかえていくものである」と、学習による主体者形成という視点を提示している。こうした学習権の考え方は、教育制度を形成したり運用する上

で学習権に注目し配慮することが重要であることを改めて浮き彫りにしてくれるといえる。

なお、こうした国際文書における「学習権」思想の背景には、第2次世界大戦後の人権思想の高まりの中で、「教育への権利」（right to education）という考え方のもとで発展的に捉えられてきたという経緯がある。例えば、1948（昭和23）年12月10日に国連で採択された「世界人権宣言」では、その第26条で「教育への権利」として、「すべて人は、教育を受ける権利（right to education）を有する。」と規定している。この「教育を受ける権利」については、憲法第26条ではright to receive educationとなっているが、世界人権宣言ではright to educationとより権利概念の強いものとなっている[5]。こうした「教育への権利」という考え方は、その後の「児童の権利に関する条約（子どもの権利条約）」（1989年11月20日、国連総会採択）においても、「教育を受ける権利」が「教育への権利」として第28条に規定されたという経緯がある[6]。

第3節　学習権保障に向けて
――何にどのように取り組んでいくか

1．教育への平等のアクセス権

こうした学習権思想に基づくと、その保障に向けた制度原理として必要となるのは、まず教育への平等のアクセスを権利として保障することだといえる。

この点、現行法制では憲法第14条第1項において、「すべて国民は、法の下に平等であつて、人種、信条、性別、社会的身分又は門地により、政治的、経済的又は社会的関係において、差別されない。」と規定している。また、教育基本法第4条第1項では「すべて国民は、ひとしく、その能力に応じた教育を受ける機会を与えられなければならず、人種、信条、性別、社会的身分、経済的地位又は門地によって、教育上差別されない。」と規定されている。しかし、現実にはさまざまな要因によって、すべての者が学校教育への平等なアクセスを保障されているとはいえない状況がある。そこでは、教育における差別の禁止と平等なアクセスの確保、ならびにこれまで充分に保障されてこなかった女

性・障害のある人・難民さらには少数者・先住民族などの主体別の教育への権利保障という2つの方向での取り組みが必要とされている。

　実際、訴訟になった事案を見てみると、学力検査等では合格点に達していながら、障害を有しているという理由で高校の全課程の履修が困難であるとして入学が認められなったことの取消を求めたケース（神戸地裁判決、平成4年3月13日）や、信仰上の理由で剣道実技を拒否したことによる原級留置および退学処分の取消を求めたケース（最高裁、平成8年3月8日）では、いずれも学校側の不備、裁量権の逸脱・乱用があったとして原告（生徒側）勝訴の判決がなされている。そこでは、障害を理由とする差別による平等権侵害（憲法第14条）および学習権侵害（憲法第26条）をセットで認定する法構成や学校教育における信仰の自由の取扱いについて憲法上の規定（第20条「信教の自由」）を優先する考え方が示されており、学習権保障をめぐる学校対応のあり方を規定するものとして捉えていく必要がある。

2.　就学保障をめぐる新たな制度設計

　教育への平等のアクセスについては、憲法第26条第2項が規定する義務教育の保障という問題もある。具体的には、不登校の子どもをめぐる義務教育の修学保障対応という問題である。現在、小・中学校で病気や経済的理由以外の要因で学校に行けない・行かない子どもが年間約12万人いる。義務教育を実質的に終了していない者は相当数にのぼると推定されるのである。フリースクール等で学び生活している子どもも一定数いるが、多くの子どもは学習の機会が保障されないままである。

　この点で、義務教育を構成する「就学義務」という考え方と制度、すなわち学校に行くことをもって義務教育が終了するという考え方と制度を、学校以外の場でも義務教育に必要な教育を終了することをもって義務を果たすという「教育義務」という考え方と制度に修正していくなど、子どもの学びの場の拡大を含めた検討が必要だといえる。

　確かに、文部科学省では不登校児童・生徒数が増加するなかで、個々の不登校児童・生徒の実態に即した支援を行う必要性から、2005（平成17）年7月に学校教育法施行規則を改正し、不登校児童・生徒等の実態に配慮した特別の教育

課程を編成することができるようにしている（第56条）。また、それ以前から学校外の公的機関や民間施設において相談・指導を受けている場合で一定の要件を満たした場合、これらの施設で相談・指導を受けた日数を指導要録上の出席扱いとすることを可能としていた。これに加えて、一定の要件を満たした場合、自宅において教育委員会等が提供するIT等を活用した学習活動を行うことも、指導要録上出席扱いとし、その成果を評価に反映することができるような措置をとっている（「不登校児童生徒が自宅においてIT等を活用した学習活動を行った場合の指導要録上の出欠の取扱い等について（通知）」平成17年7月6日）。

しかし、これらの措置は、あくまで学校への復帰を大前提としており、学校以外の場での学習によって就学義務の履行を認めているものではない。不登校児童生徒への有効な手だてが構築されない中で、学校教育によらない教育を受ける権利の保障という問題は、これからの学習権保障のあり方を検討していく上での一つの課題だといえる。

3. 経済格差と教育格差の是正

いわゆる格差社会が急激に進行する中で、就学援助を受けている小・中学生の人数や公立高校に通う生徒に対する授業料減免者数が増えている。こうした状況は、経済格差が教育格差をもたらすことにつながりかねず、子どもがその経済的条件にかかわらず必要な教育を受ける機会が実質的に保障されるような条件整備が求められているといえる。

この点、文部科学省も『平成21年度版文部科学白書』[7]において、はじめて家庭の経済的・社会的状況と教育格差（学力格差・進学格差）の問題について、全国学力・学習状況調査の結果を踏まえながら指摘しているところでもある。そこでは、平成21年度に行われた全国学力・学習状況調査の結果から、就学援助を受けている生徒が多い学校は、就学援助を受けている生徒が少ない学校よりも平均正答率が低い傾向にあること、世帯年収が高いほど正答率が高いことが記されている。また、親の年収が400万円以下の子どもの大学進学率は31.4％であるが、1000万円以上の場合は62.4％であることなどが示されている（データ）。ここには、経済格差が学力格差と進学格差という教育格差をもたらしている状況が示されており、それへの社会的対応の必要性が学習権（教育を

データ　経済格差と教育格差（『平成21年度文部科学白書』より）

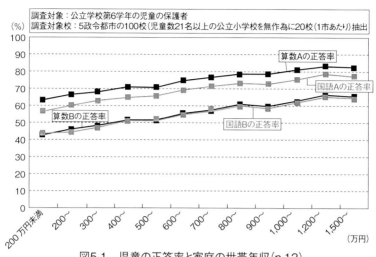

図5-1　児童の正答率と家庭の世帯年収(p.12)

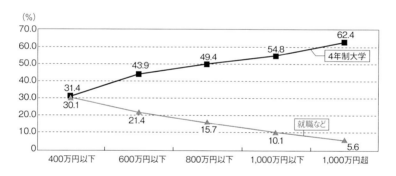

図5-2　親の収入と高校卒業後の進路(p.14)

受ける権利）保障という観点から求められているといえる[8]。

4. 教育内容保障への権利

　学習権は、上記のような教育へのアクセスの平等やそのための条件整備をせずして実現しえないし、これらが国民の権利として認識されることが何よりも重要ではある。しかし、これだけで学習権が保障されたとはいえず、その内容

が人間としての成長・発達にふさわしい教育内容であるかどうか、各人が教育目的にふさわしい教育をいかに獲得するかが、この権利実現の鍵であることも事実である。教育の目的として、どのような価値あるものが掲げられ、それを実現する教育内容・学習内容が子どもの成長・発達段階にしたがって用意され、実施されるかが極めて重要な問題となる。そこでは、学習権は社会権的要求権の側面を有しているという権利概念に加えて、教育への権利が価値指向性を持つ権利であり、保障されるべき教育の質を問題にする権利であるという点からのアプローチが必要となる。

こうした教育内容保障に係わる権利行使では、実際の教育を受ける権利主体である子どもの参加ということが重要となる。この点、子どもの権利条約における「意見表明権」（第12条）や「教育へのアクセス権」（第28条）の実質化ということが重要となる。具体的には、実際の授業や学校行事、生徒会活動など、学校生活を構成する教育活動内容に関する子どもの意見をどのように位置づけ、活用していくかという側面からの検討が求められるといえる。（図5-3）

5. 親の学校選択権と教育内容へのアクセス

さらに、教育内容の保障については、子どもの参加に加えて、その保護者である親の学校選択権との関係での課題もある。これまで、教育に関する事項、とりわけ教育内容の事項は、「学校部分社会論」のもと、もっぱら教育の専門家としての学校・教員の専決事項として考えられ、そうあるべきだとする法認識が支配的であった。しかもそうした認識が一連の教育裁判において国家の教育権に対抗する中で強調され、形成されてきた経緯もある。また、司法的にも親の教育権は、主として家庭教育等学校外における教育や学校選択の自由にあるとする認識が支配的であり、学校での教育内容までは及ばないとする判断が示されていた（学力テスト事件最高裁判決）。

それに対して、近年、学校選択後の教育内容の変更についても、相当な理由や事情がない限り、親の学校選択の自由を侵害した不法行為だとする判断を示す判決（江戸川学園訴訟東京高裁判決、平成19年10月30日）も出ており、その点での検討も学習権保障に向けた今日的課題だといえる[9]。それは、在学関係における親の学校当事者性や親の学校選択権の及ぶ範囲、親の教育の自由と

第5章 学習権の思想と制度

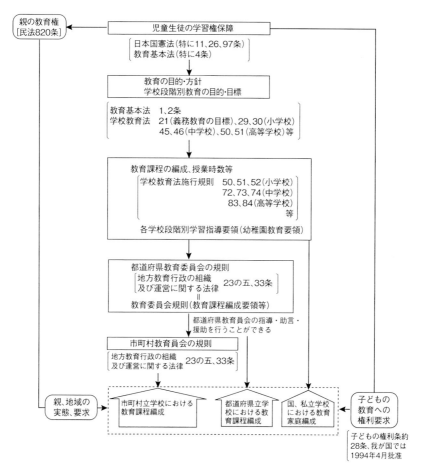

図5-3 教育課程編成の基本構造

出所：榊原禎宏「教育課程と指導行政・学校経営」（堀内孜編『現代公教育経営』学術図書出版社、2002年、P.153）を法律改正等を踏まえて、筆者が一部改正

教育内容への権利行使のあり方という現代的な課題を正面から問う問題だともいえる。

（北神正行）

〔注〕
(1) 芦部信喜・高橋和之輔補訂『憲法（第五版）』岩波書店、2011 年、P.258。
(2) 樋口修資「憲法・教育基本法と教育」同編著『教育行財政概説－現代公教育制度の構造と課題－』明星大学出版部、2007 年、P.24 〜 25。
(3) 堀尾輝久『現代教育の思想と構造』岩波書店、1971 年、P.297。
(4) 同上、P.312。
(5) 荒牧重人「国際教育法」姉崎洋一他編『ガイドブック教育法』三省堂、2009 年、P.100。
(6) 永井憲一編『子どもの権利条約の研究』法政大学出版局、1992 年、P.64 〜 67。また、この変化を重視するものとして、喜多明人『新時代の子どもの権利』（エイデル研究所、1990 年）がある。
(7) 文部科学省『平成 21 年度版文部科学白書』独立行政法人国立印刷局、2009 年、P.9 〜 14。
(8) 鈴木俊詔『日本の教育格差』（岩波新書、2010 年）では、経済学の観点から日本の教育格差の現状とその課題解決に向けた論点などがデータを基に提示されており、参考になる。
(9) 本裁判は、学校法人江戸川学園取手中学校・高等学校において、「論語に依拠した道徳教育」を廃止した学校に対して、教育内容を生徒・親に無断で変更したのは原告と被告の在学契約の変更に当たる教育債務不履だとし、廃止した教育の復活とその履行を求め、さらにそれは親の学校選択の自由を侵害した不法行為に当たるとして損害賠償を求めたものである。第一審の東京地裁は原告敗訴、第二審の東京高裁は原告逆転一部勝訴、最高裁は原告の全面敗訴となっている。なお、この裁判についての研究には、小島弘道「親の当事者性に関する研究―江戸川学園訴訟東京高裁判決（2007.10.30）をめぐって―」『日本教育法学会年報』第 38 号（2009 年）が参考になる。

〔参考文献〕
市川須美子『学校教育裁判と教育法』三省堂、2007 年
今橋盛勝『教育法と法社会学』三省堂、1983 年
内野正幸『教育の自由と権利』有斐閣、1994 年
兼子仁『教育権の理論』勁草書房、1976 年
兼子仁『教育法（新版）』有斐閣、1978 年

坂田仰・星野豊編著『学校教育の基本判例』学事出版、2004 年
篠原清昭・笠井尚・生嶌亜樹子『現代の教育法制』（講座現代学校教育の高度化第 4 巻）学文社、2010 年
鈴木俊詔『日本の教育格差』岩波新書、2010 年
永井憲一『教育法学』エイデル研究所、1993 年
永井憲一『憲法と教育人権』日本評論社、2006 年
日本教育法学会編『教育権と学習権』（講座教育法第 2 巻）総合労働研究所、1981 年
日本教育法学会編『子ども・学校と教育法』（講座現代教育法第 2 巻）三省堂、2001 年
堀尾輝久『現代教育の思想と構造』岩波書店、1971 年
堀尾輝久・兼子仁『教育と人権』岩波書店、1977 年
結城忠『学校教育における親の権利』海鳴社、1994 年
結城忠『教育の自治・分権と学校法制』東信堂、2009 年
米沢広一『憲法と教育 15 講（改訂版）』北樹出版、2008 年

第6章

教師教育と教師像

第1節　教師教育の制度

　教師教育は大学での養成教育（第1段階）、教職への選考・任用（第2段階）、現職教育（第3段階）に分けて考えることができる。大学での養成教育は文部科学省から教職課程の認定を受けた大学が行う教育。第2段階の教職への選考・任用は教育委員会はじめ学校法人が行う選考や任用。第3段階の現職教育は初任者研修をはじめ、現職教職員が自らの職能成長のために行うもの、学校が自らの課題解決のために行うもの、教育行政機関が教職員の職能成長と学校課題の解決のために支援的に、もしくは義務的に行うものがある。

　現在の教師教育の現状、課題、これからの教師教育の在り方を提言している政府文書に、中教審答申「教職生活の全体を通じた教員の資質能力の総合的な向上方策について」（平成24年8月28日）がある。ここでは、これからの教員に求められる資質能力について、実践的指導力、課題解決のための同僚との協働、地域との連携、「学び続ける教員像」の確立を視野に、①教職への使命感・倫理の確立、②高度な知識・技能、③総合的な人間力、を挙げ、理論と実践の往還が必要だと提言している（囲み参照）。

これからの教員に求められる資質能力
○これからの社会で求められる人材像を踏まえた教育の展開、学校現場の諸課題への対応を図るためには、社会からの尊敬・信頼を受ける教員、思考力・判断力・

表現力等を育成する実践的指導力を有する教員、困難な課題に同僚と協働し、地域と連携して対応する教員が必要である。
○また、教職生活全体を通じて、実践的指導力等を高めるとともに、社会の急速な進展の中で、知識・技能の絶えざる刷新が必要であることから、教員が探究力を持ち、学び続ける存在であることが不可欠である(「学び続ける教員像」の確立)。
○上記を踏まえると、これからの教員に求められる資質能力は以下のように整理される。これらは、それぞれ独立して存在するのではなく、省察する中で相互に関連し合いながら形成されることに留意する必要がある。
(ⅰ) 教職に対する責任感、探究力、教職生活全体を通じて自主的に学び続ける力(使命感や責任感、教育的愛情)
(ⅱ) 専門職としての高度な知識・技能
・教科や教職に関する高度な専門的知識(グローバル化、情報化、特別支援教育その他の新たな課題に対応できる知識・技能を含む)
・新たな学びを展開できる実践的指導力(基礎的・基本的な知識・技能の習得に加えて思考力・判断力・表現力等を育成するため、知識・技能を活用する学習活動や課題探究型の学習、協働的学びなどをデザインできる指導力)
・教科指導、生徒指導、学級経営等を的確に実践できる力
(ⅲ) 総合的な人間力(豊かな人間性や社会性、コミュニケーション力、同僚とチームで対応する力、地域や社会の多様な組織等と連携・協働できる力)
3．取り組むべき課題
○今後、このような資質能力を有する、新たな学びを支える教員を養成するとともに、「学び続ける教員像」の確立が必要である。
○特に、教科や教職に関する高度な専門的知識や、新たな学びを展開できる実践的指導力を育成するためには、教科や教職についての基礎・基本を踏まえた理論と実践の往還による教員養成の高度化が必要である。
(中央教育審議会答申「教職生活の全体を通じた教員の資質能力の総合的な向上方策について」平成24年8月28日)

　教員養成の修士レベル化、教員の高度専門職業人化を改革の方向とし、これを実現するために「教職生活全体を通じた一体的な改革、学び続ける教員を支援する仕組み」を構築し、教育委員会と大学との連携・協働により実施しようとする構想である。さらにこれに対応させ教員免許制度改革の方向を、①「一般免許状(仮称)」(学部4年+1年〜2年程度の修士レベルの課程学修)、②

「基礎免許状（仮称）」（学士課程修了レベル）、③「専門免許状（仮称）」（学校経営、生徒指導、進路指導、教科指導（教科ごと）、特別支援教育、外国人児童生徒教育、情報教育などの特定分野に関し、実践を積み重ね、更なる探究をすることにより、高い専門性を身に付けたことを証明するもの（複数分野の取得可能。一定の経験年数を有する教員等で大学院レベルでの教育や、国が実施する研修、教育委員会と大学との連携による研修等により取得する。学位取得とはつなげない。校内研修や近隣の学校との合同研修会等も要件を満たせば取得単位の一部として認定可能）の三種の免許状とするとしている。

　以上のような教師教育の改革の方向についてどう考えればよいだろうか。答申が指摘しているように、現在の教師教育の課題は養成教育、教員養成大学院、教職大学院、免許制度、免許更新制、初任者研修制度など多岐にわたる。試補制度の可能性も視野に入れてもよい。以下では教職の専門性、教師像などについて論じている。これらを参考に改革の方向をクリティカルに捉え、教師教育の在り方を考えてほしい。

第2節　教職の専門性と職能成長

1．教師であるとは

　1980年代、中学生を中心に子どもの問題行動が教育関係者ばかりでなく、社会、メディアの大きな関心を集めた。他方で、こうした問題を生み出し、また対応しえない教師、学校が批判された。学校にあって、こうした子どもの変化は教師にとってわかりにくいものであり、「異界」とする認識も生み、しばしば子どもの心や世界を知ることをむずかしくしていった。このため80年代以降、子どもを理解する、子どもの思いをよく聞くなどのカウンセリングマインドや技能などを教師が身につけることと、子ども理解に立つ指導を展開する重要性が指摘された。東京都はこれを「新たな力量」と呼んだ。1987年の教育職員養成審議会答申は「実践的指導力」を強調した。1988年の免許法改正では、子ども理解や生徒指導に立つ実践的指導力の基礎の育成、向上を目指し教職科目履修時間を増加させた。教育職員養成審議会第1次答申「新たな時代に向けた教員養成の改善方策について」（1997年）は、「今日学校ではいじめや登校拒否な

ど深刻な問題が生じており、教科指導の面でも、生徒指導や学級経営の面でも、教員には新たな資質能力が求められている。」のように、「新たな資質能力」と述べている。

　以上のことが、教師に必要とされる力量の中で、子ども理解など、子どもを知り理解する、子どもの目線で見る、子どもの立場になって考えるというカウンセリングのマインドや技能を強調させた理由である。

　東京都教育委員会は80年代の「新たな力量」に対してはカウンセリングマインドや技能の研修で対応したが、90年代の「新たな資質能力」に対しては指導力不足教員問題として位置づけ、対応をいっそう厳しいものにした。1997（平成9）年度末から、校長の申請で指導力不足と認定された「問題教員」に対して3年間校長の監督のもとで研修を義務づけ、その間に改善がみられない場合には教師としての適格に欠けるとして教諭職からはずすことや免職もなしうるとする制度を創設した。ここで指導力不足の教師とは、授業そのものを成り立たせることができない教師や板書しかしない教師、また子どもとうまくコミュニケーションや関係をつくれない教師である（囲み参照）。

「指導が不適切である」ことの認定

・教科に関する専門的知識、技術等が不足しているため、学習指導を適切に行うことができない場合（教える内容に誤りが多かったり、児童等の質問に正確に答え得ることができない等）
・指導方法が不適切であるため、学習指導を適切に行うことができない場合（ほとんど授業内容を板書するだけで、児童等の質問を受け付けない等）
・児童等の心を理解する能力や意欲に欠け、学級経営や生徒指導を適切に行うことができない場合（児童等の意見を全く聞かず、対話もしないなど、児童等とのコミュニケーションをとろうとしない等）

「教育職員免許法及び教育公務員特例法の一部を改正する法律について（通知）」平成19年7月31日

　指導力がなければ教師として失格であることは誰もが認めるところである。不足している指導力とは、多くの場合、子どもとの関係において語られている。指導の軸は授業だが、それは単に教材研究の力や授業を構成する力だけではな

い。子どもの興味や関心をつくり出したり学びを動機づけることや、学びの活動が活発に行われるように子どもに働きかけて授業を展開する技量である。小学生や中学生は指導（内容）を教師の人柄、人間性と区別して自分の中に取り入れようとはしない。分けることができないからこそ、信頼という関係が重要になる。この信頼は、子どものことを親身になって一生懸命考える教師（面倒見のいい教師）であることによって生み出される。

　教職の専門性は、職務遂行上の知識や技能の性質や程度を目安に言われる。それらに関する知識や技能にとどまらず、指導場面における臨床的な知識や技能に注目して、その専門性を語るようになった。さらに使命感、熱意などのほか、子どもへの愛などの要因も大切だと認識されるようになった。専門性が、教師がもっている知識や技能の面のほか、子どもに向き合って指導している臨床場面での指導力にあると考えられるようになってきたからである。そこでは子どもの学習活動を活発にさせる力量と、子ども理解、つまり子ども一人ひとりの気持ちや関心を十分に知り、理解を示し、それを指導に生かす力量を求めている。こうした教職の専門性は、臨床的な場面でより深められ、また検証されもする。臨床場面での問題や課題を解決する過程で理論知と実践知を動員する一方、それらの再構成、再定義、再生産が行われる（「理論知と実践知の往還」）。それはすぐれて研究的な営為である。教職の専門性は、こうした臨床的、実践的研究を通して高められる。教師が研究的実践者といわれるのはこのためである。

　こうした力量をはじめから備えた教師はいない。職業的成長・成熟、そして人間的成長・成熟には年季がいる。さまざまな経験や出会い、出来事に直面し、それを考えたり、解決したりする過程で仕事の感性や力量が身につき、視野の広がりや思考の深まりが形成されていく。人が変化し、成長するプロセスには何らかの意味で出会いや出来事がある。教師の場合には、このことはきわめて大きな意味をもっている。教師生活の中での出会い、出来事が教師を大きく変える原動力となる。

2．教師を変えるもの

　教師が自らの力量を向上させ、さらに教師の在り方（自覚や使命感）を変え

ていく力にはさまざまなものがある。

　それぞれの時代状況に必要な教育を実現しようとして取り組んできた人たちの教育実践、またそれぞれの時代状況に置かれた子どもの姿を目の前にしてこれを何とかしようとして打ち込んできた人たちの教育実践を書物などを通して知り、また見聞し、そこに教師としての在り方をみて取り、自らを変える場合がある。これらの教育実践を通して、教育とは何であり、教師はどうあらねばならないかを熟考して、自らの教師の在り方を考え、自己変革をしていった教師は少なくない。筆者にとってとりわけ印象に残ったのはポーランドの小児科医、ヤヌシュ・コルチャック（1878-1942）の教育理念である（コルチャックについては第1章第3節2を参照）。それをひと言でいうと「今を生きる教育」である。子どもは小さな大人ではない。今ある自分を大切にし、自己実現を図る存在として認識されなければならないと言う。これまでわが国の教育目標は今ある子どもの必要、子どもの欲求に向けられるのではなく、受験や将来の生活に向けて準備するというものだった。言わば「備える教育」であったり、社会発展のためというような「〜のための教育」という、自分の外側にある目標に向けて学びが展開されていた。こうした教育が支配的になり、またこれが他を圧倒し、それぞれの発達段階において身につけておかねばならない身体的、知的、精神的、道徳的成長が犠牲にされるならば、子どもの人間能力の全面的な成長、発達、開発とはならない。そこにあるのは個性の育成に必要な発達課題を十分消化しきれないまま進んでいる教育の姿である。

　教師の成長の契機となったことを尋ねると、子どもとの出会いだと語る教師は多い。ある教師は、障害児学級を担当した時や困難な生徒指導場面に出くわした経験が「私の教師開眼」の恩人だったと述べる。またある教師は生徒指導の中で教師としての考え方が変わり、さらに深まり、かつ教師であることの喜びや自覚をつかむことができたと述懐している。教師の仕事の原点を感じ、または発見するのはこうした場面である。教師冥利を感じるのもここである。子どもとの関わりの中で自己成長し、自己変革するきっかけとなった事例は多い。このきっかけは、子どもと真剣に向き合うことによって掴むことができる。普段の授業の中でも、自己成長する契機はある。それを掴みうるかは、ひとえに子どもと向き合おうとする教師の姿勢と熱意である。

若い教師にとって最初に勤務した学校の教師集団は大学に続く第二の学校である（「教師集団は第二の学校」）。大学では多くの科学的な知識や技術を学んだが、子どもに対して働きかける方法、教育実践の過程を組み立て、それを指導として展開していく力は大部分これからである。自分なりの教師スタイルを持っていない。子どもと向き合い、子どもとの関係をつくりながら指導を展開する力量の多くは今後に残されたままである。自らの向上意欲を前提に、教師の力量は子どもとの関係や同僚教師・教師集団、校長などとの関係の中で形成される。最初の学校で、どんな先輩、同僚教師に出会ったか、校長先生がどんな対応をしてくれたか、学校の雰囲気、人間関係がどのように包んでくれたかは若い教師の意欲、モラールに計り知れない影響力をもつ。一般に学校が教師を変える、教師をつくるのである。こうした学校文化は教師の自己成長、自己変革を促す上で大きな力となる。

　知識の世界に子どもをいざない、子どもの学びをデザインし、支援するのは教師の仕事の核心である。知識は子どもにとって自己の世界（人格）の外側にある。この世界は意識的であれ、無意識的であれ、これまでの人間の経験と認識を通して形成したものである。ここに入り込むためには、子どもが知と向き合い、知を加工し、意味づけをし、自己の世界に取り込むという作業が必要となる。子どもが新たな問題や課題に直面したとき、取り込み、蓄積した知を取り出して対応し、解決しようとする。ここに新たな知が付加される。授業は、こうした知を媒介に子どもがそれを取り込む過程を計画し、実現する作業である。教師の指導はまさにこの過程をデザインし、実施し、運営することなのである。授業では、子どもが探し求めているもの、これまでの経験では思いもつかなかったものとの出会いをつくることで、子どもはそれを新鮮な気持ち、わくわくした気持ちで一生懸命考え、解決しようとする。これは、子どもに学ぶ喜びと意味を感じ取らせ、そしてまた、学ぶ習慣をつくることにもつながる。そうした"作業"（授業）をつくることだ。

　教師は、子どもが学び、生きる夢や目標を語ることができることへの共感者、支援者でありたい。こうした関係を取り結ぶものは知のレベルを超えた人間の世界が介在している。影響し合う関係、相互作用し合う関係と言ってよい。教育関係の根本には、人間の問題、人間としての関係があると思われる。教師の

仕事には子どもに人間的な豊かさ、膨らみをつくり、人としての輝きつくる役割がある。

3．教師の資質は変化し形成される

　教師の専門性や力量を論ずる場合、常に付いて回るものは教師の資質とは何かということである。

　教師の資質については多くの人が語ってきた。そこで共通項といえるもの、もしくは共通に確認できることは、子どもが好きであるか、子どもの目線や興味・関心に立って共にものごとに取り組むことができるか、子どもの満足や達成感を我がことの喜びとすることができるか、さらに言えば子どもの成長を助ける仕事に喜びと満足、そして誇りをもち、そのために使命感をもつことができるか、などである。教職に身を置いた人たちからは、教師であるために最も基本的で、最も大切なものは子どもへのスタンス、関係のもち方であると言われている。

　以上のように言われる資質は、実はすぐれた教育実績を残してきた人たちによっても共通に語られてきた。

　資質というのは、一般にはその人に生まれつき備わっているところの、ものの感じ方や考え方、行動の傾向性、さらにはものごとを判断し、解決する仕方の傾向性を言い、それは、その人となりを示す個人的な判断、行動、問題解決能力の傾向性である。教師という職業は、長期にわたる教育を特定の機関（大学）で教育訓練を受け、さらにその後は職務を遂行する過程で得られる専門的な知識や技術を背景に成り立つもので、その知識や技術は、教師個人の「資質」とは独立した、それ自身客観的な体系をもっている。しかしながら、教師という仕事の実際では、この客観的な体系を子どもの変容を目指して展開しうる力が重要になるが、そこでは何よりも子どもの心をつかみ、動かし、学びへのアクションをもたらしうる教師個人の影響力が不可欠になる。この影響力を構成する要素の核心こそ、教師の「資質」、そしてその人の「資質」と言うべきものであろう。その人となり、人柄、パーソナリティなどと言われるものである。適性もここに含まれる。教師の力量や能力といわれる中に資質を含めて考える傾向にあるのは、個人的な部分や要素が教師の職務遂行に大きな役割を果

たすからである。多くの教職経験者が子どもが好きかどうかを教師の資質の中核に置いたが、子どもが嫌いだ、子どもとの関係をつくることが煩わしいと思う者は、子どもとの教育関係、信頼関係をつくることは、そもそもできない、つまり子どもに影響する人間であることができないということを意味する。人との関係で、そして子どもとの関係の中に成立する仕事は大なり小なり、こうしたことが言える。医師や弁護士でも個人的な要素は相当に大きな役割を果たすが、彼らの職務遂行能力では基本的に専門的な知識と技術が支配的になる。医師の資質、弁護士の資質ということはあまり聞かれないのはこのことと無関係ではない。ところがこれら伝統的な専門職と比べて教職は人柄、人間的な要素が大きな位置を占める。教師の人柄や人間的なものと結び付いて影響力となる、つまり教育の効果が高くなることが教師の仕事の特色である。これは教職の特殊性と言われる。教師の場合、「資質」という言葉が比較的自然に使われるのには理由がある。

　教師の資質について語る時、しばしば使命感が強調されることがある。

　使命感、それは自分の職務に課せられた課題について自覚する心である責任感といってもよい。先に使命感は、障害児学級を担当した時や困難な生徒指導場面に出くわした時に湧き出るのを感じたとする教師が多いと述べた。使命感はそれ自身、仕事の中身に伴う感情である。したがって教師の使命感は教育という仕事それ自身が含む価値であり、さらにそれに対する教師の思い、感情であり、さらに誇りである。教師の使命感は教育の何たるかをつかんだ時に生まれる。だから厳密にいえば、それは教師になる前にすでにあるというものではない。使命感は実践のプロセスで形成され、また使命感はよりよい、かつ新たな実践や力量を生み出しもすることを考えれば、使命感は教師の資質に位置づけてもよい。

　教師の専門性を資質で語ることにはおのずと限界がある。つまり、子どもが好きとか、愛するということは教師であることの重要な資質、要素であると言えても、こうした人間的な要素が客観的なものと結び付けて行使されない限り、厳密な意味でそれは教師の「資質」とはいえない。しかもそれは生まれつき持っているものと考えるよりは、さまざまな問題にぶつかりながら、試行錯誤を繰り返す中で解決したもの、つかんだものが積み重なり、自分なりの教師

スタイルとなっていったものこそ、教師個人の「資質」と言うにふさわしい。

　人間一般の能力に言えることだが、人間は生まれつき持っている能力と、それをベースに、生まれてからさまざまな経験や問題解決の過程で身につけた能力をもっている。言い換えれば、遺伝的な能力はそれ自身定められ、固定したプログラム（fixed program）である。人間と動物の違いはこのプログラムの在り方、進化にある。人間の場合、そのプログラムは固定して動かないように思えても、外部環境との関係において、つくりかえることはできないにしても、いろいろに反応させ、対応させることができ、その過程で能力が形成される。さらには、こうした能力をベースに、外部環境との関係の中でそれに適応し、対応するプログラムをつくることができる能力をもつようになる。だから、生まれつき持っている能力と、その後に形成した能力を明確に区別することは実際のところむずかしい。生まれつき備わっている能力を否定する人はいない。と同時に、それとて完全に固定して動かないものかどうかとなると、そうとも言えない。環境に対して柔軟に反応し、自らの問題を解決する力こそ、人間の能力であるからである。

　教職への使命感や情熱、子どもへの愛・責任感、指導技術は大切だが、それらが理論知に裏づけされ、理論知とセットであることが重要である。教職にあっては厳密な意味で「資質」と「能力」が分かちがたく結びついている。教師の資質と力量は相互に浸透し、融合し、教師の中で統合され、一定の教師スタイル、個性が形づくられる。この場合、資質と力量、または資質と能力は一体化して「資質力量」、「資質能力」として機能する。

　教養審第1次答申「新たな時代に向けた教員養成の改善方策について」（1997年）は、教師の資質能力を「専門的職業である『教職』に対する愛着、誇り、一体感に支えられた知識、技能等の総体」であるとし、「教職に対する愛着、誇り、一体感」という資質と呼ぶべき部分とこの部分に支えられた知識、技能等の部分に区分している。1987年の教育職員養成審議会答申でも、「教育者としての使命感」という部分と「人間の成長・発達についての深い理解、幼児・児童・生徒に対する教育的愛着、教科等に関する専門的知識、広く豊かな教養、そしてこれらを基礎とした実践的指導力」という部分に分けた。1971（昭和46）年の中教審答申では「教育者としての基本的な資質」と言われながら、その中身

については言及されないままであった。

第1次答申は、1987年答申の「いつの時代も教員に求められる資質能力」を踏まえ、今後特に教員に求められる具体的資質能力として次のものを挙げた。

1　地球的視野に立って行動するための資質能力
　　①地球、国家、人間等に関する適切な理解
　　②豊かな人間性
　　③国際社会で必要とされる基本的資質能力
2　変化の時代を生きる社会人に求められる資質能力
　　①課題解決能力等に関わるもの
　　②人間関係に関わるもの
　　③社会の変化に適応するための知識及び技能
3　教員の職務から必然的に求められる資質能力
　　①幼児・児童・生徒や教育の在り方に関する適切な理解
　　②教職に関する愛着、誇り、一体感
　　③教科指導、生徒指導等のための知識、技能及び態度

教師像としては「画一的な教員像」を求めるのではなく、「得意分野を持つ個性豊かな教員」の育成を目指すべきだとした。

教師の資質についてはこれまでさまざまに論じられてきたが、その多くは経験的なものである。行動科学的に実証されてきたものもあるが、それでも経験的である。資質とは、そういうものかもしれない。これまでの研究を踏まえ、①教育的信念や使命感、②教職への意欲、③教育愛・子どもへの愛、④カウンセリング・マインド、⑤教師としての自覚・責任感、⑥同僚関係・協働への意欲、などを教師の資質として挙げたい。

第3節　教師の専門性

1．専門性を何に求めるか

そもそも、教師の専門性は、子どもの発達段階に配慮しながら、担当する指導分野（教科等）の教材体系についての深い理解と絶えざる研究をベースに、今目の前にいる子どもの学力、理解力、関心などの具体的な姿を科学的、臨床的に判断し、必要な教材研究・教材開発を行うとともに、ふさわしい授業スタイルをデザインしながら指導を展開することにある。

教材体系を我がものにすることも重要だが、実践的には子どもの具体的な存在を見ながら、それにふさわしい指導を展開できる力量こそ、専門性の核心である。それは教師の個別的な判断と自己決定を不断に求め、これらの経験の累積とその過程で形成される指導力と指導スタイルを必要とする。基礎学力が十分でない高校生に対して受験有力校と同じ教科書を使って授業した結果、学力の低下、非行がさらに深刻な状態になった例がある。この例は、学校が高いレベルの教育を形式的に追い求め、子どもの実態を科学的、臨床的に判断することをしないことから生まれた結果である。教師の専門性は、子どもとの関係において具体的に展開され、検証されて、その存在が確認されるのであって、知識の量や知識の高さにあるだけではない。

教師の専門性は、まず第1に教える教科の背景をなす科学の理解の上にそれを教える内容、つまり子どもの発達段階に即して教材体系として組み立て、編集・編成する力、第2は教材体系を一つひとつの授業場面に分節化し、その指導を教師と子どもとのコミュニケーション過程として組み立て、展開する力、第3は子ども、または子どもたちを指導目標の達成に向けて動機づけ、学びのアクションを促す力、第4は子どもが充実した学校生活を送り、自己実現を図ることができるように生活集団として組織する力、または組織した集団に教育の効果を生み出させる力、第5は職務遂行の過程で生ずるさまざまな問題の背景や原因を突き止め、解決する力、である。このほか、例えば知り得た子どもの情報を教育という目的以外には使わないなどの教職の倫理、子どもへの愛、使命感なども加えておこう。

第Ⅰ部　学校教育の原理

これらの力量のほか、教師には校務分掌、主任などの役割など学校運営のための付加的、付随的な職能が期待される。

豊かな実践的指導力を持ち、得意分野を持つ個性豊かな教師は、これからの学校が期待する教師像として描くことができる。その際、自己の実践を振り返り、その改善・向上に向けて絶えず検証、研究するという研究的実践者としての教師の姿を忘れてはならない（学び続ける教師）。

2．教師の指導力

学校経営を視野に置いて、つまり学校の中で具体的に必要とされ、また期待される力量とは何かという観点から、その全体像を図示すれば次のようになる（図6-1）。

これまで教師の資質や能力、専門性についてみてきたが、それらは図のように①専門的知識・教養、②授業力、③研究力、④生徒指導力、⑤教師としての自覚、⑥チーム力、の六つの要素からなる指導力としてまとめていいだろう。

中教審答申「新しい時代の義務教育を創造する」（2005年10月）では、あるべき教師像として①教職に対する強い情熱、②教育の専門家としての確かな力量、と並んで、③総合的な人間力、が示されている。総合的な人間力について答申は、「教師には、子どもたちの人格形成に関わる者として、豊かな人間性

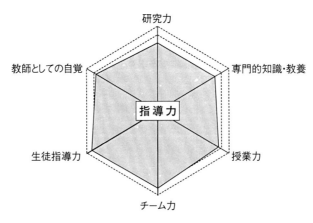

図6-1　指導力

や社会性、常識と教養、礼儀作法をはじめ対人関係能力、コミュニケーション能力などの人格的資質を備えていることが求められる。また、教師は、他の教師や事務職員、栄養職員など、教職員全体と同僚として協力していくことが大切である。」と述べている。要するに人格的資質と協働的資質であるが、人間力はここで述べているような単純なものではあるまい。

　教師の人間力という場合、2つの面をもっている。第1に教師自らが人間として生きる力のことであり、生きるために必要な諸能力の面である。第2にその力が子どもとの教育関係において与える影響力、教育力の面である。「教師」を冠して人間力を語る場合には、後者に力点を置いている。しかし前者と密接に絡み合って人間力が存在し、機能していると考えるべきだろう。

　指導力を構成する要素としてあげた、専門的知識、授業力、研究力、生徒指導力、教師としての自覚、チーム力は、それぞれが教師であるために求められる資質・能力（力量）であり、その向上、充実を期して教育活動を展開すべきものである。その意味で指導力は教師力と言い換えてもよい。

　教師の人間力は、これら指導力の根底、基盤にあるものだが、同時に指導力の各要素を機能させたり、その機能に個性、特色、魅力をもたせる力である。

　教師の人間力という場合、2つの面があると述べた。人間力とは、生きるために必要な能力と理解するが、その能力はものごとに対する感性・関心・意欲、問題を処理・解決する能力、人や社会とのつながりをつくる力、人への思いやり・優しさ、他者・社会への貢献だと考える。もちろん体力や健康があってのことである。動物は遺伝子として組み込まれたプログラム（fixed program）により行動する。それに対して人間はそうしたプログラムを環境に対して適応させ展開、発展させることができる。これを学習といえば、人間は学習する力（学習力）を持っている生き物である。人や社会との関係、自然へのかかわりの中で学習し、人間は上で述べた諸能力を開発、進化させていく。教師も、生まれ育つ中でこれらの能力を身に付けてきている。これらの能力は個別的でありながら統合、融合して、人となり、つまり人格をかたちづくっている。教師はまず、こうした能力を持った人間として存在する。教師の人間力はこれに尽きるといってもよい。

　教師は人間でありながら、同時に子どもの教育をつかさどる職業人でもあ

る。教育関係の中に教師の人間力は否が応にも入り込む。いや教師の人間力がもろに教育関係に大きな影響力をもって作用していることは経験的事実である。したがって、いい影響を与える存在であろうとするために自らの人間力を操作、統制しようとする。たとえば聖職者であることが求められ、またそうなることに努力する。また困っている子どもがいれば勤務時間を超えても相談にのるとか、面倒を見る。これらは教師であろうとするために統制した人間力だといえる。教師は自らの人間力を統制し、教育の効果を高めようとする。教師の仕事はこの統制された人間力がものをいう。

3．教育実践の裁量

　教師の仕事において裁量を必要とし、裁量が求められるのは以下の理由からである。

○職業人として社会人としての生きがい、主体性、仕事を通しての自己実現など、一般に人間として主体的に生きるために必要とされるもので、専門性の高さ、低さとは関係がない。精神医学も明らかにしているように、裁量権がやる気を起こし精神的障害を少なくすると言われる。
○教育の仕事の性質からくるもの。
　・教育内容・教育方法の専門性
　・教育実践の個別性、多様性
○働きかけの対象としての子どもと教師の間に生ずる問題を解決するために事実上の指導の必要から導き出される。ここには問題にすばやく対応する、小回りがきく、適切な指導が施せるなどがそれに当たる。とりわけ教育の場合には、この観点は重要である。子どもに最も近い人たちが相応の裁量権限を持つことが必要であり、重要だ。ここには教師だけでなく親・子どもも裁量主体となりえる。一般的に教育的判断としての裁量は子どもに近い者、または近い関係にある者が第一義的に有し、行使すべきことが導き出される。

　教育裁量とは、子どもの教育に直接関係している人たちが、教育を行うに当たって必要な（要求する）職務上の自由、権限のことである。その主体は、した

がって教師個人、学校である。教育裁量は教師個人レベルのものから、学校レベルに分類される。これらをめぐる言説は次のように整理できる（小島、2008年）。

1960年代―国家の教育関与・教育権に対峙し、教師の自由防衛のために教師は真理を教える専門家とされ、その根拠を真理追究としての学問の自由に置いた時期。1966年のILO/UNESCO「教員の地位に関する勧告」は、教育そのものの性質（専門性）から教師の権限を理解しようとする、新たな段階を生み出す引き金となった。

1970年代―当時の行政作用と対峙させ、教育の本質、教育の実際に専門性を求め、それにより裁量を主張した時期。そこでの目的は子どもの学習権保障であり、行政による条件整備活動とともに、とりわけ教師の専門的力量発揮による創意工夫と努力が専門性の中身を構成するとした。この点で、教師の教育の自由を確認した東京地裁「杉本判決」（1970年）が与えた影響は大きかった。ここでは80年代と異なり、また60年代の親の代理者としての教師の教育権をベースとした言説とも異なり、70年代は子どもの学習権が教師の裁量を語る際のキーワードになり、それを実現する指導の職務遂行上の自由が根拠とされた。ここでは子どもの学習権保障は、もっぱら教師の裁量の拡大によってなしうると考えられた。教育内容の学問研究性や親の教育権を根拠とする裁量から、子どもの学習権保障のための教育実践の専門性を論拠とする裁量へと転換した。教師専門職論が活発に、かつ広く議論された時期である。

70年代後半は、改訂された学習指導要領のキャッチフレーズ、「ゆとりと裁量」などの影響があるのか、裁量問題は陰に隠れた印象を与えた。また学力テスト事件最高裁判決（1976年）で子どもの教育に対しては国、学校・教師、親いずれもがそれぞれの立場・役割に応じて相応の教育権能を有すると判断したことは、80年代の教育裁量問題に相当な影響を与えた。

1980年代―70年代の後半から80年代にかけて体罰、管理教育など、教師の指導、学校の対応の仕方を巡って社会から多くの厳しい批判が相次いだ。この中で、親からの異議申し立てが起こり裁量の在り方が問題とされた。その後、参加と裁量の関係・接点が浮上する。子どもの学習権保障のために主張された裁量は、子どもの人権問題や学校荒廃を背景に父母の教育権・教育参加要求を

生み、それを制限もしくは圧縮する風潮が出てきた。つまり学習権を保障しきれていない状況が生まれ、学習権と人権保障のために教育過程での父母や子どもの存在、参加を意識せざるをえない状況が生まれたのである。学習権保障は教師だけの関心事ではなく、いや教師の指導によって、もしくは指導の在り方が学習権を侵害、または制限する事態が広くみられるようになり、それを親の参加、アクセスによって解決しなければならないという関心から実践や理論が注目された。教師の裁量を拡大していくことが必ずしも子どもの学習権や人権を守ることにはストレートにつながらないとする主張が、体罰、校則、管理教育などの問題を巡って実践化、理論化された。それは子どもの学習権は教師や学校だけでは守りきることがむずかしく限界があるとする議論にもつながる。また裁量の"権力化"―学校の"権力化"も指摘された。学校の"権力化"とは、教育関係において、子ども・親に対して教師・学校の指導の支配的権能を事実上形成、主張し、教師・学校の規範、秩序を一方向的に守ることを求め、そうした関係と秩序が子どもや親に一定の力、強制力となっている姿のことである（小島・1993年）。

　1990年代―80年代に大きな社会問題になった教師の姿勢、力量をめぐって「問題教師」（97頁参照）が、90年代には教師の指導力や教職への情熱などの問題として展開した。これに関連し、親・子どもの学校へのアクセス、参加と裁量との接点を求める理論化が目指された。「子どもの権利条約」はその刺激となり、裁量再編の起爆材となった。こうして専門的判断・力量を背景にした裁量の内実と教育過程での協働関係の確保が必要とされ、子ども・父母を教育過程に直接、間接組み込むことによって学習権を保障しようとする方向が出てきた。

　2000年代―現在。教師の専門職的権限から教育裁量を語ることは、教師や学校に対する世間の厳しい視線を前に難しくなった。実際、実践としても理論としてもそうした方向は影を薄くし、また後退した。教師の専門性、したがって教育裁量についてこの時期には語られることが少なくなった。その理由は専門性に代わる新たな論理や原理でものごとを処理・解決する傾向が強くなったからである。伝統的学校自治論について自律的学校、自律的学校経営という視野から見直す必要が提唱されたのもこの時期である（小島・2000年）。

新たな論理や原理とは、組織や経営の論理・原理である。日本の学校の意思形成は伝統的に職員会議を軸に行われてきた。それは教育活動が協力や協働を通して展開し、また専門性を重視した組織原理が機能していたからである。専門性と合議制に立つ学校運営である。それが今、後退し、それに代わって組織の論理、つまり責任制や官僚制の論理が教育事業の経営体としての学校を運営する論理として深く入り込んできた。この傾向は何も小学校、中学校、高等学校のみがそうなったのではなく、経営体をなし、もしくは指向する組織体ならば組織や機関の特殊性を問わず等しく、こうした組織の原理に基づいて運営すべきだとするものである。したがって教育機関としての小・中・高等学校と学問研究機関としての大学を区別する管理運営の在り方から、経営体としての組織の管理運営の在り方へとシフトしてきている。主幹教諭など「新たな職」の設置、職員会議の補助機関化、教授会の補助機関化はこうしたことを加速させた。
　現在、これまでの教職の専門性を見直し、「協働の専門性」、「開かれた専門性」による専門性の新たなかたちの模索が始まっている。

第4節　教師の専門性の変化

1．教育実践の協働

　教育活動は教員一人ひとりの仕事であり、その意味で個業であるし、個業を支え、促す知としての専門性である。同時に、その専門性はそれぞれを補い合うという部分や性質をもっている。協働としての専門性である。日本の学校には教育活動であれ、校務分掌活動であれ、一緒に考え、取り組むことを特色とする「協働の文化」がある。学校力を高めていくためには、協働は不可欠な条件である。協働とは目標を共有し、その目標を達成するために関係づけられた人々によって行われる仕事のかたちである。専門性はここでは各教員の活動として存在しながらも、協働の文化がこれを支え、「協働の専門性」を生み出している。学校における専門性は関係する教員が有する専門性との関係、つながりの中で形成される協働として存在し、また協働の中で専門性が生き、息づいている。それはまた「開かれた専門性」でもある。保護者・住民の学校参加が

現実のものとなっている中で、専門性はこうした関係の中でさらに開かれたものとして展開していくものでなければならない。

　これからは、一人ひとりの高度な専門性を大切にしながら、同時にそれを協働の専門性と開かれた専門性に発展させることで専門性の再生と再定義、再構築を図っていく必要がある。

　教師の仕事は、何よりも子どもたちが将来の職業と生活を通して生きる力を身につけることにある。教育の社会的機能という観点からすれば、それは国家や社会の発展のために必要な機能であり、また文化を次の世代に伝えるという機能である。社会発展のためとか、将来に向け備えるためだけでなく、同時に今を生きるために教育は存在しなければならない。教育は社会とか将来というような、子ども自身の中にではなく子どもの外に教育の目的を置き、そのために教育を計画、実施するということは、教育として避けられない、いやそれどころかそこにこそ教育の働きがある。そうであっても教育は今を生きる子どものためにも存在しなければならないはずである。それはこういうことである。子どもは小さな大人ではない。また大人になるために今を生きているだけではない。今を生き、今の生活の営みの中に今を生きる実感と充実を確認し、また求めている存在でもある。学校の役割は、このことを視野に教育を計画し、実施、運営することで目標を達成していくことにある。この中にあって教師の専門性は、子どもが身につけるべき能力（学力）の育成を教科やその他の指導を通して行う仕事の中にある。中学校や高等学校の教科担任教師の場合はいうまでもなく、全教科もしくは複数教科の指導を担当する小学校教師にあっても学校として子どもに身につけさせる能力のうち、その一部を担当し指導していることでは変わりはない。しかもその指導は、教科だけでなく、人間性や道徳性など人間の生き方や在り方に関わる人間的成長や発達の部分を抱えている。教科の指導を通して、そして教科の指導と並んで人間的成長に必要な教育的働きかけを職務の核心としている。こうした教師の指導、専門性はとりわけわが国では相当な広がりと理解を得て共有されてきた。だから教師の専門性はこうした指導に関わる知や技として理解されてきた。

　教師の専門性は、個別性、個業性が強く、個人技、個人芸、つまり個人の指導力、力量に依存する。職人芸と言ってもよい。専門性とは、そもそもそうい

うものである。しかしその専門性は、①指導そのものが個別的な業務として行うだけでは十分でなく、協力したり分担したりして行う必要、②個別業務が学校教育目標の達成との関連で個別業務をそれ以外の業務との関連で理解し、行う必要、③したがって組織活動の一環として個別業務を組織し、実施する必要から、専門性における協働、協働における専門性の問題として語る必要がある。

協働が生まれ、必要となるのは、達成すべき具体的な課題を共有している自律的な人間が、その解決のために個人であるが故にもつ制約を克服するために複数の人間が一緒に関係し合って行動するためである。自律人でありながら関係的自律人という認識が生まれる。協働はこうした教師の在り方を展開させるためにも不可欠な条件であり、かつ協働は教師のそうした在り方をさらに発展させるものとしてある。同時に得意分野を強調するが故に、軽視され、おろそかにされがちな活動、また個性を強調するが故におろそかになりがちな組織活動を補うためにも協働という考えが必要とされる。

協働は、このように教師の力量や専門性をさらに発展させる機能と補う機能を有している。教師として必要な最低限の資質能力は身につけなければならないが、それをベースに一緒にする必要のある教育活動や一緒に行った方がよい教育活動ではできるだけそうしたやり方を採用して、補い合いながら自己の得意分野をそれとして伸ばしていくということがこれからの教師にとって重要になる。学校と教育の新たな環境と課題に対応した専門性の在り方を協働を通して補い、得意分野を向上させることでさらに発展させていくという考えである。したがって協働意欲と協働関係をつくることは、これからの教育実践と学校経営を展開、発展させる上で不可欠な戦略であると理解することができる。

2．協働の文化

わが国の学校には協力し合って行うという教育活動のスタイルや文化が息づいている。それは協働の文化と言ってよい。学校文化と言ってよいものかも知れない。その協働には教育活動の実際の必要から自生的につくられる部分と、学校経営の必要から教育目標達成に向けて意図的につくられる部分がある。

教育活動や校務分掌において、それに関わる部門組織がつくられ、部門活動

第Ⅰ部　学校教育の原理

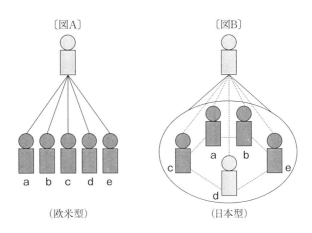

図6-1　協働の文化

における協働、協働を通した部門活動が重視されてきた。教職員は部門の仕事を介して相互にかかわり、つながりをもち、日常の問題や課題の処理と解決を行うとともに、部門の目標を達成する。これをリードするのが部門のリーダー、ミドルである。さらに校長はこうした部門に対して経営の観点から、教師個人との関係を重視しながらも、関係する教師たちのチーム、部門組織として捉え、部門組織や部門リーダーとの関係を重視し、部門組織を介した関係を組織運営の原則としてきた。欧米の学校組織、校長―教師の関係とのちがいはこうしたところにあるし、これが特徴となっている。

　協働性は校内研修・研究（校内研究）においても確認できる。校内研究はわが国の教員文化、学校文化のひとつであり、戦前からその活動、仕組み、文化がつくられてきた。校内研究には、学校の問題や課題の解決に当たっての研究、自分たちの力量を高めるための共同研究、新たな課題や環境に対応するための研究がある。学校及び個人の問題や課題を処理、解決するために校内研究が行われてきた。これも広く協働性の一面として確認しておきたい。OECDなど欧米から日本の校内研修、とりわけ授業研究に関心と注目を寄せているが、教育活動を個業として受け止められがちな欧米社会が日本の学校の特色としての協働の文化を評価しているということであり、世界に誇りうる日本の学校文化

第6章　教師教育と教師像

として受け止め、そのよき伝統、文化を継承、発展させていくことが大切だと考える（囲み参照）。このように、わが国の学校には協働が教員文化、学校文化、組織文化として息づいている。

学校文化の諸相

　教職人としての高い自覚、高い教育指導力、教育指導への高い献身性、"日本の教師は優秀"、協働の専門性、開かれた専門性、多人数指導力など一斉指導・集団指導力、学級指導力の高さ、同僚性志向の教員文化、授業研究、校内研修・研究、体系的・組織的・計画的な研修システム、教師集団という考え方、協働の文化、チーム重視、ミドルの活躍に期待する学校運営（ミドル中軸型学校運営）、合意・合議を大切にする学校運営、「校長・教頭など管理職」と言うよりは「校長は学校の経営者」「スクールリーダー」だ、校長は教育者・教育の専門家の意識、学習・生活全体に対する教育責任という教育文化と学校経営の責任、生き方の指導、道徳の授業時間化（道徳の時間）から「心のノート」「わたしたちの道徳」、道徳の教科化、集団づくり（児童生徒集団、学級集団、教師集団、学校集団）、学級づくり、助け合い学習、生活綴方教育、朝読書（読書習慣・学習習慣）、など

3．協働と専門性

　教師の専門性の確立を強調し、それを職業的自由ないしは専門職性に絡めて論じるという問題意識を生み出した背景には、教育と学校に対する国の統制に対して警戒感をもつようになったという事情がある。他方それは、教師の仕事の個業性をいたずらに強調し、全校的な教育問題や課題への関心を弱め、またその解決に積極的に対応する姿勢を弱めてきたという面がある。それは学校教育の問題や課題に対して組織的に対応し、解決することをむずかしくしてきた。さらには専門性への関心は、学校の内と外において他者の視線や視点が入り込む余地を少なくしてしまった。その結果、学校が抱えるさまざまな問題や課題に対応することを困難にさせ、新たな問題や課題に対応する柔軟さと学習力をもった専門性が失われ、言わば時代から取り残され、硬直した専門性、問題解決力を失った専門性に変質してしまった。個業モデルに立つ専門性論は、もはや現代の学校のさまざまな問題や課題を処理、解決するに当たって有効性をもちえなくなったことを示している。学校教育が抱える問題や課題は、ある

ひとつのことがらが原因となっているものではなく、いくつかの要素が織りなしてつくられている、構造的で全体的なものである。それは関係する教師の力がさまざまに作用したものである。個別に対応するならば専門性を膨らませたり、視野を広げることで十分であろう。個別の対応がむずかしいならば、専門性の枠を取っ払って新たな枠を設けて対応しなければならない。いずれにしても、教師の仕事を枠づけてきた専門性について、現代の学校が抱える問題や課題を解決する、学校教育の改革に資する観点から見直す段階に今ある。

　専門性は、子どもに伝えるべき知や技（学校知）の獲得とその指導の必要から生まれる部分と、学校教育の問題や課題を解決、達成する必要から生まれる部分がある。前者は教科の専門家として制度化されてきた。言わば伝統的な専門性がここにはある。それに対して後者は、生活科や「総合的な学習の時間」のように、伝統的な学校知の枠にとどまらない、新たな知や技を身につけさせようとするもので、学校知の性質、それを指導する方法も異なってくる。環境、福祉、国際理解、グローバル人材育成などのテーマを「総合的な学習の時間」などで行う場合には、そこでの知や技の性質に総合性を求め、指導における協働性が必要となることは明白で、一般に従来の専門性の枠にこだわっていては指導を展開することはできない。ボランティア活動や奉仕活動であっても同様なことが言える。

　さらに、子ども問題の多様化と深刻化は、指導方法、指導力の面で従来の考え方に変化を促す。生徒指導力を授業力と並べて教師の力量とし、その充実を目指していたこれまでの考えから、生徒指導力を授業力の中に融合させ、その一体化を目指し、その向上を図ろうとする考えへと変化してきた。

　以上の状況は、個業モデルに立つ専門性の性質を変えることを求める。そのために必要なことは、ひとつは専門性そのものを見直し、伝統的な専門性のほかに新たな専門性の枠組みを設定し、それを伝統的な専門性に付加するか、もしくは組み入れて専門性を新たに創造することである。もうひとつは、そうした専門性を発揮、ないしは実現するための教育実践のスタイルを協働というスタイルで開発、導入することである。専門性の再定義、再構成が求められるゆえんが、ここにある。

　教育実践における協働化が、今後の学校教育の問題や課題を解決したり、教

師の専門性を発展させたりするために重要な実践的、理論的戦略であることは間違いあるまい。これを実践的、理論的にどう展開、発展させていくかは教師教育の重要な課題だと考える。

4．専門家の試練

　専門家、専門職と言われている職業人の資質と能力への信頼感が、今揺らいでいる。

　資質の面では、一級建築士の耐震強度偽装事件（構造計算書偽造）、公認会計士による不正経理・粉飾決算、医師による強制わいせつ行為や診療報酬不正受給、弁護士の詐欺行為など、専門家・専門職をめぐる資質をめぐって社会から厳しい指弾を受けた。児童生徒に対するわいせつ行為やいじめ・人権侵害など、教師としてあってはならない行為・不祥事が数多く見られ、保護者や社会からの不信を買っている。こうして専門家の責任感、倫理観の欠如や希薄が指摘され、コンプライアンスの徹底、リーガルマインドの育成、倫理性や社会性の育成など、専門家の資質にかかわる問題が数多く指摘されてきた。

　能力の面では、"神の手"と言われるほどの腕と技術を持つ外科医が注目される一方、診断・技術の未熟さなどからさまざまな医療問題・事故を引き起こしている医師も少なくない。群馬大病院の同一医師による肝臓ガン腹腔鏡手術後の患者8人の死亡事故、教師にあっては「指導力不足」など指導力にかかわる問題が指摘され、指導力の向上のために何が必要かなどをめぐり議論が展開され、教員評価や教師教育制度の在り方が問われている。

　さらに専門家の資質能力全般にかかわるものとして、業務の専門性を社会の変化に対応させて視野を広げ、質を深化、発展させる必要が言われるようになってきた。司法制度改革の一環としての裁判員制度などはその典型である。裁判員制度は、司法に対する国民の理解の増進と信頼の向上を目的とする刑事裁判に対する国民の参加である。市民が有する日常感覚や常識を大切にし、市民の目線で案件を処理、解決しようとする試みである。ここには専門家に任せておくだけでは真の案件解決にはならず、専門的能力以外の感覚や能力（視野・感覚・経験）を採り入れ、案件の解決を期待したものである。医療にあっても、クライエント（被治療者）の希望や意見を採り入れ、治療をしていこうとする

傾向が生まれてきた。関係者、ステイクホルダーが、ものごとの判断や解決のプロセスに参加し、解決していくという考え方やシステムが導入されるようになった。

　教師の場合にあってもまったく同様である。いや教師の場合にあっては、教育ということがらの性質上、教師が関係者の要望や意見を採り入れ、ものごとを処理、解決する必要や要望が強く求められる。親から"イチャモン"、無理難題が教師に向けられ、"モンスターペアレンツ"への対応が教師にとって心理的・精神的負担となっている。これを文字通り、イチャモンだとか、無理難題とばかり言っておれない状況がある。教師自身の力量や社会性にかかわることも原因のひとつに挙げられるからである。

　専門家及びその専門性に期待されていることは、仕事ないしは職業に関する自覚、責任観、コンプライアンスなどの職業倫理を高めること、専門的業務にかかる仕事の質と専門性の向上、仕事や業務が影響を及ぼす関係者、ステイクホルダーの意思を尊重し、もしくはその意思を組み入れた判断と実施運営を可能にするシステムを構築することであると思われる。

第5節　これからの教師像と「教職人」の育成
――わたしの教師教育の実践

1．「考える教師」、「学び続ける教師」であるために

　教師像については、これまでいろいろな人たちが期待を込めながらさまざまに言われてきた。歴史的に眺めると日本の教師は、優秀であった。その優秀さは、教職への熱意と使命感を持ち、日本の教育の行く末を真剣に考え、もしくは案ずることから発する自分の教育実践、また自分たちの教育実践を授業研究、教材研究などの共同研究・校内研修を通して振り返り、その改善に努めてきた結果である。自分で、もしくは共同で教育実践を振り返り議論し、研究することなどをして改善の糸口を探り、見つける努力をすることを学校の文化として蓄積してきたのである。教師が実践的研究者もしくは研究的実践者であるべきだといわれてきたのも、教員の在り方に「考える教師」をイメージしての

ことだと思われる。

　「考える教師」は、子どもの学びや生活についていかなる支援や指導が必要かを見出し、具体的な支援と指導を構成し、実践していける力量である。下記の「学び続ける教師像」を考慮すると、さしあたり、「探究し、学び続ける教師」となろうか。

　中央教育審議会答申「教職生活の全体を通じた教員の資質能力の総合的な向上方策について」（平成24年8月28日）は、これからの教師像を、教職員がチームとして力を発揮していける、社会からの尊敬・信頼を受ける教員、思考力・判断力・表現力等を育成する実践的指導力を有する教員、困難な課題に同僚と協働し、地域と連携して対応する教員、教員が探究力を持ち学び続ける存在であることが不可欠である「学び続ける教員像」の確立として描いた（第6章で掲載の中央教育審議会答申を参照）。

　教師が高度専門職業人としてその資質能力をより高度化することが求められている。「探究し、学び続ける教師」は高度専門職業人としての教師の姿である。また高度専門職業人は「探究し、学び続ける教師」であることによって連続的、段階的にその育成、成長が可能となる。

2．教職大学院での実践

　これから述べることは京都教育大学連合教職大学院での実践である。教職大学院は2008年にスタートした。本教職大学院は京都教育大学を基幹大学とし、京都市内の京都産業大学、京都女子大学、同志社大学、同志社女子大学、佛教大学、立命館大学、龍谷大学7つの私立大学が連合して設置された教員養成に特化した専門職大学院。本研究科は「人間教師」の育成を教師教育の目標に掲げ、「大学院知」を視野に「教職人」の育成を目指している。教師教育の目標、カリキュラム基準、授業シラバス、研究科評価などの目安を「教職専門職基準試案」として策定している（これとは別に「スクールリーダー専門職基準試案」がある。第20章参照）。「教職専門職基準」は「人間教師」の育成を教育理念とする本研究科の大学院教育を高度化し、実質化する拠り所、目安とするものであり、かつ社会に対する責任を表明し、社会の信頼に耐えうる研究科教育を構築するという本研究科のメッセージである。

ここで「高度」とは専門性をある方向に導いたり、またそれを再構成、再編したり、さらにその力を学校づくりなどに生かしうることにかかわる知である。これを担保する「大学院知」は教育実践や学校づくりを省察し、そうした活動の成り立ちや構造のかたちを解明し、そこでの問題や課題のありかを明確にして、それを処理・解決、ないしは改善する活動を組み立て、実践しうることにかかわる知である。またこうした作業を通してその知を"新たな"知として編集ないしは創造しうる力量につなげることにかかわる知である。さらに以上の知を支え、裏づけ、根拠づける思想や理論にかかわる知として、実践知・方法知と理論知が一体的、総合的に織りなしてつながり、存在している姿、かたちとしてある。「大学院知」はそうした視野において専門性を「高める」知、「深める」知でなければならない。高度専門職業人、高度の専門性などの「高度」とは、そうした「大学院知」によって担保されると受け止めている。

「専門職基準」のコンセプトは次の通り。
- 専門職基準は、高度専門職業人として総合的人間力と高度な専門性を備えた教職人に必要な資質能力としての「大学院知」のスタンダード
- 高度専門職業人として総合的人間力と高度な専門性を備えた教職人であるために求められる資質能力を「大学院知」とし、「大学院知」を教養と識見、職務遂行能力、教職人としての基盤的能力、職業倫理の観点から表現
- 専門職基準は、教育目標、カリキュラム、シラバス、授業、学力、指導体制、研究科コミュニティ、研究科自己評価など、本研究科の教育を計画、実施運営、評価、開発する際の目標となるものであり、またそうしたものとして運用し、活用
- 専門職基準は、社会に対する本研究科の存在理由、使命、責任のメッセージ

　このような「専門職基準」は、おそらく我が国の大学では見られない本研究科独自のものかもしれない。読者の皆さんが教師像や教師の仕事全体を知る上で、また専門性や職業倫理を知る上で参考になると思われるので、長くなるが敢えて掲載することにした。時々目を通し、学習や実践を振り返っていただき、これにないもの、必要なもの、大切なものを発見していただきたいと考える。

専門職基準を策定して養成教育をすることに対して、養成教育の技術主義、方法主義などの批判が跳ね返ってくる。学校教師は自分の授業を展開するに当たって、教育の目標、育成する能力など授業の構想を描き、それを教育計画・授業計画として策定し、授業を展開している。授業評価もあるし、次なる授業構想もそこから生まれる。これはひとりの教師の教育活動の場合であるが、教科や領域を担当する教師たちの教育活動においてもまったく同様である。大学教員の授業も形式的にはまったく同様であり、教員はこのことを十分に知り、経験している。養成教育が技術主義に陥るのではないかという危機感は、理解できないではないが、技術主義にならないように、養成教育担当者（たち）が、主体的にこうした専門職基準のようなものをつくり、実践してみたらどうだろうか。わたしたちの専門職基準は、そうならないように、またそうさせないように、我が国の学校の歴史や伝統、学校づくりの実践や理論、これからの学校の役割、教師像や教師の力量などを視野に策定したものである。"国定専門職基準"に期待する機運が強まっている中にあって、養成教育をする人たちや養成教育機関にとって今大切なことは、養成教育にすっぽり空いた穴（教育目標）を埋め、埋めた穴の内実を充実させ成熟させていくことではないだろうか。そこで学ぶ皆さんは教育目標を明確にさせ、それを実践化させることを要求するような高い志と力をもって欲しいと考える。

（小島弘道）

〔参考文献〕

今津孝次郎『変動社会の教師教育』名古屋大学出版会、1996年

小島弘道・北神正行・水本徳明・平井貴美代・安藤知子『教師の条件―授業と学校をつくる力』第3版、学文社、2008年

小島弘道「現代の学校問題と教育裁量の課題」『日本教育法学会年報』第22号、1993年

小島弘道「教育における自治の理論的問題―学校自治の理論的課題を中心に」『日本教育法学会年報』第29号、2000年

山崎準二・榊原禎宏・辻野けんま『考える教師―省察、創造、実践する教師―』学文社、2012年

京都教育大学連合教職大学院・教職専門職基準試案

1．教養と識見

　高度専門職業人としての教職人であるためには、人間として、社会人として、職業人として生活し、生きる意味を確かめ、その意味を深め、その知を膨らませつつ、学び、探究する姿勢と努力が要求される。こうした不断の学びと探究により自らの感性、自覚、ものの見方・考え方の総体の知、つまり識見（人間観・社会観・世界観・人生観としての教養と専門的教養）を形成し、成熟させることができる。

　以上のような常識と教養、そして識見を持ち、児童生徒の「最善の利益」（児童の権利に関する条約）と人権の尊重をめざす、総合的人間力と高度な専門性を備えた、そのような教職人でありたい。

2．職務遂行能力

（1）学校教育の文脈を読み解く力

　現代の学校教育を支えている政治的、社会的、思想的、文化的背景を読み解きながら、学校教育の状況と本質、そして構造をつかみ、それを踏まえて学校教育の改善や改革のメッセージを発信しうる力量を形成する。
- ■　学校教育の状況、構造、課題を読み解く力
- ■　学校・教師と子ども（児童生徒）たちの状況、構造、課題を読み解く力
- ■　学校教育の文脈を読み解くために必要な知

（2）教職キャリアに応じてカリキュラムを開発、編成、実施運営する力

　学校の教育計画としてのカリキュラム（教育課程や指導計画）の開発・編成と実施運営については教職キャリアに応じて期待される役割が異なる。それぞれのキャリアステージの役割に応じてカリキュラムの開発・編成・実施運営にかかわる力量の形成が期待される。
- ■　カリキュラムを開発・編成し、実施運営する力
- ■　指導計画を立案し、実施運営する力
- ■　カリキュラム、指導計画を評価し、それらをカリキュラム改善につなげる力
- ■　カリキュラムに関する理論と実践の知

（3）指導力

　教職の専門性の核心をなす教育指導は、授業、生徒指導、学級経営として展開するものであり、これらの指導にかかわる以下の力量によって達成される。

　①児童生徒理解
- ■　児童生徒理解の理論と方法の知

- 児童生徒の気持ちと行動を理解しながら、学びと生活を動機づけ、学びと生活の積極性を高める力

②授業力
- 教科と授業の理論と方法の知
- 教科・領域の教材体系（教育内容）に関する知
- 授業を設計、計画、展開、評価する力
- 児童生徒の実態・課題に応じて指導する力
- 授業の教材を作成・開発する力

③生徒指導力
- 生徒指導の理論と方法の知
- 生徒指導の教材体系に関する知
- 生徒指導を設計、計画、展開、評価する力
- 児童生徒の実態・課題に応じて指導する力
- 教材を作成・開発する力

④学級経営力と学年経営力
- 学級・ホームルーム経営の理論と方法の知
- 学年経営の理論と方法の知
- 学級・ホームルーム経営を設計、計画、展開、評価する力
- 学年経営を設計、計画、展開、評価する力

（4）研究力と研究開発力

　教育問題や課題は個別的、かつ複合的、構造的であるため、その処理と解決には高度な能力が求められる。そのために教員は自らの教育活動を絶えず高め、持続させるために研究力と研究開発力を高度化する必要がある。

- 教職における研究の理論と方法の知
- 教育活動の本質と構造を解明する力
- 教育活動の課題を明確にし、解決する力
- 自分の研究課題を明確にし、研究を設計、遂行する力
- 自校の研究課題を明確にし、校内研究として設計、組織運営する力

（5）協働、チームを通して問題や課題を処理・解決する力

　教育活動と学校活動を推進し、そこでの問題や課題を処理・解決するためには教職員の協働関係の構築が不可欠である。近年、多面化し複雑化する教育活動と学校活動はこの傾向をますます強め、関係者及び関係者間の協働による問題解決が強く期待されている。

- 学校組織論に関する知

- ■ ミドルリーダーシップに関する知
- ■ チームによる協働を形成し、問題や課題を解決する力

(6) 保護者・地域と協働・連携する力

　保護者・住民に対する教育責任とアカウンタビリティを踏まえ、保護者・住民の教育意思を尊重した協働、連携、参加を構築しうる力量が求められる。

- ■ 教員と保護者・地域、学校と保護者・地域に関する理論と方法の知
- ■ 保護者の教育意思や願いに対して主体的、共感的に対応する力
- ■ 保護者と豊かな対話をつくり、協働する力

3．教職人としての基盤的能力

　教育指導の専門家として自己を確立しつつ、人とつながり、人とつなぐことで豊かな教育活動を展開するには下記に示す、言わば教職を支える基盤的能力が求められる。

- ■ 言語力、コミュニケーション力、ICT活用力
- ■ 日本語・英語能力
- ■ 人間力、社会力、国際的視野
- ■ 実務能力
- ■ 戦略的思考力と論理的思考力

4．職業倫理

　高い公共性を有する教職は、その職務にかかわる人たちや社会と意思を共有して展開すべきものである。そこには自らを律すべき規範や相互の約束ごとがあり、それが相互の信頼構築に貢献している。職業倫理がそれである。わたしたちは職業倫理を未来につながり、未来を創る教職人を育成する新たなエネルギーとして機能することを期待する。

- ■ 高度専門職業人としての教員の使命、役割、責任を踏まえて職務を遂行する力
- ■ 教職に関する法的、職業的ルールや倫理を踏まえ、職務を創造的に展開する力
- ■ 児童生徒への深い愛、思いやり、面倒見のよさを自らの教職倫理として職務を遂行する力
- ■ 児童生徒・保護者の教育意思を尊重して職務を遂行する力、教職専門職基準試案

第7章

教育の質保証と学校教育

第1節　質保証を求める教育改革の展開

1．質の「平等・向上」から質の「保証」へ

　日本では1980年代後半以降、従来の福祉国家的な国家観の見直しが図られた。「小さな政府」をめざし、地方分権・規制緩和を基調とする行政改革が進められた。教育界でも、臨時教育審議会での議論（1984-1987年）や中央教育審議会答申「今後の地方教育行政の在り方について」（1998年）での提案、地方分権一括法の実施などを通して、これまでとは異なる公教育の在り方が模索されてきた。

　教育における地方分権の推進は、これまで国家の名のもとで、ある程度均質（画一的と称されることもある）に実施されてきた公教育を、地方や学校ごとに多様なかたちで提供していくことを認めるものであり、「国家を前提に構成される公教育とは異質の公教育像が鮮明化してくる」（大桃2000、294頁）ことが避けられない。それゆえに、国が教育機会の平等性と教育内容の共通性を確保するという従来型の公教育をめぐる正当性の根拠について変更が迫られている。

　2005年の中央教育審議会答申「新しい時代の義務教育を創造する」は、現代を変革の時代、混迷の時代と位置付け、義務教育について「子どもたちがよく学びよく遊び、心身ともに健やかに育つことを目指し、高い資質能力を備えた教師が自信を持って指導に当たり、そして、保護者や地域も加わって、学校が

生き生きと活気ある活動を展開する」ことを目標に掲げた。そのために「目指す教育の目標をこれまで以上に明確に示し、それに即して、子どもたちに必要な学力、体力、道徳性をしっかりと養い、教育の質を保証することが求められる」として、義務教育における教育の質保証の重要性を提起している。

　同答申は、このような義務教育への変更を「構造改革」と称し、その実現のために、①義務教育の目標設定とその実現のための基盤整備について国が責任を果たす、②義務教育の実施過程を担う市区町村や学校の権限と責任を拡大し、自主性・自律性を強化する、③義務教育の成果を検証する仕組みを国の責任で整備するの3点を基本的方向性として設定している。これらの施策を通して教育の質が保証される教育システムへの転換が目指されたのである。

　これまで、日本の公教育については、設置基準や学習指導要領の存在を論拠に、諸外国と比較して学校教育の入り口や過程について厳しく管理されていることが特徴と考えられてきた。しかし、同答申は「義務教育システムを国の責任によるインプット（目標設定とその実現のための基盤整理）→実施の責任を有する自治体や学校が担うプロセス（実施過程）→国の責任によるアウトカム（教育の結果）の検証」という構造への転換を目指すとした。すなわち、学校における教育活動を、その成果に対する評価によって統制することに、これまで以上に重きが置かれるようになった。そのため、先に述べた公教育の正当性も、必要とされる「教育の質」を一定の基準に照らして充足されたことが検証されることによって担保されるものとして捉え直されるようになっている。

2．質保証を読み解く視点

　教育の質保証について問われた際、そこには少なくとも2つの視点を用意しておく必要がある。それは、「どのような質」を「どのような方法」によって保証するのかという視点である。この点に関して、先の2005年答申は「義務教育の質の保証・向上のための国家戦略」として、次の4点を示している。①教育の目標を明確にして結果を検証し質を保証する（到達目標の明確化、教育内容の改善、質の高い教科書の確保、教育成果の評価・検証）、②教師に対する揺るぎない信頼を確立する（教員養成の質的水準の向上、採用後も常に質が向上するような仕組みの充実）、③地方・学校の主体性と創意工夫で教育の質を高め

る（国によるナショナル・スタンダードの設定とそれが履行されるための財源保障、市区町村及び学校の役割の明確化、保護者・住民の参画と評価を通した説明責任のシステム確立）、④確固とした教育条件を整備する（教職員配置、学校施設、設備、教材のための財源確保）である。

　これらの項目を参照するならば、「どのような質」とは、これまで以上に明確化された教育目標と教育内容ということになる。2005年答申の後、2006年には教育基本法が改正された。2007年に改正された学校教育法では、学校種ごとの目的と目標が見直された。また、2008年、2009年には学習指導要領が改訂された。「どのような方法」とは、全国学力・学習状況調査等に代表される、学習内容の理解・到達をテストによって直接的に評価・検証する政策を採用する他、学校における教育活動の直接的な担い手である教員養成の在り方の改善、市区町村や学校の裁量を高めるような分権改革、財源保障をはじめとする教育条件の整備・充実といった多様な方法が想定されている。

3. 学習指導要領の改訂と PISA 型学力

　保証すべき教育の質の内容について規定しているのが学習指導要領である。学習指導要領はおおよそ10年に一度改訂されるが、2008年の中央教育審議会答申「幼稚園、小学校、中学校、高等学校及び特別支援学校の学習指導要領等の改善について」は、現行の学習指導要領（平成20年、21年改訂版）への改訂に向けた基本的方向性を次の7点で説明している。

表7-1　学習指導要領改訂の基本的方向性

①改正教育基本法等を踏まえた学習指導要領
②「生きる力」という理念の共有
③基礎的、基本的な知識・技能の習得
④思考力・判断力・表現力等の育成
⑤確かな学力を確立するために必要な授業時数の確保
⑥学習意欲の向上や学習習慣の確立
⑦豊かな心や健やかな体の育成のための指導の充実

（中央教育審議会「幼稚園、小学校、中学校、高等学校及び特別支援学校の学習指導要領等の改善について」、2008年をもとに筆者作成）

今次の改訂において注目すべきは、21世紀を「知識基盤社会」と位置づけ、そのような社会に対応可能な児童生徒の育成を重視している点、「生きる力」という理念を継承しつつ、それらをOECD（経済協力開発機構）が提唱するキー・コンピテンシーという能力観に関連づけている点にある。

　知識基盤社会とは、「新しい知識・情報・技術が政治・経済・文化をはじめ社会のあらゆる領域での活動の基盤として飛躍的に重要性が増した社会」を意味する。そこでは、①知識に国境がなくグローバル化が一層進む、②競争と技術革新が絶え間なく生まれる、③パラダイム転換に対応する幅広い知識と柔軟な思考力・判断力が必要、④性別や年齢を問わず社会参画する等が促進され、国際競争が激化し規制緩和と自由化が進むことになるため、基礎的・基本的な知識・技能の習得やそれらを活用して課題を見出し、解決するための思考力・判断力・表現力等が必要になるという（水原2010、235頁）。

　また、OECDは知識基盤社会を担う子ども達に必要な能力を「キー・コンピテンシー（主要能力）」として定義づけ、①社会・文化的、技術的ツールを相互作用的に活用する力、②多様な社会グループにおける人間関係形成能力、③自律的に行動する力の3点で整理した。また、これらの能力を獲得できているかどうかを測定する枠組みとして、読解リテラシー、数学的リテラシー、科学的リテラシーを設定し、それらを測定するためにPISAテストを実施している。

　リテラシーやキー・コンピテンシーを柱とするPISA型の学力観や能力観は、エンプロイアビリティ（employability）を重視するものと考えられている。エンプロイアビリティとは、「雇用されうるだけの能力」を意味している。そのため、学校教育には、学校から就業への円滑な移行を支援する入職後を見据えた教育の実施が求められることになる。

　2008年答申は、日本における「生きる力」という考え方が、このキー・コンピテンシーという能力観を「先取りしたもの」と位置づけている。つまり、現在学校教育において保証されるべき教育の質を考えるにあたって、PISA型の学力観や能力観は重要な出発点となる。知識の量のみならず、それらの知識を活用する能力こそ、現在の学校教育において保証されるべき質と考えられているからである。

第2節　教育の質保証と学校の責任

1．学校に対するアカウンタビリティの要請

　1998年の中央教育審議会答申「今後の地方教育行政の在り方について」は、学校の自主性・自律性を確立するために、校長のリーダーシップを強化する環境を整えると同時に、学校の成果を地域・保護者に説明・公開し、地域・保護者と一体的に学校づくりを進めていくことを提起した。この方向性は現在に続く学校の在り方を指し示すものである。さらに同答申は、学校が自主性・自律性を確立するためにも経営責任を明らかにする取り組みが必要であるとした。これは教育におけるアカウンタビリティ（accountability）の問題として位置づけることができる。

　アカウンタビリティは、そもそも経営上の会計責任を意味する語句である。欧米諸国においては、1970年代に教育改革をめぐるキー概念として登場したが、現在では日本においてもよく使われる概念である。アカウンタビリティを考える際に留意すべき側面として、①供給されるアカウンタビリティはどのレベルか、②誰がアカウンタビリティを負うことを期待されているのか、③誰に対してアカウンタビリティを負うのか、④何に対してアカウンタビリティを負うのか、⑤アカウンタビリティを供給した結果はどうなるのかの5点が挙げられるが（Leithwood and Earl, 2000, pp.2-9）、学校の自主性・自律性が叫ばれる中で、行政機関以上に個々の学校がアカウンタビリティの供給主体として位置づけられるようになっている。

　これまでにも、学校の責任の在り方については論じられてきた。そこでは学校が法律上の権利や義務を負う主体ではないが、教育活動の実際を担うため、実際の教育課程とそれによって生じる教育の成果について社会的・道義的責任という観点から事実上の責任を負うものと指摘されてきた（吉本1982、15頁）。ところが、現在では学校評価システムや保護者・地域住民が学校教育に参加・参画する制度が整えられており、制度上も学校は目に見える形で保護者・地域住民に対して責任を果たすことが求められるようになっている。

2．内部アカウンタビリティへの着目

アカウンタビリティという概念は、アカウンタビリティを負う者とそれを要求する者という関係性を前提とする。「説明される権利を持つ人に対して説明をする」というアカウンティング（accounting）の意味を基礎とするからである（Lashway, 2001, p.3）。そのため、「教育におけるアカウンタビリティに関するほとんどの研究がアカウンタビリティを外部の権力から学校に課せられる場合にのみ存在するものという定義に立っている」（エルモア＝神山2006、142頁）ことが指摘されてきた。これは、アカウンタビリティを要求する者からの問いかけに、アカウンタビリティを負う主体が応答するという関係性を想起させる。学校の外部で構築される評価システム等に対して学校はいかにその要求に応えるかという、学校側が外部のシステムに対して受け身になるアカウンタビリティのモデルといえる。

それでは、学校は外部からの要求がなければ自身らが行っている教育実践についてアカウンタビリティを示そうとしないのだろうか。その点についてエルモアは、外部の権力から要求されなければ学校がそのような発想を何ら持たないと想定することは「おこがましい発想（presumptuous）」であると批判している。彼は、このような外部の権力によるアカウンタビリティの要求を「外部アカウンタビリティ（external accountability）」、学校教職員の間で共有された規範意識や価値観、期待等で構成される組織内の働きを「内部アカウンタビリティ（internal accountability）」として区別し、「強力な内部アカウンタビリティは外部アカウンタビリティに対する個々の学校の対応に先行し、その学校の対応を決定する条件になる」と指摘している。外的なシステムをいかに構築するかという点よりもむしろ、教員による自律的な改善活動が教育の質保証において重要であることを指摘した点においてエルモアの議論は示唆的である。

つまり、学校において教育の質保証を実現する上で重要なことは、外的なアカウンタビリティの契機をいかに内的なアカウンタビリティに向けた活動へとつなげることができるか、すなわち評価制度をはじめとする様々な外的なアカウンタビリティを"外圧"して捉えるのではなく、それらをむしろ学校組織における改善のモチベーションに昇華する仕掛けを整えることが、質保証においては重要になるのである。この点について、現在のアメリカでは、学力の到

達と教育の質保証を目指し、内的、外的アカウンタビリティの調和的実現の方策が探求されているという（篠原2007、120頁）。そこで次節では、アメリカにおける質保証システムの実施過程に目を向け、その方策について検討してみよう。

第3節　教育の質を保証するための方策
　　　──アメリカにおける取り組みから

1．アメリカにおける2つの質保証システムの概要

　アメリカでは学校教育をめぐって2種類の異なるシステムが併存している。一つは各州レベルで構築されているアカウンタビリティシステムであり、もう一つは、一定の地理的範囲において組織されたボランタリーな取り組みとしてのアクレディテーション（学校認証評価）システムである。

　アカウンタビリティシステムは、1990年代以降の全米各州で構築が進められた質保証のシステムである。特に2002年の「一人の落ちこぼれも出さないための法律（No Child Left Behind Act、NCLB法）」成立以降は、必要な学習到達度の向上（Adequate Yearly Progress: AYP）が複数年にわたり達成されなかった場合、その学校に対して制裁的な措置が取られることになった。つまり、児童生徒の学習到達度を当該学校における教育活動の質と見なし、その評価を通じて質を保証するシステムといえる。

　これに対して、アクレディテーションシステムは、アメリカにおいてすでに100年以上の歴史を持つシステムである。アクレディテーションは、「ボランタリーな団体がその団体自身のもつ基準に照らして、一定の水準を満たしている教育機関を認定するシステム」（前田2001、92頁）として定義される。当初は、アクレディテーションの実施主体が州政府や州立大学だったこともあり、それは各州単位で行われていたが、現在では全米を6つに分割した地域別のアクレディテーション協会（ニューイングランド、ミドルステイツ、北中部、南部、北西部、西部の6協会）によって実施されている。

　以下では、アカウンタビリティとアクレディテーションそれぞれに関する近

年の改革動向を概観しながら、教育の質保証の方策がどのように整備・実施されているのかについて検討する。

2．保証すべき質と連動したアカウンタビリティシステムの導入

全米各州の教育長を構成員とする専門職団体である州教育長協議会（Council of Chief State School Officers: CCSSO）は、2011年に『次世代の州教育アカウンタビリティシステム構築に向けたロードマップ』を発表し、「すべての生徒が高品質の教育にアクセスできること」を目指した新たな教育アカウンタビリティ制度を提案した。このロードマップは新たな制度が次にあげる9つの原理・原則（principles）によって構成されるアカウンタビリティシステムであると、その特徴を説明している（表7-2）。

表7-2　新たなアカウンタビリティシステムの原理・原則

①大学進学と就業準備を充足する基準に沿った学習到達目標の設定
②学校と学区がそれぞれ年度ごとにアカウンタビリティの内容を定義する
③生徒の学習成果への焦点化
④生徒の属性による学習成果の違いへの継続的な関与
⑤行動に移すことが可能な時宜を得た有益なデータの報告
⑥より深い診断的レビュー
⑦持続可能な改善に向けた学校と学区の能力強化
⑧成果があがっていない学校の標的化
⑨ゆっくりと時間をかけたアカウンタビリティ制度自体のイノベーション、評価、継続的改善

（CCSSO, 2011, p.5をもとに筆者作成）

これまでのアカウンタビリティシステムについては、①トップダウンで強制される一発勝負の標準テストが評価の中心に据えられている、②学区・学校に対して挑戦的な要求を提示し、その結果に対して賞罰を与えることが連邦や州政府の仕事になっている、③連邦や州政府が、学区・学校・教師に対して一方的に結果責任を要求する構造になっている等の性格が指摘されてきた（石井2011、307頁）。それらと比較するならば、この新しいアカウンタビリティシステ

ムは、ハイスクール卒業時までに大学や就業へのレディネス（college and career readiness）を獲得させることを保証すべき教育の質として位置づけ、その達成に向けて学区や学校の能力を高めていくことをねらっている。そのため「成果があがっていない学校（low performing schools）」は、処罰の対象ではなく、むしろ支援の対象として位置づけられるのである。

以上のように、現在のアメリカでは学区や学校が抱える固有の特性に十分配慮したアカウンタビリティシステムへの転換が目指されている。そこでは、大学進学と就業準備に十分なスタンダードを採用することと、評価と支援を一体的に捉えた持続的な学校改善の実現が重視されている。

3．組織活動の動態に着目した質保証の方策

アメリカにおけるアクレディテーションの取り組み、なかでも全米を6地域に分割した地域協会によるアクレディテーションは、それぞれの地域における「よい学校」が持つ特徴を基準として設定し、それを学校間で共有して互いに評価し合うという関係性のなかで発展してきた。現在では、ニューイングランド、ミドルステイツ、西部の各協会の他に、北中部、南部、北西部協会が合同した組織である、アドバンス・エド（AdvancED）によって初等中等教育段階の学校を対象にしたアクレディテーションが実施されている。以下、AdvancEDを例に、その評価基準や評価プロセスの特徴等について検討する。

表7-3は現在AdvancEDにおいて使用されている評価基準である。これによると、アクレディテーションを通した質保証の基準について次の特徴を指摘することができる。ひとつは、教授学習や学びの改善という用語が各基準で用いられているように、児童生徒の学習の質を検証しようとする志向性が見られるという点、もうひとつはガバナンスやリーダーシップという概念を用いながら、学校の教育活動を方向づけ、支援する体制づくりの有無が重視されているという点である。当初、地域協会によるアクレディテーションは学校施設・設備の充実度をはじめとする学校の量的要件を評価基準の核に据えていた（浜田他2013、34頁）。しかし現在の基準を参照するならば、教授学習活動とそれを支える組織体制の動態について検証することを重視するよう、アクレディテーションの観点が変化したといえる。

次に評価のプロセスについては、①学校や学区が自己評価を実施する、②その内容について同じ協会に属する他の教員らが評価者として訪問調査を実施し適切性を検証する、③調査結果に基づいて学校が改善に取り組むという一連のプロセスを経る。ここで重要なことは、アクレディテーションでは自己評価をいかに十分に行うかが肝になっている点と、訪問評価が同僚（peer）というべき教員（元教員を含む）から構成された評価チームによって担われる点である。自己評価への関わりは、教員が学校改善過程に主体的に関わる機会を生み出す。その意味では、自己評価を充実させることが、アクレディテーションを単に「お墨付き」を受け取るという外向きの活動として終わらせてしまうのではなく、継続的な改善に向けた内的なアカウンタビリティを高める機会になっている。また訪問評価も、同僚としての教員が互いの学校を見合うという形式を採用することによって、教員同士の学びの機会の創造につながっている。

表7-3　AdvancED の評価基準

基準1：目的と目標（Purpose and Direction）
　学校は教授学習に関する共有された価値や信念と同様に、学びに対する高い期待に関わる目的や目標を保持し、それを伝え合っている。

基準2：ガバナンスとリーダーシップ（Governance and Leadership）
　学校は生徒の学習や学校の効果性を高め、支援するようなガバナンスやリーダーシップのもとで運営されている。

基準3：教授活動と学びの評価（Teaching and Assessing for Learning）
　学校のカリキュラム、授業デザイン、評価活動が教師の効果性と生徒の学びを方向づけ、確かなものにしている。

基準4：リソースと支援システム（Resources and Support Systems）
　学校はすべての生徒が成功することを保証するという学校自身の目的や目標をサポートするようなリソースを有し、そのためのサービスを提供している。

基準5：継続的な改善に向けた結果の利用（Using Results for Continuous Improvement）
　学校は生徒の学びと学校の効果性に関する一連のデータを生み出し、継続的な改善を方向づけるためにその結果を活用することのできる包括的な評価システムを導入している。

（AdvancED, 2011, p.1 をもとに筆者作成）

さらにAdvancEDは、近年のアメリカにおける学区（districtまたはschool system）を基礎単位とする学校改善論の高まりを背景に、学校を対象としたアクレディテーションに加えて、学区を対象とするアクレディテーションも実施している。そこには、学校改善の継続性に着目した際に、学区という地方教育行政単位での支援が必要不可欠であるという意識を確認することができる。この取り組みについての事例研究では、学区全体でアクレディテーションに取り組むことが学校と学区間で改善をめぐる共有された言語とコミュニケーションの機会をうみ出す契機になること、またそのよう機会が存在することによって学校がより改善活動に取り組みやすくなり、アクレディテーションという外的な質保証システムへの抵抗感を引き下げ、組織的な改善行動へのモチベーションを惹起している可能性が示唆されている（照屋2011、129-130頁）。

第4節　教育の質を保証するために学校教育はどう変化すべきか

　以上、日本における教育の質保証をめぐる政策動向を確認し、質保証にかかわるキーワードとしてアカウンタビリティの考え方を整理すると共に、アメリカを事例としながら具体的な方策について検討してきた。教育の質を保証するために、教育の質の内実とそれを検証・評価するための制度的枠組みを構築することは必要だがそれだけでは十分でない。それらの制度が有効に機能するためには、求められる教育の質をうみ出す学校組織内の働きを高めることが重要であることを、アメリカでの議論と実践は示唆していた。
　それらを踏まえた場合、私たちが教育の質を保証し、さらなる向上を実現するために今後取り組むべきことは何か。ここでは「専門職の学習共同体（Professional Learning Community：PLC）」という考え方を紹介しつつ述べてみることにしよう。PLCは、①生徒の学びの保証、②協働の文化、③結果の重視（Dufour, 2004, pp.6-11）を要素とする理論および実践として、現在欧米を中心に注目を集めている。背景には、学校の内発的な変革能力や改善能力を高める

プロセスへの関心や、校長や中心的な教員のみに依存しないリーダーシップ能力の育成と継承への関心があったとされている（織田2011、212頁）。専門職である教員同士の関係性やネットワークを強化し、教員による自律的な改善活動（内部アカウンタビリティ）を高めることを目指す方策として理解できよう。

　興味深いことは、この概念がAdvancEDによる評価活動においても参照されていることである。いわば、「評価活動を媒介にしたPLCとしての学校づくり」といってよい。そこでは、専門職である教員がお互いに見合う関係性をつくり出すことで、学校内に留まらず学校外をも含めた学びのネットワークのなかで学校改善や教育の質保証を実現しようとしている（照屋2014、72-74頁）。

　翻って日本の現状に目を向けてみると、自己評価・学校関係者評価・第三者評価からなる学校評価システムは構築されたものの、多くの学校や教員にとっては未だ"やらされ感"が強く、生徒の学びの充実にまで積極的に結びつけるような取り組みは決して十分だとはいえない。PLCを実現するためのツールとして、評価システムの在り方を今後検討していく必要がある。

　そこでは、教育の成果について学校個別の責任を問うという視点だけでなく、教育委員会までも加えた広がりの中で捉えていくことが必要になる。教員をいかにエンパワーメントし、教育委員会からの支援も充実させることができるか。それこそが、教育の質を保証する学校教育を実現するためのカギである。

（照屋翔大）

〔引用・参考文献〕

石井英真『現代アメリカにおける学力形成論の展開—スタンダードに基づくカリキュラムの設計』東信堂、2011年。

大桃敏行「地方分権の推進と公教育概念の変容」日本教育学会『教育学研究』第67巻第3号、2000年、291-301頁。

織田泰幸「「学習する組織」としての学校に関する一考察— Shirley M. Hord の「専門職の学習共同体」論に着目して」『三重大学教育学部紀要（教育科学）』第62巻、2011年、pp.211-228。

篠原岳司「米国大都市学区教育改革における教師の位置—分散型リーダーシップと

相補的アカウンタビリティのフレームより―」『北海道大学大学院教育学研究院紀要』第102号、2007年、119-141頁。

照屋翔大「アメリカにおける学区を単位とした認証評価（accreditation）の研究―AdvancEDの「学区認証評価」を中心に」『日本教育行政学会年報』第37号、教育開発研究所、2011年、118-134頁。

照屋翔大「学校改善のツールとしての認証評価の展開― AdvancEDの創設に着目して」浜田博文編著『アメリカにおける学校認証評価の現代的展開』東信堂、2014年、pp.65-83。

浜田博文・竺沙知章・山下晃一・大野裕己・照屋翔大「現代アメリカにおける初等中等学校の認証評価の動向と特徴―学校の評価と責任をめぐる動向分析と理論的検討」筑波大学大学院人間総合科学研究科教育基礎学専攻『教育学論集』第9集、2013年、23-61頁。

前田早苗「いまアクレディテーションに何が求められているのか」『季刊教育法』129号、エイデル研究所、2001年、92-97頁。

水原克敏『学習指導要領は国民形成の設計書―その能力観と人間像の歴史的変遷』東北大学出版会、2010年。

吉本二郎「『学校の責任』をどうとらえるか」『日本教育行政学会年報』第8号、教育開発研究所、1982年、9-23頁。

リチャード・エルモア著、神山正弘訳『現代アメリカの学校改革―教育政策・教育実践・学力』同時代社、2006年。

Adams, Jacob E. and Michael W. Kirst. "New Demands and Concepts for Educational Accountability: Striving for Results in an Era of Excellence." in Joseph Murphy, and Karen Seashore Louis. eds., *Handbook of Research on Educational Administration. 2nd ed.* San Francisco, CA: Jossey-Bass, 1999, pp. 463-489.

AdvancED *Standards for Quality Schools*. 2011（http://www.advanc-ed.org/sites/default/files/documents/SchoolStndsNolevels.pdf：2014年10月16日参照）

CCSSO *Roadmap for Next-Generation State Accountability Systems*. 2011.（http://www.ccsso.org/Documents/2011/Roadmap_for_Next-Generation_Accountability_2011.pdf：2014年10月16日参照）

Dufour, R. What is a "Professional Learning Community?" *Educational Leadership* vol 61 (8), 2004, pp.6-11（http://www.ascd.org/publications/educational-leadership/may04/vol61/num08/What-Is-a-Professional-Learning-Community％C2％A2.aspx：2014年10

月 16 日参照)

Lashway, L. *The Standards and Accountability: Will Rewards and Sanctions Motivate America's Schools to Peak Performance?* McNaughton & Gunn, Inc., Saline, MI: ERIC Clearinghouse on Educational Management, 2001.

Leithwood, K. and Earl L.Educational Accountability Effects: An International Perspective, *Peabody Journal of Education* 75 (4), Lawrence Erlbaum Associates, Inc., 2000, pp.1-18.

第8章

学校参加の思想と制度

　本章では、日本における学校参加の思想とそれを実現するための制度を取り上げる。学校参加は、学校の意思形成や評価に関する諸会議に参加する経営参加と学校の教育活動に参加する教育参加という2つの領域に分けられる。また参加する主体としては、児童・生徒、保護者、地域住民という3者が挙げられる。2つの領域に3者がどのように参加するのか、その思想と制度について論じる。

第1節　公教育の整備と戦後教育改革による学校参加の模索

1．公教育の整備と保護者・地域住民の位置づけ

　日本での公教育の整備は1872（明治5）年の学制公布により始まった。学制序文（「学事奨励に関する被仰出書」）で「邑に不学の戸なく家に不学の人なからしめんことを期す」とされ、就学が呼びかけられた。学校設置を積極的に進めた地域が見られる一方、保護者の理解や協力を得ることは容易ではなく、政府による就学督促に対して就学拒否、学校の破壊や毀焼などが起こった地域もあった。

　義務教育の就学率（男女平均）は、1873（明治6）年の男女平均28.1％からスタートし、1882（明治15）年には50.7％へと上昇、1900（明治33）年の授業料

徴収廃止が就学率を押し上げ、1909（明治42）年には98.1%へと上昇した。教育は納税、兵役と並ぶ臣民の3大義務とされ、保護者に子どもの就学義務が課せられていたこともあり、学校教育は拡大していった。しかし、天皇制イデオロギーにもとづく国家主導の公教育整備が進められた中で、保護者、地域住民は学校参加を行う主体としてではなく、学校に対して協力を強いられる存在であった。明治政府による富国強兵や殖産興業のもとで、学校教育は臣民教育の機関として位置づけられ、1890（明治23）年に公布された教育勅語に代表されるように中央集権体制強化のための国家的な機関として位置づけられたためである。

1888（明治21）年に公布された市制・町村制、1890（明治23）年に公布された府県制・郡制によって、それまでの自然村としての地域社会は解体され、新たな地方支配の機構へと組み込まれていった。これにより学校には上からの新しい村づくり、国づくりの機関としての役割が求められることとなった。

大正期になると、大正デモクラシーのもとで大正自由教育の思想を媒介として学校参加の基盤を形成する局面が見られるようになった。自由教育や児童中心主義の思想は家庭や地域を捉え直す契機となり、一部の学校では保護者が学校のパートナーとして協力する取り組みも見られるとともに、郷土教育や生活綴方教育など子どもの生活を重視する活動が盛んに行われるようになった。

しかし、昭和期になると、戦時色の強まりにより保護者、地域住民は再び国家的な機関としての学校に従属することを余儀なくされ、戦争遂行という国家的趨勢での家庭や地域の教育力の向上が強調されることとなった。

2．戦後教育改革と公選制教育員会制度の導入

明治初期の学制が「第一の教育改革」とされるのに対して、戦後のアメリカ軍占領下での改革は「第二の教育改革」とされる。この「第二の教育改革」によって、学校参加の基礎となる学校と家庭・地域の関係構造は大きく変容した。

教育改革の理念は、1946（昭和21）年3月の第1次米国教育使節団報告書にもとづいていた。同報告書では6・3・3制などの学校体系の再編をはじめ、教育行政の地方分権など、教育の民主化を主な内容としていた。他方、日本側で組織された教育刷新委員会も教育行政の地方分権などを盛り込んだ建議を内

閣総理大臣に提出した。その結果、1947（昭和22）年制定の教育基本法第10条で教育行政の在り方が定められ、1948（昭和23）年制定の教育委員会法により公選制教育委員会制度が導入された。教育委員会は「教育行政の地方分権」、「教育行政の民主化」、「教育行政の一般行政からの独立」との理念を具体化する組織として位置づけられ、保護者、地域住民の教育行政参加が実現することとなった。

3．協働の場としてのPTA

同じく「第二の教育改革」により導入されたのがPTAである。戦前から日本には学校後援会と呼ばれる組織が存在した。しかし、PTAは学校後援会とは異なり、教員と保護者の協働の場として構想された学校参加の組織であった。

米国教育使節団報告書にもとづくアメリカ占領軍民間情報局（CIE）の勧告により、文部省が1947（昭和22）年3月に各地方長官に出した通達「『父母と先生の会』資料送付について」がPTA成立の端緒である。この中では、教員と保護者との「平等な立場」での協力が強調され、PTAの結成が急速に進められた。文部省は1948（昭和23）年12月に「『父母と先生の会』参考規約」を全国の都道府県教育委員会に送付し、PTAの整備が一層進められた。

こうして誕生したPTAには、教員と保護者の協働の場としての機能が期待されたが、その理念は実現したとはいえなかった。「平等な立場」という新たな理念のもとに結成されたものの、学校の教育環境はまだ十分に整備されておらず、実際には経済的な援助を中心とした学校後援会的な活動から脱却できなかった。

4．コミュニティ・スクールの理念と実践

他方、学校と地域の協働の場を目ざした試みがE.G.オルセンのコミュニティ・スクール論である。なお、ここでいうコミュニティ・スクールとは後述する学校運営協議会を設置する学校としてのコミュニティ・スクールとは異なる。

オルセンは、自らの著書の中で学校の役割を次のような5点から捉えていた[1]。第一に学校は、成人教育の中心として機能するものであること、第二に学校は、古くからの計画を活性化させるために、地域社会の諸資源を活用する

こと、第三に学校は、教育課程の中心を地域社会の機構・過程および諸問題に置くものであること、第四に学校は、地域社会の諸活動に参加することによってその社会を発展させること、第五に学校は、地域社会の教育的な努力を組織立てる指導者となること、である。学校に、地域社会との結びつきを強くすること、地域社会へも貢献することが求められた。

　このコミュニティ・スクールの理念は地域教育計画として日本各地で実践されたが、カリキュラム編成論にウエイトが置かれ、地域の教育要求が十分に集約されなかったことなどから数年で衰退した。

第2節　社会の進展と家庭・地域の変容

1．地方教育行政再編のインパクト

　1952（昭和27）年4月のサンフランシスコ平和条約の発効後、日本の主権回復により、占領体制下での教育改革に対する見直しが始められた。これにより、教育委員会やPTAはその機能を発揮する前に変容を余儀なくされることとなった。

　まず教育委員会制度に変容をもたらしたのが1956（昭和31）年に制定された「地方教育行政の組織及び運営に関する法律」である。同法の制定により「教育委員会法」に掲げられていた3つの理念は各々、「国、都道府県、市町村一体としての教育行政制度の樹立」、「教育の政治的中立と教育行政の安定」、「地方公共団体における教育行政と一般行政との調和」との理念に置き換えられた。これにより、教育委員の選任は地域住民による公選制から当該自治体の首長による任命制へと変化し、予算原案送付権も首長による意見聴取へと変化した。こうして保護者、地域住民の教育行政参加は後退することとなった。

　他方、占領体制下での教育改革の見直しはPTAの理念にも影響を及ぼした。文部省は1954（昭和29）年3月に再び「小学校『父母と先生の会』（PTA）参考規約」を公表した。新たに出された参考規約は、PTAの条件整備要求権に関する規定が削除されるなど、従来の規約といくつかの点で相違が見られた。「平等な立場」での協働という当初の理念は継承されず、学校参加も後退すること

となった。

2．高度経済成長と能力主義の浸透

　戦後教育改革の見直しと並び、教育行政参加、学校参加の後退に拍車をかけたのが高度経済成長政策である。1960（昭和35）年に出された国民所得倍増計画に象徴される高度経済成長政策によって、第一次産業から第二次産業あるいは第三次産業へと産業の比重が移行し、日本の産業構造は大きく転換していった。

　こうした時代背景の中で経済界を中心に叫ばれ始めたのが、中央集権的なマンパワー・ポリシー（人づくり政策）が押し進められてきたことに象徴される能力主義である。結果的に能力主義は、1980年代の臨時教育審議会答申の時期に至るまで一貫して求められ続けた。その端緒は1963（昭和38）年に経済審議会から出された「経済発展における人的能力開発の課題と対策」と題した答申である。同答申では人材開発の必要性、そのための能力主義の重要性が強調されていた。

　能力主義にもとづくマンパワー・ポリシーによって高度な知識や技能を持った職業人の養成が求められたことで、上級学校への進学率はこの時期から急速に上昇した。後期中等教育（高等学校）への進学率は1960（昭和35）年の57.7％から1975（昭和50）年の91.9％へ、高等教育（大学・短大）への進学率は1960（昭和35）年の10.3％から1975（昭和50）年の37.8％へと上昇した。

3．家庭・地域の教育力の低下

　高度経済成長政策により、産業構造の変化とともに日本全体で大規模な人口移動が生じた。その結果、一方では都市への人口流入により都市化が生じ、他方では農村人口が急激に減少することで過疎化が生じた。これにより、都市では人口の増加とともに地域社会としての連帯が希薄化し、家庭が地域社会から孤立する傾向が強まった。農村部では村落共同体が解体し、地域社会としての機能が低下した。都市部でも農村部でも地域は労働力の供給地としての性格を強め、地域の共同性が低下することで地域の教育力が次第に低下した。

　さらに、受験学力の重視によって学力の共通化が強まり、地域を教材化する

という関心も弱まっていった。地域への関心の弱まりとともに地域の教育力を形成してきた基盤も弱体化した結果、学校教育において地域の生活経験との結びつきは重視されなくなっていった。次第に学校と地域の関係は疎遠になり、学校の教育活動は相対的に地域から遊離していくこととなった。

他方、高度経済成長を契機とした能力主義の浸透とそれにともなう進学率の上昇は家庭の教育力の低下も引き起こした。進学率の上昇は受験競争の規模を拡大させ、子どもを持つ家庭の多くは何らかの形で受験競争に取り込まれていった。受験競争においては教育の商品化が促進されるとともにテスト体制や偏差値体制が確立し、学習塾や予備校をはじめとする受験産業が隆盛を極めた。こうした中で学校教育では進学のための教育が重視され、家庭においても生活経験や様々な体験活動よりも受験学力を身につけることに重点が置かれるようになった。保護者の関心は学校での学業成績に集中し、学校には人間形成の機能よりも受験学力向上の機能が求められた。学歴社会を背景とする学校教育への依存傾向に労働時間の長期化による父親不在も加わり、家庭の教育力も低下していった。

第3節 「開かれた学校」の進展と学校参加の基盤形成

1．教育権論と子どもの人権

1970年代になると、教育権や子どもの人権に関する論議を契機とした保護者や地域住民の権利意識が変容し、「開かれた学校」への取り組みが進展した。

教育権に関する論議は家永教科書裁判や学力テスト裁判などをとおして教育権をめぐる論争がなされる中で展開された。家永教科書裁判では1970（昭和45）年に第二次訴訟の東京地裁判決（杉本判決）が出され、「国民の教育権」論が展開された。「国民の教育権」論では子どもの学習権保障は親を中心とする国民全体の責務であると解した上で公教育を私事の組織化、親義務の共同化されたものであると捉え、国家が教育に介入することには限界があるとされた。しかし、1974（昭和49）年に第一次訴訟の東京地裁判決（高津判決）が出され、「国家の教育権」論が展開された。「国家の教育権」論では国民の教育を受ける

権利は国家によって積極的に保障されるとした上で公教育は国民の付託にもとづいて形成され実施されるとされた。対立的な2つの教育権論が展開され、教育権論争が巻き起こった。

その後、1976（昭51）年に学力テスト裁判の最高裁判決が出され、「国民の教育権」論と「国家の教育権」論との中間的な立場が出された。すなわち、学力テスト裁判の最高裁判決では国は必要かつ相当と認められる範囲で教育内容についても決定する権能を持つという大綱的基準説が採られた。これらの教育権論が展開される中で、学校は一体誰のものなのか、保護者は学校教育にどこまで関与することができるのかといった学校参加をめぐる問題意識が醸成されていった。

他方、子どもの人権についても保護者、地域住民の意識に変容が見られるようになった。管理主義教育の下での教師による体罰や生徒管理のための校則に対して子どもの人権を擁護する観点からの批判が出されるようになっていった。

2．保護者・地域住民の教育行政参加

保護者、地域住民の力によって学校と家庭・地域の関係構造に関わる制度変革がなされた事例は少ない。東京都中野区での教育委員の選任における準公選制はその例外的な事例であり、地域限定の保護者、地域住民の教育行政参加である。

この時期、中野区では形骸化した教育委員会に対する保護者、地域住民の不信感が高まっていた。様々な問題に十分な対応ができない教育委員会に対して保護者、地域住民は制度変革への運動を始めた。その結果、1980（昭和55）年、地教行法の枠内で首長による教育委員の人選を区民投票の結果を「参考」にして行うことを定めた「中野区教育委員候補者選定に関する区民投票条例」が成立した。翌1981（昭和56）年に同条例の趣旨にもとづいた第1回の区民投票が行われ、議会の同意も得て準公選制教育委員が誕生した。その後、中野区では4年ごとに区民投票が行われ、教育委員会では活発な活動がなされた。

しかし、1994（平成6）年に区民の関心の低下などを理由に区民投票条例は廃止され、様々な議論を呼びながら維持されてきた準公選制は幕を閉じた。た

だしその後も、準公選制に代わり区民推薦制が導入されるとともに、1997（平成9）年には「中野区教育行政における区民参加に関する条例」が施行され、保護者、地域住民の教育行政参加は新たな展開を見せた。

3．学社連携から生涯学習社会へ

1970年代に入り高度経済成長は終息を迎えた。オイル・ショックの影響もあり、日本経済は安定成長へと転換した。たしかに高度経済成長を経て日本は物質的に豊かな国になった。しかし他方では、公害問題をはじめとする様々な弊害が生み出されていた。とりわけ公害問題の深刻さが増す中で地域の生活防衛という意識が強まり、各地で住民運動が高まりを見せた。同時に地域の再評価も進み、地域共同体への関心が高まっていった。

こうした背景の中で、1971（昭和46）年4月に社会教育審議会が答申「急激な社会構造の変化に対処する社会教育のあり方について」を出し、6月に中央教育審議会が答申「今後における学校教育の総合的な拡充整備のための基本的施策について」を出した。前者では学校教育と社会教育との連携を図ることの重要性が強調され、後者では学校教育が家庭教育や社会教育と有機的な連携を図ることが提起された。学校の校庭や施設を地域に開放することなどによって学校教育と社会教育が連携する学社連携である。1980年代に入ると臨時教育審議会による複数の答申において「生涯学習体系への移行」が提唱され、この傾向は一層強められることとなった。学校参加の枠組みは生涯学習社会という観点から捉え直すことが必要となった。

4．完全学校週5日制の実施と「開かれた学校」の進展

1992（平成4）年9月から毎月第2土曜日が休日扱いとされ、学校週5日制が始まった。1995（平成7）年4月からは第2、第4土曜日の月2回が休日扱いとなり、2002（平成14）年度からは全ての土曜日が休日扱いとなる完全学校週5日制が実施された。

明治期の学制公布以来、日本の学校教育は拡大の一途を辿ってきた。とりわけ高度経済成長を契機として量的拡大が目覚ましく進行し、あらゆる教育機能が学校教育へと集約され、学校教育の肥大化が進んできた。こうした歴史的展

開の中で完全学校週5日制の導入は、小・中学校で2002（平成14）年度から実施された教育内容のスリム化と相まって、学校教育の大きな方向転換を意味した。

すでに、1989（平成元）年の学習指導要領から小学校の第1、第2学年に生活科が導入され、教育内容面で家庭や地域とのつながりは強くなっていた。さらに、2002（平成14）年の学習指導要領からは小学校の第3学年から高等学校まで「総合的な学習の時間」が導入されたことで家庭や地域とのつながりは増し、学校には「開かれた学校」への取り組みが求められ、進展していくこととなった。

5．情報公開・開示の進展と学校選択制の導入

学校と家庭・地域とのつながりを強める際の課題として、教員、保護者、児童・生徒あるいは地域住民が学校教育に関する情報を共有することが挙げられる。各自治体での情報公開制度の整備とともに、2001（平成13）年4月の「行政機関の保有する情報の公開に関する法律」（情報公開法）の施行により、保護者、地域住民の情報公開・開示に対する意識が高まった。

学校には統計情報などの公的情報から個人のプライバシーに関わる私的情報まで多種多様な情報が集積されており、教員には収集された情報の取り扱いに十分な配慮が求められる。他方、質の高い協働関係を構築するために公開すべき情報は速やかに保護者、地域住民に公表していく必要がある。

学校選択制が実施される上で、こうした情報公開はきわめて重要である。学校選択制は就学に際して通学区域を弾力化することにより公立小・中学校の選択を可能にする制度である。従来、公立の小・中学校では、「相当と認める」理由がある場合を除いて市町村教育委員会が指定する学校へ通うことになっていた。しかし、規制緩和が進む中で、2003（平成15）年3月の学校教育法施行規則の一部改正により、自治体による学校選択制の導入が可能となった。

近年、学校選択制の導入により学校と地域との結びつきが希薄化したことなどを理由に学校選択制の撤廃に踏み切る自治体も出てきており、学校参加が進められる中で学校選択制の在り方が問い直されている。

第4節　経営参加と教育参加の実現

1．学校評議員制度と学校運営協議会制度での経営参加

　学校評議員制度と学校運営協議会制度の導入により、日本でようやく経営参加が法制化された。

　学校評議員制度は1998（平成10）年に出された中央教育審議会答申「今後の地方教育行政の在り方について」にもとづき、2000（平成12）年4月の学校教育法施行規則の改正により各学校への設置が可能となった保護者、地域住民による経営参加の制度である。校長が、学校評議員として任命された保護者、地域住民から学校運営に関する意見を聞くことを主眼としている。

　学校評議員制度は任意設置であるが、文部科学省の調査によると、2006（平成18）年8月の時点ですでに全公立学校の82.3％に設置されている（類似制度を含む）[2]。主な活動内容としては、「地域との連携協力」（87.6％）、「学校評価」（82.2％）、「学校の危機管理・児童生徒の安全管理」（80.9％）、「学校の基本的な目標・方針の設定」（79.5％）が上位に挙げられている[3]。ただし、学校評議員の人選をはじめ、出された意見の反映方法などはすべて校長に一任されており、校長の意向に大きく左右される参加制度であるという特徴がある。

　続いて、2004（平成16）年6月の地教行法の一部改正により導入されたのが学校運営協議会制度である。学校運営協議会を設置する学校はコミュニティ・スクールと呼ばれる。

　同制度は保護者、地域住民のニーズの多様化への対応、地域に信頼される学校づくりを趣旨としており、次の2つの点で学校評議員制度と異なる。第一に学校評議員制度では評議員が個人の立場で学校運営に関して意見を述べるのに対して、学校運営協議会制度では委員が合議制の機関である協議会において意見を述べる点である。第二に学校評議員制度では評議員に権限が付与されていなかったのに対して、協議会に一定の権限が付与されている点である。一定の権限とは、地教行法第47条の5に規定されている「学校の運営に関する基本的な方針について承認する」（第3項）、「学校の運営に関して教育委員会又は校長に対し、意見を述べることができる」（第4項）、「教職員の任用等に関し

て任命権者に意見を述べることができ、任命権者はこれを尊重する」（第５項）の３点である。しかし、これらの権限を実際に行使している学校運営協議会は多くはない。コミュニティ・スクール研究会の調査によると、２割前後にとどまっているという[4]。実態として教育参加としての機能を果たしているケースが多い。

　文部科学省の調査によると、コミュニティ・スクールは年々増加しており、平成26年４月１日現在、幼稚園94園、小学校1240校、中学校565校、高等学校10校、特別支援学校10校、合計1919校である[5]。文部科学省の第２期「教育振興基本計画」では、平成25～29年度の５年間で公立小中学校の１割に当たる約3000校への学校運営協議会の導入が成果目標の一つに掲げられている[6]。

２．学校支援地域本部での教育参加と学校関係者評価での学校参加

　2006（平成18）年12月、教育基本法が改正された。改正教育基本法の第13条に、「学校、家庭及び地域住民その他の関係者は、教育におけるそれぞれの役割と責任を自覚するとともに、相互の連携及び協力に努めるものとする」という条項が盛り込まれ、学校参加の基盤を形成する「学校、家庭及び地域住民等の相互の連携協力」が教育基本法に規定された。

　文部科学省は、地域全体での学校教育の支援体制づくりのために、2008（平成20）年度から学校支援地域本部事業を開始した。４年間で全中学校区（１万校区）に学校支援地域本部の設置が目ざされ、2013（平成25）年８月現在、619市町村に3527本部が設けられている[7]。これは保護者、地域住民の教育参加である。

　他方、保護者、地域住民が学校関係者評価委員会の委員となる学校が増加している。学校関係者評価は義務化されてはいない。しかし、文部科学省の調査によると、平成23年度間に83.9％の学校で実施されている[8]。評価委員会の委員として保護者、地域住民が委嘱され、評価段階での経営参加が行われている。

３．学校協議会での児童・生徒の経営参加

　日本の学校参加は保護者、地域住民の学校参加が主流であり、学校評議員制度、学校運営協議会制度は法制化された保護者、地域住民の経営参加の場であ

る。これに対して、児童・生徒の経営参加の場として挙げられるのが学校協議会であり、高等学校を中心に個別学校において、三者協議会、四者協議会、学校会議などの名称で実践されている。

　この中でも高知県の取り組みは例外である。1997（平成9）年度から始められた「土佐の教育改革」の一環として、県内の全公立小、中、高等学校に「開かれた学校づくり推進委員会」の設置が呼びかけられた。同委員会では児童・生徒も委員となることができ、児童・生徒の経営参加が県内で広く実践されてきている。

　個別学校の事例としては、香川県立志度高等学校の「志度高校学校会議」が挙げられる。同校では2005（平成17）年2月から、教職員代表、生徒代表、保護者代表が校則、学校ビジョン、学校行事、施設・設備、授業評価など、様々なテーマについて話し合いを進め、学校づくりに活かしてきた。近年、地域住民も参加し、実施回数や話し合いの形式などを変えながら取り組みが続けられている。

　保護者、地域住民の学校参加とともに、今後、児童・生徒の経営参加の拡大が求められる。しかし、そこには教員の力量形成という課題がある。筆者はかつて「志度高校学校会議」の実践を手がかりとして、「教員の新しい専門性」を構成する力量として、「自分の答えが正しいと思い込まない力量」、「生徒や保護者、場合によってはその他の学校関係者から新たな考えや価値観を得ることができる力量」、「新たな取り組みに積極的にチャレンジすることができ、その取り組みを検証することができる力量」を指摘した[9]。これからの教員には、児童・生徒の経営参加の方法や成果に関する理解とそれを支える力量形成が求められる。

4．ドイツにおける学校参加の思想と制度

　日本での児童・生徒の経営参加に影響を与えているのは欧米における経営参加の取り組みである。1990年代に欧米の学校経営参加制度や教育行政参加制度に関する研究成果が発表され、日本での実践に影響を与えてきた。

　一例としてドイツの学校経営参加制度を紹介する。ドイツの学校経営参加は州ごとに異なるが、教員、生徒、保護者の3者による経営参加が基本である。

1970年代に各州で学校法等が改正され、学校参加、教育行政参加に関する条項とともに盛り込まれた。

ノルトライン・ヴェストファーレン州の例を挙げると、1977年に「学校制度における参加に関する法律」（学校参加法）が法制化され、現在に続く基本的な枠組みが構築された。その後、幾度かの法改正を経て現在、学校参加は同州「学校法」（Schulgesetz）で規定されている。同法では、生徒、保護者に「知る権利」（第44条第１項）、「協働権」（第62条第１項）、生徒に「自由な意見表明権」（第45条第１項）等の諸権利が認められており、これらの権利が生徒、保護者の学校参加の基盤を形成している。

学校参加は、図8-1に示すように、「学校会議」（Schulkonferenz）を中心とする各種会議において行われる。教員は「教員会議」、「教科別会議」を構成し、「教員会議」から「学校会議」に教員代表を選出する。生徒は「学級会」、「生徒会」を構成し、「生徒会」から「学校会議」に生徒代表を選出する。保護者は、「学級保護者会」、「学校保護者会」を構成し、「学校保護者」から「学校会議」に保護者代表を選出する。「学校会議」は、これらの代表者が議決権を持って参加する「校内最上位の協働機関」（第65条第１項）である。

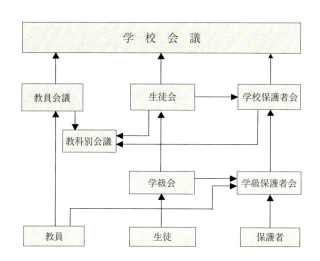

図8-1　学校参加の主な会議

「学校会議」は学校法において、代表者の構成員数および構成員比率が定められている。構成員数は、表8-1に示すように当該学校の生徒数に準じている(第66条第1項)。

表8-1 「学校会議」の構成員数(ノルトライン・ヴェストファーレン州)

生徒数	構成員数
200名以下	6名
500名以下	12名
500名を超える	18名

また構成員比率は、表8-2に示すように、教育段階によってその比率が異なる(第66条第3項)。近年、学校法の改正により、中等教育段階の学校では代表者の構成員比率が変更されている。教員代表が2分の1を占めるスタイルから、3者が3分の1ずつを占めるスタイルへと変更され、生徒代表、保護者代表の影響力が拡大されている。

表8-2 「学校会議」の構成員比率(ノルトライン・ヴェストファーレン州)

	教員	保護者	生徒
初等教育段階の学校	1	1	0
中等教育段階Ⅰの学校 初等教育段階と中等教育段階Ⅰの学校 中等教育段階ⅠとⅡの学校	1	1	1
中等教育段階Ⅱの学校	3	1	2
継続教育コレークおよび移住者コレーク	1	0	1

(注)中等教育段階Ⅰ:第5〜10学年(ギムナジウムでは第5〜9学年)。
　　中等教育段階Ⅱ:第11〜13学年(ギムナジウムでは第10〜12学年)。
　　コレーク:中等教育修了証が取得できる成人向けの教育機関。

同会議では学校法に規定された26の事項について合意形成を行う(第65条第2項)。これには、「1.学校プログラム」、「2.学校の質開発や質保証に関する措置」、「9.新しい授業形態の試行や導入」など、教育活動に関する事項

をはじめ、「17．学校財政」、「18．校長の選出」、「23．校内規則の制定」など、学校運営に関する事項まで多様な事項が含まれている。

5．学校参加の新たな潮流

2000年代に入り、ドイツの学校参加に新たな潮流が生まれている[10]。2000年代初頭、ドイツ版のシティズンシップ教育ともいえる、民主主義教育（Demokratiepädagogik）が提唱され始めたことで、生徒の経営参加がその一部として捉えられるようになり、学校参加における生徒の経営参加があらためて注目されている。

この民主主義教育は、生徒が民主主義的な考え方ができるようになること、民主主義的な行動がとれるようになること、の2点を主な目的としており、生徒に民主主義的能力（Demokratiekompetenz）を獲得させることが求められている。そのため、学校内では「学級会」、「生徒会」、「学校会議」等での合意形成が重視されるとともに、学校外の諸機関との協力を含め、学校参加を含む各種の教育実践が取り組まれている。これは、1970年代に生徒の学校参加が主に「権利としての参加」として導入されたのに対して、民主主義教育では、新たに「教育としての参加」としての役割が期待されていることを意味している。

他方、前述のノルトライン・ヴェストファーレン州では、同州の「学校の質」（Schulqualität）に関する「準拠枠組み」（Referenzrahmen）の中で、「学校文化」の項目の一つとして「民主主義的な学校づくり」（Demokratische Gestaltung）が挙げられている[11]。生徒が民主主義的能力を獲得するだけでなく、学校参加により、学校組織が民主主義的な学校文化を持つこと、民主主義的な学校づくりに取り組むことが重視され、評価基準の一つとなっている。

民主主義教育の導入とともに、「民主的な学校づくり」による「学校の質」の確保といった新たな潮流により、生徒の学校参加は学校で取り組まれる教育活動と経営活動の合流地点として、新たな実践課題や研究課題を投げかけている。学校参加を新たな観点から捉え直すことが必要となっている。

（柳澤良明）

〔注〕
(1) E.G. オルセン『学校と地域社会』小学館、1950、26-27頁。
(2) (3) 文部科学省「学校評議員制度等及び学校運営協議会制度設置状況（平成18年8月1日現在）」。
(4) コミュニティ・スクール研究会編『コミュニティ・スクールの推進に関する教育委員会及び学校における取組の成果検証に係る調査研究報告書』、2014年。
(5) 文部科学省「コミュニティ・スクール指定状況（平成26年4月1日）」。
(6) 文部科学省「教育振興基本計画（平成25年6月14日　閣議決定）」、2013年、65頁。
(7) 文部科学省「平成25年度学校支援地域本部設置状況」。
(8) 文部科学省「学校評価等実施状況調査（平成23年度間　調査結果）」。
(9) 柳澤良明「『新しい専門性』へ向けて」、柳澤良明編著『学校変革12のセオリー』学事出版、2010、133-134頁。
(10) 柳澤良明「ドイツにおける民主主義教育の実践枠組み」、『香川大学　研究報告　第Ⅰ部』第141号、2014年、43-57頁、参照。
(11) Ministerium für Schule und Weiterbildung des Landes Nordrhein-Westfalen (2014): Referenzrahmen Schulqualität NRW, S.58.

第9章

今後の学校教育の課題

　未来のことは誰にもはっきりとは分からない。今日のように技術の革新が人のコミュニケーションや価値観、政治システムをも変え、それが地球規模で連動して生起している状況下であればなおさらのことだ。一方で教育とは未来に向けた営みだ。この本の読者諸氏が大学生であれば、実際に教師として児童生徒に接することになるのは数年後以降、そしてその児童生徒の多くが社会に出るのはさらに何年も先のことになるだろう。

　だから我々に可能なことは、不確実な将来を見定める努力をしていくと共に、想定外の変化が起こることも予想しながら教育という営為に携わっていくことでしかない。本章ではこのような観点に立って、今後の学校教育のあり方について次の3つの視点から問題提起してみたい。

　第一に今後の社会がどのように変化していくかについての展望である（第1節　学校の環境変化）。未来は不透明であるが、視界が悪いからこそ我々は目をこらして見る必要がある。ここでは、活用可能ないくつかのデータをもとに、未来の社会変化について、イメージをふくらませるヒントを提供したい。

　第二に今後の公教育の目的について考えてみたい（第2節　21世紀の学力観）。社会が変化していくということは当然にそこで人々に期待される力も変わっていくということだ。だが、見通しの悪い中で学校は子どもに現時点でどのような力をつけておくべきなのか。この問題についてここでは「学力観」というキーワードを媒介に考えてみたい。

　第三に学校組織と教員の変化について見てみたい（第3節　学校組織と教員

第Ⅰ部　学校教育の原理

のキャリアの未来)。社会が変化し、それに合わせて学校教育のあり方を変えていくためには、同時に教育をつかさどる学校組織や教員自身も自らを変化させつづけていく発想に立つ必要がある。では学校という組織は今後どのように変化し、教員はその中でどのような課題と向き合っていく必要があるのか、学校の組織構造と教員のキャリアの視点から考えてみたい。

第1節　学校の環境変化

1．人口動態と教員の年齢構成の変化

まず日本社会の人口と年齢構成の変化について見てみたい。現在進行している少子高齢化、人口減少は、今後もしばらくは続く。推計によれば図9-1のように、2050年には人口は一億人を切り、0～14歳人口と65歳以上人口の比率は1：4以上になることが予測されている。このように人口が減少し高齢化率が向上し続けるという日本社会が経験したことのない環境の中で、学校に対する社会的期待や学校を取り巻く状況は、どのように変化していくことになるの

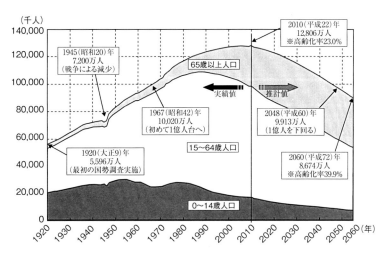

図9-1　日本の人口構造の推移と見通し[1]

か考えてみてほしい。

　また教員の年齢については現在、中堅となる30代、40代の層が薄いのに対し、50代以上の教員が多く、その退職と新規採用に伴って20代の教員が増えつつあり、年齢構成の二極化が課題となっている。将来的教員の年齢構成がどのように変化していくかについては、教員定数の改変や定年延長、雇用形態の変化等の変動要因も関係してくるので単純には計算できないが、今後しばらくの間は年齢構成のアンバランスな中で、学校は活動を展開していかなければならないだろう。

　こうした年齢構成の二極化に伴ってしばしば指摘されているのが、授業技術の伝承がままならない、部活動を担当できる教員が少ない、新採教員のメンタルケアが難しい、ベテラン教員の声が大きく従来の慣行から抜け出すことが難しい等々の課題である。年齢構成の波は周期的に変化していくので、問題の性質を変えながら、学校のあり方に影響を与えていくことが予想される。

2．国際化・ボーダレス化

　図9-2は外国人登録者数の推移を表したものである。日本国内に在留している

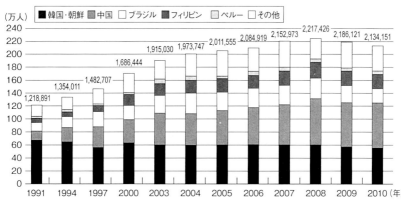

(注)「朝鮮」とは、朝鮮半島から来日した朝鮮人又はその子孫を示す用語であって、国籍を表示するものではなく、外国人登録上、その国籍欄に「韓国」と記載しないものを示す。

出典：在留外国人統計平成23年版(法務省入国管理局)

図9-2　外国人登録者数の推移[(2)]

外国人の数はバブル崩壊以降も増え続けている。2007年以降は安定状態に入ったとみなすこともできるが、それでも日本国内に居住する外国人の数は200万人を越えている。国別で見ると特に中国人の増加が目立つ。

これら以上に急速に進行しているのが情報のボーダレス化である。インターネットの普及や"Line"や"Facebook"等のソーシャル・ネットワーキング・サービス（SNS）の革新と拡大は目下とどまるところを知らない。これらの影響は功罪両面が論じられているが、日常の仲間同志のコミュニケーションのあり方から、政治機構（たとえば2010年からはじまった、いわゆる「アラブの春」）に至るまで我々の社会生活全般に影響を与え、その構造を根底から変えつつある。

3．地域社会・生活環境の変化

日本の社会全体で国際化や少子化が進行していくと共に、学校の所在する地域社会もまた、現在の状態からは次第に変質していくことが予想される。下のグラフ（図9-3）は「地域の教育力」について、回答者の子ども時代と比較して回答を訊いたものである。

同調査によれば、「以前に比べ向上している」と答えた回答者は5.2%であるのに対して、以前に比べて低下していると答えた回答者は55.6%と10倍以上の割合の人が地域の教育力の低下を指摘している。

ただし、この数は「自治会の子育て行事」や「子どもに注意をする大人」など、従来型の地域の教育力について回答されているものである。こうした地縁的な地域のまとまりがうすれる一方で、教育関連NPOや市民団体の活動、企業による教育活動への協力は、以前に比べてはるかに活性化している。いずれ

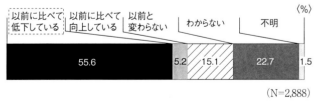

図9-3　自身の子ども時代と比較した「地域の教育力」[3]

にしても、過去も現在も子どもの生活の舞台は地域や家庭にもまたがっており学校だけが教育を担う場所ではない。新たな地域社会の中で、学校の役割を見直し、再定義していくことがこれからの学校にとって不可欠になるであろう。

4．自然災害への備えと自然との共生

　学校教育に影響を与えるのは人間だけではない。人間社会は自然環境の制約の中に成立している以上、自然環境も直接的・間接的に影響を及ぼす。環境教育や食育への関心もその一つだが、とりわけ2011年の東日本大震災が日本の教育環境に与えた影響は甚大なものであった。その影響は次の三つの視点で整理できるように思われる。

　第一に防災教育のあり方についてであり、同震災以降、それまでの防災教育のあり方は見直しを迫られるようになった。中でも特に注目されたのは「釜石の奇跡」と呼ばれる実践である。東日本大震災の津波による死者・行方不明者が1,000人を超す岩手県釜石市で、2,921人の小中学生が自ら判断して高台に避難した結果、津波から逃れ、生存率99.8％という奇跡的な数字を記録した。これは、古くからの三陸地方の言い伝えをふまえ釜石市が避難三原則（「想定にとらわれるな」「最善を尽くせ」「率先避難者たれ」）を徹底して指導してきた防災教育の成果によるところであったとされる。震災以降、こうした実践に学ぶとする「命を守る教育」が全国で推し進められることとなった。

　第二に、福島で発生した原子力発電所の災害は広範な地域に住む生活者に及ぼした甚大な影響である。同震災により福島第一原子力発電所の事故は、結果的に多くの人々から生活の拠点や「ふるさと」を奪う結果となり、多くの被災者が生きる意味や手立てを現在なお模索しつづけている。

　これらのことは第三に、人の生き方や社会のあり方を見直すきっかけともなった。個人的栄達や科学技術発展に対する信仰への疑念は以前からあったが、震災はそうした近代社会を支えた価値観の見直しを象徴的に表すものともなった。人間の力で自然環境がどこまで制御可能なのか？また、制御不可能な部分について、社会や教育がどのように向き合っていくべきなのか？といった疑問を投げかけ、人間が自然環境の中で「生かされている」側面が人々により強く意識されるようになった。また「絆」というキーワードでしばしば語られ

たように、人間存在の共存関係の回復といったテーマを学校教育にも投げかけている。

第2節　21世紀の学力観

1．「学力」を考える視点

　以上で挙げた変化は、将来の学校の環境変化としてある程度予測できるものではあるが、これら以外にも教育の変化を生じうる要因はたくさんある。例えば、公教育の法制度の見直し、教育のツールや教育技術の刷新、保護者の期待・意識の変化、教員の労働環境の変化、そして人々の人生観の変化等、学校に直接的・間接的に影響を及ぼす要因は挙げればきりがない。

　そして未来が不透明であることを自覚しながらも、目標を設定して現在の組織的に活動を展開していかなければならないのが学校である。さて、それでは子どもの現在を踏まえて不確実な未来に向けてどのような成長のシナリオを描いていったらいいのか？ここでは「学力」をキーワードにこの問題を考えてみたい。

　「学力」と聞くと、教科の成績や偏差値を連想する人が多いかもしれないが、「学力」についての確定した定義はない。教育学の中ではより広義に「社会の知的資源の計画的な学習によって獲得された個人の能力」ととらえられることが多い。

　学力をこのように広義にとらえると、学力を定義することのうちには次のように複合的な要素が介在してくる。まずいくつかの無限に存在する社会の知的資源のうち何が重要であり何が重要でないかについての選別があり、社会の知的資源の価値評価が含まれる。次にそれが意図的・計画的な教育によって組織化され、学習によって学ばれるプロセスが想定される。さらに能力が獲得されたか否かを判断する手立てが想定され、多くの場合は何らかのかたちで測定が可能なものとして定義される。

　だから学力を考えることは、未来を生きる子どもが、何を携えておくべきかを考えることであり、それを獲得する手立てをどのように学校という場で構築し

ていくかを考えることでもある。では今後の社会で必要とされるのはどのような学力だろうか？学力を定義づけた国内外の代表的な概念を次に見てみたい。

2．21世紀に必要とされる学力とは

次の表9-1に示す3つの学力観は、21世紀に必要とされる学力観としてしば

表9-1　21世紀に必要とされる学力観の代表例

OECD キーコンピテンシー[4] (2003)	文部科学省 「生きる力」[5] (2003)	ATC21Sプロジェクト(2010)[6] 21世紀型スキル
1.相互作用的に道具を用いる 　1A.言語、シンボル、テキストを相互作用的に用いる能力 　1B.知識や情報を相互作用的に用いる能力 　1C.技術を相互作用的に用いる能力 2.異質な集団で交流する 　2A.他人といい関係を作る能力 　2B.協力しチームで働く能力 　2C.争いを処理し、解決する能力 3.自律的に活動する 　3A.大きな展望の中で活動する能力 　3B.人生計画や個人的プロジェクトを設計し実行する能力 　3C.自らの権利、利害、限界やニーズを表明する能力	1．確かな学力 　思考力 　判断力 　表現力 　問題解決能力 　学ぶ意欲 　知識・技能 　学び方 　課題発見能力 2．健康・体力 3．豊かな人間性	1．思考方法 　(1) 創造力とイノベーション 　(2) 批評的思考、問題解決、意思決定 　(3) 学びの学習、メタ認知（認知プロセスに関する知識） 2．仕事方法 　(4) コミュニケーション 　(5) コラボレーション（チームワーク） 3．仕事ツール 　(6) 情報リテラシー 　(7) 情報通信技術ICTに関するリテラシー 4．社会生活スキル 　(8) 地域と国際社会での市民性 　(9) 人生とキャリア設計 　(10) 個人と社会における責任（文化に関する認識と対応）

しば紹介される代表的な例であり、その学力の構成要素を一覧にしてみたものである。もちろん、これらのモデルは作成当時の政治や産業社会の影響を受けて創られたものであるから、これらが子どもにとっての理想的な力を正確に反映している保証があるわけではないが、議論のたたき台としては役立つであろう。表9-1をもとに共通して指摘されている特徴にはどのようなものがあるか、一寸考えて見てほしい。

さて、どのような共通点が見つけられたであろうか？ちなみに筆者なら次のような共通点を指摘する。

▶知識や技能の習得は広義の学力の一部に位置づけられており、むしろその活用が強調されている点
▶チームでの活動や社会生活を営む基礎的な人間関係形成が重視されている点
▶意欲や態度など、学習に取り組む姿勢も含めて学力ととらえられている点
▶自らの成長を自律的にデザインし、枠づけていく能力が含まれている点

つまり、決められた場面で正解を出す静態的な学力よりも、活動の中で発揮される動態的な学力へと学力についての考え方はシフトしつつあると総じて言えるだろう。

そしてこのように、目的論の観点から今後の社会に必要な学力を見ていくと、現在の学校教育の教科の枠とは少し異なった視点から学力を考えることができる。これらの学力指標の一つ一つに、それぞれの教科のねらいが何らかのかたちで関係していると同時に、これらの力をのばす要素は児童生徒の学校内外の生活の中に散在しており、教科との対応関係で整理することは困難だ。だからといって教科の組み替えをすればよいというわけではなく、むしろ教科の学力とより広義の学力というように重層的にとらえる必要がある。

だからもし、本当にこれらの学力観に示された力を統合的に高める教育を実践していきたいと考えるならば、各教科のカリキュラムや授業技術に精通するだけでは不十分だ。むしろ教師一人一人が目の前の児童生徒の未来に必要な学力は何かを問い続け、創意工夫を重ねながらそれを日々の教育活動の中でかた

ちづくっていく姿勢が求められるのではないかと筆者は考える。

第3節　学校組織と教員のキャリアの未来

1．学校教育の担い手

　学校で働いていると聞けば教員、教員と言えば授業をイメージする人が多いのではないだろうか？しかし今日、学校の教育活動のために働いている人々の裾野は広がりつつあり、一口に教員と言っても、そこには様々な職種・役割が存在している。次の表9-2は1950年、2000年、2014年の3つの時期に学校で働く人々のかたちをリストアップしてみたものである。

　表9-2を一瞥して分かるように、1950年から2000年にかけて、学校教育の担い手はかなり多様化したが、その後十数年の間にさらにその傾向は進んだ。現在では学校は教諭を中心としながらも、多様な職種の人々が協働しながら活動を維持・推進していく場となっており、また教員の中でも多様な職種や職階が作られている。

　このように学校はタテにもヨコにも広がりをもつ組織になりつつあるが、それは学校を取り巻く環境が多様化・複雑化し、様々な専門性を持った人々の協働なくしては学校組織が効果的に機能することが難しくなってきたためだ。したがって、今後も社会が複雑化していくかぎり、しばらくこの傾向は続くであろう。

　だからこれから教員になる諸兄は授業がうまいというだけで学校教員としての職責が果たせると考えるべきではない。教員の仕事は多様な専門性を持つ人々のチームワークによって支えられており、多様な人々との協働がますます重要になってくる。逆に言うと、もしあなたが「教育に携わる仕事はしたいが、学校教員にはどうも向いていない」と感じていたとしても、その可能性をあきらめる必要はない。学校には様々な関わり方が存在しているし、さらに学校教育の外側では塾講師、各種教室、公民館、教育関連NPO等非常に多様な組織が子どもの成長に関係して働いている。

表9-2 学校で働く様々な人々 [7]

	1950年	2000年	2014年現在
校長	校長	校長	校長
教員	教頭 教諭 助教諭 講師	教頭 教諭 養護教諭 (助教諭) 講師	(副校長) 教頭 主幹教諭 (指導教諭) 教諭 養護教諭 栄養教諭 (助教諭) (養護助教諭) 講師
教員以外の職員	事務職員 学校栄養職員 用務員 給食調理員	事務職員 学校栄養職員 用務員 給食調理員 (特別非常勤講師) 外国語指導助手 スクールカウンセラー	事務職員 学校栄養職員 用務員 給食調理員 (特別非常勤講師) 外国語指導助手 スクールカウンセラー (スクールソーシャルワーカー) 学校生活支援員
職員以外で学校教育活動にかかわる人		スクールボランティア 部活動指導員	スクールボランティア 部活動指導員 (学校支援地域本部コーディネーター)
職員以外で学校の運営にかかわる人		学校評議員	学校評議員 学校関係者評価委員 (学校運営協議会委員)
上記以外	保護者 PTA関係者 指導主事	保護者 PTA関係者 指導主事	保護者 PTA関係者 指導主事

第9章 今後の学校教育の課題

2．教員のキャリアと生き甲斐

さて、それでは今後も変わりゆく学校組織の中で、果たして多くの教員は仕事にやりがいを感じ、いきいきとした職業生活を送ることができるであろうか。次のグラフ（図9-4）は教員と他の職業に就いている人々と仕事のやり甲斐についての比較調査[8]の結果である。

調査結果を見るかぎり、他の職種の人達に比べて、教員の多くは仕事が楽しく、生きがいがあると感じ、今の仕事を続けたいと思っており、仕事への満足度は高いようだ。仕事を通して子どもの成長を支援し、そこに喜びを感じていけることは、教育関係の仕事に特有のやりがいであろう。

しかし、一方で、喜んでばかりもいられないデータも出ている。次の図9-5は同調査の総合的な働きがいを年齢と性別に分けて検討したものである。

同調査によれば、教員以外の仕事の満足度が年齢と共に上昇しているのに対し、教員の場合は仕事への総合的な満足度は（女性の40代をのぞき）年齢と共に低下する傾向がはっきりと見て取れる。その背景には色々な理由があるだろうが、一つには一般の企業組織では転職や昇進・昇格等を通して仕事の内容や責任のあり方も変わり、仕事の課題がキャリアステージを年齢と共に変化させていくのに対して、教員の場合にはそうした変化が相対的に少ないということ

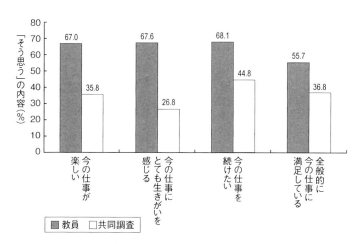

図9-4　内発的働きがい・総合的働きがいの水準

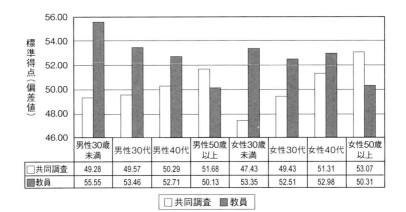

図9-5　性年齢別の「総合的働きがい」の変遷

があるのではないか。企業組織とは異なり、キャリアを重ねても学校管理職以外は、授業、学級経営、生徒指導、部活動など基本的な職務の内容には共通する部分が多く残る。

第4節　おわりに

　学校は変わりにくい組織であるとしばしば言われる。基本的な制度設計は国によって定められており、経済や政治の影響を受けにくく、採用から退職まで一貫して学校に関係して働くことが多く人の入れ替わりも少ないからだ。しかし、これまでで見てきたとおり、世紀の変わり目あたりを境にして、学校という場は大きく変わりつつあるし、今後もしばらくはその変化の速度をゆるめそうにない。

　そうしたなかで、不易と流行を見極め、教育を社会の変化に対応させていくためにはどうしたらよいだろうか？また、教員がそのキャリアを通して働きがいを維持し、意欲を高めていくことができるのであろうか？その答えはおそらく一人一人の教員が見つけていくよりほかはない。

近年、「学び続ける教員像」⁽⁹⁾が議論されているが、本当に教員が成長し続けられるか否かは、制度や法律よりも、むしろ教員一人一人の姿勢によるところが大きいではないだろうか。子どもの生きる将来を見通して自分自身の成長をデザインし、学校全体の変化をかたち作っていく、そうした新たな専門職像が今日の教員には求められている。

（武井敦史）

〔注〕

(1) 国立社会保障・人口問題研究所『平成25年版少子化社会対策白書』p.6より転載。実績値（1920年〜2010年）は総務省「国勢調査」、「人口推計」、「昭和20年人口調査」、推計値（2011〜2060年）は「日本の将来推計人口（平成24年1月推計）」の中位推計による。

(2) 平成24年度外交青書 p.252。

(3) 株式会社日本総合研究所「地域の教育力に関する実態調査」報告（平成18年3月）より転載。

(4) OECDが組織し1997年から活動を始めた'DeSeCo'が、2003年に最終報告を行った中で定義された概念。PISA調査の概念枠組みの基本となっている。

(5) 1996年に中央教育審議会より使われはじめた概念で、当初次のように説明された「我々はこれからの子供たちに必要となるのは、いかに社会が変化しようと、自分で課題を見つけ、自ら学び、自ら考え、主体的に判断し、行動し、よりよく問題を解決する資質や能力であり、また、自らを律しつつ、他人とともに協調し、他人を思いやる心や感動する心など、豊かな人間性であると考えた。たくましく生きるための健康や体力が不可欠であることは言うまでもない。我々は、こうした資質や能力を、変化の激しいこれからの社会を［生きる力］と称することとし、これらをバランスよくはぐくんでいくことが重要であると考えた。」（中央教育審議会第1次答申「21世紀を展望した我が国の教育の在り方について」）以降、日本の公教育における教育の目標を示す中核的概念として使われている。2003年には「確かな学力」をより強調するかたちで再定義された。

(6) 'Assessment and Teaching of 21stCentury Skills'の略。2009年よりスタートし、大手IT企業や大学等の60組織が協働して21世紀に必要なスキルを定義し、その教育・評価方法を開発する国際プロジェクト。

(7) 小・中・高等学校・特別支援学校において働く職員や関係者のうち主なもの。（　）は一部の学校のみにみられるもの。呼称は自治体によって異なることがある。

(8)「教員の働きがいに関する意識調査」(社) 国際経済労働研究所 2012.3. 図は小中高等学校および特別支援学校の教員 12376 名に対して 2010 年 11 月中旬〜2011 年 1 月下旬にかけて行った調査の結果

(9) 中央教育審議会『教職生活の全体を通じた教員の資質能力の総合的な向上方策について（答申）』（平成 24 年 8 月 28 日）。

第10章
学校論の展開と未来の学校

　ここでは戦後の日本において「学校論」として注目された学校についての議論と研究を取り上げて整理することとする。内容の性質上、本章に限り文献は原則として注記せず本文中に著者名（発行年）の形で記し、章末に発行年順で掲げる。紙幅の都合もあり、個々の学校論について十分な解説を加える余裕はない。読者には、関心にしたがって直接原典に当たられることをお勧めする。質の高い文献に直接取り組むことが自身の「学校論」を形成する近道であり、本章はそのための読書案内でもある。ここでは、戦後日本における学校論の展開を４つの時期に区分して整理する。ただし、時期をまたいで展開されている学校論もあり、学校論の内容的な特質と時期との関係はおおまかなものである。

第1節　戦後学校論形成期（1945～60）

　この時期には、戦後の日本社会の民主化と復興における学校の役割と課題が学校論として問われた。

1．コミュニティ・スクール論

　戦後日本における学校の在り方を、主としてアメリカの経験主義教育論とコミュニティ・スクール論に依拠して論じたものであり、梅根悟（1948）、オルセン（1950）他、多数の文献が見られる。

2. 近代学校論

近代社会の形成・発展とそこにおける学校の機能及び性格を明らかにし、以後の日本における学校の役割とそのための学校の在り方を明らかにしようとするものである。戦後教育改革が一応定着し、とくに6・3制の成果と問題点が明らかになり始め、その批判もなされるようになる中で、戦後改革の基本的理念を維持しながら近代学校の本質を踏まえて今後の在り方を検討しようとする意識を見ることができる。海後勝雄（1951）、海後宗臣（1951）、仲新（1949、1953）、勝田守一（1952）などがある。

3. 学校社会学

戦後新しく発展した教育社会学による学校論である。大浦猛（1950）が代表的であり、学校社会学の意義、学校集団の外形的及び内部的構造と特質について論じている。またこの時期に翻訳紹介されたウォーラー（1957）は、学校社会学のいわば原典として以後継続的に参照される文献となった。この時期には調査に基づく学校、学級、児童生徒集団などの研究も多く、以後の学校社会学の出発点となった。

第2節　学校論発展期（1960～1975）

この時期には、日本社会の経済的発展に対する学校の役割とその政策化に関する議論とともに、学校をトータルにしかも理論的にとらえ返そうとする学校論が登場した。後者には、政策的に進められた学校管理体制の強化に対して学校の自律性や専門性を確保しようとする課題意識、高度経済成長による急激な社会変化やそれが生み出した諸問題に学校がいかに対応すべきかという課題意識が見られる。さらに、学校改革論や現代学校論が展開するこの後の時期につながる学校論自体に対する理論的な反省も行われた。このほか、1971年の中教審答申をきっかけに教育改革に関する議論が活発になり、生涯教育論が紹介されたのもこの時期である。

1. 教育計画論とその批判としての学校づくり論

　教育計画論は学校教育を主として社会の経済発展との関係で位置づけ、計画化しようとする発想である。教育に対する社会の要求を精選・統合して長期総合教育計画を策定し、それを通じた社会発展をめざす議論であり、この時期に国際的に広まった考え方である。教育投資論や人的資本論を理論的基盤とし、この時期の教育政策に影響力を持った。ユネスコ編（1966）、清水義弘・天城勲編（1968）が代表的である。

　こうした「上からの」教育計画論に対し、教師の教育活動の自由と学校の自律性を尊重する立場から、学校管理体制の強化やそれに対応した学校管理論を批判し、教師集団や父母などによる民主的な討議に基づく学校の組織化を主張したのが学校づくり論である。斎藤喜博（1958）は、校長としての学校づくりの実践記録である。持田栄一（1963）は、組織論的観点から、教育のしごとを軸とした学校内部の組織づくりとともに、学校づくりへの国民の参与の制度化を論じた。また持田栄一（1972）は、現代学校の課題を学校の機能の生活化・社会化であるとし、人間を労働力商品として位置づける近代の人間観・教育観の超克が必要であるとした。

　教育計画論をめぐる議論の中で、学校に対する国家の関与の在り方、学校教育における国民の諸要求実現の在り方が問われた。岩下新太郎（1976）を初めとする『日本教育行政学会年報』第2号の特集は、学校の公共性と自律性という観点から学校教育と国家の関係を論じている。

2. 組織論的学校論

　学校の組織としての側面に注目してその特質を明らかにするとともに、学校教育の目的・目標を効果的に実現するための学校の在り方を組織論的観点から論じた学校論である。市川昭午（1966）は学校づくり論などを批判し、教職員の労働力構成や賃金体系、及び教育革新と教育労働形態の関係などを視野にいれながら、教育行財政的条件をも取り込んだ学校の管理運営組織論を展開した。吉本二郎（1972）は、学校を公的に付与された教育目的を達成するための最も合理的な組織であるとしながらも、現実における学校と教育の乖離を指摘

し、学校の存在理由が問われているとした。そして、学校における教育活動はあくまでも組織活動であるという観点から、学校の教育問題は学校の組織性を軸として理解されるべきとした。

3．学校社会学

　学校に関する教育社会学的な議論・研究は、前期から一貫して継続されている。牧野巽他編（1969）は教育研究と実践の結合をねらい、学校集団の内部構造、学校集団と外部集団の関係、学校の教育機能について論じている。1972～81年の学校社会学文献をレビューした武内清他（1982）によれば、学校社会学に関する文献は確実に増加し、とくに学校と選抜、生徒文化、学校組織、クラスルーム、カリキュラムについての研究成果の積み重ねが著しい。河野重男・新井郁男編（1976）はこの時期の学校社会学の一つの総体的な到達点を示すものである。

4．学校論の反省

　日本における学校観ないし学校論の変遷を歴史的に対象化し、その特質を解明したり、そこから学校論の課題や方法について論じた学校論であり、その後日本で学校批判論が展開される基礎になったものといえる。こうした学校論が登場した背景には、急激な社会変動に学校が対応できず、学校の問題現象が拡大し、その存在理由が根本から問われだしたという状況があった。吉田昇（1968）は、教育学と学校論の乖離を批判し、教育学と実践をつなぐ結節点としての学校論の課題を示した。市川昭午（1972）は、学校が社会的需要に応じ切れず機能障害を起こしていることから学校の存在価値が問われているとし、学校とは何かが科学的に解明されねばならないとした。

第3節　学校改革論・学校批判論期（1975～1990）

　この時期は、政策的な教育改革の動きが活発化した時期である。臨時教育審議会（1984～87年）においては、その初期の段階で教育の自由化論が論議さ

れ、個性重視の原則と生涯学習の体系化という教育改革の方向性が示された。また、教育課程審議会答申（1987）とそれに基づく学習指導要領の改訂（1989）、指導要録の改訂（1991）、学校週5日制導入（1992）などは「新しい学力観」と「開かれた学校」という学校改革の理念を示した。一方、欧米からの生涯学習論、学習社会論や現代学校論などの紹介導入も活発であり、現実の動きと理論の転換が相俟って、この時期には根本的な学校改革論や学校批判論が展開された。

　とくに1975年から85年頃にかけては、欧米で発表された新しい学校論の翻訳紹介が盛んになされた。そしておよそ1980年代後半以降になると紹介の域を脱して、日本における学校論の独自の展開や実証的研究が見られるようになった。日本教育学会『教育学研究』第58巻第3号（1991）が「学校および学校論再考」、日本教育社会学会『教育社会学研究』第50集（1992）が「教育社会学におけるパラダイム展開」、学校教育学会『学校教育研究』第5号（1990）が「学校研究再考」のテーマでそれぞれ特集を組んでいるのは、日本における現代学校論の一つのピークを示すものといえる。

1．教育の自由化論

　学校に対する規制を排除し、学校の設立や教育内容などを自由化し、父母の学校選択を保障することを通じて学校教育に市場原理を導入し、学校教育の活性化と質の向上をもたらそうとする議論である。この時期台頭した新自由主義の経済学や新保守主義の政治思想を背景とし、福祉国家的な公教育を批判した。日本では、学校教育の画一性・閉鎖性・硬直性などを打破するものとして喧伝された。世界を考える京都座会編（1984）などが代表的である。一方これに対する批判も多く、教育の機会均等の保障や教育水準の維持のために国家的な規制が必要であるとの議論や、学校への競争原理の導入は学校教育の荒廃をまねくとの批判もなされた。三上和夫（1986）は、自由化論をその発生にまでさかのぼって批判的に検討している。

2．学習社会論

　この時期の学校改革論として最も注目されるのは、生涯学習論あるいは学習

社会論に基づくものである。新井郁男（1981、1982）は、余暇の増大、情報化、都市化などの社会変化における学校の在り方を学習社会をめざした学校教育の方向で展望し、「義務」概念を問い直し、学習の成果を正当に評価するシステムを確立し、選択の自由を保障するという原理を提示した。天野郁夫（1984）は、日本の学歴社会がゆらいで学習社会の方向へ向かっているとの視点から「開かれた学校」への転換を主張した。また、松原治郎・鐘ケ江晴彦（1981）、新井郁男（1987）などは、学校と地域社会の関係について地域や家庭の教育力を回復しながら学校と地域社会が連携していく必要性を論じた。

3．学校改善論

これらの学校改革論と若干性格を異ならせるのが、学校を基盤とし学校の主体性に基づく教育改革を主張する論である。小島弘道編著（1985）は、学校の課題状況を明らかにしつつ、父母などの参加による、しかも学校の主体性に基づく学校改革を論じている。このころの教育改革の方向性として国際的に論じられた学校改善もこうした性格を持つものであり、日本でも多くの議論を呼び起こした。その理論的、実証的研究は日本教育経営学会・学校改善研究委員会編（1990）にまとめられている。

4．子どもの権利と学校

1989年に国連総会で採択された「児童の権利に関する条約」をきっかけに、子どもの権利を保障する学校の在り方を問う議論が活性化した。子どもの権利とは何か、そしてそれを社会や学校でどう保障していくのか、条約の批准によって日本の国内法や学校はどう変わらねばならないかなど、様々な議論が展開された。その背景には、あいかわらずなくならない学校での体罰や厳しすぎる校則など、日本の学校における子どもの権利保障の現実に対する批判があった。喜多明人（1990）、永井憲一編（1992）などが代表的である。

5．学校化社会批判論

学校制度が人間の制度への依存や疎外を産み出していることを指摘し、学校教育が個人と社会の進歩・発展を実現するという近代的な観念を批判するとと

もに、価値を産出する制度に依存しそれに拘束されている社会を変革することを主張する議論である。

　最も代表的なのはイリッチ（1977）であり、その後の学校論に大きな影響を与えた。イリッチは、学校を「特定の年令層を対象として、履修を義務づけられたカリキュラムへのフルタイムの出席を要求する、教師に関連のある過程」と定義し、学校制度が、制度が価値を産み出す、価値は測定されうる、価値は詰め込まれる、人間は無限に進歩するといった神話を制度化し、神話と現実の相違を隠蔽しながら再生産するものであるとした。そして、学校制度によって人間は制度に依存し、孤立化し、疎外され、自主独立的に成長することを不可能にされているとし、学校制度を解体して、公衆が容易に自主的にそして平等に利用できる学習のための新しいネットワークを形成することを提案した。

　日本では下村哲夫（1978）がイリッチやライマーの学校論をはじめとする学校論を整理し、将来は学校が唯一の教育機関ではないことを認めた柔軟な学校観を確立することが必要であることを説いている。また、山本哲士（1985）は、再生産論や学校知識論なども視野にいれつつよりラディカルに学校化社会批判を展開した。

6．再生産論

　学校が人種や階級などの間での不平等を再生産していることを明らかにし、そのメカニズムを解明しようとするのが再生産論である。

　ボールズ／ギンタス（1986、87）は、教育の社会的関係が生産の社会的関係と構造的に対応しているという「対応原理」から、アメリカの学校教育が労働のための技能を供給し、経済的地位の不平等性を正当化し、ヒエラルキー的な人間関係を促進し、疎外された労働に適合的な人格形成を図ることによって、階級構造が再生産されていることを明らかにしている。そしてこの現実を踏まえない点にリベラルな教育論の限界があるとしている。

　ブルデュー（1989、90）は、教育的働きかけは一種の象徴的暴力であるとの観点にたち、家庭環境の持つ文化資本を背景として形成されるハビトゥスと学校で教え込まれるハビトゥスとの差異の程度によって学業成績の差が生じ、文化的な再生産が行われるとした。バーンステイン（1985）は、社会言語論の立

場から抽象的で論理的な「精密コード」の家庭環境で社会化される中産階級の子どもに対し、具体的で情緒的な「制限コード」の家庭環境で社会化される労働者階級の子どもは、「精密コード」の習得を求める学校教育において不利であり、学業成績の不振をもたらし、階級構造を再生産しているとした。

日本では、宮島喬・藤田英典編（1991）が、ブルデューに依拠しつつ、文化の序列性、資本主義と文化の関係、ジェンダー、資本主義的分業システムなどの観点から文化的再生産について論じ、調査研究によって日本における文化的再生産過程についての実証的解明を試みている。また、長尾彰夫・池田寛編（1990）が、学校と社会との関係という観点から学校文化の問題を取り上げ、階層的不平等、部落差別、女性差別といった面から現代の学校の不平等再生産機能を解明しようとしている。

7．学校知の見直し

学校知（顕在的カリキュラム及び潜在的カリキュラム）の特性や、その構成に対する権力関係の影響、また、それを通じた再生産機能の解明をめざす議論・研究である。再生産論の一種ともいえるが、学校知識それ自体への注目度が高い点で特徴的である。

アップル（1986、1992）は、カリキュラムに対する社会的統制とそのイデオロギー的基盤、及びそれを通じたイデオロギー、階級関係、人種関係、ジェンダーなどの再生産について論じている。とくに潜在的カリキュラムに注目し、それがイデオロギー形成の機能を果たしていること、そしてその機能は歴史的に見れば学校制度の公言された役割であったことを指摘した。

日本では、柴野昌山他（1981）が、学校を「知識の配分と社会化」の機関であると考える立場から、高等学校のカリキュラムについて実証的研究を行っている。そして柴野昌山（1990）は、実証的研究を踏まえて日本の学校における組織風土や潜在的カリキュラムについて論じている。

8．近代社会の装置としての学校の相対化

学校制度やその基盤にある諸観念を、近代社会が成立する過程において社会的・歴史的に形成されたものとして捉え、そのプロセスを明らかにするととも

に、近代社会における学校制度の機能や性格を明らかにしようとする議論・研究である。方法論的には社会史研究あるいは心性史研究の立場に立ち、多様な歴史的資料を解釈することを通じて、制度史的な研究ではつかみきれない社会的な意識や論理を解明しようとしている。

　アリエス（1980）は、近代社会が成立する過程で生活の時間・空間、服装、遊びなどの面において子どもと大人の分離が進んだことを明らかにし、「子ども期」が子どもへのまなざしの変化によって歴史的に形成されたものであり、子どもの社会からの隔離とその後の学校化の基礎となったことを指摘した。フーコー（1977）は、学校が監獄などとともに近代社会における規律訓練のための装置であり、そこでは効率的に「従順な身体」を形成する様々な技術が使用され、ベンサムが考えついたといわれる「一望監視装置」に見られるように、没個人化された権力が作用していることを論じた。

　日本では「産育と教育の社会史」編集委員会編（1983-1985）に収められた所論稿が代表的である。そこでは、中内敏夫らを中心に、教育の社会史研究に関する方法論的な検討とともに、日本における出産、子育て、子ども観、学校教育などに関する実証的な研究が行われている。柳治男（1991）は、ヴェーバーの合理化論に依拠して、近代学校の機械装置としての性格とその非合理性について論じている。

第4節　学校像の模索期（1995〜）

　1990年代半ばころになると、不登校の増加、「援助交際」、「学級崩壊」、中学生による小学生殺傷事件、教師殺害事件など、それまでの学校観を動揺させる社会問題が注目されるようになる。そして中教審や教課審の答申が次々と出され、「生きる力」、「心の教育」、「開かれた学校」などをキーワードとする教育改革が推進されてきた。

　またそれと同時に、新自由主義的な教育制度改革が行われてきた。主なものを挙げれば第一に、学校設置主体に関する弾力化が行われ、NPO法人などによる学校設置が認められるようになった。第二に、通学区域制度の弾力的運用が

なされるようになり、公立小、中学校の学校選択が行われるようになった。第三に、適応指導教室への参加を学校の授業への参加と同等と認めたり、中学校卒業程度認定試験や高等学校卒業程度認定試験の対象者が拡大、一般化されたりして、通学、就学することに対する代替的なルートがつくられてきた。そして第四に、分権改革が行われ地方や学校の裁量が拡大された。

一方、日本社会の急激な人口減少と高齢化を背景に、農山漁村ばかりでなく都市部でも学校の統廃合が進められてきた。日本社会が人口のピークを迎えた2008年の人口が1億2800万人である。国立社会保障・人口問題研究所の予測によると、2060年の日本の人口はおよそ8700万人でそのうち65歳以上の割合がおよそ40％である。また、グローバル化の進展により、日本の学校に通う外国人児童生徒が増加してきているし、外国で生活したり職に従事したりする日本人も増加している。こうした中で、単に数ばかりでなく学校の在り方そのものが再検討されている。

1．地方と学校での実践への注目

今後の学校像が模索される中で、自治体や学校での取り組みが改めて注目されている。分権化を背景とした自治体や学校での取り組みの中から、これからの学校の可能性を探り出そうというのである。自治体については、渡部昭男・金山康博・小川正人編著（2006）が埼玉県志木市の取り組みを、苅谷剛彦・堀健志・内田良編著（2011）が愛知県犬山市の取り組みを検証している。その他にも、東京都品川区の取り組みや山形県の少人数学級編制の取り組みなどが注目されてきた。学校の実践としては、大瀬敏昭著者代表（2000,2003）などによる茅ケ崎市立浜之郷小学校の取り組みの発信、志水宏吉（2005、2009）によるエスノグラフィーに基づいた「力のある学校」の探究が注目される。浜田博文編著（2012）は、学校の自律的な改善の事例に基づいて、教師が協働しながら学校を変革する可能性を追究している。

2．学校の設置と社会的統治の問題

前期の学校批判は、学校の設置や運営から排除されてきた人々からの教育界への批判でもあった。そこで、いったい誰が学校を設置し、だれが運営するの

かが問われることとなった。

　学校の設置については、アメリカのチャーター・スクール制度に注目が集まり、鵜浦裕（2001）などによる紹介や日本での導入可能性の検討などが行われた。学校設置主体に関する制度の弾力化が図られ、正規の学校としてのフリースクールの開設などが進んだ（コラム参照）。

　学校選択がいくつかの自治体で現実のものとなり、教育行政の地方分権化や学校の自律性の確立に向けた教育改革がすすめられてきている。アカウンタビリティをキーワードとして学校や教師の責任が厳しく問われるようになった。とりわけ学校選択をめぐる議論が活発であり、「抑制と均衡の原理」に基づく学校選択を主張する黒崎勲と、学校教育を商品化するものとして学校選択を批判する藤田英典の間で論争が戦わされた（例えば黒崎2000、藤田2000）。

　学校をめぐる共同性やコミュニティのあり方も重要な論点である。「学びの共同体論」は、学校（教室）における学びを個人のものから共同のものに転換することを基盤に、教師は協力しあって授業を創造し、その中で専門家として発達し、さらに、親や住民が教育活動に参加し、学校を共同的に創っていく考え方である（例えば佐藤学2012）。それに対し金子郁容他（2000）の主張する「コミュニティ・スクール」は地域の有志の提案による自律的学校であり、「テーマコミュニティ」の考え方を強くもつものである。

3．国民形成の問い直しと共生

　グローバル化が進展し、国民国家という体制が変動する中で、たとえば宮寺晃夫・平田諭治・岡本智周（2012）などによって近代学校が取り組んできた国民形成の在り方が問い直されている。国籍やエスニシティという面ばかりでなく、障がいの有無や性などの面で多様な人々によって社会が構成されていることが注目され、そのような社会に向けて子どもたちを教育していく役割を持つ学校、また、そのような多様に人々によって形成される場としての学校という捉え返しがなされてきている。岡本智周・田中統治編著（2011）は学校における様々な共生の課題を検討し、共生の場としての学校の可能性を追究している。

4．産業社会と学校

バブル崩壊後の経済の停滞・変動と新自由主義的な経済政策は、学校教育に対して課題を投げかけた。

一つは、社会における経済格差、貧困の拡大がもたらす就学の困難、学習意欲と学力の低下・格差拡大という問題への対応である。こうした問題は、たとえば苅谷剛彦・志水宏吉編（2004）などで学力調査データに基づいて検討され、保護者の経済格差を学力格差に直結させない学校が「効果のある学校」あるいは「力のある学校」として注目されている。

いま一つは、学校教育と経済社会とのつなぎの問題としての、進路指導やキャリア教育の見直しである。本田由紀（2005）は、「ポスト近代型能力」に基づく「ハイパーメリトクラシー社会への移行」を指摘し、学校教育が「ポスト近代型能力」のような曖昧なものに振り回されず、「専門性」というより明確な基盤に立脚すべきことを主張している。乾彰夫（2010）は、学校から仕事への移行が多様化・複雑化し、個人化している実態を描いたうえで、そこで生じる困難を個人の問題としてしまうのではなく、若者たちを取り巻くネットワークやコミュニティの問題としてとらえる視点を提起している。

5．教育システムをどう転換するか

学校が相対化される中で、学校外あるいは教育の外での人間形成が改めて注目されるようになってきた。広田照幸（1999）は、意図的に子どもを教育することに対して「周囲の環境が果たしている、プラスの意味の人間形成機能を再評価する」考え方を提示している。宮寺・平田・岡本（2012）において平田は日本教育史研究の立場から、「生活世界に埋め込まれた名もなき人間形成の営為を慎重にすくいあげることこそ必要」であると主張している。

一方、現実に進展する学校教育をめぐるボーダーレス化に関して、本田由紀（2011）は学校の「自閉化」を指摘し、「教育独自の機能を保持しつつ、外部の諸領域との間に絶え間ない調整を図ってゆく営み」が必要であるとする。また、白水浩信（2011）は、「教育（education）」の原義が食を通じた養生であり「福祉（well-being）」であることに立ち返り、「人間が健康で文化的な満ち足りた生活を営む基盤そのもの」として位置づけることを主張している。

こうした主張を教師の在り方という次元に変換すると、小玉重夫（2013）のいう「教師である前に市民である」教師の在り方が描かれることになる。小玉はシティズンシップ教育を推奨するのであるが、平田の観点からはシティズンシップ教育といえども「教育」という概念の拡張と批判されることになるであろう。教育の批判は教育の外部を要請するが、それを語った途端に教育に回収されてしまう危うさがあり、そこをどう語るかが問われているのである。広田照幸・宮寺晃夫編（2014）は、そうしたアポリアに正面から向き合い、今後の教育の制度設計の原理を多角的に検討している。

（水本徳明）

〔コラム〕 フリースクール思想の紹介と実践

　早い段階でのフリースクールの思想や実践の紹介としては子安美知子（1965）によるシュタイナー学校の紹介がある。その後、ニイル（1974）やシュタイナー（1986）、堀（1988）によってフリースクールの思想が翻訳、紹介された。実践面では、1987年に東京シュタイナーシューレが、1992年にニイルの思想に基づくきのくに子どもの村学園が開設されている。1985年には、主に不登校の子どもの学びの場として東京シューレが始められている。この時期のフリースクールは、きのくに子どもの村学園を除けば法規上の正規の学校教育としてではなく、公教育制度の外部で実践された。

　21世紀にはいると規制緩和政策を受けて、2001年に東京シュタイナーシューレがNPO法人立となるとともにNPO法人京田辺シュタイナー学校が開設され、かつやま子どもの村中学校も開校している。2004年には東京シュタイナーシューレが学校法人シュタイナー学園となり、2007年には東京シューレ葛飾中学校が開校している。

　2015年、文部科学省は、教育再生実行会議第5次提言（2014年7月）を受け、「フリースクール等に関する検討会議」を設け、フリースクール等で学ぶ子どもたちの現状を踏まえ、学校外での学習の制度上の位置づけや子どもたちへの支援策の在り方について検討を始めた。

　こうした過程は、日本の公教育制度の弾力化の過程ととらえることもできるが、半面、公教育制度外での教育実践が公教育制度に取り込まれていく過程ととらえることもできる。

〔参考文献〕

梅根　悟『生活学校の理論』国立書院、1948年
仲　新『現代学校論』目黒書店、1949年
大浦猛『学校社会学』明治図書、1950年
オルセン（宗像誠也訳）『学校と地域社会』小学館、1950年
海後勝雄『近代学校の成立』朝倉書店、1951年
海後宗臣『近代学校の性格』明治図書、1951年
勝田守一『学校論』要書房、1952年
仲　新『近代の学校』金子書房、1953年
ウォーラー（石山脩平他訳）『学校社会学』明治図書、1957年
斎藤喜博『学校づくりの記』明治図書、1958年
持田栄一『学校づくり』三一書房、1963年
子安美知子『ミュンヘンの小学生―娘が学んだシュタイナー学校』中央公論社、1965年
市川昭午『学校管理運営の組織論』明治図書、1966年
ユネスコ編（木田宏訳）『教育計画』第一法規、1966年
清水義弘・天城勲編『教育計画（教育学叢書4）』第一法規、1968年
吉田　昇「現代学校論」、重松鷹泰他編『学校と教師（教育学全集13）』小学館、1968年
牧野巽他編『学校社会学』協同出版、1969年
持田栄一『学校の理論』国土社、1972年
吉本二郎「現代の学校」、吉本二郎編『学校論－組織・経営・管理－』明治図書、1972年
市川昭午「学校とは何か」、『教育社会学研究』第27集、1972年
A.S.ニイル（霜田静志・堀真一郎訳）『ニイルのおバカさん：A.S.ニイル自伝』黎明書房、1974年
岩下新太郎「学校の自主性と公共性」、『日本教育行政学会年報』2、1976年
河野重男・新井郁男編『現代学校の構造（現代教育社会学講座4）』東京大学出版会、1976年
イリッチ（東洋他訳）『脱学校の社会』創元社、1977年
フーコー（田村俶訳）『監獄の誕生』新潮社、1977年

第10章　学校論の展開と未来の学校

下村哲夫『先どり学校論』学陽書房、1978年
アリエス（杉山光信他訳）『＜子供＞の誕生』みすず書房、1980年
新井郁男『現代学校改革論』教育開発研究所、1981年
柴野昌山他『知識の配分と社会化』京都大学教育学部教育社会学研究室、1981年
松原治郎・鐘ケ江晴彦『地域と教育（教育学大全集9）』第一法規、1981年
新井郁男『学習社会論（教育学大全集8）』第一法規、1982年
武内清他「学校社会学の動向」、『教育社会学研究』第37集、1982年
「産育と教育の社会史」編集委員会編『叢書　産育と教育の社会史（全5巻）』新評論、1983-1985年
世界を考える京都座会編『学校教育活性化のための七つの提言』PHP研究所、1984年
天野郁夫『「学習社会」への挑戦』日本経済新聞社、1984年
小島弘道編著『学校改革の課題』国土社、1985年
バーンステイン（萩原元昭編訳）『教育伝達の社会学』明治図書、1985年
山本哲士『学校の幻想　幻想の学校』新曜社、1985年
アップル（門倉正美他訳）『学校幻想とカリキュラム』日本エディタースクール出版部、1986年
三上和夫『教育改革の視野』同時代社、1986年
ルドルフ・シュタイナー（坂野雄二訳）『教育術』みすず書房、1986年
ボールズ／ギンタス（宇沢弘文訳）『アメリカ資本主義と学校教育』（上・下）岩波書店、1986、87年
新井郁男『地域の教育力を活かす（学校教育改善全集24）』ぎょうせい、1987年
堀真一郎『ニイルと自由の子どもたち：サマーヒルの理論と実際』黎明書房　1988
ブルデュー（石井洋二郎訳）『ディスタンクシオン』（上・下）藤原書店、1989、90年
喜多明人『新時代の子どもの権利』エイデル研究所、1990年
柴野昌山『教育現実の社会的構成』高文堂出版社、1990年
長尾彰夫・池田寛編『学校文化』東信堂、1990年
日本教育経営学会・学校改善研究委員会編『学校改善に関する理論的・実証的研究』ぎょうせい、1990年
宮島喬・藤田英典編『文化と社会』有信堂、1991年
柳　治男『学校のアナトミア』東信堂、1991年

アップル（浅沼茂他訳）『教育と権力』日本エディタースクール出版部、1992年
永井憲一編『子どもの権利条約の研究』法政大学現代法研究所、1992年
広田照幸『日本人のしつけは衰退したか』講談社、1999年
金子郁容他『コミュニティ・スクール構想』岩波書店、2000年
黒崎勲『教育の政治経済学』東京都立大学出版会、2000年
藤田英典『市民社会と教育』世織書房、2000年
大瀬敏昭著者代表『学校を創る　茅ケ崎市浜之郷小学校の誕生と実践』小学館、2000年
鵜浦裕『チャーター・スクール　アメリカ公教育における独立運動』勁草書房、2001年
大瀬敏昭著者代表『学校を変える　浜之郷小学校の5年間』小学館、2003年
苅谷剛彦・志水宏吉編『学力の社会学』岩波書店、2004年
本田由紀『多元化する「能力」と日本社会』NTT出版、2005年
志水宏吉『学力を育てる』岩波書店、2005年
渡部昭男・金山康博・小川正人編『市民と創る教育改革　検証：志木市の教育改革』日本標準、2006年
志水宏吉編『「力のある学校」の探究』大阪大学出版会、2009年
乾彰夫『〈学校から仕事へ〉の変容と若者たち』青木書店、2010年
本田由紀「強固に残るボーダー―自閉化する日本の学校教育に対する社会システム論からの示唆―」『教育学研究』78（2）2011年
苅谷剛彦・堀健志・内田良編著『教育改革の社会学―犬山市の挑戦を検証する』岩波書店、2011年
白水浩信「教育・福祉・統治性―能力言説から養生へ―」『教育学研究』78（2）2011年
岡本智周・田中統治編著『共生と希望の教育学』筑波大学出版会、2011年
浜田博文編著『学校を変える新しい力』小学館、2012年
宮寺晃夫・平田諭治・岡本智周『学校教育と国民の形成』学文社、2012年
佐藤学『学校を改革する―学びの共同体の構想と実践』岩波書店、2012年
小玉重夫『学力幻想』筑摩書房、2013年
広田照幸・宮寺晃夫編『教育システムと社会　その理論的検討』世織書房、2014年

第Ⅱ部

学校教育の実践

第11章
学校教育とカリキュラム開発

第1節　学校教育におけるカリキュラム開発

1．学校教育とカリキュラム

　学校における教育活動は、学習指導要領をはじめとする諸法令に基づき、地域や学校の実態、児童生徒の実態等を踏まえ、学校教育目標や学級目標の達成を目指して、意図的、組織的、計画的に実施されている。それらの教育活動は、校務分掌で配置された分掌、教科、学年、担任などの教員組織により、教育課程表、学習進度計画、年間計画、月間計画、週時程、時間割、日課表、学習指導案などに基づいて、教科書や副教材の内容を基本として行われている。このように、学校において定められている意図的、組織的、計画的な教育内容や教育計画を教育課程またはカリキュラムという。

　教育課程とカリキュラムという用語は、一般に同じ意味で使われるが、厳密な意味では多少違いがある。カリキュラム（curriculum）は、ラテン語で競争路を意味するクレーレ（currere）を語源とし、学習者の学ぶ道に配列されている教育内容を指す。教育課程という語は、本来カリキュラムの訳語であり、それまでの教科課程という語に代わり、1951年の学習指導要領から登場してきた用語である。教育課程は、学校が意図的、組織的、計画的に実施する教育内容や教育計画を意味する。

　二つの用語の使用については、カリキュラムという語の方が広義で一般的用

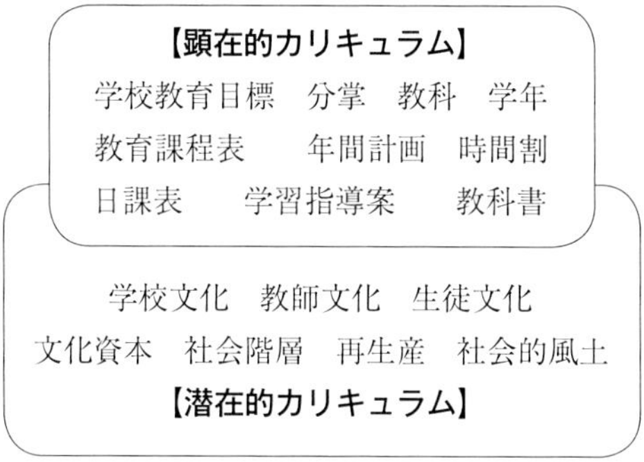

【顕在的カリキュラム】
学校教育目標　分掌　教科　学年
教育課程表　　年間計画　時間割
日課表　　学習指導案　　教科書

学校文化　教師文化　生徒文化
文化資本　社会階層　再生産　社会的風土
【潜在的カリキュラム】

図 11-1　教育課程とカリキュラム

語であり、教育課程という語の方が公的で行政的用語として用いられている。教育課程という用語を用いる場合は、ほぼ顕在的カリキュラム [1] を意味している（図11-1）。一方、カリキュラムという用語を用いる場合は、顕在的カリキュラムに加えて潜在的カリキュラム [2] をも含む場合がある。学校等では、カリキュラムという用語は、教育課程という用語よりやや意味が広く柔軟な使われ方をしている。すなわち、教育課程という用語の方が狭義であり、教育目標を達成するために教育内容を一定の原理によって系統的に配列したものの総体をいう。これに対して、カリキュラムという用語の方が広義であり、学校において意図的または無意図的に学ばれる経験の総体を意味する。

2．カリキュラム開発の定義

　学校では、年度ごとに教育内容および教育計画を見直し、新しいカリキュラムを編成している。カリキュラムの見直しは、年度単位だけでなく、学期、月、週などの短い期間でも状況に応じて行われている。それだけでなく、学校または教師の教育目的や必要に応じて、法令等を遵守したうえで全く新しいカリキュラムを創っていく場合もある。こうした新しいカリキュラムを創る営みをカリキュラム開発という。カリキュラム開発（curriculum development）とは、「教師、学校、教育研究者、教育行政機関、国などが、教育の目的、内容、方法、評価など、教授学習活動に必要な要素を新たに組織編成し創りあげること」[3] で

開発のレベル	カリキュラムの例
教師レベル	授業カリキュラム
学校レベル	小学校総合学習
教育委員会レベル	県版カリキュラム
研究者レベル	ESDカリキュラム
教科書レベル	各教科教科書
国レベル	学習指導要領

図11-2　カリキュラム開発のレベル

ある。

　このように、カリキュラム開発は、新しいカリキュラムを創り出すことをいうが、用語に開発という言葉を使うのは、それがより主体的で系統的な営みを意味する概念であるからである。つまり、カリキュラム開発という言葉には、各学校での実践を通してカリキュラムの成否を絶えず検証し、完成度の高いカリキュラムを追求するという意味合いがあり、そのためのより有効なカリキュラム開発の手順や方法を教師が主体的に明らかにしていくという基本理念が含まれている。

　上記カリキュラム開発の定義が示すように、カリキュラムの種類は、それを開発する主体によって性格が異なる。学習指導要領のように国が教育課程の基準として示すもの、民間の教科書会社などが教科書や教材として示すもの、教育研究者が新たなカリキュラムを研究開発したもの、教育委員会や教育センターが今日的な教育課題に関する単元モデルとして示したもの、学校や教師が具体的な単元や教材を開発したものなどである。それをカリキュラム開発のレベルとして、国レベル、教科書レベル、研究者レベル、教育委員会レベル、学校レベル、教師レベルとして層別に示せば、図11-2のようになる。

3．学校に基礎を置くカリキュラム開発

　我が国においてカリキュラム開発の考えが重視されるようになったのは、経済協力開発機構（OECD）の教育研究革新センター（CERI）と文部省が共催したカリキュラム開発に関する国際セミナー（1974年）が果たした役割が大きい。

同国際セミナーが契機になって、学校に基礎を置くカリキュラム開発（SBCD: School-Based Curriculum Development）の考え方が、国、研究者の間に浸透し、カリキュラムの概念が開発と評価の方法までを含む広い概念として捉えられるようになった[4]。学校に基礎を置くカリキュラム開発の考えは、現在の学習指導要領においても、「各学校においては、教育基本法及び学校教育法その他の法令並びにこの章以下に示すところに従い、児童の人間として調和のとれた育成を目指し、地域や学校の実態及び児童の心身の発達の段階や特性を十分考慮して、適切な教育課程を編成するものとし、これらに掲げる目標を達成するよう教育を行うものとする」（2008年改訂小学校学習指導要領総則、中学校、高等学校等も同様）として示されている。

第2節　カリキュラム経営の現代的意義

1．カリキュラム経営の定義

カリキュラムが実施される様相を学校レベルで捉えると、各学校の実態に応じて開発されたカリキュラムは、学校経営のプロセスの中で絶えず検討され、評価、改善されている。これは、教師が行う指導法の工夫や各教科の単元開発、教材開発などにおいてもほぼ同様のプロセスで行われる。当初設定したカリキュラムを絶えず検討、評価、改善していくことが、児童生徒の学習活動を充実させるとともに一層有効なカリキュラムの開発と教師の指導力の向上につながっていくことになる。このように、実際に各学校で行われているカリキュラムは、カリキュラム経営（curriculum management）という一連のプロセスの中で進められている。

カリキュラム経営とは、「学校または教師が、教育目標に基づき児童生徒や地域の実態を踏まえて、カリキュラムの開発→編成→計画→実施→評価→改善という一連のサイクルを計画的・組織的に進めていくこと」[5]である。つまり、カリキュラム経営の考えは、カリキュラムの編成、計画、実施、評価などを個々別々のものとして捉えるのではなく、学校において有効性のある活動として、開発→編成→計画→実施→評価→改善を一連のサイクルをもつ教育システ

ムとして捉えるものである。こうしたプロセスにおいて、カリキュラム経営の主体は、カリキュラムの直接の実施者、つまり、学校または教師になる。そして、学校におけるカリキュラム経営の実務的な担当者は、教務主任となる[6]。教務主任は、年間・月間・週間行事予定の管理・調整をはじめ、教頭とともに学校行事、日課、会議などの実務的なタイムマネジメントを担当する。

なお、カリキュラム経営という用語については、1998年9月の中教審答申「今後の地方教育行政の在り方について」によって、学校経営の裁量権限を拡大する方向での自主的・自律的な学校経営が進展していく中で、1999年から「カリキュラムマネジメント」の用語が中留武昭によって使われ始め、教育課程行政においては、2003年10月の中教審答申「初等中等教育における当面の教育課程及び指導の充実・改善方策について」で、答申等における初出となったことが明らかにされている[7]。2008年1月の中教審答申「幼稚園、小学校、中学校、高等学校及び特別支援学校の学習指導要領等の改善について」でも、教育課程や指導方法等の不断の見直しによる「カリキュラム・マネジメント」の確立の必要性が記されている。本稿では、カリキュラム開発という用語の一連でカリキュラム経営という用語を用いる。

2．カリキュラム経営の必要性

従来、ややもすると学校では教科書や教師用指導書に頼った指導が見られ、学校独自のカリキュラム開発やその必要性に対する認識が低い場合があった。教師の側も、法令や学習指導要領を遵守しつつも、教科書や教師用指導書に依存する傾向が少なからず見られた。そのため、教師が積極的に関与してカリキュラムを編成、実施、評価するという考え方が十分に確立していなかった[8]。このような状況もあって、これまでカリキュラム経営は学校経営の一部、すなわち、学校経営という大枠でのP→D→S（Plan→Do→See）システムに対して、そのサブシステムとの捉え方がなされてきた。

しかし、1998年の学習指導要領改訂により総合的な学習の時間が創設されて以降、総合的な学習の時間の実践的取り組みが全国的に広まってきた。総合的な学習の時間は、教科書を編纂しないという文部科学省の方針のもとで行われたことにより、各学校が地域の特色や児童生徒の興味関心に基づく学習活動を

活発に展開することになった。こうした経緯により、各学校が特色ある教育活動を展開するために、新しいカリキュラムを開発し、それを編成、実施、評価、改善していく指導体制、すなわち、カリキュラム経営を中軸にした指導体制の重要性への認識が一層強くなった。

今日では、カリキュラム経営の考え方は、学校にとって必要不可欠なものになっており、カリキュラム経営は単に学校経営のサブシステムという位置づけではなく、学校の特色化を実現するための一層重要な機能、すなわち、学校経営の中軸的機能であると捉えられている[9]。上記の定義もこの点を踏まえたものであり、カリキュラム経営をより動的で主体性のあるシステムと考え、従来のP→D→Sサイクルの前後に開発と評価・改善を加えて表現したものである。こうしたことから、現在では、カリキュラム経営のサイクルをP→D→C→A（Plan→Do→Check→Action）という動的なサイクルで捉えることが一般的になっている[10]。

3．カリキュラム経営による創造性と可能性

以上に述べたことから分かるように、カリキュラム経営の基本は、学校経営におけるPlan（計画）→Do（実施）→Check（点検）→Action（改善）の組織マネジメント・サイクルに準じている。学校経営のP→D→C→Aサイクルは、学校経営のプロセスが継続的なフィードバックと改善の連鎖であることを示した経営活動のサイクルである。このサイクルをカリキュラム経営の面に焦点づけて述べれば、Planの段階は、カリキュラム目標の設定・計画・企画である。Doの段階は、カリキュラムの実施である。Checkの段階は、カリキュラムの点検とカリキュラム評価を行うことである。そして、Actionの段階は、カリキュラムの修正と改善であり、Checkの結果を次のPlanへ結び付けることになる。カリキュラム経営のサイクルは、そのプロセスにフィードバックの仕組みを取り入れることにより教師の主体性と創造性を発揮するためのシステムである。図11-3は、そうしたカリキュラム経営のPDCAサイクルを表現したものである。図のP→D→C→Aのサイクルをカリキュラム経営の1年目、P′→D′→C′→A′のサイクルを2年目と仮定すると、1年目末のC（カリキュラムの評価）に基づいて、適切なA（カリキュラムの改善）を施すことにより、2年目のP′

第Ⅱ部　学校教育の実践

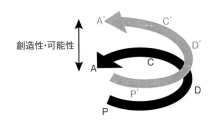

図11-3　カリキュラム経営のPDCA

→D′→C′→A′のサイクルが創造性と可能性を一段高めた状態で進むことができるのである。

　カリキュラム経営の考えが浸透してきた上記の経緯は、教師が単に既定カリキュラムの受け身的な使用者（カリキュラム・ユーザー）としてではなく、積極的なカリキュラムの開発者（カリキュラム・メーカー）として、カリキュラム経営を主体的に推進していくという認識に変わってきていることを意味している。今後、学習指導要領の実施に関しても、各学校において、各教科・領域相互の関連を図り、効果的なカリキュラムを実施することがカリキュラム経営の重要な課題である。P→D→C→Aサイクルの活用に関しては、2007年度から開始された全国学力学習状況調査において、その結果を検証改善するためのP→D→C→Aサイクルの導入が重要であるとされている。これにより、都道府県および市町村教育委員会、各学校で全国学力学習状況調査の結果に基づいた検証改善サイクルが取り入れられている。

第3節　教育環境とカリキュラム開発

1．地域とカリキュラム開発

　様々な教育環境の中でも、学校が置かれている地域の自然・社会・人的環境は、最も基本的な教育環境である。学校は地域によって成立しているのであるから、地域とカリキュラムとの関係が重視されることはいうまでもない。学校の教育活動は、校内にとどまらず地域の自然、文化、伝統、人材などの学習材

を積極的に活用することによって幅広い効果が期待できる。そのためには、学校外部との連携協力を図ることが必要であり、地域とカリキュラムの関係が重要になるのである。

特に、1998年改訂の学習指導要領で導入された総合的な学習の時間は、その学習活動として、自然体験やボランティアなどの社会体験、観察・実験、見学や調査、ものづくりや生産活動などの体験的な学習、職場体験学習などのキャリア教育が総合的に行われるものである。こうした活動においては、地域の教育環境にある学習材を効果的に活用することができる教師一人ひとりのカリキュラム・デザイン力の向上が一層求められている(11)。図11-4は、地域とカリキュラム開発の視点を地域の教育環境を踏まえてまとめたものである。総合的な学習の時間は、2008年改訂の学習指導要領でも存続しており、地域の自然・社会・人的環境を生かしたカリキュラム開発を推進する役割を果たしている。

我が国における教育研究では、これまで「カリキュラム開発のシステムを開発するという発想がきわめて乏しかった」(12)ことが指摘されている。カリキュラム開発の考え方や方法が浸透すれば、カリキュラム開発のシステム自体を開発するノウハウが蓄積されていく。このように、地域の自然・社会・人的環境を活かしたカリキュラム開発を積み重ねることで、カリキュラム開発のシステム自体をより有効なものに創りあげることが可能になる。

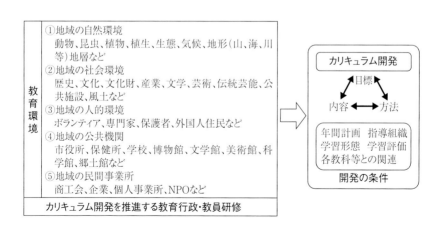

図11-4　地域とカリキュラム開発の視点

2．地域と連携したカリキュラム開発の視点

　生涯学習社会を背景として開かれた学校が進展する中、これからは、学校内の学習活動の充実と相俟って、学校教育が外部との連携のもとに総体的に充実する方向を目指して進むことになる。これからの学校や教師は、家庭や地域と密接に連携しながら、特色ある教育活動の創造を図るカリキュラムの開発に取り組み、カリキュラム経営を通して学校の教育実践の質の向上に努めていくことが期待されている。

　このように、学校と地域とが相互に開かれた連携を推進し、子どもの成長を地域全体で考え、学校・家庭・地域社会の総体的な教育機能を高めていくことが、今日の学校教育の重要な方向である。学校・家庭・地域社会の連携によって、カリキュラム開発を行う場合の視点をまとめると次のようになる。

①生活科、総合的な学習の時間などを通して、地域の素材を活用し、地域との関わりを学ぶことを目指したカリキュラム開発を行う。

②選択教科、道徳、総合的な学習の時間、特別活動などの講師や協力者として地域の専門家やボランティアを積極的に活用するカリキュラムを創る。

③地域と結びついた特色ある学校行事を実施したり、社会教育機関または関係行政機関との連携による学習活動を展開するカリキュラム開発を行う。

④地元企業や公共団体の協力により、中学生の職場見学や高校生のインターンシップなどのキャリア教育を推進するカリキュラム開発を行う。

　こうしたカリキュラム開発を促進していくためにも、カリキュラム開発に関する校内研修をはじめ、教育行政・教員研修の支援的役割が重要になる[13]。

〔コラム〕　高等学校におけるカリキュラム開発

高等学校におけるカリキュラム開発の代表例として、学校設定教科・科目を挙げることができる。高等学校では、学校独自の教科・科目として、学校設定教科・科目を開設している学校がある。これは、地域、学校、生徒の実態、学科の特色等に応じた特色ある教育内容を開発し、それを教科・科目として編成したものであり、まさに高等学校におけるカリキュラム開発といえる。図は、高等学校にお

ける学校設定教科・科目の例として、教科、学校設定科目、単位数を示したものである。

教科の例	学校設定科目の例	単位数例
数学	「数学史」、「統計と数学」、「生活の中の数学」	各2
英語	「政治経済の英語」、「新聞の時事英語」、「理系英語」	各2
国語	「国語基礎」、「日本の詩歌」、「日本文学探究」	各2
地理歴史	「現代史」、「郷土史研究」、「教育と歴史」、「地名調査」	各2
理科	「地域の自然」、「宇宙の物理」、「昆虫と植物」	各2
家庭	「キャリアプランニング」（下表）、「被服デザイン」	各2
体育	「救急処置」、「レクリェーションスポーツ」、「生涯体育」	各2
地域(学校設定教科)	「郷土芸能」、「地域発見演習」、「シティズンシップ」（下表）	各2

「キャリアプランニング」内容例
①ライフキャリアとは
②職業理解、地域と職業
③職業と進路、先輩を訪ねて
④職業役割とロールプレイ
⑤ライフプランの設計
⑥進路テーマ別調査研究

「シティズンシップ」内容例
①シティズンシップとは
②地域と市民の役割
③ボランティア活動の意義
④地域ボランティアへの参加
⑤ボランティア活動の事後指導
⑥新たな公共とシティズンシップ

図11-5　高等学校における学校設定教科・科目の例

第4節　教育評価とカリキュラム評価の展望

1．教育評価の区分と対象

　学校では、児童生徒の学習活動や学校の経営活動に関する様々な評価を行っている。学校における様々な教育評価について、学習評価と経営評価に区分し、評価の主体（評価者）と評価の対象（学習活動など）を整理してまとめたものが表11-1である。
　教育評価の中でも教師が行う児童生徒の学習活動に対する評価は、公的な記

表11-1　様々な教育評価の種類

区分	評価の種類	評価の主体 →	評価の対象
学習評価	自己評価	児童生徒　→	自己の学習活動
	相互評価	児童生徒　→	級友の学習活動
	学習活動の評価	教師　→	児童生徒の学習活動
経営評価	カリキュラム評価	教師　→	カリキュラム
	学校自己評価	教職員　→	学校経営および教育活動
	学校関係者評価	学校関係者　→	学校経営および教育活動
	第三者評価	専門家　→	学校経営および教育活動

録として指導要録に残される。今日一般的に行われている目標に準拠した評価については、1998年改訂の学習指導要領に基づいた児童生徒指導要録の改訂によって、学習評価の方法として目標に準拠した評価（いわゆる絶対評価）の方法が示され、2002年度から実施され現在に至っている。目標に準拠した評価による方法は、観点の設定過程や評価の過程において、教育内容の改善や学習指導方法の改善を伴っているという点で、後述するカリキュラム評価の機能をもっていることになる。そして、2008年の学習指導要領改訂に基づく児童生徒指導要録に関しては、中央教育審議会教育課程部会によって、「児童生徒の学習評価の在り方について（報告）」（2010年3月24日）が出され、文部科学省初等中等教育局長通知（2010年5月11日）により改訂が指示されている。同報告では、各教科の観点を基礎的・基本的な知識・技能（「知識・理解」および「技能」）、思考力・判断力・表現力等（「思考・判断・表現」）および主体的に学習に取り組む態度（「関心・意欲・態度」）に対応させ整理している。

　同報告では、思考力・判断力・表現力等を評価するために、パフォーマンス評価を推奨している。パフォーマンス評価は、プレゼンテーションや実技に関わる評価をはじめ、ポートフォリオの作成、グループ活動の評価など様々な方法を生かして行われており、今後も重視されると考えられる。パフォーマンス評価を重視した評価方法として、作問法、概念マップ法、モニタリング法、仮想的教示法などの方法があり、具体的な評定尺度と指標を示したルーブリック（評価指針）の活用が重要であることが指摘されている[14]。

2．カリキュラム評価の重要性

　カリキュラム開発やカリキュラム経営で言う評価の意味は、開発したカリキュラムそのものを評価の対象とし、カリキュラムの内容、方法、指導組織、実施状況などを評価するカリキュラム評価（curriculum evaluation）の意味である。表11-1から分かるように、カリキュラム評価は、区分としては経営評価の中に含まれる。

　カリキュラム評価とは、「カリキュラムの目標、内容、計画、方法など、カリキュラムの全体とその実施結果を評価の対象として、開発の手順と方法、実施成果、指導組織、指導方法、学習環境などの観点から評価すること」[15]である。カリキュラム評価は、P→D→C→AサイクルにおけるC（Check）の位置づけからもわかるように、カリキュラム改善のための基本情報を得るための組織的活動として、学校カリキュラムの改善を進めるうえで重要な役割を担っている。

　今後も、学校におけるカリキュラム経営の在り方が、新しいカリキュラム開発を重視するものになってくれば、当然、開発したカリキュラムの評価と改善に強い関心が向けられることになる。それは、学校が保護者・地域住民に対して、学校教育の成果に対して責任を負うアカウンタビリティ（accountability）という点においても重要な意味をもつ[16]。そうした点を踏まえれば、学校評価におけるカリキュラム評価の観点として、「学習指導の成果が児童生徒の表れに結び付いているか」「教師の組織的な指導が生かされているか」「各教科・領域の関連的な指導が行われているか」「地域との連携が十分に図られているか」「保護者・地域住民へのアカウンタビリティが果たされているか」などの項目を設定することが重要になる。こうした点を踏まえ、カリキュラム評価を一層有効なものにしていくことが教育活動の改善に結び付いていくのである。

（山﨑保寿）

〔注〕
(1) 顕在的カリキュラムとは、教育課程表、校務分掌、年間計画、教科書などによって、明確に示され公にされている教育内容や教育計画を意味する（山﨑保

寿・黒羽正見『教育課程の理論と実践（第 1 次改訂版）』学陽書房、2008 年、43〜44 頁）。
(2) カリキュラムの意味を広くとらえ、非意図的・不可視的に子どもたちを方向づける作用を潜在的カリキュラムまたは隠れたカリキュラムという。潜在的カリキュラムは、ヒドゥン・カリキュラム（hidden curriculum）とも呼ばれ、児童生徒が学校や学級生活に適応する過程で、無意識的、結果的に体得している価値観、態度、社会的規範などの文化や行動様式のことである（山﨑保寿・黒羽正見、同上書、2008 年、44〜45 頁）。
(3) 山﨑保寿「カリキュラム開発—カリキュラム開発の現代的意義と課題—」樋口直宏・林尚示・牛尾直行編『実践に活かす教育課程論・教育方法論』（改訂初版）学事出版、2009 年、55 頁。
(4) 同国際セミナー報告書では、カリキュラム開発に関する二つのアプローチとして、工学的接近と羅生門的接近が示された（文部省『カリキュラム開発の課題』1975 年、50 頁）。中井孝章は、羅生門的接近が授業レベルでのカリキュラム開発の手がかりになったと指摘している（中井孝章「授業レベルでのカリキュラム開発の動向と課題」新井郁男編『カリキュラム開発の促進条件に関する研究』教育開発研究所、2012 年、29 頁）。
(5) 山﨑保寿、前掲書、2009 年、57 頁。
(6) 山﨑保寿「学校教育活動の最前線における教務主任の取り組み」山﨑保寿編『教務主任の仕事術2』教育開発研究所、2013 年、10〜14 頁。
(7) 田村知子「カリキュラムマネジメントのエッセンス」田村知子編『実践・カリキュラムマネジメント』ぎょうせい、2011 年、3〜4 頁。
(8) 阪本孝徳「教育課程」日本教育経営学会編『教育経営ハンドブック』講座日本の教育経営 10、ぎょうせい、1986 年、165〜166 頁。
(9) 山﨑保寿「教育課程の開発と学校経営戦略」日本教育経営学会編『自律的学校経営と教育経営』玉川大学出版部、2000 年、76〜91 頁。
(10) 山﨑保寿「教育課程経営」篠原清昭編『スクールマネジメント—新しい学校経営の方法と実践—』ミネルヴァ書房、2006 年、177〜180 頁。
(11) 山﨑保寿「新たに求められる教師の資質能力とその課題」小島弘道編『時代の転換と学校経営改革』学文社、2007 年、112〜114 頁。
(12) 山口満「カリキュラム開発の理論と方法」山口満編『現代カリキュラム研究』学文社、2001 年、11〜12 頁。

(13) 吉富芳正「授業改善につなげるカリキュラム・マネジメント」天笠茂編『学力を創るカリキュラム経営』ぎょうせい、2011 年、84 頁。
(14) 田中耕治「教育評価」『最新教育基本用語』小学館、2011 年、178 ～ 179、192 頁。
(15) 山﨑保寿、前掲書、2009 年、64 頁。
(16) 露口健司「アカウンタビリティシステム構築の外部 − 内部効果」中留武昭編『カリキュラムマネジメントの定着過程―教育課程行政の裁量とかかわって―』教育開発研究所、2005 年、173 ～ 179 頁。

〔参考文献〕

天笠茂編『学力を創るカリキュラム経営』ぎょうせい、2011 年
新井郁男編『カリキュラム開発の促進条件に関する研究』教育開発研究所、2012 年
小島弘道・末松裕基・熊谷愼之輔『学校づくりとスクールミドル』（講座現代学校教育の高度化）学文社、2012 年
篠原清昭『学校改善マネジメント―課題解決への実践的アプローチ』ミネルヴァ書房、2012 年
田村知子編『実践・カリキュラムマネジメント』ぎょうせい、2011 年
中留武昭編『カリキュラムマネジメントの定着過程―教育課程行政の裁量とかかわって―』教育開発研究所、2005 年
樋口直宏・林尚示・牛尾直行編『実践に活かす教育課程論・教育方法論』（改訂初版）学事出版、2009 年
山﨑保寿・黒羽正見『教育課程の理論と実践（第 1 次改訂版）』学陽書房、2008 年
山﨑保寿編『教務主任の仕事術 2』教育開発研究所、2013 年
山﨑保寿編『キャリア教育の基礎・基本―考え方・実践事例・教材・重要資料集―』学事出版、2013 年
山﨑保寿編『教務主任ミドルマネジメント研修 BOOK』教育開発研究所、2014 年

第12章
学級経営の実践と方法

　教師は、学校において学習指導に止まらず児童生徒とともに学級で生活することによって多面的な指導を行っている。それらの「関わり」が全体として児童生徒の成長に結びつくと考えるならば、学級経営は教師にとって重大な関心事となろう。とはいえ、我々は「学級」や「学級経営」について何を知っているだろうか。教育制度に関するテキストでは、例えば「学級とは、学校教育の目的の達成をはかるために編制された、学級担任と児童・生徒からなる、学校における最も基本的な指導組織の単位である」(天笠、1991:83) と書かれている。そこからは、学級の制度的成り立ちを理解することができるが、それだけでは今日の学級の有り様やそれに応じた学級経営の見通しを持つことは難しい。
　そこで本章では、まず学級制度の成立を簡単に概観しつつ、日本における学級観の特徴を理解したい。そのうえで学級経営の今日的課題を明らかにし、今後の学級経営実践を展望しよう。

第1節　学級制度と学級集団の日本的特徴

1．学級の制度

　日本において学級が成立するのは明治24年の「学級編成ニ関スル規則」以降のことである。近代学校制度の導入当初は、児童生徒の年齢にかかわらず学習内容の習熟度に応じて進級する等級制であったが、小学校制度の法整備と共

に1年間は在籍児童生徒と担任教師を固定する学級制度へと変更された。しかし、学級の制度化以降もしばらくの間は、複式学級で単級編制（一学校一学級）の学校が主流であったようである。就学率が90％を超える明治40年頃から次第に多級編制の学校が増加し、同学年の児童のみで編制される単級学級の多級編制が一般的になってくるのは大正中期以降であったといわれている（志村、1994）。

　このように、学級制度は学習内容の習得を重視する等級制から始まり、1年間固定した集団で生活することを重視する単級制へ移行し、やがて年齢によって集団を分ける学年別学級制へ移行するという変遷を経てきている。等級制は教授機能を強く顕在化した集団編成方法であったが、単級制は多様なメンバーの家族主義的な集団観が強調され、異年齢集団での規律秩序の修得や自学自習の習慣化など訓育機能が顕在化した。これに対して学年別学級制は、同年齢児童で構成されるため一斉指導が可能であり、そこから「学年別学級は、単級での訓育機能に加え、教授機能を強めるようになった」（濱名、1983：153）と言われている。

　つまり、学年別学級制は、集団成員の同質性を高めることで集団の凝集性と安定性を高め、学級集団での訓育的側面（生活指導的機能）を強調しつつ、一方で一斉教授を可能とすることで教授機能（学習指導的機能）を強めるという性格を有するものであったと考えられるのである。このように眺めてみれば、日本においては大正中期以降、悠に100年を超えて学習指導と生活指導の両面を重視しようとする学級制度が学校教育の中核にあり続けているといえよう。

2．日本的学級観と学級経営論の系譜

　日本における学級集団では、こうしてその成立の早い時期から、学習の効率化とともに生活共同体的な価値観に基づく訓育的側面が重視されてきた。そのため、学級経営論は伝統的に集団づくりを志向する傾向にあった。例えば、集団の規律や自治の実現が学び合いにつながると考える全国生活指導研究協議会（全生研）の集団づくり論や、学び合える集団のためには親和的・支持的な関係が不可欠であることを強調する支持的風土論、小集団での共同学習を活用することで自主的学習や学び合いが生まれると考える学習集団づくり論など、い

ずれも集団の質を高めることが結果的に学習効率に結びつくと考えられてきている[1]。

日本の教師たちが望ましいと考える学級集団の特徴を、河村（2010：75）は次のような5つの条件として指摘したが、ここからも、上述したような主たる学級経営論の理念が、一般的に浸透していることをうかがい知ることができる。

【日本の教師が考える理想の学級集団の条件】
ア．自由で温かな雰囲気がありながら、集団としての規律があり、規則正しい集団生活が送れている。
イ．いじめがなく、全ての子どもが学級生活・活動を楽しみ、学級内に親和的で支持的な人間関係が確立している。
ウ．すべての子どもが意欲的に、自主的に学習や学級の諸々の活動に取り組んでいる。
エ．子ども同士の間で学び合いが生まれている。
オ．学級内の生活や活動に子どもたちの自治が確立している。

しかし、このような理想の学級集団は、どの程度実現可能なのか。多くの教師がこうした学級集団の姿を目指して学級経営実践に取り組みながら、意図が伝わらないジレンマや子どもたちのオモテとウラの顔の二面性を感じているのではなかろうか。そこには、学級集団を同質な者による生活共同体として前提し、その集団性が高まることが学習成果に結びつくととらえる集団観の揺らぎはないだろうか。そもそも学級集団とは実態としてどのような集団であるのか、この点についての捉え直しが学級経営実践の出発点には不可欠である。

（安藤知子）

第2節　学級経営の今日的課題と学級集団の現在

1．学級内の「関係」の有り様

第1節で示したように、日本の学級は同質性の高い生活共同体として定着してきた。このような日本の学級の成り立ちを踏まえた上で、学級経営の今日的

課題について考えてみたい。

　ここ数年、不登校は減少傾向にあるものの[2]、いじめや学級崩壊などを含めて、依然として学級経営における大きな課題となっている。これらの課題については、以前から、同質性の高い生活共同体としての学級の在り方が問題であるとの批判がなされてきた。例えば柳（1996）は、日本の学級が、大量教育を合理的に実施するために純化されたゼロ・サムゲーム[3]の世界を維持し、隠蔽するために、人間関係強化の方策を導入して、集団の凝集性を利用した学級の維持に努めてきたと主張した。しかし、その隠蔽工作はいつか露わになり、ゼロ・サムゲームに負けた成績下位層の児童生徒を中心に衝動的反抗をもたらしていると指摘した。また、森田洋司（1991）は、社会や集団との関係よりも個人の価値観や私的世界への関心が高まる中で、学校の組織や集団の側から「個々の私性を秘匿するように求める規範的圧力」が働き、学校で「私的世界を築くことのできる」空間（プライベート・スペース）が縮小・消失することで、不登校現象が生じていることを指摘した。

　一方で、最近では、学級内で発生するヒエラルキーとして、「スクールカースト」という言葉が注目を集めている。鈴木（2012）によれば、「スクールカースト」とは、同学年の児童生徒がお互いを値踏みして、「ランク」付けがなされている状況であり、これまでにも、いじめや不登校の原因ともなることが語られてきたという。このような「地位の差」は、人気や「モテ」[4]を軸として、同学年の児童生徒の間で共有され、児童生徒は自らの地位に見合った行動を取るように自ずと強制されるなど、学級での居心地の悪さを規定する要因となる可能性が指摘されている。これらの「地位の差」は、これまでの「生徒文化研究」が明らかにしてきたような学校の学力差を背景とした生徒文化――向学校（的）文化か反学校（的）文化か――によるものではなく、人間関係を基準とした複雑でわかりづらい生徒文化によって生じていることが特徴的である。

　先の柳や森田らの指摘では、学級で生じる問題は、学級の凝集性や学校の規範的圧力への反発や忌避の現れとして、制度的・構造的なものと捉えられてきた。これに対して鈴木の指摘は、児童生徒が学級での「関係」に敏感に反応しているという、集団の有り様そのものが問題の所在であると捉えている点で注目すべきである。このような「関係」そのものに敏感に反応するような有り様

第Ⅱ部　学校教育の実践

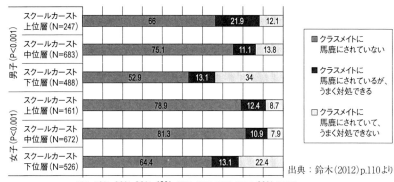

（神奈川県の中学生の生活・意識・行動に関するアンケートより）

図12-1　「スクールカースト」地位と自分の主観的なキャラクター

は、「優しい関係」とも呼ばれている(5)。

2．学級集団の同質性の問い直し

　ここまで見てきたように、最近では、学級で生じる問題に対して、学級内の「関係」の有り様が課題として指摘されてきた。加えて、学級内の「関係」を構成する児童生徒がより多様になることで、学級集団の同質性が問われるようになってきたことが課題として指摘できる。

　平成19年4月に施行された改正学校教育法では、特別支援教育が法的に位置づけられ、児童生徒一人ひとりの教育的ニーズを把握し、すべての学級において「特別なニーズを持つ子どもたち」の支援を充実することが推進されている。平成25年度に文部科学省により出された「特別支援教育の対象の概念図」では、平成25年5月1日現在、通常の学級に在籍しつつ、通級による指導を受けている児童生徒は、義務教育段階の全児童生徒の0.76％、さらに、通常の学級において、発達障害（LD・ADHD・高機能自閉症等）の可能性のある児童生徒は、在籍児童の6.5％程度(6)であると推測されている。また、ニューカマーの子どもたちを始めとした日本語指導が必要な児童生徒も増加している。平成24年度では、日本語指導が必要な外国人児童生徒は27,013人、日本語指導が必要な日本国籍の児童生徒数は6,171人に上る(7)。

エスノグラフィー⁽⁸⁾を用いた研究では、学級が今まで通りの同質性の高い生活共同体を目指すことで、「特別なニーズを持つ子どもたち」の学校適応が阻害されていることを明らかにしている。教師や周りの児童生徒が、彼らの「異質性」を排除し、同じ学級の一員として同質化を促すことで、社会的・文化的背景によって生じた問題を彼ら個人に帰属させたり（個人化）、繰り返される逸脱行為を彼らの社会的・文化的背景の違いによるものであるとの認識に固定化させたり、また、同じ学級の一員として体験を共にすることを、同じ社会的・文化的背景を共有することだと認識して強要したりすることが指摘されている（清水、1999、堀家・釣井、1999、児島、2006、金井、2007など）。

一方で、彼らを無差別平等に受容して、同じ学級の一員として同質化を迫ることが、彼らの学校適応にむしろ有効に作用しているとの研究も見られる（森田京子、2007）。ブラジル人の子どもたちは、相互依存的な集団生活の中で、同じ学級の一員として自らの資質を貢献的に活用したり、学級で同じような「異質性」を持つ日本人同級生や外国人同級生との相互関係を有利に立ち回ることで、「異質性」を持つもの同士の同質性を確認して心理的安定を得たり、一部の「異質性」を持つものよりも自分の方が他の同級生と同質的であることを確認して心理補償を得たりしていることが明らかになっている。

3．学級内の「関係」に向き合うために

今日の学級では、「スクールカースト」や「優しい関係」などの言葉で表されるような、児童生徒が学級での「関係」そのものに敏感に反応しているということ、そして学級内の「関係」を構成する児童生徒の多様化が進む中で、学級集団の同質性が問われるようになってきたことが課題として考えられる。

教師は、このような「関係」にかかわる課題に日々向き合いながら、学級経営をしている。これらの課題にかかわって、今後、学級、学級経営は、どのようにありうるのだろうか。学級経営の今日的課題に応える学級経営実践の在り方として、先行研究より2つの示唆を得たい。

（1）「個の問題」としての解決から「関係」の変化へ
まず1つは、学級で生じる問題を「個の問題」として解決しようとするので

はなく、学級内の「関係」を変化させる方向へと転換することである。様々な教育的ニーズをめぐる問題は、当事者である児童生徒の「個の問題」へと還元され、彼らをどうケアして指導するかということで解決しようとする傾向が見られる（佐藤・守田、2009）。しかし、カウンセリングや取り出し指導、アセスメントといったように、「個の問題」として解決を図ろうとするだけでは、個人の能力の改善を求めるばかりで、結局のところ、問題の原因となっている「関係」の有り様を十分に変えることはできない。「傷ついたらケアをすればよい」という考え方が、暗黙のうちにいじめの発生を是認していることにつながっているとの指摘のように（鈴木、2012）、「『関係』をどのように変化させていくか」という議論を見失わせてしまうと言える。カウンセリングなどで、子どものしんどさを受け止めることができたとしても、学級の中に子どもの「つながる先」がなければ、学級での問題が解決したことにはならない（佐藤・守田、2009）。

　よって、学級で生じる問題に向き合うには、学級での「関係」を変化させるための手立てとして、学級経営の重要性を再度認識する必要があると考えられる。

（２）多様な価値観を承認する

　また、もう１つは、学級内の「関係」を変化させるために、学級内で多様な価値観を承認するということが挙げられる。「スクールカースト」では、その「地位の差」が人気や「モテ」を軸としていることが指摘されていたが、社会心理学分野の研究では、これまでにも学級のインフォーマル構造を分析する際に、D.H.ハーグリーヴズの資源概念を用いるなど、「勢力」や「人気」といったものに着目している。これらの研究では、「資源」（性格特性や技能、所有物といった「財産」が集団の課題達成に貢献すると成員に評価されたもの）を多く持っている児童生徒ほど「勢力」が強く、「人気」も高まることや、「資源」は集団文化によって規定されているため、集団文化が変化することによって、評価される「資源」も変化し、その結果、「勢力」と「人気」の２つの次元から成るインフォーマル構造が再編成されることを明らかにしている（西本、2003）。また、友人グループにおいては、学級内での「勢力」に対して価値がある「資源」を持っている児童生徒が集まっているほど、そのグループは優位な力関係

にあり、グループ内での価値基準や行動様式を、自らが持っているものよりも優先させる同質化の傾向があることを指摘している（池田・渋谷、2003）。

よって、学級内の「関係」を変化させるためにも、教師は、一部の価値観だけが評価されて「資源」となり、インフォーマルな構造を固定化することがないように、学級内で多様な価値観を承認し、その構造を再編成していくことが重要であると考えられる（池田・渋谷、2003）。

さらに、ブラジル人の子どもたちの学校適応において、自らの資質を学級で貢献的に活用していたとの先の指摘とも関わり、学級内の「関係」を構成する児童生徒が多様化しているという状況の中、学級内で多様な価値観の承認を目指すことは意義があると考えられる。
（内田沙希）

第3節　21世紀の学級経営実践

1．学級を「経営」する学級担任の役割

前節では、今日の児童生徒の「関係」への関心の変容から生起する諸問題に対して、学級担任が向き合うべき方向性について論じられた。そこでは、「個の問題」として問題解決に取り組むのではなく、「集団の関係性の問題」を捉えて学級経営に反映させることの重要性と、多様な価値を取り入れたより柔軟で異質性の高い集団を志向していく学級経営の重要性が指摘された。

ところで、ここでいう学級経営とは何であるのか。学級担任教師は学級経営として何をしなければならないのか。これについて、学習指導要領では、第1章「総則」の第4「指導計画の作成等に当たって配慮すべき事項」の2（3）で次のように述べられている。

> （3）日ごろから学級経営の充実を図り、教師と児童の信頼関係及び児童相互の好ましい人間関係を育てるとともに児童理解を深め、生徒指導の充実を図ること。

学習指導要領解説編では、これについて児童生徒理解が最も重要であると論

じ、また、学級を一人一人の児童にとって自己の存在を実感できる場としてつくり上げることが大切であると指摘している。そのうえで、学級経営と生徒指導の充実が学習指導の充実と不可分の関係にあることを解説している。学級経営概念は、論じる者によって様々に定義されてきたので一概に言うことはできない[9]。しかし、ここでの学級経営は、少なくとも学級担任が、年間を通じて自学級の全ての児童生徒とどのように関わるか、という学級集団内部の教育実践に関心をむける学級経営概念に準拠しているといえる。この学級経営は、「学級担任の職務全般にわたる、あらゆる学習のための条件整備作用」であると考えることができる。

　この意味では、まず学級担任の役割として、以下の諸点が重要であることを指摘しておきたい。学級担任はこれらの役割を果たすために学級経営計画を作成し、実践し、評価、改善を進めなければならない。朝の会、帰りの会といった日々のやりとりや学級活動の時間はもちろん、授業中や休み時間も学級経営実践の「場」として有効に活用したい。

【学級担任の役割】
①児童生徒一人一人の健康と安全の確保、集団への所属の保障。
　　アレルギーや疾患などへの個別配慮や家庭環境への理解も含めて、一人一人の学習環境や居場所を確保しなければならない。
②学級集団として目指したい姿の設定と、それを達成する実践。
　　子どもの現状理解に基づいて学級集団の課題を発見し、次のステップへ進むための学級活動を仕組まなければならない。
③学級内コミュニケーションに積極的に関与し、これを編集する。
　　様々な関係者間のコミュニケーションを媒介し、人と人の間をつないだり、関心事を結びつけたり、課題の再設定を促したりすることが重要。

　しかし、これからの学級経営を展望する際に重要なのは、２つの意味で、学級の経営主体は担任教師のみではないということである。その１つは、多様な異質性を持つ児童生徒の複雑な「関係」を考慮する学級経営は、担任教師のみが集団の在り方を左右するという安易な認識の転換を迫るという意味である。もう１つは、変動社会のなかで学校の在り方が変化するのに伴い、学級の持つ

組織的意味も変容しているということである。本節ではこの2つの意味での学級経営主体の拡大について、今後の方向性を論じておきたい。

2. 学級集団の「経営」可能性：自己組織性論に依拠する学級経営論

　今日、学級は同質性の高い生活共同体的な集団であることを自明視できなくなってきている。歴史的には学年学級制は高い同質性を有することが前提とされてきた。しかし、同じ年齢で同じ内容の学習履歴を持っているという同質性は、今やほとんど意味を持たなくなっている。特別支援教育が指摘するように、一人一人が多様に生育環境や個人属性による異なる教育的ニーズを有しており、同じ年齢で同じ学習履歴を有していても、彼らは同質ではないのである。そして、こうした個々人の多様性や異質性を許容する集団の在り方が志向される現在、学級集団を集団として枠付ける普遍的価値や規範は説得力を弱くし、集団凝集性を維持することが困難になってきている。子どもたちが学級内の「関係」に敏感に反応し、「優しい関係」の中で自らの位置を確保しようと必死になる状況は、こうした集団凝集性の弱体化と無関係ではないであろう。

　学級担任は、それでもこのような学級メンバーを前にして集団経験の機会を提供し、自律的に学び合える集団へとその質を高めていかなければならない。だからこそ、そこでは担任教師のみを経営主体と捉えるパラダイムを転換することが必要なのである。学級集団の持つ価値や規範、行動の準拠枠組みなど、集団の在り方は、担任教師のみが「経営」することで創り出すのではなく、児童生徒との相互作用によって生み出されるものなのである。児童生徒は、学級経営の「受け手」であるだけではなく「主体」でもある。

　「学級集団は、予想もしなかったできごとの連続する複雑なシステムの集積である」と考える自己組織性論では、児童生徒と教師が作用しあいながら学級集団を形成するという事実に目をむけ、学級集団の揺れ動く瞬間を読み解こうとする（蘭・高橋、2008）。肩の力を抜いて児童生徒とありのままに関わり合う姿勢、児童生徒が創り出す集団の秩序を冷静に眺め、必要な時に必要な「棹をさす」、そんな柔軟な構えを持つことが、今後の学級経営には重要になると考える。

3．自律的学校経営の中の学級経営

　もう一つ、1990年代以来続く社会の環境変動の中で、学校はその在り方の転換を求められている。わかりやすいインパクトは、学校評価や学校運営協議会制度などの導入による学校ガバナンスへの関心の高まりである。特に1998年の中教審答申「今後の地方教育行政の在り方について」以降、中央が公教育の水準と質を保証することよりも、それを前提としつつ地方や個々の学校が独自の裁量でローカル・オプティマム（地域に立脚した最善の教育を提供すること）を実現する自律的学校経営の考え方が重視されるようになってきている。

　教育実践への具体的な現れは多面にわたるが、例えば、小一プロブレムや中一ギャップへの対応として考えられている複数担任制や、4月当初の暫定的学級編成と担任ローテーション制[10]などの工夫は、従来の学級制度の自明性を問い直す動きでもある。また、教職員定数配置改善計画の策定に伴う学級定数に関する議論や、学習集団の弾力化と市費採用教員の独自採用などは、自治体単位での教授組織改革の動きであり、そこでも学校における教授組織の基本は40人一学級で担任が一人、という「常識」が組み替えられ始めている。

　あわせて、教育内容面ではグローバル時代を展望したシティズンシップ教育や持続可能教育（ESD）など、多様な教育課題への対応を求められ、知識基盤社会に生きる子どもたちの「生きる力」を育成するキャリア教育や地域との連携促進が求められている。これらの教育要求は、各担任が独自に学級経営計画に取り入れるようなものではなく、学校全体のカリキュラム・マネジメントから個々の学級での学習に落としていくような課題として取り組むべきものである。

　これらの状況を概観すれば、もはや担任教師が学級を上手く経営すれば学校が動く時代ではないことは明白である。この意味で、担任教師一人ではなく、学年教師集団も学校全体も学級を経営する主体であると捉えることが必要になってきている。学校全体のカリキュラム・マネジメントが基盤となることが、今後の学級経営を構想する際には不可欠な前提となってくるといえよう。

4．学年経営やカリキュラム・マネジメントの発想を持つ学級経営へ

　そこで、最後に学校全体での教育実践の一環に位置付く学級経営のために、

学年経営やカリキュラム・マネジメントに目を向けておきたい。多様化している教育課題への対応を考える際には、学校全体で自校の課題を把握し、対応策を検討していくことが必要である。しかし、学校全体で取り組むと言っても個々の教員の具体的行動を直ちに変えていくことは困難である。その時に重要なのが、学校組織よりも小さな下位組織としての「チーム」である。特に、対象としている子どもの年齢段階がさしあたり同じである学年の教員が、チームとして同じ課題への対応を意図して教育活動を計画し、実践していく学年経営は、今日いっそう重要性を増しているといえる。

　また、その中でも特に子どもたちの学習経験をどのように計画し、実践していくかを考えるカリキュラム・マネジメントの重要性が強調されている。教員は、学習指導要領に示された内容を指定された教科書で教えていれば良いのではない。学習指導と生活指導が相互に影響し合い、活かされ合うことによって教育が成立すると考えた時に、学級担任は各教科のカリキュラム体系や学年全体としてのカリキュラムを踏まえ、そのうえで自学級の子どもたちの現状に基づいた教育実践を構想しなければならない。

　例えば、先述したような多様な今日的課題へアプローチする教育活動は、主として「総合的な学習の時間」のカリキュラムとして扱われる。それらはまた、学校の外へと出て行く体験的な活動や、外部人材を「地域の先生」として連携活用するような取り組みであることも多く、学年チームとしてのカリキュラム・マネジメント力が問われることも多い。このような状況下では、学級担任は学年経営の当事者であることの自覚を持って学年経営に参加することを求められる。

　ここでの学年経営と学級経営の関係は、学校―学年―学級という従来のピラミッド型組織観では説明できない。学校や学年が意思決定を行い、その決定にしたがって個々の担任教員が学級経営を考えるのではない。学級担任が当事者意識をもって学年経営に参加し、その課題意識と学校全体の課題意識とが相互にかかわりあって教育実践の具体へと反映されることが必要なのである。

　この点で、小島（1996）が「関係する仕事を学年としてやっていこうとする自覚や必要がなければ学年経営という問題意識は生まれない」と指摘していることは重要であろう。学級担任が自学級のみで完結した教育実践を構想するこ

とは簡単である。しかし、21世紀の学校教育に期待されている在り方は、あえて学年経営やカリキュラム・マネジメントという発想を持ち、ここで子どもを育てていくのだという自覚とプライドを持つ教員集団による教育実践である。学級経営は、その組織形態自体は流動化させながらも、「教育実践の現場」を創る教員による意図的働きかけとして、このような学年経営やカリキュラム・マネジメントと連動しながら構想されていかなければならないのである。

（安藤知子）

〔注〕
(1) 学級経営論の系譜については、安藤知子（2013）を参照。
(2) 文部科学省「〈参考１〉不登校児童生徒数の推移」、児童生徒の問題行動等生徒指導上の諸問題に関する調査、2012年度参照。
(3) 参加者全員の得点と失点の総和（サム）が０（ゼロ）になるゲームのことで、ある者が利益を得ると誰かがその分だけ不利益を被るといったように勝ち負けがはっきりする状況を指す。
(4) いわゆる「モテる」ということで、異性から人気があって、ちやほやされることを意味する。
(5) 土井（2005: 211）より、「極めて注意深く気を使い合いながら、できるだけ衝突を避けるようにふるまおうとする傾向」を指す。
(6) 2012年に文部科学省が行った調査において、学級担任を含む複数の教員により判断された回答に基づくものであり、医師の診断によるものでない。
(7) 文部科学省「図１　日本語指導が必要な外国人児童生徒数」「図２　日本語指導が必要な日本国籍の児童生徒数」、日本語指導が必要な児童生徒の受入れ状況等に関する調査、2012年度参照。
(8) 「エスノ（ethno）」は「民族」、「グラフィー（graphy）」は「記述」という意味で、文化集団の行動様式を長期間のフィールドワークによって記述する調査方法のことを指す。
(9) 学級経営概念については下村哲夫（1984）の整理が網羅的であり参考になる。
(10) 新潟県三条市立大崎中学校（野澤一吉・内藤孝夫、2006）や仙台市立連坊小路小学校（2011）の事例を参照。

〔引用・参考文献〕

天笠茂「学級の経営」『教育の制度と経営』学芸図書、1991 年

蘭千壽・高橋知己『自己組織化する学級』誠信書房、2008 年

安藤知子「『学級経営論』の展開から何を学ぶか」『学級経営の社会学』ナカニシヤ出版、2013 年

池田曜子・渋谷真樹「学級における資源の活用と友人グループ―小学校でのエスノグラフィーを通して―」『教育実践総合センター紀要』第 21 巻、奈良教育大学教育学部附属教育実践総合センター、2003 年、61-70 頁

小島弘道「学校主任職と学年主任」『(学校主任職の専門性) 学年主任の職務とリーダーシップ』東洋館出版、1996 年

金井香里「異質性への配慮をめぐる教師の葛藤」『東京大学大学院教育学研究科紀要』第 47 巻、2007 年、451-460 頁

河村茂雄『日本の学級集団と学級経営』図書文化、2010 年

児島明『ニューカマーの子どもと学校文化―日系ブラジル人生徒の教育エスノグラフィー』勁草書房、2006 年

佐藤曉・守田曉美『子どもをつなぐ学級づくり』東洋館出版社、2009 年

志水宏吉「外国人のいる教室」『のぞいてみよう！今の小学校―変貌する教室のエスノグラフィー―』有信堂、1999 年、103-146 頁

志村廣明『学級経営の歴史』三省堂、1994 年

下村哲夫『(教育大全集 14) 学年・学級の経営』第一法規、1984 年

鈴木翔『教室内（スクール）カースト』光文社新書、2012 年

仙台市立連坊小路小学校「実践レポート①　地区別の仮学級編成、支援ボランティア、ソーシャルスキル指導が 3 大ポイント」『総合教育技術』2011 年、88-91 頁

土井隆義「かかわりの病理―引きこもりという『自分の地獄』―」井上俊・船津衛編『自己と他者の社会学』有斐閣アルマ、2005 年、119-226 頁

西本裕輝「学級における子どもの資源と地位ヒエラルヒー―― D.H. ハーグリーヴスの集団分析枠組の検討を中心に――」『琉球大学教育学部紀要』第 56 集、2000 年、115-128 頁

野澤一吉・内藤孝夫「〈実践例〉小・中連携による"中一ギャップ"の解消」『教職研修』2006 年、128-131 頁

濱名陽子「わが国における『学級制』の成立と学級の実態の変化に関する研究」『教育社会学研究』第 38 集、1983 年、146-157 頁

堀家由妃子・釣井紀子「障害児の生きる場所をめぐって」『のぞいてみよう！今の小学校―変貌する教室のエスノグラフィー―』有信堂、1999年、147-192頁

森田京子『子どもたちのアイデンティティー・ポリティックス―ブラジル人のいる小学校のエスノグラフィー』新曜社、2007年

森田洋司「私事化社会の不登校問題―プライベート・スペース理論の構築に向けて―」『教育社会学研究』第49集、1991年、79-93頁

文部科学省「特別支援教育の対象の概念図〔義務教育段階〕」2013年度

柳治男「学級と官僚制の呪縛」『教育社会学研究』第59集、1996年、39-53頁

第13章

生徒指導の実践と方法

第1節　生徒指導とは

1．生徒指導の定義

　生徒指導とは「一人一人の児童生徒の人格を尊重し、個性の伸長を図りながら、社会的資質や行動力を高めることを目指して行われる教育活動」(1)をいい、児童生徒自ら現在および将来において自己実現を図っていくための自己指導能力の育成を目指して行われるものである。小学校学習指導要領には、「日ごろから学級経営の充実を図り、教師と児童の信頼関係及び児童相互の好ましい人間関係を育てるとともに児童理解を深め、生徒指導の充実を図ること」(2)と示されており、中学校、高等学校の学習指導要領においても「教師と生徒の信頼関係及び生徒相互の好ましい人間関係を育てるとともに生徒理解を深め、生徒が自主的に判断、行動し積極的に自己を生かしていくことができるよう、生徒指導の充実を図ること」(3)(4)が示されている。

　生徒指導は、一人一人の児童生徒の個性の伸長と社会的な資質・能力・態度の育成を、教育課程の内外を問わず、同時に行う指導・援助であるので、児童生徒の人間形成や成長発達に直接かかわる重要な役割を担っている。したがって、生徒指導は、児童生徒の学習態度や基本的生活習慣の確立、学級内での委員などの役割遂行の支援、人間関係の構築等を、あらゆる場面で指導・援助するものであるので、目前の問題行動への対処だけが生徒指導なのではないことを理解しておく必要がある。

2．生徒指導を実践することの難しさ

　そもそも学校は、子どもの失敗を受容し、その失敗を糧に学ばせ成長を促していく場である⁽⁵⁾。子どもは、独立した欲求を主張し、試行錯誤し、時には、他者や社会とぶつかりながら成長する。だからこそ、適切な生徒指導が重要なのである。こうした特性があるので、生徒指導には次のような難しさがつきまとう。

　第一に、子どもの失敗に対してどのような指導方法を採用するのかは、起きた失敗の態様や児童生徒の特性、それまでの背景等によって異なるので、個々の状況を踏まえながら適切な方法を選ばなくてはならないことである。

　たとえば、「ケンカ」という事象は、当事者同士のコミュニケーションの失敗であるが、その内実は、口ゲンカであったり、口を利かなくなるもの、暴力を伴うもの等、実に多様である。いずれの場合にせよ、教師は、ケンカに至った原因を考えさせたり、仲直りの仕方を教える等して、そうした失敗から学び成長して欲しいと最善を尽くすだろう。こうしたケースを教師の指導によって対処し成長につなげていくのか、または、学校として懲戒にすべきか、直ちに、警察に通報すべきか、それは、発生した事案の態様や児童生徒の特性、経緯、学校種等によって個別的であるので、「ケンカ」という事象によって一概に対応を線引きすることはできない。

　第二に、教師が、子どもの失敗の性質を見誤ることで、指導上の過ちを犯す可能性がある。2011年には、大津市の当時中学校2年生の生徒がいじめを受けて自殺する事件が起き、翌2012年には、大阪市立桜宮高校で当時バスケットボール部のキャプテンだった生徒が顧問教諭から体罰を受けて自殺する事件が起きている。これらは、過度ないじめや暴力等、学校という場でも許されてはいけない失敗に学校が対処していなかったり、逆に、学校では許されてよいはずの失敗（たとえば部活動内のチーム運営の仕方やバスケットボールのシュート）に、教師が暴力を行使して対処したりするなど、子どもの失敗の性質を見誤り、不適切な指導によって起きた事件であると言える。

　第三に、従来、失敗と看做されてきた事象に対する価値が揺らぐ事態も生じている。たとえば、不登校は、学校に行かなければならないという価値からみ

ると、行くことができていない失敗である。ただ、現在では、学校外の公的・民間施設での学習やITを活用した自宅学習など、学校に復帰すること前提に子どもの自立を助けるために有効と判断される学習は、指導要録上出席扱いとすることができ、登校しない選択が可能となっている。多様な価値観の中で、教師、学校は適切な指導、支援を行わねばならない。

　生徒指導には、ある事象に対する唯一の方法があるわけではない。子ども、教師、環境が異なれば、それぞれに応じた指導、支援になるのである。以下、本章では、生徒指導に関する言説、現状、法規について概説する。それらを念頭に、目の前にいる子どもにどのように指導、支援をしたらよいのか、学校や個々人の置かれた状況に応じ、一人ひとりの児童生徒にきめ細かい指導を実現することが、生徒指導の実践的課題となる。

第2節　児童生徒理解

1．児童生徒理解の重要性

　児童生徒の健全な成長を促し、自己指導能力を育成するにあたっては、児童生徒を理解することからはじめなければならない。児童生徒理解とは、教師が児童生徒一人ひとりの能力や適性、興味、関心、意欲、生育歴、身体状況、人間関係、家庭環境等について把握することである。したがって、児童生徒理解は、彼らの取る行動をありのまま理解するということに加え、その行動に至った個人特性や背景、影響を及ぼした環境要因等、多角的・多面的に行うことが重要となる。ただ、教師の児童生徒の理解には、外見や表情、行動などから、児童生徒を即座に判断してしまい、理解に歪みが生じることがあると言われている[6]。そうなることのないように、児童生徒理解を深めるにあたっての課題は次の点である。

　第一に、児童生徒を過去から現在にかけて時系列で理解し、その後の行動傾向を予想し、見通しを立てておくことである[7]。これを予測的理解と呼び、これにより児童生徒の変化を捉える事が可能になり、また、問題行動の早期発見につながる。

第二に、児童生徒の置かれている環境を注意深く読み解くことである。子どもを取り巻く環境は、劇的に変化する。特に、交友関係については、携帯電話の普及やソーシャル・ネットワーク・サービス（SNS）など新しいコミュニケーションツールの発達により、面識のない不特定の人物と交流する機会が増え、学校外での状況がつかみにくくなっている。家庭環境の変化は、児童生徒の生活の基盤であるがゆえに、些細な変化でも学校での学習や生活に大きな影響を及ぼすため注視する必要がある。

　第三に、発達障害への理解を深めておくことである。発達障害とは、「自閉症、アスペルガー症候群その他の広汎性発達障害、学習障害、注意欠陥多動性障害その他これに類する脳機能の障害であってその症状が通常低年齢において発現するものとして政令で定めるもの」（発達障害者支援法第2条）である。学習障害（LearningDisabilities）や注意欠陥多動性障害（Attention-Deficit/Hyperactivity Disorder）、自閉症を抱える児童生徒は、学級内で複数名いると言われている。発達障害の児童生徒は、特性に応じて適切な支援があれば改善していく場合もあるので、脳機能の障害であると理解したうえで、行動観察から一人ひとりの特性を把握し、適切な援助をしていく必要がある。

2．児童生徒理解の方法

　児童生徒理解のための資料の収集方法としては、表13-1のものがある[8]。教師が児童生徒と日々接する中で、日常的に行われるものとしては、観察法がある。観察法では、挨拶や言葉遣い、友人とのコミュニケーションの状況等の言語的側面と表情やしぐさ、目線、姿勢といった非言語的側面に目を向け、児童生徒の個別特性や集団内での位置・役割について理解を深めていく。面接法では、児童生徒が、日頃、何を考えどうしたいのか、また、何に悩んでいるのか等、一人ひとりの知識、性格、悩み、要求、考え等を理解することを心がける。

　質問紙調査法は、学級、学年、学校の集団の特性を把握するものが一般的であるが、いじめの未然防止や早期発見のため、誰がどのような行動を取っているのか、どのような状況にあるのか等、具体的な状況を把握する場合もある。最近では、学級集団の状況や児童生徒のクラス内での位置を把握するテストとして、河村が開発したQ-U（Questionnaire-Utilities）テスト[9]がある。Q-Uテス

表 13-1 児童生徒理解の方法

方法	特徴
観察法	児童生徒の個別的理解を目的とする。そのため、児童生徒一人ひとりについて、心身の健康状態を丁寧に把握することが求められる。朝の会などでの健康観察をはじめ、登校時、授業中、昼休み等の場面で、言語的側面だけでなく、表情や姿勢といった非言語的側面、話をしている時に視線を交えることができるかといった社会的側面、挨拶や会話時に気持ちが通じているかといった情緒的側面を見ていく。
面接法	指導を目的とする場合と理解を目的とする場合とがある。理解を目的とする面接では、対面のコミュニケーションを取り、彼らの知識、要求、考え、悩み、性格等について資料を収集する。その際、重要なのは、ラポール（信頼関係）の形成と傾聴の姿勢である。
質問紙調査法	児童生徒の特性を平均的な傾向と比較しながら理解することを目的とする。生活実態調査や悩み調査、学習意欲調査、進路希望調査等がある。一人ひとりの理解というよりは、学級、学年、学校の集団の傾向を理解する際に用いる。
検査法	標準化された検査を用いて、児童生徒の能力、性格、障害等を把握することを目的とする。知能検査、人格検査、神経心理学検査、学力検査などがあり、個人や集団の特性を把握する際に用いる。
作品法	図画工作・美術・技術・家庭・体育・保健体育・音楽等の教科、総合的学習の時間での作品や運動能力、自己表現を通して児童生徒を理解する。また、日記や作文には、対面では表現できない気持ちが表現されることがあるので、内容や文字の大きさ、丁寧さ等から児童生徒の状態を把握する。
事例研究法	児童生徒の蓄積された事例を基に理解を深めていく方法である。日々の観察記録、面接記録、調査結果、他機関等の情報を基に、ある児童生徒について複数の教員が分析・検討して適切な指導をおこなう。

トは、「いごこちのよいクラスにするためのアンケート（学級満足度尺度）」と「やる気のあるクラスをつくるためのアンケート（学校生活意欲尺度）」で構成され、早急に支援すべき児童生徒は誰か、学級としてどのような方向に持っていけばよいかについて理解できる。その他に、検査法や作品法、事例研究法がある（表13-1）。また、表に挙げた方法の他に、教科担当やクラブ・部活動顧問等の教員、保護者や地域住民といった学校関係者から情報を得る方法もある。それぞれで見せている姿についての情報も収集し、自身で有している情報と照らし合わせながら、多面的理解につなげることが重要である。

最後に、児童生徒理解のための資料収集で最も重要なのは、学級や学校の状況に応じて、それぞれの方法を適切に組み合わせていくことである。方法には、それぞれ長所と短所があり、一つの調査法には、それだけでは捉えきれない部分が必ずある。質問紙調査によって学級の傾向をつかみ、そこで、特に気になる子どもについて面談を実施し内面に迫る、というように、児童生徒を理解するための組み合わせは学級や学校の状況に応じて多様であってよい。

第3節　生徒指導体制の構築

1．生徒指導体制

生徒指導体制とは、「生徒指導部など校務分掌の組織、学級担任や学年の連携、学校全体の協力体制、組織内のリーダーシップやマネジメントの状況、メンバーの役割分担と意欲、学校と保護者の関係、さらには関係機関等との連携など、各学校の生徒指導の全体的な仕組みや機能」(10) のことをいう。生徒指導体制を構築する必要があるのは、学校の抱える課題が多様化、複雑化し、教師個人では対処しきれないからであり、組織的に取り組むことで生徒指導をより効果的に推進することができるからである。生徒指導体制を見直すには、次の

表13-2　生徒指導体制の構築方法

①生徒指導体制の充実と強化	生徒指導の企画、立案、実施に、中心的な役割を担える生徒指導部（委員会）を構築する。生徒指導を担う学級担任、学年主任、他の校務分掌と連携する。
②教職員の専門性と協力体制	一部の教職員の力量や経験に依存しがちな生徒指導から、多面的な児童生徒理解に基づくチームサポートによる問題解決へ転換する。
③家庭・地域への生徒指導体制に関する情報提供	青少年の健全育成や問題行動の対応は、学校・家庭・地域が一体となって行うものである。そのためには、家庭・地域に学校の生徒指導の実態や体制に関して理解してもらうことが重要となる。義務教育段階における出席停止措置、高等学校における懲戒処分については、家庭・地域に対して、学校の対応方針や措置基準、組織、対応の流れなどを周知しておく。

点について検討する必要がある（表13-2）[11]。

　生徒指導方針を明確化し、指導のダブルスタンダード化（生徒によって指導の基準が異なる不公平な指導）を組織的に排すことで、生徒と教師の関係が改善し、学校の荒れが収束することもある等、指導体制の見直しは、指導の成果に直結する[12]。

2．生徒指導主事の役割

　生徒指導に関する組織的対応の要の役割を果たすのが、生徒指導主事である。生徒指導主事は、「校長の監督を受け、生徒指導に関する事項をつかさどり、当該事項について連絡調整及び指導、助言に当たる」（学校教育法施行規則第70条第4項）とされている。『生徒指導提要』には、生徒指導主事の役割として次の4つが記されている。また、片山ら[13]は、生徒指導主事の必要な資質として、教職員同士をつなぐコーディネート力に長けたリーダーシップ、深い生徒理解力、生徒指導に係る法規や訴訟、体罰や懲戒に関する法的知識を備えた問題解決力を挙げている。生徒指導主事は、生徒指導に関わる課題を一人で解決してしまう人物ではなく、生徒指導に関して自覚と責任を持ち、生徒指導に関する組織体制を構築し教職員同士のコミュニケーションをつなぐリーダーである。

生徒指導主事の役割

①校務分掌上の生徒指導の組織の中心として位置付けられ、学校における生徒指導を組織的計画的に運営していく責任を持つこと。教科指導全般にわたるカリキュラム開発をリードし、推進していくこと。
②生徒指導を計画的・継続的に推進するため、校務の連絡・調整を図ること。
③生徒指導に関する専門的事項の担当者になるとともに、生徒指導部の構成員や学級担任・ホームルーム担任その他の関係組織の教員に対して指導・助言を行うこと。
④必要に応じて児童生徒や家庭、関係機関に働きかけ、問題解決に当たること。

3．学校教育相談

　発達障害や学校不適応の児童生徒の増加に伴い、多くの学校が教育相談に関する部（室・係）を校務分掌内に設けている。教育相談とは「児童生徒それぞれの発達に即して、好ましい人間関係を育て、生活によく適応させ、自己理解を深めさせ、人格の成長への援助を図るもの」(14) である。教育相談は、従来、心の問題について研修を積んできた一部の教師が個別的、治療的に行うと狭義に捉えられていたが、今日では、構成的グループ・エンカウンターやピア・サポート等、人間関係づくりを支援する教育活動も行われ、社会的発達を促進する広義なものとして捉えられる(15)。

　教育相談は、教育相談担当教員や学級担任、養護教諭をはじめ、すべての教員で行うものであるが、教育相談を効果的に推進するには、教育相談の部・係・委員会等を設け、学校組織として役割と責任のあり方を明確にしておくことが重要である。教育相談に関する組織は、相談部や相談室として独立して設けられているものから、生徒指導部や進路指導部、学習指導部、保健室の中の相談係として位置付けているものまで様々である。どのような形態がよいかは、学校種や学校規模、児童生徒の実態等によって決定される必要がある。今日では、スクールカウンセラーやスクールソーシャルワーカー等の学校外部の専門家がかかわって教育相談体制をつくっているところが多い。その際、教員と専門家との間に、調整役の教育相談担当の教員を別に置くと、情報共有や支援体制構築の面で、連携が円滑になる。

　教育相談に関わる部や室を、単に、立ち上げればよいわけではない。あくまで、支援体制を構築し、「教師、スクールカウンセラー、保護者は、協力しながら、子どもの学習面、心理・社会面、進路面、健康面での課題の取り組みにおける問題状況と自助資源・援助資源についてアセスメントを行い、問題状況の解決を目指した援助を計画的に実施する」(16)、すなわち、複数の援助者の協働による「チーム援助」を機能させていくことが重要である。

　教育相談に持ち込まれる内容は、学習や進路に関する悩み、性格、身体、人間関係、家庭に関する問題等、多岐にわたる(17)。これらは、それぞれ独立して存在しているというよりは、家庭の問題が学校生活に影響している等、複合的になっていることがある。また、進路に悩みはじめ学校に来られなくなる等、

時間を追って変化することもある。

4．他機関との連携

　複雑化、多様化した児童生徒の問題行動を解決するには、学校内部の組織力を高めることに加え、外部の関係機関と連携することも有効である（表13-3）。連携には、日常の教育活動の中で講師を依頼したり、児童生徒の情報交換を行う等の「日々の連携」と学校だけでは解決困難な問題が発生した場合に行う「緊急時の連携」の2種類がある[18]。児童相談所と連携し授業妨害を繰り返す児童に対応した事例、いじめや暴力行為を繰り返す生徒に警察や児童相談所と連携しながら対応した事例等が報告されており、学校外の機関と連携することで効果を上げることも多い[19]。

　警察署については、昨今のいじめ等の重大な問題事案の発生を背景に、「生徒の行為が犯罪行為として取り扱われるべきと認められるときは、いじめられ

表13-3　主な連携機関

分野	連携機関	主なスタッフ
教育関係	教育委員会	指導主事、臨床心理士、社会福祉士、精神保健福祉士
	教育相談所	相談員、臨床心理士、医師、社会福祉士、精神保健福祉士
警察・司法関係	警察署	警察官、相談員、少年補導職員
	保護観察所	保護観察官
福祉関係	児童相談所	児童福祉司、指導心理司、医師、児童指導員
	児童養護施設	児童指導員、保育士、心理療法担当職員、家庭支援専門相談員
	民生委員・児童委員	民生委員、児童委員（主任児童委員）
保健・医療関係	保健所	医師、保健師、看護師、精神保健福祉士、臨床心理士、相談員
	病院・診療所	医師、歯科医師、薬剤師、看護師、医療ソーシャルワーカー
	精神保健福祉センター	精神科医、臨床心理技術者、精神保健福祉士、保健師

ている児童生徒を徹底して守り通すという観点から、学校においてはためらうことなく早期に警察に相談し、警察と連携した対応を取ることが重要」[20]と通知されている。特に、「いじめられている児童生徒の生命又は身体の安全が脅かされている」場合には、「直ちに警察に通報することが必要」（同通知）としている。

第4節　生徒指導に関わる諸問題

　次に、生徒指導に関わる諸問題として（1）いじめと（2）不登校の現状についてみていく。ここでは、全国的な傾向をみていくが、実際には、いつでも、どこの学校でも起こりえることを理解しておく必要がある。

1．いじめ

　2006年度以降、文科省は、いじめを「当該児童生徒が、一定の人間関係のある者から、心理的、物理的な攻撃を受けたことにより、精神的な苦痛を感じているもの」[21]と定義し、その起こった場所は学校の内外を問わないものとしている。

　文科省は、2012年に「いじめの早期発見、早期解消につなげるよう、緊急に各学校におけるいじめの認知件数等を把握する」ことを目的に、いじめ問題の実態に関する調査を実施した[22]。その調査結果によると、2012年度当初から調査時点（9月）までのいじめの認知件数は、小学校で88,132件（2011年度33,124件）、中学校で42,751件（同30,749件）、高等学校で12,574件（同6,020件）、特別支援学校で597件（同338件）、合計144,054件（同70,231件）となっている。そのうち、「学校として、児童生徒の生命又は身体の安全がおびやかされるような重大な事態に至るおそれがあると考える件数」は、278件（小学校62件、中学校170件、高等学校41件、特別支援学校5件）である。

　いじめの態様としては、「冷やかしやからかい、悪口や脅し文句、嫌なことを言われる」、「ひどくぶたれたり、叩かれたり、蹴られたりする」、「軽くぶつかられたり、遊ぶふりをして叩かれたり、蹴られたりする」が大半であるが、

「嫌なことや恥ずかしいこと、危険なことをされたり、させられたりする」、「仲間はずれ、集団による無視をされる」、「金品をたかられる」、「金品を隠されたり、盗まれたり、壊されたり、捨てられたりする」といったものもある。

学校非公式サイト（学校裏サイト）やブログ（日記形式サイト）、プロフ（自己紹介サイト）、SNS上でのいじめである「ネット上のいじめ」も深刻な状況にある。先の調査で「パソコンや携帯電話等で、誹謗中傷や嫌なことをされる」児童生徒の割合は、4.3％となっている。こうしたネット上のいじめは、次の点に問題の根深さがある[23]。

①被害が短期間で極めて深刻なものとなる。
②子どもが簡単に被害者にも加害者にもなってしまう。
③子どもたちの個人情報や画像がネット上に流出し、それらが悪用されている。
④その実態を把握し効果的な対策を講じることが困難である。

文科省の調査では、2013年度のいじめの認知件数は、185,803件（小学校118,748件、中学校55,248件、高等学校11,039件、特別支援学校768件）となっている。

2．不登校

不登校とは、「何らかの心理的、情緒的、身体的、あるいは社会的要因・背景により、児童生徒が登校しないまたはしたくともできない状況にあること（ただし、病気や経済的理由によるものを除く）」をいい、不登校児童生徒とは、「年度間に連続又は断続して30日以上欠席した児童生徒のうち、不登校を理由とする者」を指す[24]。文部科学省の調査によれば、2013年度の不登校児童生徒は、小学校において、24,175人、中学校においては、95,442人となっている。

図13-4をみると、小学校から中学校へ移行する段階で、不登校児童生徒が急激に増えていることがわかる。この不登校に陥りやすい時期を「中一ギャップ」と言い、小学校と中学校の学習・生活環境の違いに児童生徒が適応できないことが一因とされている。

第Ⅱ部　学校教育の実践

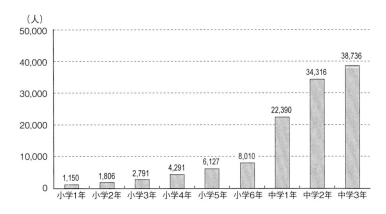

図13-4　2013年度の学年別不登校児童生徒数

第5節　生徒指導に関わる法規

片山（2011）は、生徒指導主事に必要な力量の一つとして、法的知識を備えた問題解決力を挙げている。以下では、生徒指導主事でなくても、理解しておかなければならない（1）懲戒、（2）体罰、（3）出席停止、（4）いじめについてみていく。

1．懲戒

校長と教員の懲戒については、「校長及び教員は、教育上必要があると認めるときは、文部科学大臣の定めるところにより、児童、生徒及び学生に懲戒を加えることができる。ただし、体罰を加えることはできない」（学校教育法第11条）と規定されている。懲戒は、「事実行為としての懲戒」と「処分としての懲戒」に分けられる。事実行為としての懲戒は、叱責や起立、罰当番など学校生活における教育上の戒めにあたり、校長と教員に行うことが認められている。他方、処分としての懲戒は、退学、停学、訓告の3種類があり、これは校長の専決事項であることが規定されている（学校教育法施行規則第26条第2

項)。ただ、公立学校に在籍する学齢児童生徒には、「退学」処分を行うことが認められていない。また、国立、公立、私立を問わず、学齢児童生徒には「停学」処分を行うことができない。

2．体罰

　体罰行為の問題は、子どもが犯した失敗の戒めに、教師が法律違反を犯し対処するという行為自体の矛盾にある。体罰は、懲戒権の行使として相当と認められる範囲を越えて有形力を行使して生徒の身体を侵害すること、あるいは肉体的苦痛を与えることを指し、これについては、「体罰絶対禁止」の原則（学校教育法第11条但書）がある。殴る、蹴るといった「身体に対する侵害を内容とする懲戒」や正座や直立等特定の姿勢を長時間にわたって保持させる「被罰者に肉体的苦痛を与えるような懲戒」も体罰にあたる[25]。

　2012年の桜宮高校の事件を受け、2013年3月には、「体罰の禁止及び児童生徒理解に基づく指導の徹底について（通知）」において、①体罰の禁止と懲戒、②懲戒と体罰の区別、③正当防衛及び正当行為、④体罰の防止と組織的な指導体制、⑤部活動指導について通知されている。また、「学校教育法第11条に規定する児童生徒の懲戒・体罰等に関する参考事例」では、懲戒または体罰と判断される具体例が示されている（表13-5）。

3．出席停止

　出席停止は、「懲戒行為ではなく、学校の秩序を維持し、他の児童生徒の教育を受ける権利を保障するために採られる措置」[26]である。これについては、市町村教育委員会が他の児童・生徒の教育の妨げになる者について、その保護者に、その者の出席停止を命じることができると規定されている（学校教育法第35条1項）。そして、次の4つの行為のうち、1つまたは2つ以上を繰り返し行うことを出席停止の適用要件としている。

　①他の児童に傷害、心身の苦痛又は財産上の損失を与える行為
　②職員に傷害又は心身の苦痛を与える行為
　③施設又は設備を損壊する行為
　④授業その他の教育活動の実施を妨げる行為

表 13-5　懲戒・体罰等に関する参考事例（一部）[27]

体罰・懲戒・正当な行為の別		事例
体罰（通常、体罰と判断されると考えられる行為）	身体に対する侵害を内容とするもの	体育の授業中、危険な行為をした児童の背中を足で踏みつける。
		授業態度について指導したが反抗的な言動をした複数の生徒らの頬を平手打ちする。
		立ち歩きの多い生徒を叱ったが聞かず、席につかないため、頬をつねって席につかせる。
	被罰者に肉体的苦痛を与えるようなもの	放課後に児童を教室に残留させ、児童がトイレに行きたいと訴えたが、一切、室外に出ることを許さない。
		別室指導のため、給食の時間を含めて生徒を長く別室に留め置き、一切室外に出ることを許さない。
認められる懲戒（通常、懲戒権の範囲内と判断されると考えられる行為）（ただし肉体的苦痛を伴わないものに限る。）		放課後等に教室に残留させる。
		授業中、教室内に起立させる。
		学習課題や清掃活動を課す。
		立ち歩きの多い児童生徒を叱って席につかせる。
正当な行為（通常、正当防衛、正当行為と判断されると考えられる行為）	児童生徒から教員等に対する暴力行為に対して、教員等が防衛のためにやむを得ずした有形力の行使	児童が教員の指導に反抗して教員の足を蹴ったため、児童の背後に回り、体をきつく押さえる。
	他の児童生徒に被害を及ぼすような暴力行為に対して、これを制止したり、目前の危険を回避するためにやむを得ずした有形力の行使	休み時間に廊下で、他の児童を押さえつけて殴るという行為に及んだ児童がいたため、この児童の両肩をつかんで引き離す。
		全校集会中に、大声を出して集会を妨げる行為があった生徒を冷静にさせ、別の場所で指導するため、別の場所に移るよう指導したが、なおも大声を出し続けて抵抗したため、生徒の腕を手で引っ張って移動させる。

4．いじめ

2013年6月に「いじめ防止対策推進法」が公布された。この法律は、「いじめの防止等のための対策は、いじめが全ての児童等に関係する問題であることに鑑み、児童等が安心して学習その他の活動に取り組むことができるよう、学校の内外を問わずいじめが行われなくなるようにすることを旨として行われなければならない」（第3条）を基本理念としている。

学校現場に関わる事項としては「学校の設置者は、基本理念にのっとり、その設置する学校におけるいじめの防止等のために必要な措置を講ずる責務を有する」（第5条）こと、「学校及び学校の教職員は、基本理念にのっとり、当該学校に在籍する児童等の保護者、地域住民、児童相談所その他の関係者との連携を図りつつ、学校全体でいじめの防止及び早期発見に取り組むとともに、当該学校に在籍する児童等がいじめを受けていると思われるときは、適切かつ迅速にこれに対処する責務を有する」（第6条）ことが明示されている。

また、各学校において「当該学校の複数の教職員、心理、福祉等に関する専門的な知識を有する者その他の関係者により構成されるいじめの防止等の対策のための組織」を置くことが規定されている（第22条）。いじめに対して学校が講ずる措置としては、いじめの有無の確認と設置者への報告、いじめが確認された場合にはいじめを受けた児童等又はその保護者に対する支援及びいじめを行った児童等に対する指導又はその保護者に対する助言、いじめが犯罪行為として取り扱われるべきものであると認めるときは所轄警察署と連携してこれに対処すること等が示されている（第23条）。

第6節　これからの生徒指導実践の課題

最後に、今後の生徒指導実践の課題について考察したい。

これまでみてきたように、生徒指導は、教師個人の営みの側面だけでなく、組織的実践の性格があり、それによって成果を上げるものである。生徒指導体制を構築し、指導方針を明確化することが学校を改善している。また、学校内に教育相談体制をつくり、教師やスクールカウンセラー、保護者が協働し、子

どもの学習、心理、社会、進路面を援助する体制も定着しつつある。関連機関と連携することで授業妨害や暴力行為を抑制する例もでてきている。

逆に言えば、生徒指導で成果を上げていない、もしくは、重大な問題が起きた場合には、それは、教師個人の指導力の問題だけではなく、組織の問題と捉えられるということである。たとえば、体罰を行使し指導にあたっている教師がいるにも関わらず、それが是正されることなく大きな事件が起きてしまった場合には、体罰を行使した教師個人の責任だけではなく、それを是正できなかった学校のアカウンタビリティやコンプライアンスといった組織的問題として立ち現われるだろう。

生徒指導を教師個人の指導力の問題としてではなく、組織の問題と気づき、学校内外のアクターの有する専門性を有機的に連結できるかが、今後の生徒指導の成否を左右すると言える。

生徒指導を組織の問題として捉えよう、という考察は、結局のところ生徒指導実践が、日々、子どもと真剣に向き合っている一人ひとりの教師の力量に支えられていることを意味している。ただ、自身からみた子どもの姿だけでなく、また、ある特定のアクターに依存するだけでなく[28]、多様な関係者の観点から、子どもを捉えるとどのように理解でき、どのような支援がありうるのか検討すること、時には、適切な支援を要請し受けること、その視野の広さと謙虚さ、判断力を身につけることが、教師側からみた生徒指導を組織の問題として捉える、ということである。そして、これが、結果的に、生徒指導の難しさを低減させるのである。

(横山剛士)

〔注〕
(1) 文部科学省『生徒指導提要』教育図書、2010年、1頁。
(2) 文部科学省『小学校学習指導要領』東京書籍、2008年、16頁。
(3) 文部科学省『中学校学習指導要領』東山書房、2008年、18頁。
(4) 高等学校の学習指導要領においては、「生徒が主体的に判断、行動し積極的に自己を生かしていくことができるよう、生徒指導の充実を図ること」(傍点筆者)が示されている。文部科学省『高等学校学習指導要領』東山書房、2009年、22頁。

(5) ここでいう失敗とは、いじめや暴力等の問題行動やそれに類する過ちといった狭い意味のものだけを言っているのではない。目を見ながら話をすることができない、集中力が持続しない、座っていられないなど、大人になるまでに身につけなければならないとされている内容ができないことも広い意味で失敗である。こうしたことで失敗する（できない）からこそ生徒指導が必要になる。
(6) 前田基成・沢宮容子・庄司一子『生徒指導と学校カウンセリングの心理学』八千代出版、1999年、27-29頁。
(7) 前田基成・沢宮容子・庄司一子、同上書、23-24頁。
(8) 文部科学省、前掲書、2010年、66-74頁を参考に整理。
(9) 河村茂雄『学級づくりのためのQ-U入門』図書文化、2006年、河村茂雄『学級集団づくりのゼロ段階』図書文化、2012年。
(10) 国立教育政策研究所生徒指導研究センター『規範意識をはぐくむ生徒指導体制―小学校・中学校・高等学校の実践事例22から学ぶ―』東洋館出版社、2008年、12-22頁。
(11) 国立教育政策研究所生徒指導研究センター、同上書、12-14頁。
(12) 加藤弘通・大久保智生「学校の荒れの収束過程と生徒指導の変化―二者関係から三者関係に基づく指導へ―」教育心理学研究、2009年、466-477頁。
(13) 片山紀子・大村優・関貫林太郎・涌井洋介「求められる生徒主事像　中学校生徒指導主事へのアンケートから」京都教育大学紀要、117号、2010年、17-34頁、片山紀子『入門生徒指導』学事出版、2011年、36-39頁。
(14) 文部科学省、前掲書、2010年、92頁。
(15) 栗原慎二『新しい学校教育相談の在り方と進め方』ほんの森出版、2002年。
(16) 石隈利紀『学校心理学』誠信書房、1999年、259-260頁。
(17) 堀尾良弘『生徒指導・教育相談の理論と事例分析』ナカニシヤ出版、2008年、46-49頁。
(18) 国立教育政策研究所生徒指導研究センター『学校と関係機関等との連携―学校を支える日々の連携―』東洋館出版社、2011年、7-8頁。
(19) 国立教育政策研究所生徒指導研究センター、同上書、20-42頁。
(20) 文部科学省「犯罪行為として取り扱われるべきと認められるいじめ事案に関する警察への相談・通報について（通知）」2012年。
(21) 2006年度以降、文部科学省が実施している「児童生徒の問題行動等生徒指導上の諸問題に関する調査」において、いじめられたとする児童生徒の気持ちを重

視するよう定義しなおされている。
(22) 文部科学省「いじめの問題に関する児童生徒の実態把握並びに教育委員会及び学校の取組状況に係る緊急調査結果について（概要）」、「いじめの問題に関する児童生徒の実態把握に係る緊急調査について」2012年。
(23) 文部科学省「子どもを守り育てる体制づくりのための有識者会議まとめ【第2次】」2008年。
(24) 不登校は、かつて「登校拒否」と呼ばれ、それを解消するための施策が出されてきた。文部省「登校拒否問題への対応について」1992年。
(25) 文部科学省「問題行動を起こす児童生徒に対する指導について（通知）」2007年。
(26) 文部科学省、前掲通知、2007年。
(27) 教員等が児童生徒に対して行った懲戒行為が体罰に当たるかどうかは、当該児童生徒の年齢、健康、心身の発達状況、当該行為が行われた場所的及び時間的環境、懲戒の態様等の諸条件を総合的に考え、個々の事案ごとに判断する必要がある、とされている。
(28) 吉田武男・藤田晃之『教師をダメにするカウンセリング依存症』明治図書、2007年。

第14章
進路指導・キャリア教育の実践と方法

第1節　進路指導・キャリア教育の背景と学校の役割

1．背景

　厚生労働省（2013）『厚生労働白書』においては、「若者の意識を探る」をテーマとして行った調査研究が公表されている。これによると、現代の若者は、働く上で「経済的豊かさ」よりも「楽しく生活すること」を重視する傾向にあり、また、「社会のために貢献したい」と考える者も増えてきているという。若者の働くことに関する考え方が、従来と比較して変容あるいは多様化していると捉えられる。

　他方で、厳しい雇用情勢の中、「就職難」・「失業率増加」[1]、「若年無業者」[2]、「フリーター」[3]、「ニート」[4] などが社会的に問題になっている。また首尾よく就職できても、3年程度で辞める若者も多いという[5]。若者と労働との間には、ネガティブな印象がつきまとう。

　上述の『厚生労働白書』においては、若者が希望を持って働き続け、その能力を十分に発揮できる環境づくりのひとつとして、学校における進路指導・キャリア教育の見直し、改善を提言している。進路指導・キャリア教育は社会的に重要な役割を担っているといえるのである。

2．学校の役割

　子どもは、様々な機会で培った自らの知識・技能、興味関心、資質、夢、希

望をもとに実社会に進んでいく。学校教育は子どもの進路形成に重要な役割を果たしてきた。学校は「子どもが自らの人生の進路を選択する際に支援すること」が期待されてきたのである（小島1997）。

　子どもが自らの進路を形成するために、学校ではどのような能力を育成するのか、能力を育成するためにいかなる仕組み（カリキュラム、学校組織など）を構築していく必要があるかが、改めて問われているといえる。

第2節　進路指導・キャリア教育の理念

1．職業指導から進路指導へ

　日本の「進路指導」は、戦前から取り組まれていた「職業指導」（vocational guidance）をルーツとしている。1947年・1951年学習指導要領（試案）によれば、戦後、「職業指導」は「職業科」「職業・家庭科」という教科を通じて行われた（中学校）。両科は、職業生活・家庭生活の準備的な教養を習得する場としての意味合いが強かった。他方で学校において「職業科」は、就職する生徒のための指導の場という認識が強く、それゆえ他教科教員の「職業指導」に対する意識は一般的に低かったという[6]。

　「進路指導」という言葉が使われはじめたのは、1958年以降である[7]。当時は高校進学率の上昇という社会的背景から、「職業・家庭科」という一教科にとどまらない指導が必要となったため、それまで実施していた「職業指導」への認識（上記のような教員の「誤解」）の転換が不可欠であった。同年改訂の学習指導要領（中学校）では、「職業指導」を「進路指導」へと名称変更し、「職業・家庭科」を廃止して「技術・家庭科」を新設したことに伴い、特別活動・学級活動の中で進路指導を実施することを示した。その後、1969年改訂の学習指導要領（中学校）においては、「特別活動」「学級活動」における指導を中核としながら、学校における教育活動全体を通じた進路指導の実現が目指された。

　「進路指導」の定義は、当時の『進路指導の手引き』（中学校）（1961年）には「生徒の個人資料、進路情報、啓発的経験および相談を通じて、生徒みずから、将来の進路の選択、計画をし、就職又は進学して、さらにその後の生活によ

りよく適応し、進歩する能力を伸長するように、教師が組織的、継続的に援助する過程である」とある。定義は若干の修正があったが長らく変更されなかった。その後、「自己実現」の諸論や学界の動向などの影響から、1983年『手引き』（中学校）では、この定義を変えないまま「職業的自己実現に必要な能力や態度を育成する」という解釈を組み込んだ。

このように進路指導は、社会の変容に伴って学校の教育課程における位置づけや解釈を変更・拡大してきたのである。

他方、「進路指導」登場後も依然として「進路指導＝就職斡旋」にとどまるものであったという指摘がある。くわえて、1970年代から1980年代は高校進学率・大学進学率の上昇傾向があり、これにいわゆる「第2次ベビーブーマー」の就学期が重なり、結果として学校では「進路指導＝進学指導」という性格が強調された。このように、学校における進路指導は、「就職斡旋」であれ「進学指導」であれ、学校卒業後の子どもの進路をいかに保障するかのみに焦点づけられる向きが強かった[8]といわれている。

2．進路指導からキャリア教育へ

（1）「キャリア教育」の登場

高度経済成長期にあった1960年代から1970年代は、概して経済的合理性という価値観を社会的に共有していた時代といえる。そうした社会においては「理想的な社会人」「理想的な進路」は見出しやすかった。他方、1980年代以降、オイル・ショックやバブル崩壊による経済の失速と、国際化・情報化など変化のスピードが加速している状況があり、経済的合理性だけでなく環境・健康・生命・福祉など多様な価値観が並立する社会へと、徐々に変容していった。そうした社会において「理想的な社会人」「理想的な進路」モデルは、必ずしも一様ではない。これに伴って進路指導は、主に中学校・高校の最終学年で行う「出口指導」（たとえば、いわゆる受験指導や、履歴書の書き方や面接の指導に終始した就職指導）を重視するという実態を、生徒自身が主体的に自らの進路を自らで切り拓く能力を高めるための支援へと転換していくこと、言い換えれば「生き方の指導」へと転換していくことが求められるようになった。「キャリア教育」の登場には、社会の変容に伴った「進路指導」再検討の要請が背景にある。

こうした考え方は1980年代に現れた。1989年学習指導要領（中学校）総則では、生徒の進路の選択にかかわって「生徒が自らの生き方を考え主体的に進路を選択することができるよう、学校の教育活動全体を通じ、計画的、組織的な進路指導を行うこと」とされた。進路指導において「生き方の指導」を強調した点と、生徒の主体性が重要であることが示された点は、当時の進路指導のあり方を転換する、ひとつの画期であったといえる。しかし、こうした考え方が、この時点で学校において十分浸透したとは言い難かった。

　日本において「キャリア教育」という言葉が定着したのは、1999年中央教育審議会答申「初等中等教育と高等教育との接続の改善について」以降である。この答申では、進路の選択肢が多様化する社会における子どもの「主体的な進路選択」の重要性が改めて強調された。そしてそのために進路指導は「小学校段階から発達段階に応じ」て、「家庭と地域と」連携しながら、インターンシップなどの「体験的な学習を重視」[9]することが求められた。進路指導の機会・場所・方法についてさらなる広がりを要請するものであった。

　これ以降、図14-1のようにキャリア教育関連施策が展開されてきた。

（2）「労働」の視点からのキャリア教育

　2000年を前後して、フリーター問題、ニート問題といった、若者の「労働」に関する意識が社会的に問題とされた。国立教育政策研究所（2002）は、こうした実態を踏まえて子どもの「職業観」「勤労観」の育成が不可欠と指摘した。次いで文部科学省（2004）は、キャリア教育の視点から学校教育を見直す提言をしている。ここでは、「キャリア教育」は「児童生徒一人一人の勤労観、職業観を育てる教育」であり、「各領域の関連する諸活動を体系化し、組織的・計画的に実施することができるよう、各学校が教育課程編成の在り方を見直していく」ことが必要とされた。

　その間、文部科学大臣・厚生労働大臣・経済産業大臣・経済財政政策担当大臣「若者自立・挑戦プラン」（2003年、2004年に「若者自立・挑戦のためのアクションプラン」策定、2006年に改訂）、文部科学大臣・内閣府特命担当大臣（青少年育成）・厚生労働大臣・経済産業大臣「キャリア教育等推進プラン―自分でつかもう自分の人生―」（2007年）が出され、文部科学行政・厚生労働行政・産業界など各界で一体となった取り組みが進められた。ここで強調されたのは「職業

第14章　進路指導・キャリア教育の実践と方法

図14-1　1999年中央教育審議会以降のキャリア教育の展開
引用：文部科学省『中学校キャリア教育の手引き』(2011年)

的自立」であり、キャリア教育の役割がクローズ・アップされた。

(3) 教育基本法改正・学習指導要領の改訂と進路指導・キャリア教育

若者をめぐる社会の状況は、教育基本法の改正条文にもインパクトを与えている。2006年の改正教育基本法では、「人格の完成」（教育基本法第1条）を目指す中で、「職業及び生活との関連を重視し、勤労を重んずる態度」を養うことを教育の目標のひとつとして示している（同法第2条）。フリーター・ニートが社会問題化していることを受けた改正である[10]。また、義務教育学校における教育の目標のひとつとして、職業に関する「基礎的な知識技能」、「勤労を重んじる態度」「将来の進路を選択する能力」の育成が目指されることとなった（2007年改正の学校教育法第21条第10号）。

教育基本法第2条（教育の目標）：教育は、その目的を実現するため、学問の自由を尊重しつつ、次に掲げる目標を達成するよう行われるものとする。
　二　個人の価値を尊重して、その能力を伸ばし、創造性を培い、自主及び自律の精神を養うとともに、職業及び生活との関連を重視し、勤労を重んずる態度を養うこと。

学校教育法第21条：義務教育として行われる普通教育は、教育基本法第5条第2項に規定する目的を実現するため、次に掲げる目標を達成するよう行われるものとする。
　十　職業についての基礎的な知識と技能、勤労を重んじる態度及び個性に応じて将来の進路を選択する能力を養うこと。

2008年に改訂された現行学習指導要領（中学校）の総則では、従前のとおり「生徒が自らの生き方を考え主体的に進路を選択することができるよう、学校の教育活動全体を通じ、計画的、組織的な進路指導を行うこと」、「生徒が学校や学級での生活によりよく適応するとともに、現在及び将来の生き方を考え行動する態度や能力を育成することができるよう、学校の教育活動全体を通じ、ガイダンス機能の充実を図ること」としている。その一方で、後述のとおり、各教科、道徳、特別活動に関する記述の随所に、キャリア教育が目指す目標や内容が盛り込まれている。

第14章　進路指導・キャリア教育の実践と方法

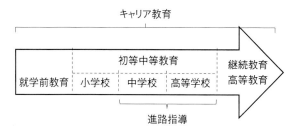

図14-2　キャリア教育と進路指導との関係
引用：文部科学省『中学校キャリア教育の手引き』(2011年)

（4）「キャリア発達」を促す指導と、進路指導・キャリア教育

2011年中央教育審議会答申「今後の学校におけるキャリア教育・職業教育の在り方について」では、キャリア教育を「キャリア発達」を促す教育として示した。

「キャリア発達」とは、「社会の中で自分の役割を果たしながら、自分らしい生き方を実現していく過程」のことである。つまり学校内外の諸活動を通じて得られる「自己の知的、身体的、情緒的、社会的な特徴を一人一人の生き方として統合していく過程」を指す。そして、キャリア教育を「一人一人の社会的・職業的自立に向け、必要な基盤となる能力や態度を育てる事を通して、キャリア発達を促す教育」としている。2011年『手引き』においてもこの考え方が繰り返されている。

この『手引き』ではキャリア教育と進路指導との関係に触れて、「（進路指導は）教育活動全体を通じ、計画的、組織的に行われるものであり、この点においてキャリア教育との差異はない。また、その定義・概念やねらいも、中学校におけるキャリア教育とほぼ同じ」ことを指摘した。進路指導は「中学校・高等学校に限定される教育である」ともしている（図14-2参照。『手引き』（高等学校）においても同様の記述がある）。

（5）キャリア教育の目標

各学校では、キャリア教育の目標を定め、実践していく。その際の土台となるのが、キャリア発達段階とキャリア発達課題である。

生徒指導や道徳教育、教科教育においても児童生徒の発達段階を理解することが求められるように、キャリア教育においてもキャリア発達段階を理解する

第Ⅱ部　学校教育の実践

就学前	小学生	中学生	高校生	大学・専門学校・社会人
	進路の探索・選択にかかる基盤形成の時期	**現実的探索と暫定的選択の時期**	**現実的探索・試行と社会的移行準備の時期**	
	・自己及び他者への積極的関心の形成・発展 ・身のまわりの仕事や環境への関心・意欲の向上 ・夢や希望、憧れる自己のイメージの獲得 ・勤労を重んじ目標に向かって努力する態度の形成	・肯定的自己理解と自己有用感の獲得 ・興味・関心等に基づく勤労観・職業観の形成 ・進路計画の立案と暫定的選択 ・生き方や進路に関する現実的探索	・自己理解の深化と自己受容 ・選択基準としての勤労観・職業観の確立 ・将来設計の立案と社会的移行の準備 ・進路の現実吟味と試行的参加	

※横書き部分の太字箇所がキャリア発達段階、細字部分がキャリア発達課題

図14-3　学校段階別のキャリア発達段階とキャリア発達課題
引用：文部科学省『中学校キャリア教育の手引き』（2011年）

中学校段階でのキャリア発達課題
○キャリア発達段階　⇒　現実的探索と暫定的選択の時期 ○キャリア発達課題 　・肯定的自己理解と自己有用感の獲得 　・興味・関心等に基づく勤労観・職業観の形成 　・進路計画の立案と暫定的選択 　・生き方や進路に関する現実的探索

各学年におけるキャリア発達課題の例		
1年生	2年生	3年生
・自分の良さや個性が分かる。 ・自己と他者の違いに気付き、尊重しようとする。 ・集団の一員としての役割を理解し、それを果たそうとする。 ・将来に対する漠然とした夢やあこがれを抱く。	・自分の言動が他者に及ぼす影響について理解する。 ・社会の一員としての自覚が芽生えるとともに、社会や大人を客観的にとらえる。 ・将来への夢を達成する上での現実の問題に直面し、模索する。	・自己と他者の個性を尊重し、人間関係を円滑に進める。 ・社会の一員としての参加には義務と責任が伴うことを理解する。 ・将来設計を達成するための困難を理解し、それを克服するための努力に向かう。

図14-4　中学校の各学年ごとのキャリア発達課題の例
引用：文部科学省『中学校キャリア教育の手引き』（2011年）

ことが求められている。2006年・2011年『手引き』では、校種別のキャリア発達段階が示されるとともに、それを踏まえたキャリア発達課題が提示されている（図14-3）。これらを参考に各学校では、地域の実情などに合わせて、各学年のキャリア発達課題を設定することが求められている（図14-4）。

このように「進路指導」は、「キャリア教育」への転換に伴って、学校教育の

中でより積極的に位置づけられるようになった。「キャリア教育」とは、特定の時間や場所で行われる具体的な活動やプログラムを指すのではない。学校における教育・指導全体を改革していく理念や方向性を指していうのである。そして、日本社会の今日的課題を踏まえた、多様な問題の克服への期待が込められているのである。

第3節　進路指導・キャリア教育において育成される能力

1.「4領域8能力」（国立教育政策研究所（2002））

近年の進路指導・キャリア教育において育成されるべき能力について整理しておこう。

前述の国立教育政策研究所（2002）は、「職業観・勤労観を育むプログラムの枠組み（例）」を作成した（表14-1）。表の左端にはキャリア教育によって育成すべき4つの能力領域、すなわち「人間関係形成能力」「情報活用能力」「将来設計能力」「意思決定能力」の4領域を示している。そしてそれぞれの具体として、育成されるべき能力を2つずつ示している。キャリア教育においては、この「4能力領域・8能力」を育成することが期待されていた。

2.「基礎的・汎用的能力」（中央教育審議会（2011）・2011年『手引き』）

2011年『手引き』においては、進路指導・キャリア教育で育成されるべき能力として、2011年中央教育審議会答申でとりまとめられた「基礎的・汎用的能力」を新たに挙げている。「基礎的・汎用的能力」とは、次のような「分野や職種にかかわらず、社会的・職業的自立に向けて必要な基盤となる能力」を指している。

人間関係形成・社会形成能力

多様な他者の考えや立場を理解し、相手の意見を聴いて自分の考えを正確に伝えることができるとともに、自分の置かれている状況を受け止め、役割を果たしつつ、他者と協力・協働して社会に参画し、今後の社会を積極的に形成することができる力。「他者の個性を理解する力」「他者に働きかける力」「コミュ

表 14-1　職業観・勤労観を育む学習プログラムの枠組み（例）

			小　学　校		
			低学年	中学年	高学年
職業的（進路）発達の段階			進路の探索・選択にかかる基盤形成の時期		
○職業的（進路）発達課題（小～高等学校段階） 　各発達段階において達成しておくべき課題を、進路・職業の選択能力及び将来の職業人として必要な資質の形成という側面から捉えたもの。			・自己及び他者への積極的関心の形成・発展 ・身のまわりの仕事や環境への関心・意欲の向上 ・夢や希望、憧れる自己イメージの獲得 ・勤労を重んじ目標に向かって努力する態度の形成		
職業的（進路）発達にかかわる諸能力			職業的（進路）発達を促すために		
領域	領域説明	能力説明			
人間関係形成能力	他者の個性を尊重し、自己の個性を発揮しながら、様々な人々とコミュニケーションを図り、協力・共同してものごとに取り組む。	【自他の理解能力】 　自己理解を深め、他者の多様な個性を理解し、互いに認め合うことを大切にして行動していく能力	・自分の好きなことや嫌なことをはっきり言う。 ・友達と仲良く遊び、助け合う。 ・お世話になった人などに感謝し親切にする。	・自分のよいところを見つける。 ・友達のよいところを認め、励まし合う。 ・自分の生活を支えている人に感謝する。	・自分の長所や欠点に気付き、自分らしさを発揮する。 ・話し合いなどに積極的に参加し、自分と異なる意見も理解しようとする。
		【コミュニケーション能力】 　多様な集団・組織の中で、コミュニケーションや豊かな人間関係を築きながら、自己の成長を果たしていく能力	・あいさつや返事をする。 ・「ありがとう」や「ごめんなさい」を言う。 ・自分の考えをみんなの前で話す。	・自分の意見や気持ちをわかりやすく表現する。 ・友達の気持ちや考えを理解しようとする。 ・友達と協力して、学習や活動に取り組む。	・思いやりの気持ちを持ち、相手の立場に立って考え行動しようとする。 ・異年齢集団の活動に進んで参加し、役割と責任を果たそうとする。
情報活用能力	学ぶこと・働くことの意義や役割及びその多様性を理解し、幅広く情報を活用して、自己の進路や行き方の選択に生かす。	【情報収集・探索能力】 　進路や職業等に関する様々な情報を収集・探索するとともに、必要な情報を選択・活用し、自己の進路や行き方を考えていく能力	・身近で働く人々の様子が分かり、興味・関心を持つ。	・いろいろな職業や生き方があることが分かる。 ・分からないことを、図鑑などで調べたり、質問したりする。	・身近な産業・職業の様子やその変化が分かる。 ・自分に必要な情報を探す。 ・気付いたこと、分かったことを個人・グループでまとめたことを発表する。
		【職業理解能力】 　様々な体験等を通して、学校で学ぶことと社会・職業生活との関連や、今しなければならないことなどを理解していく能力	・係や当番の活動に取り組み、それらの大切さが分かる。	・係や当番活動に積極的にかかわる。 ・働くことの楽しさが分かる。	・施設・職場見学等を通し、働くことの大切さや苦労が分かる。 ・学んだり体験したりしたことと、生活や職業との関連を考える。
将来設計能力	夢や希望を持って将来の生き方や生活を考え、社会の現実を踏まえながら、前向きに自己の将来を設計する。	【役割把握・認識能力】 　生活・仕事上の多様な役割や意義及びその理解し、自己の果たすべき役割等についての認識を深めていく能力	・家の手伝いや割り当てられた仕事・役割の必要性が分かる。	・互いの役割や役割分担の必要性が分かる。 ・日常の生活や学習と将来の生き方との関係に気付く。	・社会生活にはいろいろな役割があることやその大切さが分かる。 ・仕事における役割の関連性や変化に気付く。
		【計画実行能力】 　目標とすべき将来の生き方や進路を考え、それを実現するための進路計画を立て、実際の選択行動等で実行していく能力	・作業の準備や片づけをする。 ・決められた時間やきまりを守ろうとする。	・将来の夢や希望を持つ。 ・計画づくりの必要性に気付き、作業の手順が分かる。 ・学習等の計画を立てる。	・将来のことを考える大切さが分かる。 ・憧れとする職業を持ち、今、しなければならないことを考える。
意思決定能力	自らの意思と責任でよりよい選択・決定を行うとともに、その過程での課題や葛藤を積極的に取り組み克服する。	【選択能力】 　様々な選択肢について比較検討したり、葛藤を克服したりして、主体的に判断し、自らにふさわしい選択・決定を行う能力	・自分の好きなもの、大切なものを持つ。 ・学校でしてよいことと悪いことがあることが分かる。	・自分のやりたいこと、よいと思うことなどを考え、進んで取り組む。 ・してはいけないことが分かり、自制する。	・係活動などで自分のやりたい係、やれそうな係を選ぶ。 ・教師や保護者に自分の悩みや葛藤を話す。
		【課題解決能力】 　意思決定に伴う責任を受け入れ、選択結果に適応するとともに、希望の実現に向け、自らの課題を設定してその解決に取り組む能力	・自分のことは自分で行おうとする。	・自分の仕事に対して責任を感じ、最後までやり通そうとする。 ・自分の力で課題を解決しようと努力する。	・生活や学習上の課題を見つけ、自分の力で解決しようとする。 ・将来の夢や希望を持ち、実現を目指して努力しようとする。

――職業的（進路）発達にかかわる諸能力の育成の視点から

中　学　校	高　等　学　校
現実的探索と暫定的選択の時期	現実的探索・試行と社会的移行準備の時期
・暫定的自己理解と自己有用感の獲得 ・興味・関心等に基づく職業観・勤労観の形成 ・進路計画の立案と暫定的選択 ・生き方や進路に関する現実的探索	・自己理解の深化と自己受容 ・選択基準としての職業観・勤労観の確立 ・将来設計の立案と社会的移行の準備 ・進路の現実吟味と試行的参加

育成することが期待される具体的な能力・態度

中学校	高等学校
・自分の良さや個性が分かり、他者の良さや感情を理解し、尊重する。 ・自分の言動が相手や他者に及ぼす影響が分かる。 ・自分の悩みを話せる人を持つ。	・自己の職業的な能力・適性を理解し、それを受け入れて伸ばそうとする。 ・他者の価値観や個性のユニークさを理解し、それを受け入れる。 ・互いに支え合い分かり合える友人を得る。
・他者に配慮しながら、積極的に人間関係を築こうとする。 ・人間関係を大切さを理解し、コミュニケーションスキルの基礎を習得する。 ・リーダーとフォロアーの立場を理解し、チームを組んで互いに支え合いながら仕事をする。 ・新しい環境や人間関係に適応する。	・自己の思いや意見を適切に伝え、他者の意思等を的確に理解する。 ・異年齢の人や異性等、多様な他者と、場に応じた適切なコミュニケーションを図る。 ・リーダー・フォロアーシップを発揮して、相手の能力を引き出し、チームワークを高める。 ・新しい環境や人間関係を生かす。
・産業・経済等の変化に伴う職業や仕事の変化のあらましを理解する。 ・上級学校・学科等の種類や特徴及び職業に求められる資格や学歴の概略が分かる。 ・生き方や進路に関する情報を、様々なメディアを通して調査・整理し活用する。 ・必要に応じ、獲得した情報に創意工夫を加え、提示、発表、発信する。	・卒業後の進路や職業・産業の動向について、多面的・多角的に情報を集め検討する。 ・就職後の学習の機会や上級学校卒業時の就職等に関する情報を検索する。 ・職業生活における権利・義務や責任及び職業に就く手続き・方法などが分かる。 ・調べたことなどを自分の考えを交え、各種メディアを通して発表・発信する。
・将来の職業生活との関連の中で、今の学習の必要性や大切さを理解する。 ・体験等を通して、勤労の意義や働く人々の様々な思いが分かる。 ・係・委員会活動や職場体験等で得たことを、以後の学習や選択に生かす。	・就業等の社会参加や上級学校での学習等に関する探索的・試行的な体験に取り組む。 ・社会規範やマナー等の必要性や意義を体験を通して理解し、習得する。 ・多様な職業観・勤労観を理解し、職業・勤労に対する理解・認識を深める。
・自分の役割やその進め方、よりよい集団活動のための役割分担やその方法等が分かる。 ・日常の生活や学習と将来の生き方との関係を理解する。 ・様々な職業の社会的役割や意義を理解し、自己の生き方を考える。	・学校・社会において自分の果たすべき役割を自覚し、積極的に役割を果たす。 ・ライフステージに応じた個人的・社会的役割や責任を理解する。 ・将来設計に基づいて、今取り組むべき学習や活動を理解する。
・将来の夢や職業を思い描き、自分にふさわしい職業や仕事への関心・意欲を高める。 ・進路計画を立てる意義や方法を理解し、自分の目指すべき将来を暫定的に計画する。 ・将来計画に基づいて当面の目標を立て、その達成に向けて努力する。	・生きがい・やりがいがあり自己を生かせる生き方や進路を現実的に考える。 ・職業についての総合的・現実的な理解に基づいて将来を設計し、進路計画を立案する。 ・将来設計、進路設計の見直し再検討を行い、その実現に取り組む。
・自己の個性や興味・関心等に基づいて、よりよい選択をしようとする。 ・選択の意味や判断・決定の過程、結果には責任が伴うことなどを理解する。 ・教師や保護者と相談しながら、当面の進路を選択し、その結果を受け入れる。	・選択の基準となる自分なりの価値観、職業観・勤労観を持つ。 ・多様な選択肢の中から、自己の意思と責任で当面の進路や学習を主体的に選択する。 ・進路希望を実現するための諸条件や課題を理解し、実現可能性についての検討をする。
・学習や進路選択の過程を振り返り、次の選択場面に生かす。 ・よりよい生活や学習、進路や生き方等を目指して自ら課題を見出していくことの大切さを理解する。 ・課題に積極的に取り組み、主体的に解決していこうとする。	・将来設計、進路希望の実現を目指して、課題を設定し、その解決に取り組む。 ・自分を生かし役割を果たしていく上での様々な課題とその解決策を考える。 ・理想と現実との葛藤経験等を通し、様々な困難を克服するスキルを身につける。

※太字は、「職業観・勤労観の育成」との関連が特に強いものを示す

引用：国立教育政策研究所（2002）「児童生徒の職業感・勤労感を育む教育の推進について」

243

ニケーション・スキル」「チームワーク」「リーダーシップ」などが挙げられる。

自己理解・自己管理能力

自分が「できること」「意義を感じること」「したいこと」について、社会との相互関係を保ちつつ、今後の自分自身の可能性を含めた肯定的な理解に基づき主体的に行動すると同時に、自らの思考や感情を律し、かつ、今後の成長のために進んで学ぼうとする力。「自己の役割の理解」「前向きに考える力」「自己の動機付け」「忍耐力」「ストレスマネジメント」「主体的行動」などが挙げられる。

課題対応能力

仕事をする上での様々な課題を発見・分析し、適切な計画を立ててその課題を処理し、解決することができる力。「情報の理解・選択・処理等」「本質の理解」「原因の追究」「課題発見」「計画立案」「実行力」「評価・改善」などが挙げられる。

キャリアプランニング能力

「働くこと」の意義を理解し、自らが果たすべき様々な立場や役割との関連

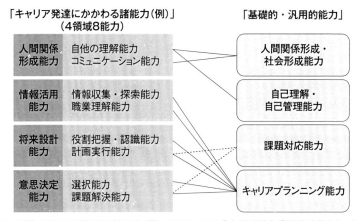

※図中の破線は両者の関係性が相対的に見て弱いことを示している。「計画実行能力」「課題解決能力」という「ラベル」からは「課題対応能力」と密接なつながりが連想されるが、能力の説明等までを視野におさめた場合、「4領域8能力」では、「基礎的・汎用的能力」における「課題対応能力」に相当する能力について、必ずしも前面に出されてはいなかったことが分かる。

図14-5 「4領域8能力」と「基礎的・汎用的能力」との関連
引用：文部科学省『中学校キャリア教育の手引き』(2011年)

を踏まえて「働くこと」を位置づけ、多様な生き方に関する様々な情報を適切に取捨選択・活用しながら、自ら主体的に判断してキャリアを形成していく力。「学ぶこと・働くことの意義や役割の理解」「多様性の理解」「将来設計」「選択」「行動と改善」などが挙げられる。

2011年『手引き』においては、「基礎的・汎用的能力」と「4領域8能力」との関係について図14-5のように図示している。両者の関係は深い。

第4節　学校における進路指導・キャリア教育

すでに述べたように進路指導・キャリア教育は、「学校の教育活動全体」で行われる教育である。進路指導・キャリア教育には、いかなる指導活動・内容があり、それらはいかなる機会・場で実施されるのか。吉田（1988）を参照すれば、全体構造は図14-6のようになる。

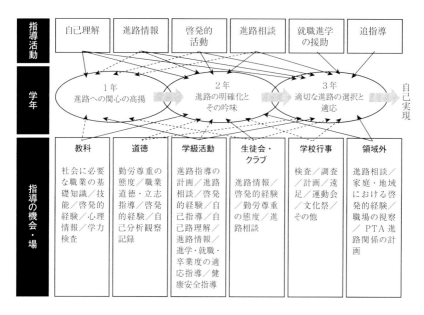

図14-6　吉田（1988）による中学校進路指導の全体像の例（一部変更）

1. 指導活動・内容

進路指導・キャリア教育は、「①個人資料に基づいて生徒理解を深める活動と、正しい自己理解を生徒に得させる活動」「②進路に関する情報を生徒に得させる活動」「③啓発的経験を生徒に得させる活動」「④進路に関する相談の機会を生徒に与える活動」「⑤就職や進学等に関する指導・援助の活動」「⑥卒業者の追指導に関する活動」という6つの分野がある（1994年『手引き』）。表14-2はそれぞれの活動の内容である。受験指導などの進学指導は、進路指導の活動の一部であり、全体ではないことに留意する必要がある。

表14-2　進路指導の活動内容

①個人資料に基づいて生徒理解を深める活動と、正しい自己理解を生徒に得させる活動	生徒個人に関する諸資料を豊富に収集し、一人一人の生徒の能力・適性等を把握して、進路指導に役立てるとともに、生徒にも将来の進路との関連において自分自身を正しく理解させる活動。
②進路に関する情報を生徒に得させる活動	職業や上級学校等に関する新しい情報を生徒に与えて理解させ、それを各自の進路選択に活用させる活動。
③啓発的経験を生徒に得させる活動	生徒に経験を通じて、自己の能力・適性等を吟味させたり、具体的に進路に関する情報を得させたりする活動。
④進路に関する相談の機会を生徒に与える活動	個別あるいはグループで、進路に関する悩みや問題を教師に相談して解決を図ったり、望ましい進路の選択や適応・進歩に必要な能力や態度を発達させたりする活動。
⑤就職や進学等に関する指導・援助の活動	就職、進学、家業・家事従事など生徒の進路選択の時点における援助や斡旋などの活動。
⑥卒業者の追指導に関する活動	生徒が卒業後それぞれの進路先においてよりよく適応し、進歩・向上していくように援助する活動。

出典：文部省『進路指導の手引―中学校学級担任編（三訂版）』（1994年）

2. 発達段階・学年に即した指導

「1. 指導活動・内容」に即して考えれば、進路指導・キャリア教育は、いわゆる「出口指導」だけでは不十分である。あらゆる学年において要請されているといえる。その際、学年によって児童生徒の進路に対する意識は相当異なることに留意し、段階的で順序立てた計画を立てることが求められている。

3．指導の機会・場

　進路指導・キャリア教育に関連する学習指導要領の各教科、道徳、特別活動（学級活動・学校行事等）の記述は表14-3（中学校について例示）のとおりになっている。逆に、進路指導・キャリア教育の観点から教科教育等学校教育全体の捉え直しが要請されていると捉えられる。

表14-3　現行学習指導要領における進路指導・キャリア教育に関連する記述の例

各教科 ※例示	【国語】目標　国語を適切に表現し正確に理解する能力を育成し、伝え合う力を高めるとともに、思考力や想像力を養い言語感覚を豊かにし、国語に対する認識を深め国語を尊重する態度を育てる。 【社会】目標　広い視野に立って、社会に対する関心を高め、諸資料に基づいて多面的・多角的に考察し、我が国の国土と歴史に対する理解と愛情を深め、公民としての基礎的教養を培い、国際社会に生きる平和で民主的な国家・社会の形成者として必要な公民的資質の基礎を養う。 【保健体育】目標　心と体を一体としてとらえ、運動や健康・安全についての理解と運動の合理的な実践を通して、生涯にわたって運動に親しむ資質や能力を育てるとともに健康の保持増進のための実践力の育成と体力の向上を図り、明るく豊かな生活を営む態度を育てる。 【技術家庭】目標　生活に必要な基礎的・基本的な知識及び技術の習得を通して、生活と技術とのかかわりについて理解を深め、進んで生活を工夫し創造する能力と実践的な態度を育てる。 【英語】目標　外国語を通じて、言語や文化に対する理解を深め、積極的にコミュニケーションを図ろうとする態度の育成を図り、聞くこと、話すこと、読むこと、書くことなどのコミュニケーション能力の基礎を養う。
道徳	第2　内容 1　(5) 自己を見つめ、自己の向上を図るとともに、個性を伸ばして充実した生き方を追求する。 2　(3) 友情の尊さを理解して心から信頼できる友達をもち、互いに励まし合い、高め合う。 　　(5) それぞれの個性や立場を尊重し、いろいろなものの見方や考え方があることを理解して、寛容の心をもち謙虚に他に学ぶ。

	4 (5) 勤労の尊さや意義を理解し、奉仕の精神をもって、公共の福祉と社会の発展に努める。 第3　指導計画の作成と内容の取扱い 3　(2) 職場体験活動やボランティア活動、自然体験活動などの体験活動を生かすなど、生徒の発達の段階や特性等を考慮した創意工夫ある指導を行うこと。
特別活動	第1　望ましい集団活動を通して、心身の調和のとれた発達と個性の伸長を図り、集団や社会の一員としてよりよい生活や人間関係を築こうとする自主的、実践的な態度を育てるとともに、人間としての生き方についての自覚を深め、自己を生かす能力を養う。 第2　各活動・学校行事の目標及び内容 〔学級活動〕 1　目標　学級活動を通して、望ましい人間関係を形成し、集団の一員として学級や学校におけるよりよい生活づくりに参画し、諸問題を解決しようとする自主的、実践的な態度や健全な生活態度を育てる。 2　内容 (3)　学業と進路 　ア　学ぶことと働くことの意義の理解 　イ　自主的な学習態度の形成と学校図書館の利用 　ウ　進路適性の吟味と進路情報の活用 　エ　望ましい勤労観・職業観の形成 　オ　主体的な進路の選択と将来設計 〔学校行事〕 2　内容 (5)　勤労生産・奉仕的行事　勤労の尊さや創造することの喜びを体得し、職場体験などの職業や進路にかかわる啓発的な体験が得られるようにするとともに、共に助け合って生きることの喜びを体得し、ボランティア活動などの社会奉仕の精神を養う体験が得られるような活動を行うこと。

第5節　進路指導・キャリア教育の経営

　教育課程における位置づけの変容に伴って、進路指導・キャリア教育を学校全体で創造し、改善していくことがこれまで以上に求められている。よりよい

実践のために、それぞれの学校・地域などの実情や児童生徒の実態を踏まえて到達目標を設定すること、実践すること、評価・自己点検していくことが必要になっている。2011年『手引き』においては、実践を改善するための仕組みづくりについても論じられている。

1．仕組み—進路指導・キャリア教育の改善サイクル

2011年『手引き』によれば、学校における進路指導・キャリア教育を改善していくためには、PDCAサイクル（計画—実行—評価—改善のサイクル）に基づいて実践を開発し続けていく必要がある。その過程を図示すると、図14-7のようになる。

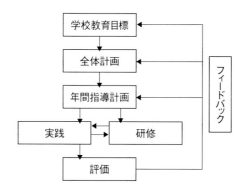

図14-7　進路指導・キャリア教育の改善サイクル

2．学校教育目標・全体計画・年間指導計画と校長の役割

進路指導・キャリア教育を改善していくにあたっては、はじめに、学校教育目標を踏まえた上で、進路指導・キャリア教育の全体計画や、年間指導計画を作成することが不可欠である。校長は、場合によっては、教育委員会に対して指導に必要な施設・設備などの予算的支援を求めつつ、①教職員の共通認識の促進、②外部との連携など、目標づくり・計画づくりの基盤となる学校組織内外の状況に目を配ることが重要である。

①共通認識の促進

全体計画や年間指導計画作成の際は、全教職員が連携を密にすることが重要である。全教職員で進路指導・キャリア教育に関する方向性や認識を共有するためである。校長は、「キャリア教育推進委員会」などの活動の中核となる校内組織を整え、これを促進することが求められる。

②外部との連携

学習指導要領にも示されているように進路指導・キャリア教育を進めるにあたっては、学校外部における「体験的活動」「勤労体験」などを織り交ぜた指導も効果的である。そのため、進路指導・キャリア教育を改善するためには、学校内部で行われる活動の改善だけでは不十分である。家庭・地域住民・各種団体などの外部の人材との連携が必要である。校長は、学校教育目標、進路指導・キャリア教育の全体計画等や実際の指導のあり方を外部に発信しつつ協力を求めることや、地域の意見を吸収して学校教育に反映させていくことが求められている。

3．進路指導・キャリア教育の実施

進路指導・キャリア教育における教員の役割は、前述のような進路指導・キャリア教育の理念や意義を理解した上で、実際に生徒に指導をすることである。2011年『手引き』では、教員の役割について表14-4のように述べている。教員の役割は概して「指導」「情報収集・整理・提供」「進路指導等組織との連携」「学

表14-4　進路指導・キャリア教育における教師の役割

道徳・総合的な学習の時間・特別活動・学級の教科において直接キャリア教育に関わる授業を進めていく。／体験学習など学校外との連携のためにキャリア教育を専門的に担当するセクションと協力する。／ほかの学級や学年の実施状況を把握する。／キャリア教育の様々な学習や活動の成果をファイリングした生徒のポートフォリオの一部を掲示する。／体験活動等の写真を掲示する。／キャリア教育コーナーを設置し、関連する作品や書籍をおく。／学級便り、学年便りなどでキャリア教育の状況を家庭や地域に広報する。／キャリア教育に関する授業研究、授業公開をする。／家庭・高等学校・事業所などとも連携協力し、卒業後の生徒の追跡調査を計画的・継続的に実施する。

出典：文部科学省『中学校キャリア教育の手引き』(2011年)

校外部との連携」に分けられる。

4．進路指導の研修
　校内研修は、進路指導・キャリア教育に関する共通理解を促進したり力量を形成したりする場である。「キャリア教育の目的」や「育成したい能力や態度」などを踏まえながら全体計画、年間指導計画、単元の指導計画、評価方法について教職員間で改めて意見を共有することが重要である。実施形態については同一会場に集まって実施したり、教科単位・学年単位・課題別グループ単位別に実施したりする、などがある。研修の方法は、講義形式、事例研究、ワークショップ、演習方式、授業研究などがある。

5．進路指導の評価とフィードバック
　評価とは、目標をどの程度達成したかをチェックすることである。第一に児童生徒に関する評価があり、第二に教員による指導それ自体に関する評価がある。

　児童生徒の評価に当たっては、レポート・ワークシート・ノート・作文・絵などの他、学習活動の過程や成果の記録、将来や生き方に関する考え方の記述（進路相談シートなど）、児童生徒の自己評価や相互評価の記録などのような、児童生徒の手による成果物が柱となる。その他、保護者や地域住民、インターンシップなどで協力を得た人々による他者評価の記録、教員による行動観察記録、進路学習などで行った検査や調査の結果、学業成績などが評価の対象となる。

　指導の評価も重要である。ポイントとしては、たとえば、児童生徒の取り組みの評価を念頭に置きながら、目標設定・評価計画などについての振り返りをすることなどがある。

　評価することで進路指導・キャリア教育を振り返り、問題点を見出し、これらを踏まえて次の計画・実践に活かすことは、よりよい実践を構築していく点で重要である。

第6節　進路指導主事の法規定・役割

1．法規定

　学校組織において、進路指導・キャリア教育の成否の鍵を握るのは進路指導主事である。進路指導主事について、学校教育法施行規則第71条（第3項）では「校長の監督を受け、生徒の職業選択その他の進路の指導に関する事項をつかさどり、当該事項について連絡調整及び指導、助言に当たる」と規定している（中学校の場合）[11]。前述の改善サイクルを機能させる上で、進路指導主事の役割は重要である。

2．役割

　進路指導主事は、学校にあって、進路指導を直接担うだけではなく、学校における進路指導の管理・運営に当たることが期待されている。北神（1997）は、進路指導主事には、「校内組織体制の整備」「計画」「施設・設備等の活用・整備・充実」「対外的活動」が求められていると指摘している。そして、こうした4つの役割像から、進路指導主事の任務について表14-5のように述べている。

表14-5　進路指導主事の任務

① 自校の進路指導の目標・方針・努力点などをどのように設定するか、または、どのように認識し合い、また、学校の教育活動全体を通じて行う進路指導について、職員会議等を通じて共通理解を図り、全校的な協力体制をつくっていくこと。
② 進路指導に関する校務分掌上の組織や全体運営計画を適切に立案し、企画委員会・職員会議等に諮って共通理解を得るとともに、全教職員の連絡調整等に当たること。
③ 進路指導に関する諸計画を立案し、実践し、修正し、評価するために、進路指導部（委員会）あるいはキャリア教育推進部（委員会）の中心者となってその推進を図ること。
④ 進路指導を着実に進めていくための進路指導に関する教職員の校内における研修・研究会の企画運営の責任者となること。
⑤ 進路指導において、とくに専門的知識や技術を必要とする調査・検査・相談等の担当者になるとともに、それらの企画・実施に当たること。
⑥ 生徒理解のための個人資料の収集の企画・実施・整理・解釈・活用を推進すること。
⑦ 進路情報の収集・整理・提供・活用の推進者となること。
⑧ 学級担任の教師などが行う進路指導への助言・援助を行うこと。

⑨計画に従って生徒の進路指導にも当たること。
⑩学級担任の教師との連携を密にして、必要に応じて生徒への就職および進学の指導・援助を直接担当すること。
⑪進路指導関係の相談室、資料室等の施設・設備の管理および運営に当たること。
⑫職業安定機関、事業所、上級学校をはじめ、関係諸機関との連携に当たること。
⑬進路指導に対する学校と家庭との連携を密にするため、個別の親子と教師、集団としてのPTAの組織などを通じての進路の説明・講話・相談等を企画するとともに推進を図ること。

引用：北神正行（1997）「学校の運営と進路指導主任の役割」小島弘道編著『進路指導主任のリーダーシップ』第2章、52-65頁。

また、近年の「主任論」再検討の議論から、進路指導主事の役割を捉え直したい。臼井（2007）は、校長が組織を創るという見方ではなく、教員が組織を創り上げていく組織観に立ち、その中核である教員間の協働について再提起している。すなわち、「協働」とは「組織知を生成蓄積していくための組織成員間でのコミュニケーション」を意味し、その促進が「教師を成長させたり組織学習を促したりする」上で重要であるという。われわれは、学校教育は校長を中心として進められ、改革されると思いがちである。たしかに校長がリーダーシップを発揮して改革が進められるのであるが、その原動力となるのは、必ずしも校長単独の知や行動、統率力のみではない。組織的な知の増大が、学校改革や進路指導・キャリア教育改革に結びつくことにも目が向けられるべきである。進路指導主事に求められるのは、進路指導・キャリア教育について「実質的なミドル・マネジャー（ナレッジ・エンジニア）として機能できる教師」、すなわち教職員間のコミュニケーションを促しそれを組織の知へと変換することができる教員であり、校長はこれを適材として、進路指導主事を担わせることが求められている、といえる。

第7節　進路指導・キャリア教育の課題

本章でみたとおり、進路指導・キャリア教育は、見直し・改善が国家レベルで進められてきた。しかし、こうした改革があっても、学校レベルの実践が変わらなければ画餅に帰す。学校管理職＝トップ・リーダーの学校マネジメントは

もとより、進路指導主事＝ミドル・リーダーへの期待が高まっている。

　進路指導主事は学校で実践される進路指導・キャリア教育の見直し、改善の鍵である。しかし、近年の実態調査では、たとえば、①進路指導主事・キャリア教育主事の在任期間の短さ（中学校）、②進路指導主事等の専任率の低さ、受け持ち授業の多さなど、問題点も指摘されている（国立教育政策研究所2013）。進路指導・キャリア教育を主導する主任の在任期間は、中学校では1年であるという学校が多く、極めて短い。中学校においては、「進路≒進学」の関係から慣習的に第3学年所属の教員が進路指導の主任になることが多いことはよく聞く。しかし、これまで紹介してきた進路指導・キャリア教育の歴史的発展の経緯、進路指導・キャリア教育の改善システム、進路指導主事の役割の視点から、在任期間が短いという状況は問題であろう。慣習的な人事配置ではなく、進路指導の一貫性・継続性の観点、教員の適性・得意分野や多忙感などを考慮した配置が今後求められるのである。

（福島正行）

〔コラム〕キャリア教育コーディネーター

　職場等体験学習は、進路指導・キャリア教育の効果を高める可能性がある。実態として取り組みを進めている中学校は9割に達するという（国立教育政策研究所2013）。今後、発展的に実践を進めていくためには、学校と地域とのさらなる連携が必要となり、学校・教師にはそれをコーディネートすることが求められている。

　経済産業省は、ニート・若年無業者等、早期離職者などの「学校から職場への移行（School to Work）」問題への対応として「産学連携によるキャリア教育への取組～『地域自律・民間活用型キャリア教育プロジェクト』～」をスタートした（2008年）。単に学校や産業界を支援するのではなく、企業・NPO等地域の民間主体を仲介役（「コーディネーター」）を通じて支援することを通じて、学校と産業界・地域による一体的なキャリア教育の仕組み構築を図ることが目的である。学校教育と地域の教育資源との間を調整・仲介する「コーディネーター」を置き、①体系的・効果的なカリキュラムの構築、②地域資源の協力による授業実施、③「顔の見えるネットワーク」の構築を図ろうとするものである。これにより、学校が望む地域資源に容易にアクセスすることが可能となるし、学校教育を支援したい地域の

要望に応えることも可能となる。

　近年においては、経済産業省「キャリア教育コーディネーター育成ガイドライン」(2010) が作成された。キャリア教育コーディネーターとは「地域社会が持つ教育資源と学校を結びつけ、児童・生徒等の多様な能力を活用する「場」を提供することを通じ、キャリア教育の支援を行うプロフェッショナルである」。

　進路指導は、社会が複雑化するに伴い、学校内部のみで完結することはできなくなった。地域の協力と資源を活用し、地域を基盤とした学習の場・機会をより多くし、多様化させることが、よりよい実践につながるひとつの方法であると考える。

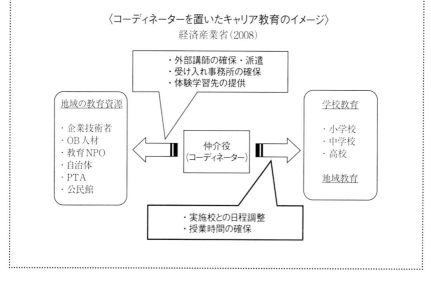

〈コーディネーターを置いたキャリア教育のイメージ〉
経済産業省(2008)

〔注〕
(1) 完全失業率は、1980年の2.0％に対し、2012年においては4.3％となっている。1955年以降では、好景気だった1960年代、1980年代後半後半以外は、長期スパンで上昇傾向にある。若年層に限ってみれば、2012年段階で、15-24歳で8.1％、25-34歳で5.5％となっている。厚生労働省 (2013) 参照。
(2) 「若年無業者」とは「(1) 高校や大学などの学校及び予備校・専修学校などに通学しておらず、(2) 配偶者のいない独身者であり、(3) ふだん収入を伴う仕事をしていない15歳以上34歳以下の個人」とされる（内閣府HP (2013年7月1日閲覧))。2002年時点で213万人。

(3) ここでは非正規雇用（パート・アルバイト（＝フリーター）、派遣社員、契約職員・嘱託職員、その他）についてみてみる。非正規雇用者については、1990年から2000年にかけて大幅に上昇している。特に非正規雇用で働く若者の割合が増加している。15-24歳までの非正規雇用率は、1991年の段階で9.5％だったのに対し、2010年で27.4％となっている。総数でいえば、2012年時点で正規雇用者3340万人に対し、非正規雇用者は1813万人となっている。問題は、不本意にも非正規雇用になった者の割合である。2010年に行われた調査では、非正規雇用を選択した理由として、25-39歳では、「正社員として働ける会社がなかったから」という理由が最も高くなっている。非正規雇用者と正規雇用者との間には、賃金、教育訓練、社会保険などで格差が生じているという。厚生労働省（2013）参照。
(4) 「ニート」は「非労働人口のうち、年齢15-34歳、通学・家事をしていない人」を指す。2012年時点で約63万人（厚生労働省HP（2013年7月1日閲覧））。
(5) 新規学卒者のうち、3年以内に離職する者の割合は、中学校卒が64.2％、高校卒が35.7％、大学卒が28.8％となっている（2009年）。厚生労働省（2013）参照。
(6) 両科は、産業界からの要請を受けて成立した産業教育振興法（1951）のもと「勤労愛好の精神と態度を養う」「職業の選択・決定の能力を養う」「職業準備のための知識・技能を養う」ことを目的とした。なお、「職業科は就職希望者のための教科と考えられ」たため、「他教科よりも軽視された」という。清原道寿（1969）参照。
(7) 職業指導から進路指導への変更の理由として、①「職業指導」は教育界になじまない、②教師の「就職する者を対象とした指導」という誤解、③進路指導において進学指導を重要視する必要性の3点がある。古谷玲子（1980）、参照。
(8) このことは、古谷（1980）においても指摘されているし、近年では文部科学省（2011）『手引き』においても触れられている。
(9) 進路指導において職業観・勤労観を育てる「体験的活動」は軽視されてきたわけではないが、十分な効果を挙げてこなかったという指摘が実践者からあがっている（たとえば加部祐三・田村鍾二郎編（1978））。
(10) 条文改正の背景については、教育基本法成立過程における法の政府解釈を扱った佐々木幸寿『改正教育基本法――制定過程と政府解釈の論点』日本文教出版、2009年、参照。
(11) ただし「進路指導主事の担当する校務を整理する主幹教諭を置くときは、進路指導主事を置かないことができる」（学校教育法施行規則第71条第2項）。進

路指導主事に関するここでの記述は、教職員配置の状況によっては主幹教諭（学校教育法第37条第9項）にも求められる。

〔参考文献〕

臼井智美「協働体制の構築とリーダー教師の役割」小島弘道編著『時代の転換と学校経営改革　学校のガバナンスとマネジメント』学文社、2007年、254-264頁

小島弘道「学校主任職と進路指導主任」小島弘道編著『進路指導主任の職務とリーダーシップ』東洋館出版社、1997年、第1章、11-51頁

加部祐三・田村鍾二郎編『勤労体験的学習の理論と実践』文教書院、1978年

北神正行「学校の運営と進路指導主事の役割」小島弘道編著『進路指導主任の職務とリーダーシップ』東洋館出版社、1997年、第2章、52-65頁

清原道寿「中学校の産業教育」（岡津守彦編『教育課程　各論』東京大学出版会、1969年、第2章第2節、261-294頁

厚生労働省『厚生労働白書』、2013年

国立教育政策研究所『児童生徒の職業観・勤労観を育む教育の推進について（調査研究報告）』、2002年

国立教育政策研究所『キャリア教育・進路指導に関する総合的実態調査（第一次報告書）』、2013年

佐々木幸寿『改正教育基本法―制定過程と政府解釈の論点』日本文教出版、2009年

古谷玲子『進路指導の理論と技術』文教書院、1980年

文部科学省『キャリア教育の推進に関する総合的調査研究協力者会議報告書』、2004年

文部科学省『「児童生徒の問題行動等生徒指導上の諸問題に関する調査」について』2010年

吉田辰雄『進路指導の基本理念』日本文化科学社、1988年

第15章

特別活動の実践と方法

第1節　教育改革と特別活動

1．教育改革の動き

　21世紀はグローバル化が進展し、様々な人種や民族が多様な考え方や価値観の中でお互いを理解し、共生する社会を作り上げていくことが求められている。また、知識基盤社会の到来により、自分が直面する問題の解決に向けて必要な情報や知識を取捨選択し、活用していく能力が重要とされている。これらは21世紀を担う子どもたちにとって必要不可欠な能力であろう。

　ところが、今の子どもたちの現状を見るとそこには様々な課題を見出すことができる。2008年に出された中央教育審議会答申では、子どもたちの思考力・判断力・表現力、学習意欲、学習・生活習慣、自分への自信、将来についての関心、体力などに課題があると指摘されている[1]。このような課題の背景としては[2]、核家族化や都市化という社会の変化に伴う家庭や地域の教育力の低下、様々な人間関係における経験不足、自然を体験する機会の減少等があげられる。また、不景気や非正規雇用者の増加等の雇用環境の変化により、将来に不安を感じたり、それによって学習に意義を見出せない子どもたちが増えている。

　一方で、2006年12月に教育基本法が改正され、それに基づき2007年には学校教育法、地方教育行政の組織及び運営に関する法律、教育職員免許法等が改正された。新しい教育基本法では公共の精神や伝統を強調する文言が加わり、

生涯学習や家庭教育、幼児教育に関する規定を新たに設けるなど教育の領域をより幅広く捉え、教育全般のあり方について示している。また、2000年以降に経済協力開発機構（OECD）が行っている生徒の学習到達度調査（PISA）や国際教育到達度評価学会（IEA）の国際数学・理科教育動向調査（TIMSS）等の調査結果などから日本の児童生徒の学力低下問題が社会的に注目され、学力の向上を目指すための対策が求められるようになった。

このような教育を取り巻く動きを反映する形で、2008年に学習指導要領が新しく改訂されたのである。新学習指導要領では、学力低下に対応するために、授業時間の増加、その中でも国語、算数、数学、理科の時間を増やしている。また、中学の保健体育で武道を必修にするなど、日本の伝統と文化を尊重する姿勢を育むための教育内容を盛り込んでいる。そして、新しい学力としてコミュニケーション能力や自己表現能力等が求められており、そのために各教科や領域において言語活動の充実を図っている。つまり、新しい学習指導要領では、①「生きる力」という理念の共有、②基礎的・基本的な知識・技能の習得、③思考力・判断力・表現力等の育成、④確かな学力を確立するために必要な授業時数の確保、⑤学習意欲の向上や学習習慣の確立、⑥豊かな心や健やかな体の育成のための指導の充実を改訂のポイントとし、教育内容を見直している。

2．特別活動をめぐる改革の動き

2008年に改訂された学習指導要領は、2011年から小学校、2012年から中学校、2013年から高等学校で順次実施されるようになった。その中で特別活動に関してはどのような改善の方向性が示されているかについて確かめてみたい。

1998年の学習指導要領に基づいて行われてきた特別活動は次のような課題があったと指摘されている[3]。一つ目は、特別活動が学校生活の満足・楽しさに深くかかわりながらも、どのような資質能力の成長を目指しているかが不明確であったという点である。また、各内容の目標や方向性が明確に示されておらず、道徳や総合的な学習の時間との関係も曖昧であった。二つ目は、社会環境が激変する中で、児童生徒の実態も大きく変わってきており、現状に対応した教育内容・方法を取り入れる必要があったという点である。特に小1プロブレムや中1ギャップの問題、人間関係が築けず集団生活に適応できない問題等が

注目された。

このような課題に対応するために中央教育審議会答申では次のような改善のための基本方針が示された[4]。

中央教育審議会における特別活動の改善のための基本方針

○特別活動については、その課題を踏まえ、特別活動と道徳、総合的な学習の時間のそれぞれの役割を明確にし、望ましい集団活動や体験的な活動を通して、豊かな学校生活を築くとともに、公共の精神を養い、社会性の育成を図るという特別活動の特質を踏まえ、特によりよい人間関係を築く力、社会に参画する態度、自治的能力の育成を重視する。また、道徳的実践の指導の充実を図る観点から、目標や内容を見直す。

○特別活動の各内容のねらいと意義を明確にするため、各内容に係る活動を通して育てたい態度や能力を、特別活動の全体目標を受けて各内容の目標として示す。

○子どもの自主的、自発的な活動を一層重視するとともに、子どもの実態に適切に対応するため、発達や学年の段階や課題に即した内容を示すなどして、重点的な指導ができるようにする。その際、道徳や総合的な学習の時間などとの有機的な関連を図ったり、指導方法や教材を工夫したりすることが必要である。

○自分に自信がもてず、人間関係に不安を感じていたり、好ましい人間関係を築けず社会性の育成が不十分であったりする状況が見られたりすることから、それらにかかわる力を実践を通して高めるための体験活動や生活を改善する話合い活動、多様な異年齢の子どもたちからなる集団による活動を一層重視する。

特に体験活動については、体験を通して感じたり、気付いたりしたことを振り返り、言葉でまとめたり、発表し合ったりする活動を重視する。

この基本方針では、第一に、人間関係を築く力、社会に参画する態度や自治的能力等の社会性の育成に重点を置いている。その際、体験活動や生活改善のための話し合いの活動、多様な異年齢集団による活動を重視している。第二に、特別活動の各内容のねらいと意義を明確にするために、各内容の目標を示すことが求められている。また、子どもの実態に適切に対応するために、発達や学年の段階に即して内容を明確にする必要性を示している。その他、振り返りや言葉で表現する言語活動を特別活動においても重視するようになった。

第2節　特別活動の位置づけと目標

　教育課程は教科と教科以外の諸活動で構成されており、学校生活の中で行われている教科以外の様々な教育活動を特別活動として捉えることができる。具体的には、入学式や卒業式、運動会等の学校行事、給食、清掃、係活動やクラスでの話し合い等の学級活動、児童会・生徒会活動、クラブ活動（小学校のみ）等を含むものである。ここでは、特別活動についての法律的な規定、その目標と特徴について述べる。

1．特別活動の位置づけ

　日本の小・中学校、高等学校の教育は法令に基づいて行われており、教育課程については学校教育法施行規則と学習指導要領に詳しく定められている。

　学校教育法施行規則第50条、同第72条、同第83条によると、教育課程は各教科、道徳（小学校、中学校）、外国語活動（小学校のみ）、総合的な学習の時間、そして特別活動の領域で構成されている。特別活動は小・中・高等学校のすべての学校段階において重要な教育活動として教育課程に位置づけられている。

　特別活動の内容は、小学校では学級活動、児童会活動、学校行事、クラブ活動の4項目、中学校では学級活動、生徒会活動、学校行事の3項目、高等学校ではホームルーム活動、生徒会活動、学校行事の3項目で構成されている。

　また、学校教育法施行規則および学習指導要領には、特別活動への配当時間について、小学校が34〜35時間、中学校が35時間、高校が35時間となっており、これらの時間は主に学級活動（ホームルーム活動）の時間として運用される。その他の児童会・生徒会活動及び学校行事については、各学校が必要に応じて適切に授業時数を配当することになっている。

2．特別活動の目標

　各学校段階ごとに学習指導要領に示された特別活動の目標と内容、授業時数は表15-1の通りである。

表15-1　小学校・中学校・高等学校教育課程における特別活動

	小学校	中学校	高等学校
目標	望ましい集団活動を通して、心身の調和のとれた発達と個性の伸長を図り、集団の一員としてよりよい生活や人間関係を築こうとする自主的、実践的態度を育てるとともに、自己の生き方についての考えを深め、自己を生かす能力を養う。	望ましい集団活動を通して、心身の調和のとれた発達と個性の伸長を図り、集団や社会の一員としてよりよい生活や人間関係を築こうとする自主的、実践的態度を育てるとともに、人間としての生き方についての自覚を深め、自己を生かす能力を養う。	望ましい集団活動を通して、心身の調和のとれた発達と個性の伸長を図り、集団や社会の一員としてよりよい生活や人間関係を築こうとする自主的、実践的態度を育てるとともに、人間としての在り方生き方についての自覚を深め、自己を生かす能力を養う。
内容	学級活動、クラブ活動、児童会活動、学校行事	学級活動、生徒会活動、学校行事	ホームルーム活動、生徒会活動、学校行事
授業時数	年間35時間、1年生は34時間 学級活動：週1時間 クラブ活動、児童会活動、学校行事は各学校で適切に扱う。	年間35時間 学級活動：週1時間 生徒会活動、学校行事は各学校で適切に扱う。	年間35時間 学級活動：週1時間 生徒会活動、学校行事は各学校で適切に扱う。

（学校教育法施行規則第50条、同第72条、同第83条、学習指導要領に基づいて筆者が作成）

　特別活動の目標を見ると、「望ましい集団活動を通して」という方法原理が最初に示されていることにその特徴を見出すことができる。児童生徒が、学級活動、児童会・生徒会、クラブ活動、学校行事などを通して、様々な形で集団活動を経験しながら学ぶことをねらいとしている。また、「なすことを通して学ぶ」という実践的な活動による学びを重視している。それでは、特別活動の各目標について確かめてみたい。

　第一の目標は、「心身の調和のとれた発達と個性の伸長」を図るということで

ある。特別活動は知的な側面のみならず、情緒的、身体的な側面を重視した全人的な発達を目指している。また、個性の伸長を目標としてはっきりと示しており[5]、様々な集団活動を通して、児童生徒が集団の中で自分の個性を見つけ、発揮することで、自分らしさを磨いていくことを打ち出している。

　第二の目標は、「集団の一員としてよりよい生活や人間関係を築こうとする自主的、実践的態度を育てる」ということである。これは、児童生徒が所属している様々な集団の中で多様な人間関係を実際に経験することで、人間関係を形成する力やコミュニケーション能力などを身につけていくことを意味する。

　第三の目標は、「人間としての生き方についての自覚を深め、自己を生かす能力を養う」ということである。つまり、自分自身あるいは人間に対する理解を深め、人間はどう生きるべきか、どのように社会とかかわるべきかについて考え、自分を生かして自己実現を図る能力を養うことを意味している。

　特に、2008年の改訂では、目標として「人間関係を築く」という文言がすべての学校段階で新たに加えられている[6]。これは、特別活動を通して、人間関係に不安を抱いていたり他人とのコミュニケーション能力が不十分な児童生徒の社会性を育成することが期待されていることを示している。そして、小学校段階における特別活動の目標として「自己の生き方について考えを深め、自己を生かす能力を養う」という文言も加わっている[7]。つまり、自分の個性を把握しながら、自分なりの生き方について考え、自己実現していくという自立した人間の育成を重視しているといえる。

　また、学校段階ごとの目標を比較してみると、「自己の生き方についての考えを深める」から「人間としての生き方についての自覚を深め」、さらには「人間としての在り方生き方についての自覚を深め」というように、学校段階が上がるにつれて、個人の理解だけでなく人間に対する理解、そして人間の在り方という哲学的な内容を含むものになっている[8]。これは、学校段階ごとに児童生徒の発達に合わせた、より明確な目標が示されるようになったということである。

第3節　学校教育における特別活動の変遷

　学習指導要領における教科外活動は1947年に「自由研究」という名称で登場し、その後「特別教育活動」、そして「特別活動」へと名称が変更された。以下では、学習指導要領において、特別活動の位置づけ、その内容、役割がどのように変遷してきたかについて述べる。

1．自由研究—1947年『学習指導要領一般編（試案）』

　戦前の日本の学校教育においては教科外活動として、入学式、卒業式、運動会、学芸会が行われていた。これはあくまでも学校教育の「教科課程」には含まれない課外活動としてであった[9]。戦後になると、1947年に学校教育の内容を示す学習指導要領が試案という形で初めて出されるが、教科以外の活動として「自由研究」が設けられた。これは児童生徒の自主的、自発的活動として児童生徒の個性や興味関心に応じた学習ができる時間であった。その内容としては、クラブ活動、当番の仕事や学級委員としての仕事などが例示されていた[10]。自由研究は、小学校では第4学年以上の必修教科として、中学校では選択教科の一つとして位置づけられた。

2．特別教育活動—1951年『学習指導要領一般編（試案）』

　1951年の学習指導要領（試案）では「自由研究」が廃止され、新しく「特別教育活動」（小学校では「教科以外の活動」）が教育課程の一領域として設けられるようになった。この学習指導要領から「教育課程」という用語が使われ、中学校の教育課程は必修科目、選択科目、特別教育活動で構成された。学習指導要領の一般編では、特別教育活動を「教科の活動ではないが、一般目標に寄与する」活動であると定義し、「単なる課外ではなく、教科を中心として組織された学習活動ではないいっさいの正規の学習活動」であるとした。その内容は「ホームルーム」、「生徒会」、「クラブ活動」、「生徒集会」の広範囲にわたっている。また、児童生徒が自ら計画し実行する自主的、自発的活動として位置づけられていた。配当時間は、ホームルームが週に1時間以上、生徒集会が週

に一度開催されることが望ましいとされた。

3．特別教育活動及び学校行事等—1958年『中学校学習指導要領』

　この改訂から学習指導要領が「文部省告示」になり、経験主義教育から系統主義を重視する教育へと転換された。また、「道徳」が新設され、小・中学校教育課程は、「各教科」、「道徳」、「特別教育活動」、「学校行事等」の4領域から構成されるようになった。「学校行事等」が分離されたことで、特別教育活動の内容は、「生徒会活動」、「クラブ活動」、「学級活動」になり、一方で学校行事等の内容は「儀式」、「学芸的行事」、「保健体育的行事」、「遠足、修学旅行」、「その他」で構成された。この改訂によって特別教育活動が持つ児童生徒の自主的、自発的活動という方向性が弱まり、教師のリーダーシップが強調され、児童生徒が主体的に活動する側面よりは形式的、表面的に実施されたと指摘されている[11]。

4．特別活動—1969年『中学校学習指導要領』

　特別教育活動と学校行事等の内容が精選、統合され、新たに「特別活動」が設けられるようになった。それにより教育課程は「各教科」、「道徳」、「特別活動」で構成された。この改訂で特別活動の大枠が現在のような形になり、戦後の特別活動の変遷において一つの分岐点となる。特別活動の目標は「教師と生徒及び生徒相互の人間的接触を基盤とし、望ましい集団活動を通して豊かな充実した学校生活を体験させ、もって人格の調和的な発達を図り、健全な社会生活を営む上で必要な資質の基礎を養う」とした。つまり、集団活動を通して人間性、社会性を磨くことを目指しているといえる。内容構成は、「生徒活動」として生徒会活動、クラブ活動、学級会活動等が含まれ、「学級指導」では個人的適応、集団生活への適応、学業生活、進路の選択、健康・安全に関することが位置づけられていた。「学校行事」としては儀式的、学芸的、体育的、修学旅行的、保健・安全的、勤労・生産的行事を含んでいる。「学級指導」の新設は、当時受験競争の激化による人間としての全体的な調和の欠如が問題とされたことから、生徒指導の機能をより強化・補充するためのものであった[12]。また、1968年に改訂された小学校学習指導要領では、内容が「児童活動」、「学級

指導」、「学校行事」で構成されている。高等学校では1970年に特別教育活動と学校行事等が統合され、「各教科以外の教育活動」という名称となった。

5．特別活動—1977年『中学校学習指導要領』

1977年の学習指導要領では、特別活動の基本的な性格が前回のものとほぼ同様であり、内容についての大きな変化はなかった。この改訂では進学率の増加とともに知識中心の教育が行われていることに対して、教育内容の精選、知・徳・体の調和の取れた発達を目指し、ゆとりを重視する動きが見られた。特別活動の内容構成は、「生徒活動」、「学級指導」、「学校行事」の3分野になっていた。目標は、「望ましい集団活動を通して、心身の調和のとれた発達を図り、個性を伸長するとともに、集団の一員としての自覚を深め、協力してよりよい生活を築こうとする自主的、実践的態度を育てる」とした。つまり、心身の調和的発達を図るとともに児童生徒一人一人の個性を伸ばすという視点が加わり、自主的、実践的態度が強調された。また、特別活動の各教科との関連、小・中学校のより密接な関連と充実、地域との交流、勤労に関する体験学習などの事項が重視されるようになった。

6．特別活動—1989年『中学校学習指導要領』

1989年の改訂においては主な変更点として、従来の学級会活動と学級指導を統合した「学級活動」の新設、奉仕的活動を加えたクラブ活動、部活動によるクラブ活動の代替、集団的、奉仕的活動を加えた学校行事の改善、国旗・国歌指導の徹底の明記などがあげられる。これにより、特別活動は「学級活動」、「生徒会（児童会）活動」、「クラブ活動」、「学校行事」の4項目で構成されることになった。社会への変化、生涯学習社会への対応を目指した学校教育の流れの中で、特別活動は「人間としての生き方の自覚及び自己を生かす能力の育成」や「日本人としての自覚及び国を愛する心の育成」を重視するなど家庭の教育力低下を補う役割も期待されていたといわれている[13]。また、1988年12月の教育職員免許法の改正により小・中・高等学校の教育職員免許状取得に必要な教職課程科目に「特別活動」が必修科目として新設され、特別活動の位置づけがさらに強調された時期であった。

7．特別活動—1998年『中学校学習指導要領』

　1998年の学習指導要領の改訂では、「ゆとり」の中で「生きる力」を育むという方針のもと、教育内容が厳選されるとともに「総合的な学習の時間」が新設された。その中で特別活動の内容も厳選が不可避なものとなり、児童生徒の興味関心に基づいた主体的活動は総合的な学習の時間を中心に行うものとして捉え、特別活動では集団活動への適応および社会性の育成という側面をより重視する傾向が見られた。改善の方向性として「好ましい人間関係の育成、基本的なモラルや社会生活のルールの習得、協力してよりよい生活を築こうとする自主的・実践的態度、ガイダンス機能の充実を重視する」という観点が示され、家庭や地域との連携、自然や社会体験の充実、国旗・国歌の指導の徹底などが具体的な改善の内容であった[14]。小学校では従来通りに「学級活動」、「児童会活動」、「クラブ活動」、「学校行事」の4項目の構成であったが、中学校、高等学校では放課後の部活動や「総合的な学習の時間」を通して個を重視した教育が期待できるとし、「クラブ活動」が廃止となったのである[15]。

第4節　特別活動の内容と指導

　特別活動は、学級・ホームルーム活動、児童会・生徒会活動、学校行事、クラブ活動（小学校のみ）の4つの領域で構成される。従来の学習指導要領では、特別活動の各領域について具体的な目標は定めずに内容のみを示していたが、2008年の学習指導要領では各領域について目標が提示されている。以下では特別活動の各領域の目標と内容について確かめてみたい。

1．学級活動

　学習指導要領で示された学級・ホームルール活動の目標は、「学級（ホームルーム）活動を通して、望ましい人間関係を形成し、集団の一員として学級（ホームルーム）や学校におけるよりよい生活づくりに参画し、諸問題を解決しようとする自主的、実践的な態度や健全な生活態度を育てる」ことである。

その具体的な内容として、小学校では、①学級・学校の生活づくり、②日常の生活や学習への適応及び健康安全。中学校では、①学級や学校の生活づくり、②適応と成長及び健康安全、③学業と進路。高等学校では、①ホームルームや学校の生活づくり、②適応と成長及び健康安全、③学業と進路があげられている[16]。つまり、学級活動は、児童生徒が学級（ホームルーム）で集団生活をしていくために必要な話し合いや様々な仕事の処理のための当番、係活動を自ら行うことで、基本的生活習慣や望ましい人間関係を形成するとともに、自主的、実践的態度を身につけるための活動である。今回の改訂では、特に学校で行われる各種集団による自発的、自治的活動をより一層重視することや望ましい勤労観や食育の充実を図る観点が強調されているといえる[17]。

そして、学級活動では担任がどのように関わっていくのかが課題となる。学級担任が学級活動を直接・間接的に指導し、学級経営を行うことによって、より高い教育成果が期待でき、学級活動が児童生徒に対する生徒指導・進路指導を行う場としての機能を担うことになる。

2．児童会・生徒会活動

児童会・生徒会活動の目標について、学習指導要領には「望ましい人間関係を形成し、集団（や社会）の一員としてよりよい学校生活づくりに参画し、協力して諸問題を解決しようとする自主的、実践的な態度を育てる」と示されている。その内容としては、小学校では、①児童会の計画と運営、②異年齢集団による交流、③学校行事への協力。中学校、高等学校では、①生徒会の計画や運営、②異年齢集団による交流、③生徒の諸活動についての連絡調整、④学校行事への協力、⑤ボランティア活動等の社会参加があげられている。

児童会・生徒会は全児童・生徒が構成員となっており、その集団活動は民主主義社会における基本的な話し合いのルールを学校という組織を通して疑似体験し、その仕組みについて体得する場である。つまり、民主市民としての姿勢を学ぶ場であるといえる。また、児童生徒が自ら集団討議や意思決定を行ったり、学校行事に協力することによって自主的、実践的態度を養うことができる。さらに、児童会・生徒会活動を通して、異年齢集団による交流やボランティア活動などの社会参加が期待されている。児童生徒の学校生活は、同年齢の集団に

よる学級や学校内での活動が中心になりがちだが、より多様な人間関係を経験するために、児童会・生徒会を中心とする異学年の交流をさらに進めていく必要がある。また、学校の外に目を向け、他校や地域の人々との交流、様々なボランティア活動への参加により、児童生徒が社会の一員であることを自覚し、社会に参加する姿勢を身につけることができる。

3．学校行事

　学校行事の目標について、学習指導要領では「学校行事を通して、望ましい人間関係を形成し、集団への所属感や連帯感を深め、公共の精神を養い、協力してよりよい学校生活を築こうとする自主的、実践的態度を育てる」としている。また、内容は「全校又は学年を単位として（高校の場合：全校若しくは学年又はそれらに準ずる集団を単位として）、学校生活に秩序と変化を与え、学校生活の充実と発展に資する体験的な活動を行うこと」であるとし、儀式的行事、文化的行事、健康安全・体育的行事、旅行・集団宿泊的行事、勤労・生産・奉仕的行事の5種類を示している。

　学校行事は、全校又は学年という大きな集団を単位として、日常の学習や経験を総合的に発揮し、その発展を図る体験的な活動である[18]。すなわち、児童生徒の集団意識を高め、教科の内外において日常の学習成果の総合的な発展を図るものである。また、体験的に学ぶことで、自主的・実践的態度の養成を目指している。学校行事には、入学式、文化祭、健康診断、避難訓練、修学旅行、集団宿泊、職場体験、ボランティア活動などがあるが、各学校の特色と実情を生かしながら、教育課程に基づいて計画、実施することができる。

　2008年の改訂では、学芸的行事が文化的行事に改められ、文化や芸術に親しむこと、自然の中での集団宿泊活動、職場体験などが付け加えられた。つまり、文化や芸術に親しむ活動を展開し、より多様な体験を通し人間関係を深め、社会性を育成すること、望ましい勤労観・職業観を身につけるとともに社会奉仕の精神を身につけることを目指しているといえる[19]。

4．クラブ活動・部活動

　クラブ活動（小学校のみ）の目標について、小学校学習指導要領には「クラ

ブ活動を通して、望ましい人間関係を形成し、個性の伸長を図り、集団の一員として協力してよりよいクラブづくりに参画しようとする自主的、実践的態度を育てる」と示されている。この目標から、まずクラブ活動は児童の個性の発見と伸長を目指すものであり、他の特別活動の領域とは異なるユニークな機能を持っているといえる。また、同じ興味関心を持つ異年齢集団の交流を通して、学級を中心とする集団生活とは異なる新しい人間関係づくりが可能となる。

クラブ活動の内容としては、「学年や学級の所属を離れ、主として第4学年以上の同好の児童を持って組織するクラブにおいて、異年齢集団活動の交流を深め、共通の興味・関心を追求する活動を行うこと」であるとし、主に、①クラブの計画や運営、②クラブを楽しむ活動、③クラブの成果の発表があげられている。

一方、中学校、高等学校における部活動について見直しが行われた。1998年の学習指導要領においては、部活動への参加をもってクラブ活動の履修に代替できる「部活代替制度」が廃止され、中学校・高等学校におけるクラブ活動が廃止されるとともに、部活動に関する記述も削除された[20]。しかし、実際の学校教育においては部活動の意義や役割が重視される傾向が継続されており、2008年の学習指導要領ではこのような実態を反映する形で、学校教育の一環として「総則」で記述することになった。

第5節　特別活動の意義と課題

特別活動は、学校教育において人格形成の役割を担っており、教育課題を改善していくために重要な意味を持つ。では、特別活動がどのような意義を持っているかについて、今日の教育課題に照らし合わせながら考えてみたい。

第一に、特別活動は集団活動を特質とするものであり、社会性の育成を目指している。子どもたちの人間関係の希薄化、コミュニケーション能力の低下が問題となっているが、特別活動では様々なレベルでの集団活動を経験することができる。それらの活動は、学級（クラス）を中心とする学級活動、学級の中での小集団活動（班、係、当番）、学年のレベルでの集団活動、あるいは学年

を超えて全学年で取り組む児童会・生徒会、委員会活動、クラブ活動、学校行事などである。このような活動を通して、子どもたちは同年齢、異年齢、地域の人々との多様な人間関係を経験し、コミュニケーション能力を高めることができる。

　第二に、特別活動は「なすことによって学ぶ」実践的な活動である。今日においては子どもたちの生活体験や自然体験の不足が指摘されており、知識や情報を実生活において活用する力が問われている。特別活動では、児童生徒が学級活動、学校行事、クラブ活動などを通して自らの生活や学習を計画し、その実現に向けて活動し、直面した問題を解決していくことになる。そのような活動を通して各教科や総合的な学習の時間等で学んだ知識を実際に活用する能力を高めることが期待される。

　第三に、特別活動は学習意欲の高揚、学力の向上に寄与するものである。現在学力低下が問題となっており、子どもたちの学習意欲が低下しているといわれている。一方で、日本の子どもたちは学校が好きで、仲良く助け合って学校生活を送っており、その背景には特別活動の教育的な機能が働いているとの分析もある[21]。特別活動は学校教育において学校生活の楽しさ、学びの喜びを伝えてくれるものである。このような学習意欲を高める特別活動は、日本の学校がこれまでよい成績を維持してきた基盤を作っていたともいえる。

　では、特別活動の機能と役割を充実化させるための課題について確かめてみたい。まず、特別活動が全体的に縮小傾向にある中で、期待される教育内容は道徳教育、キャリア教育、食育、健康教育、安全・防災教育など多岐にわたっている。このような教育をいかに取捨選択し、効率的・効果的に行っていくかが課題となっている[22]。次に、特別活動には決められた教科書や指導書はなく、各学校や教員に指導が委ねられている。実際に各学校では多様な実践が行われており、教師の指導力が最も問われる教育活動であるといえる。したがって、教員の指導力をどのように高めていくかが大きな課題となっている。また、「よりよい人間関係を築く力」を養うこと、あるいは「個を生かす能力」を育てることが、新たに特別活動の目標に加わっている。このような資質能力を育てるために、どのような特別活動を展開していくべきかが今後の検討課題である。そして、特別活動と他の教育領域との関係の明確化、特別活動の各内容の

明確化、あるいは児童生徒の発達を考慮した学校段階や年齢ごとの内容の明確化が図られているが、それがどのように具体化され、教育実践に結びついていくかがこれから問われるところである。

　特別活動を通して築きあげられた学級集団、学年集団、異年齢集団における人間関係、教師と児童生徒の関係、家庭や地域との関わりは、子どもたちの学習意欲を高め、全人的な発達を促す基盤となる。また、知・徳・体のバランスのとれた人格形成のための教育機能を担っているといえる。このような教育的機能を最大限に果たすためには、指導方法の工夫など今後更なる検討と研究が必要であろう。

(森　貞美)

〔注〕
(1) 中央教育審議会答申「幼稚園、小学校、中学校、高等学校及び特別支援学校の学習指導要領等の改善について」2008年1月17日、16頁。
(2) 同上、16～17頁。
(3) 福本みちよ「教育課程と特別活動」北村文夫編『指導法　特別活動』玉川大学出版部、2011年、32頁。
(4) 中央教育審議会答申、前掲、127～128頁。
(5) 伊藤毅『未来の教師におくる特別活動論』武蔵野美術大学出版局、2011年、21頁。
(6) 天笠茂編『中学校新学習指導要領の展開　特別活動編』明治図書、2008年、15頁。
(7) 福本みちよ、前掲書、33頁。
(8) 伊藤毅、前掲書、24頁。
(9) 同上書、25～26頁。
(10) 杉田洋「日本型の教育としてのこれからの特別活動を展望する」『初等教育資料』No.898、2013年、48頁。
(11) 森部英生「特別活動の変遷」大森勝男・森部英生編『特別活動の研究』亜紀書房、1991年。
(12) 福本みちよ「臨時教育審議会後の教育制度改革に関する一考察―昭和50年代以降の特別活動論の分析をふまえて」日本教育制度学会『教育制度学研究』第2

号、1995 年。
(13) 同上書。
(14) 教育課程審議会答申「幼稚園、小学校、中学校、高等学校、盲学校、聾学校及び養護学校の教育課程の基準の改善について」1998 年。
(15) 文部省『中学校学習指導要領解説　特別活動編』ぎょうせい、1999 年。
(16) 文部科学省『小学校学習指導要領解説　特別活動編』ぎょうせい、2008 年、『中学校学習指導要領解説　特別活動編』ぎょうせい、2008 年、『高等学校学習指導要領解説　特別活動編』ぎょうせい、2009 年。
(17) 小島昭二「教育課程と特別活動」北村文夫編『指導法　特別活動』玉川大学出版部、2011 年、40 頁。
(18) 文部科学省『中学校学習指導要領解説　特別活動編』2008 年、74 頁。
(19) 小島昭二、前掲書、41 ～ 42 頁。
(20) 橋本定男「クラブ活動・部活動と人間形成」山口満・安井一郎編『改訂新版　特別活動と人間形成』学文社、2013 年、165 頁。
(21) 遠藤忠「日本型の教育としての特別活動―学力向上と特別活動」『初等教育資料』No.898、2013 年、53 頁。遠藤は OECD の分析に基づいて特別活動の役割について述べている（OECD『PISA から見る、できる国・頑張る国２』明石書店、2012 年、51 頁）。
(22) 杉田洋、前掲書、49 頁。

〔参考文献〕
天笠茂編『中学校新学習指導要領の展開　特別活動編』明治図書、2008 年
伊藤毅『未来の教師におくる特別活動論』武蔵野美術大学出版局、2011 年
北村文夫編『指導法　特別活動』玉川大学出版部、2011 年
教師養成研究会編『特別活動の理論と方法三訂版』学芸図書、2009 年
新富康央編『小学校新学習指導要領の展開　特別活動編』明治図書、2008 年
日本特別活動学会監修『新訂　キーワードで拓く新しい特別活動』東洋館出版社、2010 年
宮川八岐・石塚忠男・杉田洋編『小学校新学習指導要領の授業―特別活動実践事例集』小学館、2009 年
文部科学省「小学校学習指導要領解説　特別活動編」ぎょうせい、2008 年
文部科学省「中学校学習指導要領解説　特別活動編」ぎょうせい、2008 年

文部科学省「高等学校学習指導要領解説　特別活動編」ぎょうせい、2009年
山口満編『高等学校新学習指導要領の展開　特別活動編』明治図書、2009年
山口満・安井一郎編『改訂新版　特別活動と人間形成』学文社、2013年
湯川次義編『よくわかる教育の基礎』学文社、2012年

第16章
外国人児童生徒の指導の実践と方法

第1節　外国人児童生徒をめぐる教育課題の顕在化

1．児童生徒の「多文化」化の進行

　現在、日本の学校にはどのくらいの外国人児童生徒が在籍しているのだろうか。「学校基本調査」（文部科学省）によると、2012年5月1日現在、国公私立の小学校には40,699人、中学校には22,401人の外国人児童生徒が在籍している。このうち、小学校では98.9%が、中学校では95.6%が公立学校に在籍している。

　日本の学校で多国籍化と多民族化が加速したのは、1990年以降である。その直接的な契機になったのは、1990年6月の「出入国管理及び難民認定法」の改正である。この改正により、日系人の在留資格が緩和され日本での就労が容易になったため、就労目的の日系人労働者の大量入国が続いた。その結果として、保護者とともに来日あるいは後からの呼び寄せなどにより、日系人を中心とする外国人児童生徒が日本の公立学校に数多く在籍することになったのである。

　1990年代以降の"ニューカマー"（1970年代後半から増加してきた、就労、国際結婚、難民などの理由で来日している外国人）といわれる外国人の急増よりもはるかに前から、"オールドカマー"（第二次世界大戦を契機として日本に来ることになった朝鮮人や台湾人。入管特例法により、「特別永住者」といわれる）といわれる外国人が公立学校には数多く在籍してきた。しかし、オールドカマーのほとんどが日本生まれ日本育ちで、日本語や日本文化を習得していたため、彼らが日本とは異なる文化的背景を持つ存在として認識されることは

第Ⅱ部　学校教育の実践

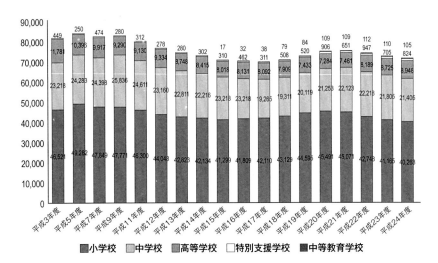

図16-1　公立学校に在籍する外国人児童生徒数の推移
文部科学省「学校基本調査」より

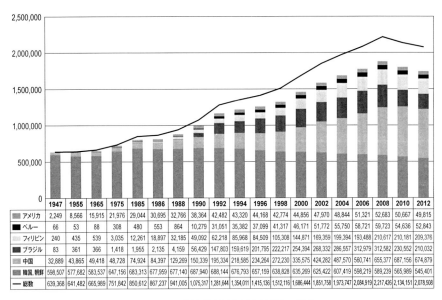

図16-2　国籍別外国人登録者数の推移
法務省「登録外国人統計」より

第16章　外国人児童生徒の指導の実践と方法

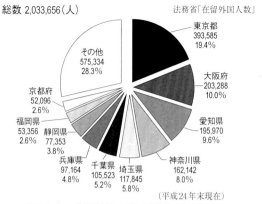

図16-3　在留外国人数の都道府県別割合

少なかった。しかしながら、ニューカマーの外国人児童生徒は、日本とは異なる文化の下で育ってきたため、「日本語を話さない」、「日本文化になじんでいない」という点で、強烈にその「異文化」性を実感させることになった。

　"目に見える形"で「異文化の存在」として公立学校に在籍するようになった外国人児童生徒であったが、当初はその大半が日系ブラジル人や日系ペルー人であり、また、労働需要のある大都市近郊や企業城下町に集住する傾向があった。そのため、外国人児童生徒への対応が急を要する課題として認識されたのは限られた自治体のみであり、1990年代後半になるまでは、他の多くの自治体で共有されるほどの広がりはなかった。

　しかし、2000年代に入ってから、外国人の居住地域が集住型から散在型へと変化するにつれ、外国人児童生徒の指導は、より多くの自治体で対応を迫られる課題となった。また、1990年代の急増期とは異なり、外国人の多様化が見られるようになる。ブラジル人やペルー人の増加は緩やかになり、代わって中国人の増加が顕著となる。戦後一貫して外国人登録者統計の中で最大数を占めていたのは、「韓国・朝鮮」であったが、2007年に初めて「中国」が最大数となった。リーマンショック以降は、日系人帰国支援事業（厚生労働省）等により多数のブラジル人が帰国したため、次第にフィリピン国籍者の占める割合が大きくなってきている。また、近年の特徴として、"外国籍の"外国人だけでなく、

「外国にルーツをもつ子ども」といわれる、国際結婚家庭の子どもや国籍変更手続きを経て日本国籍を取得した子どもなど、国籍上は日本人（日本国籍者）であるが、日本とは異なる文化的背景の下で育ってきた児童生徒が増加している。これまでのように、「国籍」を目印にしているだけでは発見しにくい「異文化」の児童生徒は相当数にのぼる。

2．日常会話力の育成重視から教科学習力の育成重視へ

　これまでにも、外国での生活経験のある日本人（帰国児童生徒）やオールドカマーの外国人が日本の学校には在籍していたが、彼らの「異文化」性は、尊重されるというよりもむしろ、日本文化の同質性の中へ吸収すべき「同化の対象」となってきた。しかしながら、「日本語を話さない」、「日本文化になじんでいない」ニューカマーの外国人児童生徒は、あまりに急激に相当な数で増加したため、対処療法的に日本語や日本文化を教えていく「適応」という形での受け入れがなされた。つまり、明確な受け入れ方針や指導指針があったわけではなく、次々に編入学してくる外国人児童生徒を目の前にして、とりあえず日常会話だけでも可能になるようにと、応急的に日本語指導が行われた。

　こうした学校現場での混乱を背景に、文部科学省は1991年度から「日本語指導が必要な外国人児童生徒の受入状況等に関する調査」を実施するようになる。ここでいう「日本語指導が必要な」がどのような状態を指すのかは、調査開始当初は明確な定義がなく、学校現場の調査回答者の感覚に委ねられていた。実態としては、外国人児童生徒の急増期にあった2000年代に入る頃までは、「日本語指導が必要な」状態とは、初期指導段階といわれる、ひらがなもカタカナも読み書きできず、必要最低限の日常会話も十分にできない状態を意味すると考えられていた。実際、この時期には、文部省や地方自治体等あるいは民間の出版社等からも、初期指導用の日本語教材が次々と出版された。しかしながら、こうした対処療法的な指導が続く中で、やがてある大きな課題が顕在化してくるようになる。「学習言語の獲得」といわれる課題である。

　文部科学省は2006年度調査時に、「日本語指導が必要な外国人児童生徒」とは、「日本語で日常会話が十分にできない児童生徒及び日常会話ができても、学年相当の学習言語が不足し、学習活動への参加に支障が生じており、日本語指

第16章　外国人児童生徒の指導の実践と方法

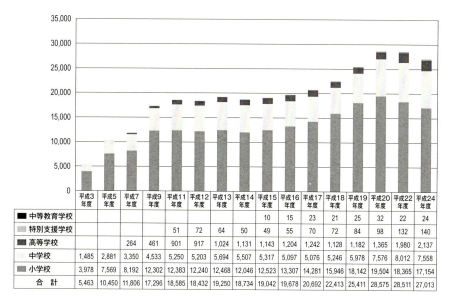

図16-4　日本語指導が必要な外国人児童生徒数の推移
文部科学省「日本語指導が必要な児童生徒の受入れ状況等に関する調査」より

導が必要な児童生徒を指す」と初めて定義づけた。この背景には、日常会話に必要な日本語の習得を終えているのに、教科の学習活動にはついていけないという外国人児童生徒の存在が無視できなくなったことがある。1990年代初め頃の外国人児童生徒の急増期は、外国人集住地域といわれる一部の自治体で外国人児童生徒の日本語指導の課題が生じていた。外国人集住地域の場合、次から次へと外国人児童生徒が新しくやってきていたため、常に初期指導段階の外国人児童生徒への対応に追われていた。そちらに関心が向き続ける一方で、早くに来日した外国人児童生徒の中には、滞日年数が長くなり、すでに初期指導段階の日本語指導の必要がなくなった者も少なくなかった。彼らは日常会話ができるようになり、文字の読み書きもできるようになったため、もはや「日本語指導が必要な」児童生徒とは見なされなくなっていたが、実際には、教科の学習活動に必要な「学習言語の獲得」という点での日本語指導は必要な状態だったのである。

このような"見た目に"日本語指導の必要がなくなった児童生徒に対し、継続して日本語指導を行う必要性を広く認識させる契機になったのが、文部科学省によるJSLカリキュラムの開発である。JSLとは、「Japanese as a Second Language」（第二言語としての日本語）を意味する。JSLカリキュラムは、「日常的な会話はある程度できるが、学習活動への参加が難しい子どもたちに対し、学習活動に日本語で参加するための力（＝「学ぶ力」）の育成」を目指したもので、2003年7月に小学校編が、2007年3月に中学校編が開発された。JSLカリキュラムの開発を契機として、外国人児童生徒の日本語習得には二段階あり、初めに日常会話力の習得を意図した初期指導型の日本語指導を行うが、その次には教科学習力の習得を意図した教科指導型の日本語指導が必要になるということが、学校現場で徐々に理解されるようになってきている。

第2節　外国人児童生徒の指導に関する施策の動向

公立学校に在籍する外国人児童生徒をめぐっては、就学支援、日本語指導支援、指導者の確保、という3つの観点から施策が展開されてきた（表16-1参照）。

1．就学支援

外国人には、日本国憲法第26条が定める就学義務があてはまらないため、外国籍保護者には子どもに小・中学校教育を受けさせる義務がない。しかし、子どもの教育を受ける権利を保障する観点から、自治体では公立義務教育諸学校への就学案内を通知するなどして、外国人の子どもの就学機会の確保に努めている。

外国人児童生徒の就学機会の確保は、元々はニューカマーの外国人児童生徒を想定したものではなかった。1991年の日韓外相覚書により、在日韓国人について、「日本人と同様の教育機会を確保するため、保護者に対し就学案内を発給することについて、全国的な指導を行う」とされたことを受けて、この方針が、在日韓国人以外の外国人にも適用されるようになったのである[1]。近年で

は、就学機会の確保にとどまらず、『外国人児童生徒受入れの手引き』(文部科学省、2011年)を発行するなどして、就学後の受入体制の整備を自治体や学校に促している。

　また、2014年1月には学校教育法施行規則が一部改正され、日本語指導が必要な児童生徒に対して「特別の教育課程」を編成して、日本語力の向上をめざすだけでなく、日本語力や学習到達度に応じた各教科等の指導ができるようになった。これにより、学校への受け入れ(就学機会の確保)にとどまらず、正規の教育課程内での日本語学習の機会の確保が、自治体や学校の判断により可能となった。

2．日本語指導支援

　外国人児童生徒が急増し始めた1990年代初頭、外国人児童生徒への日本語指導について、小・中学校の教育現場ではほとんど経験がなかった。また、市販の日本語指導教材は大人の学習者向けのものであり、子ども向けのテキストも教材もなく、指導方法も確立されていなかった。こうした事情から、文部省が率先して、教師用の日本語指導書や日本語指導テキストの作成を行ってきた。初期指導用のテキストの開発に始まり、やがて教科指導用のJSLカリキュラムの開発に至るが、JSLカリキュラムの開発によって、日本語指導観が一変したことから、日本語指導支援において文部科学省の果たしてきた役割は大きい。日本語指導のさらなる普及や細かな指導の実施に向けて、2014年1月には、指導計画策定の手がかりとするための日本語力測定ツールの開発も行われている(文部科学省『外国人児童生徒のためのJSL対話型アセスメントDLA』)。

3．指導者の確保

　外国人児童生徒への対応については、文部科学省初等中等教育局長通知「外国人児童生徒教育の充実について」(2006年)にも見られるように、就学環境の整備が課題と考えられてきた。その一環として、以前から日本語指導担当教員の加配や教育相談員の派遣など、指導者の配置が行われてきた。しかしその一方で、外国人児童生徒の指導について専門的な教育を受けた教員の育成や確保、指導者としての資質・能力の向上などは、長らく議論の俎上にのってこな

かった。

　しかしながら、近年では、外国人児童生徒の教育が学校教育の喫緊の対応課題であるとの認識が広がってきている[2]。外国人児童生徒の指導に対応できる力の育成は、国際教育や外国人児童生徒教育の分野に特化する形ではなく、教員一般を対象とした教師教育の主要課題の1つに位置づけられるようになってきている。こうした背景として、教育基本法改正により新たに策定が義務づけられた国の教育振興基本計画（2008年7月1日）の中に、「外国人児童生徒等の教育及び海外子女教育の推進」が盛り込まれたことの影響が大きい[3]。これを契機に、「教員養成系大学等においては、当該大学等の所在する地域の必要性に応じ、教職課程に在籍する学生等が日本語教育や国際理解教育を履修することを促進する取組を行う」[4]ことや、「日本語指導に携わる教員の養成については、今後、教員の資質向上方策の抜本的見直しの中においても検討される必要がある」[5]のように、外国人児童生徒の教育は、教員養成教育や現職教員研修の課題となってきている。

　現時点では、教員養成教育において外国人児童生徒教育に関する授業科目が開設されたり、現職教員研修においてテーマとして取り上げられたりするケースは全国的には多くはないが、今後その整備が進んでいくことが予想される。現職教員研修においては、文部科学省は『外国人児童生徒教育研修マニュアル』（2014年1月）を発行し、外国人児童生徒教育の研修の内容や実施方法などに関する詳細な情報提供を行い、自治体での研修機会の拡大を図ってきている。

第16章　外国人児童生徒の指導の実践と方法

表16-1　外国人児童生徒の指導に関する施策の経緯

1989年	文部省「外国人子女教育研究協力校」の指定
1991年1月30日	文部省初等中等教育局長通知「日本国に居住する大韓民国国民の法的地位及び待遇に関する協議における教育関係事項の実施について」
1991年	文部省「日本語指導が必要な児童生徒の受入れ状況等に関する調査」の開始
1992年度〜	文部省「外国人児童生徒・帰国児童生徒の日本語指導等担当教員」の配置（2002年度〜「児童生徒支援加配」にて対応）
1992年9月1日	文部省『にほんごをまなぼう　教師用指導書』の発行
1992年9月10日	文部省『にほんごをまなぼう』の発行
1993年度〜	教員研修センター「外国人児童生徒等に対する日本語指導のための指導者の養成を目的とした研修」の実施
1993年8月31日	文部省『日本語を学ぼう2』の発行
1994年4月25日	文部省『日本語を学ぼう2　教師用指導書』の発行
1995年7月1日	文部省『日本語を学ぼう3』の発行
1995年11月	文部省『ようこそ日本の学校へ』の発行
1996年12月3日	総務庁「外国人子女及び帰国子女の教育に関する行政監察」
1997年12月26日	文部省「外国人子女及び帰国子女の教育に関する行政監察」の勧告に伴う回答
1998年度	文部省「外国人子女教育受入推進地域」の指定（〜2001年度）
1999年度〜	文部省「外国人児童生徒等教育相談員派遣事業」の実施
2001年度	文部科学省「帰国・外国人児童生徒と共に進める教育の国際化推進地域事業」の実施（〜2005年度）
2001年度〜	文部科学省「帰国・外国人児童生徒教育担当指導主事等連絡協議会」（旧称「帰国・外国人児童生徒教育研究協議会」（〜2007年度））の開催
2003年7月	文部科学省『学校教育におけるJSLカリキュラムの開発について（最終報告）小学校編』の公表
2003年8月7日	総務省行政評価局「外国人児童生徒等の教育に関する行政評価・監視結果に基づく通知―公立の義務教育諸学校への受入れ推進を中心として―」
2004年8月12日	文部科学省初等中等教育局長決定「初等中等教育における国際教育推進検討会」の設置（〜2006年3月31日）
2005年8月3日	文部科学省「初等中等教育における国際教育推進検討会報告―国際社会を生きる人材を育成するために―」
2005年4月	文部科学省『外国人児童生徒のための就学ガイドブック』の発行
2005年度	文部科学省「不就学外国人児童生徒支援事業」の実施（〜2006年度）
2006年度	文部科学省「帰国・外国人児童生徒教育支援体制モデル事業」の実施
2006年6月22日	文部科学省初等中等教育局長通知「外国人児童生徒教育の充実について」
2006年12月25日	外国人労働者問題関係省庁連絡会議（内閣官房）「『生活者としての外国人』に関する総合的対応策」

2007年3月	文部科学省『学校教育におけるJSLカリキュラム（中学校編）』の公表
2007年度	文部科学省「JSLカリキュラム実践支援事業」の実施（〜2008年度）
2007年度	文部科学省「帰国・外国人児童生徒受入促進事業」の実施（〜2009年度）
2007年7月30日	文部科学省初等中等教育局長決定「初等中等教育における外国人児童生徒教育の充実のための検討会」の設置（〜2008年6月30日）
2008年6月1日	文部科学省「外国人児童生徒教育の充実方策について（報告）」
2009年3月27日	文部科学省初等中等教育局長通知「定住外国人の子どもに対する緊急支援について」
2009年度〜	文部科学省「定住外国人の子どもの就学支援事業」（子ども架け橋基金）の実施
2009年12月1日	文部科学副大臣主宰「定住外国人の子どもの教育等に関する政策懇談会」
2010年度〜	文部科学省「帰国・外国人児童生徒受入促進事業」の実施（補助事業）
2010年度〜	文部科学省「外国人児童生徒の総合的な学習支援事業」の実施（〜2012年度） ・「学校において利用可能な日本語能力の測定方法の開発」 ・「日本語指導担当教員等のための研修マニュアルの開発」 ・帰国・外国人児童生徒教育のための情報検索サイト「かすたねっと」の供用（2011年3月30日〜）
2010年度	文部科学省「帰国・外国人児童生徒の受入体制の整備事業」の実施（委託事業）
2010年11月1日	文部科学省「日本語指導が必要な児童生徒の教育の充実のための検討会」の設置（〜2011年10月31日）
2011年3月22日	文部科学省初等中等教育局国際教育課『外国人児童生徒受入れの手引き』の発行
2012年4月11日〜	文部科学省初等中等教育局長決定「日本語指導が必要な児童生徒を対象とした指導の在り方に関する検討会議」の設置
2012年7月5日	文部科学省初等中等教育局長通知「外国人の子どもの就学機会の確保に当たっての留意点について」
2014年1月14日	学校教育法施行規則一部改正（第56条の2ほか）（2014年4月1日施行） 文部科学省初等中等教育局長通知「学校教育法施行規則の一部を改正する省令等の施行について」 → 日本語指導に係る「特別の教育課程」の編成・実施が可能になる
2014年1月	文部科学省初等中等教育局国際教育課『外国人児童生徒教育研修マニュアル』の発行
2014年1月	文部科学省初等中等教育局国際教育課『外国人児童生徒のためのJSL対話型アセスメント　DLA』の発行

第3節　外国人児童生徒の指導ができる教員の育成

1．外国人児童生徒の指導の構造

"外国人"の指導となると、"日本人"の指導のときとは異なる、何か特別な力が必要になるのではないかというイメージがつきまとう。とりわけ、外国語会話力が、外国人児童生徒の指導に必要な力として真っ先に思い浮かべられることも少なくない。しかしながら、実際には、外国人児童生徒の指導に必要な教員の力は、外国語会話力に限らず、必ずしも外国語会話力を必要としない。

外国人児童生徒教育[6]とは、適応指導、日本語指導、母語・母文化指導など、外国人児童生徒を対象にした多様な教育活動の総称である。それぞれの教育活動とそれが行われる場所、そのときの指導者は、図16-5のように示すことができる。

適応指導は、日本語や日本文化に関する知識や学習経験がない子どもに対して、日本の学校生活や社会生活を送る上で最初に必要となる日本語や日本文化の習得をめざす指導である。適応指導は、学校生活への適応を大きな目的としているため、指導内容は、学校生活の中での必要性が高いものが優先的に選択される。

日本語指導には、初期指導型と教科指導型の大きく2種類がある。初期指導

日本語学習時間		0ヶ月 → 3ヶ月 → 6ヶ月			
指導の種類	受け入れ	適応指導	初期指導型日本語指導	教科指導型日本語指導	教科指導
				生徒指導　進路指導	
		初期指導			
指導者	学級担任	日本語指導員	日本語指導担当教員	学級担任・教科担任	
		母語支援員			
指導場所		＠日本語指導教室		＠在籍学級	
		母語・母文化指導　＠学校外の教育施設			

図16-5　外国人児童生徒教育の構造

型の日本語指導は、適応指導の一環で行われるひらがなやカタカナの習得に始まり、簡単な日常会話をしたり、平易な文章を読んだりできる程度までの日本語力の習得をめざす指導である。適応指導と初期指導型日本語指導を一括して「初期指導」と称する場合もある。教科指導型の日本語指導は、教科の授業内容が理解できる日本語力の習得をめざす指導である。

　母語・母文化指導は、外国人の子どもや保護者が出身地で使用していた言語（母語）やなじんできた文化（母文化）を、子どもが習得したり保持したりすることをめざす指導である。日本社会で生活しているにもかかわらず、母語・母文化指導が求められる理由は、母語や母文化が、コミュニケーションツールとしてだけでなく、アイデンティティ形成の源ともなるからである。

2．外国人児童生徒の指導に必要な力

　外国人児童生徒の指導内容は多岐にわたるが、指導上で必要になる力には、図16-6に示したように、大きく分けて3種類ある[7]。

　「Ⅰ "外国人"の指導ゆえに必要な力」としては、日本語指導力（日本語教育の知識、指導法・教材の知識）、外国語会話力、異文化理解力（異文化に関する知識、受容性、寛容性、アンチバイアス）が挙げられる。しかし、これらが外国人児童生徒の指導において教員に求められる力のすべてではない。それ以外にも、"外国人"か"日本人"かを問わず、児童生徒の指導を行う上で「Ⅱ教員一般に必要とされる力」も含まれている。ここには、教科指導力、メンタルサポート力（カウンセリング力、心への配慮、思いやり）、学級経営力などが含まれる。さらに、外国人児童生徒の指導においては、さまざまな役割の指導

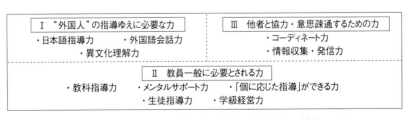

図16-6　外国人児童生徒の指導に必要な力の構造

関係者が常時多数かかわる。指導者相互の協働が有効に機能するように、「Ⅲ 他者と協力・意思疎通するための力」として、コーディネート力や情報収集・発信力も必要とされる。

3．外国人児童生徒の指導に必要な力の形成過程

　外国人児童生徒を初めて担任したり日本語指導担当になったりすると、教員は何をどこからどうすればよいのかわからず、指導計画を立てることに非常に困難を感じる。しかし、やがて教員は指導に「慣れてきた」と感じるようになる。「何」に慣れるかという「慣れる中身」と「慣れる時期」には、多くの教員の中で共通性がある。例えば、半年ほどすると、教員は、外国人児童生徒と日本語でのコミュニケーションが少しずつできるようになって児童生徒との間に関係が築けるようになったり、外国人児童生徒の指導に必要な仕事の内容がわかってきたりする。外国人児童生徒の実態や指導の流れは、1～2年ほど指導を経験すると掴めるようになり、2～3年ほどすると、成果の上がる指導を計画的に行えるようになる。このように、教員は「慣れる中身」の観点から見て3つに区切られる段階を経て、外国人児童生徒の指導にうまく対処できるようになっていく。

　そして、教員経験年数の長い教員ほど、外国人児童生徒の指導を担当して短い時間のうちに、外国人児童生徒の実態がわかり、外国人児童生徒との接し方や指導の仕方がわかるようになる傾向がある。外国人児童生徒の指導に「慣れるまでに要する時間」は、（もちろん例外はあるものの）教員経験年数によって大きく影響を受ける。なぜなら、外国人児童生徒の指導に必要な力のうち、どの教員にとっても新たに獲得する必要があるのは、「"外国人"の指導ゆえに必要な力」のみであり、他の2つ（「教員一般に必要とされる力」、「他者と協力・意思疎通するための力」）は、教員経験（年数）によって、外国人児童生徒の担任や日本語指導担当になった時点で、すでに身につけている程度が異なるからである。

　外国人児童生徒の指導に必要な力の形成過程は、図16-7のように3つのパターンで描くことができる。パターンAとパターンBの違いは、外国人児童生徒の指導に関する課題等の認識が、日本語指導という範囲に止まるか（→パ

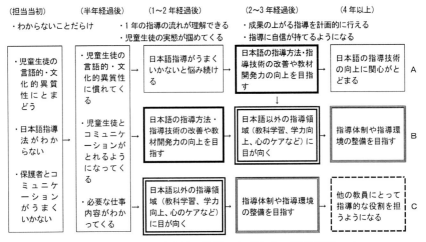

図 16-7　外国人児童生徒の指導に必要な力の形成過程モデル

ターンA)、日本語指導以外の領域にも広がるか（→パターンB）である。パターンAとパターンBの相違を生み出す主たる要因は、教員経験や学級担任経験である。これは、外国人児童生徒の指導に必要な力の基盤をなすのが「教員一般に必要とされる力」だからである。教員経験や学級担任経験が少ない場合、教員は日本語指導力の向上に関心がとどまりがちな傾向がある。

　一方、パターンBとパターンCの違いは、外国人児童生徒の指導の全体像が把握できるまでに要する時間の長短である。パターンBとパターンCの相違を生み出す主たる要因は、「教員の指導をサポートする環境」の有無である。外国人児童生徒の指導に関しては、自治体によって学校や教員をサポートする体制が異なる。日本語指導のための教員加配措置のある自治体もあれば、加配措置がなく学級担任が日本語指導を行う自治体もある。日本語指導員や母語支援員の派遣制度がある自治体もあれば無い自治体もある。行政や他者からのサポートがある状態で指導に向き合える教員（→パターンC）と、指導に必要な情報や資料、人材を一から自分で探してこないといけない教員（→パターンB）がいる。外国人児童生徒教育に関する情報や教材が少なかったり、他者からの支援がなかったりすると、模索しながら指導を行うことになるため、指導の全体像を把握できるようになるまでに長い時間を要する傾向にある。

このように、教員経験の豊かさや周囲のサポート環境の有無によって、外国人児童生徒の指導に必要な力を身につけていく過程は異なるため、過程の特徴を踏まえて、指導力の習得や向上を促す教員研修のあり方を考えていく必要がある。

第4節　教員の指導力が発揮できる学校組織づくり

1．指導関係者の専門性を考慮した指導体制の構築

　外国人児童生徒の指導の現状において、大きな課題の1つとして指摘できることは、指導にかかわる多様な指導関係者の間で明確な役割分担がなされていないことと、それゆえに多数の指導者がかかわっているわりには指導の成果がなかなか上がらないことである[8]。

　上述のように、外国人児童生徒の指導を行う上で教員に求められる力には3種類ある。このうち、「教員一般に必要とされる力」は、教員としての経験を積むことで培っていくしかない。経験のみならず、経験不足を補うためには、自己研鑽や研修等で意図的・目的的に学びを深めることも必要になる。教員は教員である以上、この「教員一般に必要とされる力」の習得を怠ることはできないし、この力を他者に譲り渡すこともできない。

　一方で、「"外国人"の指導ゆえに必要な力」についてはどうだろうか。現状では、大半の教員は、教員養成教育で日本語指導に関する専門教育を受けていない。通訳ができるほどの外国語会話力も身につけてはいない。これらの力を身につけていることは望ましいが、身につけていなくても外国人児童生徒の指導は可能である。なぜなら、日本語指導に関する専門教育を受けた"専門家"は他にいるからである。外国語会話力に長けた者、異文化に通じた者も多数いる。それゆえ、「"外国人"の指導ゆえに必要な力」は、教員が必ず身につけるべき力とは言えず、むしろ、こうした力を持った他者（専門家）と連携・協力をすることによって、「教員一般に必要とされる力」の発揮に集中し、その力の質を上げていくことが、"子どもの教育の専門家"としての教員に期待されることではないか。

第Ⅱ部　学校教育の実践

指導関係者の連携が不可欠

連携の目的は2つ
★指導上の専門性を補完するため
★指導に必要な情報を補完するため

連携の仕方は多様
例）
取り出し指導での連携
教材作成時の連携
授業計画時の連携　等

★☆★☆★☆
指導段階や指導目標によって、役割分担の仕方は異なる（役割分担は固定的ではない）。

★☆★☆★☆
一人の教員や指導者の指導技術だけが磨かれても、外国人の子どもの教科学習力を高めることはできない。

★☆★☆★☆
外国人の子どもの指導の主たる場は在籍学級。取り出し指導の役割は、在籍学級で十分に対応できない点を補うこと。在籍学級での指導を中心に、指導計画を立てる。

指導関係者の教科指導上の役割

【学級担任（教科担任）の役割】☆主たる指導者☆
◆日々の授業で「わかりやすい授業」を行う。
◆取り出し指導を修了した子どもの各教科の学習状況を把握し、つまずきがないかどうかを確認する。
◆日本語指導担当や教科担任等と指導上の配慮の必要について考える。

【教科担任の役割（特に中学校）】☆教科指導の専門家☆
◆教科指導を行う上では、教科の専門的知識が必要。日本語指導担当の専門外教科の指導においては、教科担任の協力が不可欠。
◆外国人であろうとなかろうと、子どもが学習上でつまずく教科内容や領域がどこなのかを、日本語指導担当や外部支援者に伝える。
◆子どもがつまずきやすい学習内容において、つまずきを軽減するための手立てを、日本語指導担当や外部支援者に伝える。
◆授業に先立ち、学習内容の理解に不可欠な語彙や表現について、子どものレディネスを確認する（教師が「当然わかっているだろう、知っているだろう」と思う語彙や表現を、意外に子どもは知らない）。

【日本語指導担当の役割】☆情報コーディネーター☆
◆日本語指導を行うことだけが、日本語指導担当の役割ではない。
◆外国人の子どもが教科学習上でつまずく箇所や内容について、学級担任や教科担任に情報提供をしたり、授業づくりや教材作成の助言を行ったりすることが、日本語指導担当ならではの役割。
◆日本語力が十分でない子どもが、教科学習に必要な語彙や表現のうちどれが理解しにくいのかを、学級担任や教科担任に伝える。
◆どういう言い回しや説明をすれば、語彙力や表現力が十分でない子どもでも理解できるのかを、学級担任や教科担任に伝える。
◆日本語力だけでなく文化の相違によって生じる学習上や生活上のつまずきに関して、学級担任や教科担任に情報提供をする。

【外部支援者（日本語指導員、母語支援員、ボランティア等）の役割】
☆教師のサポート役☆
◆学級での一斉指導の中で見落とされがちな子どものつまずきや細かな指導が行えない内容に対して、目を配り改善や習得を図る。
（学級では指導が行き届きにくいところ）
　・初期日本語の習得　　　　・在籍学級の学習の復習
　・未定着内容や未習内容の補習　・反復学習や宿題の支援
　・母語の習得や維持　　　　・話し相手
◆子どもの母語や母文化が理解できる外部支援員は、日本と母国の教育制度や学習内容の相違点を、校内の指導関係者に知らせる役割もある。
◆学校によって、子どもによって、外部支援者の役割は異なる。

図16-8　外国人児童生徒教育における指導関係者の役割

さきに、教員養成教育において、外国人児童生徒の指導に対応できる力の育成が近年の課題になってきていることを指摘したが、こうした教師教育の観点からだけでなく、教員が「教員にしか果たせない役割」に集中できるように、他の専門家との協働が実現するように、指導体制の整備という観点からも、外国人児童生徒の指導における教員の役割について、社会的合意を形成していく必要がある。

2．指導関係者のそれぞれの役割

では、外国人児童生徒の指導にかかわる多様な指導関係者は、それぞれ何を専門領域とし、なにが固有の役割なのだろうか。外国人児童生徒の指導に日常的に関わる指導関係者と、それぞれの役割は図16-8のとおりである[9]。

外国人児童生徒の指導にかかわる多様な指導関係者の間の連携は、「指導上の専門性を補完するため」に行われる。また、指導関係者はそれぞれが異なる指導場面を担うことから、それぞれが指導の過程で手に入れた「指導に必要な情報を補完するため」にも連携はなされる。このような連携が行われた時、指導関係者それぞれの"専門性"が発揮された協働指導体制が実現するだろう。

(臼井智美)

〔注〕
(1) 文部省初等中等教育局長通知「日本国に居住する大韓民国国民の法的地位及び待遇に関する協議における教育関係事項の実施について」(1991年1月30日)。
(2) 例えば、中央教育審議会「教職生活の全体を通じた教員の資質能力の総合的な向上方策について（答申）」(2012年8月28日) では、「外国人児童生徒への対応」は、特別支援教育の充実やICTの活用と並んで、「学校現場が対応すべき課題」の1つに挙げられている。
(3) 同計画では、今後5年間に総合的かつ計画的に取り組むべき施策の1つとして、「小・中・高等学校等における外国人児童生徒等の受入体制の整備や指導の推進のため、母語の話せる支援員を含む外国人児童生徒等の指導に当たる人材の確保や資質の向上、指導方法の研究及び改善を行うとともに、関係府省との連携を図りながら、地方公共団体における先進的なモデル事業例の情報提供など就学の促

(3) 進等の取組を推進する」ことを挙げている。
(4)「Ⅳ 外国人児童生徒の適応指導や日本語指導について 2．今後の方策 （3）外国人児童生徒の指導にあたる教員や支援員等の養成・確保等」（文部科学省「外国人児童生徒教育の充実方策について（報告）」、2008年6月より）。
(5)「3「入りやすい公立学校」を実現するための3つの施策（1）日本語指導の体制の整備」（「『定住外国人の子どもの教育等に関する政策懇談会』の意見を踏まえた文部科学省の政策のポイント」、2010年5月19日より）。
(6)「外国人児童生徒教育」という場合は、ニューカマーの児童生徒の教育を指している。ここにはオールドカマーの児童生徒の教育は含まれず、それらは「在日外国人教育」、「在日韓国・朝鮮人教育」などと称され、外国人児童生徒教育とは分けて考えられている。両者が区別される理由は、それぞれの教育が必要となってきた背景や教育のねらい、教育内容などが大きく異なるからである。
(7) 臼井智美「外国人児童生徒の指導に必要な教員の力とその形成過程」『大阪教育大学紀要Ⅳ教育科学』第59巻第2号、2011年、73-91頁。
(8) 臼井智美「外国人児童生徒教育における指導体制の現状と課題―「教育の成果」の向上に資する組織づくりに向けて―」大塚学校経営研究会『学校経営研究』第37巻、2012年、43-56頁。
(9) 臼井智美「教科指導に向けた校内指導体制」三重県教育委員会『日本語指導の手引き④―教科学習につながる教材と指導方法―』、2011年、6頁。

第17章

シティズンシップ教育の実践と方法

　近年、「シティズンシップ教育」への注目が高まっている。シティズンシップ教育とは、自分たちの住む社会の意思決定や課題解決に参画する、民主主義の担い手としての市民を育む教育のことである。本章では、なぜ今シティズンシップ教育が注目されているのか、また具体的に学校でどのような取り組みができるのか、そしてシティズンシップ教育の視点から学校教育や学校づくりに光を当てるとどのようなことが浮かび上がってくるのか、ともに見ていきたい。

第1節　シティズンシップ教育の理論と政策
　　　　──イギリスの取り組みを中心に

　シティズンシップ教育の実践・政策・研究は、近年、世界的に広がりつつあり、国や地域によっても多様である。ここでは、早くからシティズンシップ教育に積極的に取り組んできた国の例として、2002年に中等教育段階で教科「シティズンシップ」を必修化したイギリスを取り上げ、その背景や理念、特徴、課題などについて見ていきたい。

1．シティズンシップ教育の必修化の背景・経緯
　イギリスでは1990年代に入ってシティズンシップ教育の新教科としての導

入に向けた議論が本格化した。その背景にあったのは、子ども・若者の反社会的不適応行動の深刻化や、若い世代の政治的・社会的無関心の増大、移民の増加による人種的・民族的不協和の高まりなどであった[1]。1997年に首相に就任した労働党のトニー・ブレアは、就任直後の演説において、最も重視すべき政策は「教育、教育、そして教育」だと強調したが、上に述べたような課題に教育を通して取り組むべく打ち出されたのが、シティズンシップ教育であった。同年11月に、ロンドン大学教授のバーナード・クリックを議長とする諮問委員会が設けられ、翌年9月に『クリック・レポート』と呼ばれる報告書が公開された。この報告書が元となって、1999年に教科「シティズンシップ」のナショナルカリキュラムが作成され、2002年より中等教育段階において同教科が必修化された。

なお、シティズンシップ教育の教科化への動きが本格化した1990年代は、イギリス国内で新たな社会への転換が図られた時期でもあった。イギリスでは1980年代以降、政府が積極的な福祉政策や弱者救済を行う福祉国家の政策路線から、市場を重視する新自由主義の政策路線への転換が推し進められてきたが、経済格差の拡大や社会の分裂が深刻化し、新たな社会像が模索されていた。そうした中でブレア政権が打ち出した「第三の道」と呼ばれる政策路線では、国家や市場だけでなく、市民社会における個々人や地域コミュニティの力を積極的に活用しようと考えた。シティズンシップ教育は、こうした市民の参加や協働を重視した新たな社会づくりの土台として位置づけられていたといえる。

2．シティズンシップ教育の理念——どのような市民を育みたいのか

イギリスのシティズンシップ教育は、行動的（active）で、見識のある（informed）、批判的精神や（critical）責任感をもった（responsible）市民として、効果的に社会に参加する力を全ての市民につけることを目的としている[2]。すなわち、市民の積極的な社会参加への期待が高まる中で、そうした社会参加への意識や、効果的な社会参加のために必要な知識・スキルを育むことが目指されているのである。そして、シティズンシップ教育の内容を構成するキー概念として、「社会的道徳的責任」、「地域コミュニティへの参加」、「政治的リテラシー」の3つが提示された。なおその後、イギリス国内での文化・宗教・民族的

多様性への関心の高まりを背景に、2008年より「多様性とアイデンティティ」が4つ目の柱に加えられた。

　こうしたイギリスのシティズンシップ教育の理念や目指す市民像を理解するために、一つ具体例を取り上げたい。シティズンシップ教育研究者のデービスは、教師が、自然災害の犠牲者への募金を集めるために生徒たちの慈善行進を組織するという実践を例に挙げ、シティズンシップ教育の事例としては不十分だと指摘する。一見すると、慈善活動を通して社会参加への意欲を育むすぐれた実践にも思えるが、なぜ不十分なのか。その理由は、自然災害についての認識が深まっていない点、何をするかの決定に生徒たちは何ら実際的な責任を持っていない点、生徒たちは自分たちの関わりが真に効果的であるか熟考することを求められていない点などであるという[3]。先述のクリックは、「ボランティア活動」重視の実践が「単なる使い捨ての要員」を育てる危険性があることを指摘し、「政治文化の変革を担う積極的な市民」の育成をシティズンシップ教育の中心に位置付けるべきだと考え、「政治的リテラシー」（政治的判断力や批判能力）の重要性を主張する[4]。それゆえに、「社会的道徳的責任」「地域コミュニティへの参加」に加え、「政治的リテラシー」がシティズンシップ教育の中核をなす概念の一つに据えられたのである。

　このように、イギリスのシティズンシップ教育で目指される市民像とは、知識はあっても社会に参加せず傍観する市民でもなければ、無批判に社会や国家に奉仕する市民でもない。自分たちの住む地域や社会をより良くするために、批判的な視点ももちながら熟考し、公共的な意思決定や課題解決に参画していく市民なのである。

3．シティズンシップ教育の方法と特徴

　では、このような市民としての力や意識を高めていくために、イギリスのシティズンシップ教育は、具体的にどのような方法を採っているのだろうか。

　「シティズンシップ」は、法令教科となったものの、必ずしも時間割の中で特定の時間を設けて行う必要はなく、他教科を利用したり、教科外活動や特別行事などを利用して行ったりしてもよく、その判断は各学校に委ねられている。むしろ、他の教科と結びつけることや、学校全体の精神として、また生活の方

法として根づかせることが、シティズンシップ教育においては重要であり、また方法論的な特徴とも言われる[5]。このように学校のあらゆる構成要素を使って、学校全体でシティズンシップ教育を展開していくアプローチは、「ホールスクール・アプローチ」(whole-school approach)と呼ばれる。

具体的な学習方法の例としては、教室の中での講義や討論などに加え、地域コミュニティへの参加や課題解決に取り組み、教室と地域コミュニティとを結びつけた学習を展開する「アクティブ・ラーニング」(active learning)と呼ばれる方法も重視される[6]。アクティブ・ラーニングでは、事前の準備や学習の後、地域・社会貢献活動を行い、熟考や振り返りを通して学びを深めていく[7]。さらに、外部のNPOなどとの多様な連携を通して、幅広い学習機会を作っていくことも推奨されている。例えば、「シティズンシップ財団」(Citizenship Foundation)は、「全国若者議会」や「模擬裁判コンテスト」など、様々なプログラムを提供している[8]。

4．シティズンシップ教育をめぐる課題

イギリスでは早くからシティズンシップ教育の推進に積極的に取り組んできたが、課題も指摘されてきた。例えば、初期のシティズンシップ教育における課題としては、シティズンシップ教育の定義・内容の不明確性、適切な教材不足、教師の能力・意欲・トレーニング・準備不足、評価方法の未確立、既存必修科目との競合などがあった[9]（評価方法の確立など、近年改善されてきているものもある[10]。）教科「シティズンシップ」は、他教科とは違って学習内容を詳細には定めず、各学校に裁量を委ねるアプローチを採っていることで、自由な教育実践の展開が可能になる反面、その質が教師の力量や学校の意欲に依存しやすく、学校・地域間のばらつきも生まれやすい。特に、先述のアクティブ・ラーニングについては、教師の意識が希薄であるという指摘もあり[11]、各学校に委ねるだけではなかなか実現が難しい面もある。

このような実践的・政策的な課題に加えて、シティズンシップ教育というアプローチそのものが本質的に抱える課題についても触れておきたい。シティズンシップ教育を政府が推進する場合、ともすれば単に政府にとって都合の良い、いわば無批判な市民を育てることにつながるおそれがある。イギリスの場

合、「政治的リテラシー」をキー概念の一つに据え、現状の社会を批判的に検討する市民性を育成することで、こうした課題を乗り越えようとしているが、政府によるシティズンシップ教育の推進が、本質的にこうした危うさと紙一重であることは、踏まえておく必要がある。また、キー概念「多様性とアイデンティティ」から示唆されるように、イギリスのシティズンシップ教育では多様な背景や価値観をもつ人々を包摂することが重視される一方で、シティズンシップという概念は、誰が「市民」たりうるかという、排除性を伴いうる概念でもある。そのため、社会において、あるいは具体的な教育実践において、どのような価値観や声が排除されるのか、という問いを絶えず吟味することが大切である[12]。

第2節　日本での動向と学校現場での実践

1．日本での注目の高まりと政策の動向

　日本でも2000年代に入り、シティズンシップ教育への注目が高まってきている。2006年に経済産業省が『シティズンシップ教育宣言』『シティズンシップ教育と経済社会での人々の活躍についての研究会 報告書』を公開したのを皮切りに、最近では、内閣府『子ども・若者ビジョン』（2010年）に、社会形成・社会参加に関する教育（シティズンシップ教育）を推進する旨が盛り込まれたり、『「常時啓発事業のあり方等研究会」最終報告書』（2011年）に、社会参加の促進や政治的リテラシーの向上などが盛り込まれたりと、政策的にも注目が高まっている。文部科学省も、2013年度より「中・高校生の社会参画に係る実践力育成のための調査研究」と称したモデル事業の調査研究に取りかかっている。

　地方自治体レベルでも、シティズンシップ教育を導入する自治体が出てきている。例えば品川区は、2006年より小中一貫のカリキュラムとして、「道徳」、「特別活動」、「総合的な学習の時間」を再編成して「市民科」を創設し、区内の小中学校で導入した。また神奈川県では、2010年に全県立高校で模擬投票が実施され、2011年より全県立高校でシティズンシップ教育が導入されている。

こうした動きの広がりの背景には、若い世代の社会参加・政治参加の促進を求める声の高まりなどに加え、イギリスと同様に、社会が転換期を迎える中で、市民社会の成熟・発展が求められているという側面がある。実際、『シティズンシップ教育と経済社会での人々の活躍についての研究会 報告書』では、シティズンシップ教育が求められる背景として、「今後、わが国において、成熟した市民社会が形成されていくためには、市民一人ひとりが、社会の一員として、地域や社会での課題を見つけ、その解決やサービス提供に関わることによって、急速に変革する社会の中でも、自分を守ると同時に他者との適切な関係を築き、職に就いて豊かな生活を送り、個性を発揮し、自己実現を行い、さらによりよい社会づくりに参加・貢献するために必要な能力を身に付けることが不可欠だと考えます」[13]と書かれている。2010年には、内閣府「新しい公共」円卓会議による『「新しい公共」宣言』が発表され、市民参画による社会づくりに向けたビジョンが提示される動きもあるなど、社会の問題解決を国家が一手に引き受けるのではなく、市民も担っていくことが期待されるようになってきており、そうした中で、シティズンシップ教育への注目も高まっているのである[14]。ただし、前節でも確認した通り、こうした中でのシティズンシップ教育の推進が、社会や国家への無批判な奉仕を促すものにならないよう留意する必要がある。

2. 学校での幅広い取り組みの可能性

では、日本の学校教育でシティズンシップ教育に取り組む場合、どのような方法が考えられるのだろうか。

図17-1は、『シティズンシップ教育と経済社会での人々の活躍についての研究会 報告書』で提示された、在学者を対象としたシティズンシップ教育のプログラムの分類である。シティズンシップ教育には幅広い方法があり、学校教育のみならず、学校以外での教育（ノンフォーマル・エデュケーション）などもあわせた展開が重要である。その中で学校教育に目を向けると、具体的に考えられる実践の例としては、既存の教科を利用した社会にかかわる知識習得の学習、模擬投票や模擬裁判などのシミュレーション（疑似体験）を通した学習、ボランティアや地域・社会課題解決を組み込んだ体験・プロジェクト型の学習、

第17章　シティズンシップ教育の実践と方法

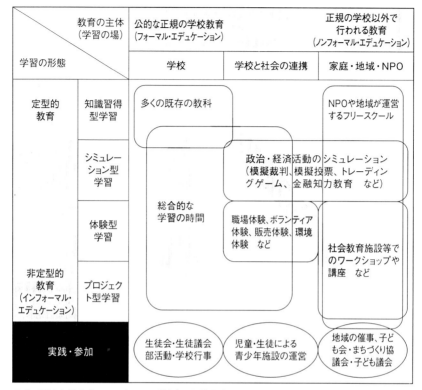

出典：経済産業省『シティズンシップ教育と経済社会での人々の活躍についての研究会　報告書』2006年、p.41.

図17-1　在学者を対象としたシティズンシップ教育のプログラム分類

生徒会や学校行事の運営などでの学校での民主主義や社会参加の実践・体験を通した学習などがある。

なお、参考までに、2004年に刊行された、アメリカのシティズンシップ教育に関する『学校の公共的使命（The Civic Mission of Schools）』という報告書では、学校における効果的なシティズンシップ教育の方法として、次の6つを挙げている[15]。

①政治、歴史、法、民主主義についての学習
②地域・国・世界の時事的問題についての討論

表17-1 シティズンシップ教育の各アプローチによる直接的で顕著な効果として期待されるもの

	市民的・政治的知識	市民的・政治的技能	市民的態度	政治への参加	コミュニティへの参加
①社会科での教室の学習	○	○		○	
②時事問題についての討論	○	○	○	○	
③サービス・ラーニング		○	○		○
④課外活動		○		○	○
⑤学校運営への生徒の関与		○	○		
⑥シミュレーション	○	○	○		

出典：Carnegie Corporation of New York & the Center for Information and Research on Civic Learning and Engagement (CIRCLE). *The Civic Mission of Schools*. College Park, Carnegie Corporation of New York and CIRCLE, 2004, p.22.

③サービス・ラーニング（service-learning）[16]
④学校や地域のことにかかわる課外活動
⑤学校運営への生徒の積極的な関与
⑥民主主義の過程や手続きのシミュレーション（模擬投票・模擬裁判など）

そして、表17-1に示されているように、それぞれの方法が、市民性の異なる側面を育むことに長けているからこそ、単一の方法のみならず、様々な方法を組み合わせていくことが重要であるといえる。

以下では、実際に日本の学校で取り組まれてきた実践事例を、いくつか紹介していきたい。

3．日本の学校教育における実践事例

(1) 模擬選挙（模擬投票）

まず一つ目の実践事例として、模擬選挙（模擬投票）を取り上げたい。模擬

選挙は、選挙権をもたない未成年の子ども・若者を対象に、疑似的に選挙を体験する機会を作ることで、政治への関心や理解を深めさせるというものである。模擬選挙と一口に言っても、実際の選挙を扱うもののみならず、架空の選挙を扱うものもある。実際の選挙を扱う場合、選挙が実施される時期に合わせて行うこともあれば、選挙以外の時期に、実際の選挙を題材にして行うこともある。また、取り上げる選挙の対象も、国政選挙から地方の知事選挙や議会議員選挙まで幅広くある。実際の選挙を扱う模擬選挙は、1980年代から中学や高校で実践され始めており、2000年代に入ると、全国規模の広がりを見せ始め、これまでに4万人以上の「未来の有権者」が参加している[17]。

　模擬選挙の意義としては、第一に、投票の体験はもちろん、投票にあたってマニフェストや政策を調べることにより、政治への興味を深めるきっかけになるという点がある。第二には、投票を通して国民としての役割を体感し、参加する市民としての意識を高められるという点がある。第三には、自分が何を大切にし、政治をどのように変えたいのかということを考える契機となるという点がある。そして第四には、将来的な投票率の向上にもつながるという点がある[18]。

　模擬選挙を行う上で重要なのは、投票の疑似体験という体験活動だけで終わらせず、事前・事後学習を充実させることである。政治参加への意識を育むだけでなく、政治を読み解き、批判的に考え、意思決定を行う力を高めるためには、マニフェストを調べたり、実際の争点についてディベートやディスカッションを行ったりするといった、事前学習の充実が鍵となる。同時に、事後学習を通して、実際の選挙結果と比較するなどして議論を深めたり、政治参加体験を通して感じたこと・考えたことを振り返ったりすることも大切である。

（２）社会参加学習（サービス・ラーニング）

　続いて、社会参加学習（サービス・ラーニング）を取り上げたい。これは、知識教授やディスカッションにとどまらず、生徒たちが実際に地域に参加し、公的な課題解決に向けた提案をしたり、自分たちにできる活動を実際に実行したりすることを通して、生徒たちの市民性を育む方法である。課題解決の提案としては、例えば模擬議会や地域住民を招待した発表会などでまちづくりへの提案を行うことなどがある。また、自分たちにできる活動を実行することの例と

しては、地域のボランティア活動への参加はもちろん、商店街の活性化やごみ問題などの地域課題に取り組む企画を生徒たち自身で企画し実行することなどが考えられる[19]。

　唐木清志は、アメリカのサービス・ラーニングを参考に、こうした社会参加を取り入れた学習の組み立てとして、「Ⅰ.問題把握」「Ⅱ.問題分析」「Ⅲ.意思決定」「Ⅳ.提案・参加」という4段階の流れを提案している（図17-2）。例えば、ゴミ問題であれば、次のような学習活動の展開が考えられる。まず学校周辺のゴミについて調査したのち（Ⅰ）、どのくらいのゴミがどこに散乱しているのか、またどうしてその場所にそれほど多くのゴミが散乱することになったのか原因を追究する（Ⅱ）。さらに、すでに実施されている公共政策などの有効性も検討しながら、課題を解決するための解決策を考え（Ⅲ）、自分たちの考えた解決方法を提案したり、実行したりする（Ⅳ）といった具合である[20]。なお、こうした社会参加学習においては、「体験して終わり」にならないよう、振り返りの機会を十分に設けることも重要である。

　一つの事例として、桶川市立加納中学校で2007年に取り組まれた、「桶川駅東口・商店街の活性化を目指して〜マニフェスト型まちづくりの提案〜」という授業実践を紹介したい。この授業は、選択「社会」を利用して、全15時間にわたって展開された。まず市の取り組みや財政についての理解を深めるための学習を行ったあと、まち探検を通して駅前や商店街の課題を発見・分析するとともに、課題解決に向けて市ではどのような取り組みを行っているのか市の職員から話を聞く。その後、生徒たちは、自分たちで解決策を考えてマニフェストとしてまとめ、地域の方々を招待してマニフェストを発表するとともに、意見交換を通して、望ましいまちづくりのあり方をともに考え合う（表17-2）。こうした学習を通して、生徒の地方自治の担い手・まちづくりの主体としての意

図17-2　社会参加を取り入れた学習（日本型サービス・ラーニング）の学習段階
　出典：唐木清志『子どもの社会参加と社会科教育―日本型サービス・ラーニングの構想』
　　　　東洋館出版社、2008年、p.65。

表 17-2 「桶川駅東口・商店街の活性化を目指して」の学習段階

学習段階	学習活動の概要	学習活動の展開
Ⅰ．問題把握	桶川市の取り組みや財政についての理解を深めるとともに、まちづくりに対して関心を持つ。	第1時：桶川ってどんなまち 第2時：まちづくり・シミュレーション
Ⅱ．問題分析	まち探検を通して、桶川駅東口や商店街の抱える課題を見つけ、その課題を分析するとともに、そのような課題を解決するために、桶川市は現在どのような取り組みを行っているのかについての情報を得る。	第3時：まち探検に向けて 第4時：桶川駅東口や商店街のまち探検 第5時：まち探検まとめ① 第6時：まち探検まとめ② 第7時：まち探検まとめ③ 第8時：桶川市職員によるまちづくりの講義
Ⅲ．意思決定	桶川駅東口や商店街の抱える課題を解決するためにどのような政策が有効であるかを考えるとともに、それらの考えをマニフェストとしてまとめ、プレゼンテーションの準備をする。	第9時：NPO（埼玉ローカル・マニフェスト推進ネットワーク）の方からマニフェスト講義 第10時：マニフェスト型のまちづくり提案の立案① 第11時：マニフェスト型のまちづくり提案の立案② 第12時：プレゼン資料作成① 第13時：プレゼン資料作成②
Ⅳ．提案・参加	地域の方々を招待し、自分たちのマニフェストを聞いてもらうとともに、そのような方々と対話をし、望ましいまちづくりのあり方について協働的に探究する。	第14時：プレゼンテーション① 第15時：プレゼンテーション②

出典：唐木清志『子どもの社会参加と社会科教育—日本型サービス・ラーニングの構想』東洋館出版社、2008年、p.143-144。（一部筆者修正）

識を醸成し、市民としての政策形成力を育成することが、目指されているのである[21]。

（3）学校づくり・地域づくりへの生徒の参画

最後に取り上げたいのは、教職員・保護者・地域住民の話し合いに生徒も参画

し、ともに学校づくりや地域づくりに携わるという事例である。日本では近年、保護者や地域住民が学校運営の意思決定に参加する学校運営協議会（コミュニティ・スクール）が広がりを見せているが、保護者・地域住民に加え、生徒と教職員も議論に参加してともに学校運営を進める、「参加と共同」の学校づくりと呼ばれる取り組みも出てきている。ここでは、そうした先駆的事例の一つとして知られる、長野県立辰野高校の事例を紹介したい。

辰野高校では、生徒・保護者・教職員の三者の協力で学校づくりを進める仕組みとして、1997年に三者協議会が発足した。協議会は生徒代表9名、父母代表5名、教職員代表3名から構成され、学期ごとに1回開かれた。協議会自体は決定権は持たないものの、三者が合意したものはその後、職員会で決定される仕組みとなった[22]。

ここで実際にどのような話し合いがされたのか、一つ例を紹介したい。生徒会が全校生徒を対象に行ったアンケートで、長期休み以外のアルバイトを原則禁止する校則を見直してほしいという声が多くあがり、三者協議会で取り上げることとなった。教職員の職員会では反対の声もあるなど、議論はすぐにはまとまらず、三者が合意できる案を模索すべく議論を重ねていった。生徒会も、クラス討議や生徒総会などで声をくみ上げていった。最終的に、土日祝祭日のアルバイトに関しては許可し、違反者は禁止するという案で、三者が合意した[23]。生徒たちはこうした経験を通して、自分たちの学校のルールを自分たちで作るという民主主義のプロセスを体感していくのである。

なお、辰野高校では、三者協議会と並行して、地域住民や生徒の話し合いの場として「辰高フォーラム」という取り組みも行っている。これは、学校のあり方はもちろん、例えば生徒たちの登下校通路へのゴミ箱の設置といった、地域と高校生を結びつける話題について話し合ったり、地域課題解決のために何ができるか、高校生と地域住民がともに意見を交わしたりする機会にもなっている[24]。

こうした辰野高校の取り組みは、学校のルール作りや地域への提案などを通して生徒たちが社会参画の担い手としての思いや力を高めていく機会になるとともに、生徒・教職員・保護者・地域住民を結びつけることで、シティズンシップ教育の推進に向けた連携の基盤にもなっていると言える。

第3節　学校教育・学校づくりへの示唆

1．児童・生徒観のとらえ直しへ

　前章で取り上げた3つの取り組みからは、共通して浮かび上がってくることがある。それは、児童・生徒をみるまなざしを見直していく必要性だ。

　模擬選挙の取り組みにかかわって、『未来を拓く模擬選挙』では、次のように書かれている。「模擬選挙は、「自分で考え、自分で選択する」という、民主主義にとってはなくてはならない機会を創出しているからこそ、子どもたちは一票の価値を感じ、真剣に悩むのでしょう。一人の人間として尊重し、自分が主権者だと自覚できる時間を持てるかどうか。市民性を育てるためには欠かせないことであり、子ども時代からそうした場を保証することが大事なのです」[25]。また、サービス・ラーニングにおいても、子ども（若者）観を、「資源の使用者」「サービスの消費者」「役に立たないという感覚に支配された人」といった見方から「資源」「サービスの生産者」「社会変革のリーダー」といった見方へと捉え直す必要性が説かれている[26]。さらに、辰野高校の「辰高フォーラム」で、商店街の人から商店街の空き店舗を活用してほしいという提案がなされたとき、生徒たちは「僕たちに期待してくれているからの提案だと感じ、うれしかった」[27]と受け止めたといい、それがきっかけとなり、生徒会によるフリーマーケットが企画された。

　このように、児童・生徒を、将来の市民としてはもちろん、地域や社会に参画して影響を与えられる存在（現在の市民）として捉え、そうした彼らの学びや成長を支援していくことが、シティズンシップ教育においては重要だと考えられる。そうした信頼や期待、また責任をともなう経験と学習が、児童・生徒の社会参画への意欲や力を培う土壌となるはずである。

2．学校づくりへの示唆

　これまで様々なシティズンシップ教育の方法を紹介してきたが、児童・生徒の市民としての学習の機会は、何もこうした特定の教育実践のみにとどまらない。学校はそれ自体が一つの社会の縮図であり、児童・生徒は、学校のあらゆ

る場面を通して、日常的に、そして不可避的に学んでいる。例えば、様々な授業における討論や、特別活動（学級・ホームルーム活動、児童会、生徒会活動、学校行事など）は、社会における意思決定・課題解決のトレーニングの機会でもある。また、学級や学校が、どのような規範を持っているか、児童・生徒の声をどのように受け止めているか、多様な意見や価値観にどの程度開かれているか、といった学級や学校の風土（学級文化・学校文化）も、子どもたちの市民としての参加への自信や意欲に影響を与える[28]。

　以上のことが示唆するのは、シティズンシップ教育は、単に教育内容・方法の次元としてのみならず、学校づくりを捉え直す一つの視点としても位置づけられるということだ。自分たちの学級、そして学校では、社会に参加する市民として、どのような思いや力を育みたいのか、そのために学級や学校をどのような場にしたいのか、そのためにどのような取り組みを作っていくのか。そうした議論が期待される。

（古田雄一）

〔コラム〕道徳教育とシティズンシップ教育

　近年、道徳教育をめぐる改革論議が盛んになってきている。第二次安倍内閣の教育再生実行会議による道徳教育の教科化の提言を受け、文科省が2013年12月に報告書『今後の道徳教育の改善・充実方策について』を取りまとめ、その後さらに具体的な議論が進められている。イギリスのシティズンシップ教育の柱の一つに「社会的道徳的責任」が据えられていることからもわかる通り、道徳教育とシティズンシップ教育は、関わりの深い概念であると考えられる。では、両者の関係はどのように考えれば良いのだろうか。

　一つの有効な考え方は、道徳教育は、シティズンシップ教育の基盤あるいは前提を培うものである、というものだ。すなわち、市民として社会に参画していく上で求められる意識や価値観を獲得する機会として、道徳教育を捉えることができるだろう。

　ただ、一般的に理解されている「道徳教育」だけでは、課題があるともいえる。道徳教育はもっぱら、社会で生きる上での共通のルールやマナー、規範について学ぶものであると捉えられることも少なくない。しかし、シティズンシップ教育の観点から見たとき、そうしたルールやマナー、規範そのものをときに問い直し、議

第 17 章　シティズンシップ教育の実践と方法

論を通して吟味し、さらにはより良く作り変えることもまた重要であるといえる。むろん、道徳教育は本来こうした側面も内包し、尊重しているのだが、そうした側面がときに見落とされることもある。

その意味でいえば、道徳教育にとってシティズンシップ教育は（そしてその逆も然りであるが）、その本質や目指す理念を再度吟味する上での一つの有益な視点だと言えるのではないだろうか。

〔注〕
(1) 今谷順重「イギリスで導入された「新しい市民性教育」の理論と方法―人生設計型カリキュラムの構想―」『社会科研究』第 60 号、2004 年、pp.1-10、奥村牧人「英米のシティズンシップ教育とその課題―政治教育の取り組みを中心に―」『青少年をめぐる諸問題 総合調査報告書』国立国会図書館調査及び立法考査局、2009年、pp.17-32.
(2) 嶺井明子編著『世界のシティズンシップ教育―グローバル時代の国民 / 市民形成』、東信堂、2007 年、吉村功太郎「公共性の教育とシティズンシップ」水山光春編『社会科公民教育における英国シティズンシップ教育の批判的摂取に関する研究 平成 16 年度～平成 18 年度科学研究費補助金基盤研究（C）（I）研究成果報告書』2007 年、pp.6-20.
(3) 水山光春編『英国市民教育の批判的摂取に基づく小中高一貫シティズンシップ教育カリキュラム開発 2007（平成 19）年度～ 2010（平成 22）年度科学研究費補助金基盤研究（B）研究成果報告書』2011 年、pp.156-157.
(4) 小玉重夫「バーナード・クリックとイギリスのシティズンシップ教育」高橋亮平・小林庸平・菅源太郎・特定非営利活動法人 Rights『18 歳が政治を変える！―ユース・デモクラシーとポリティカル・リテラシーの構築』現代人文社、2008年、pp.202-215.
(5) 今谷、前掲文献。
(6) 今谷、前掲文献。
(7) アクティブ・ラーニングの方法は、アメリカのサービス・ラーニング（第 2 節を参照）を参考にしているとされる（今谷、前掲文献）。
(8) 奥村、前掲文献。

(9) 四方敬之「英国におけるシティズンシップ・エデュケーションを巡る最近の動向と課題」『教育の制度設計とシティズンシップ・エデュケーションの可能性』2004年、pp.13-21.
(10) 水山光春編『社会科公民教育における英国シティズンシップ教育の批判的摂取に関する研究 平成16年度〜平成18年度科学研究費補助金基盤研究（C）（I）研究成果報告書』2007年。
(11) 奥村、前掲文献。
(12) 奥村、前掲文献、北山夕華『英国のシティズンシップ教育―社会的包摂の試み』早稲田大学出版部、2014年。
(13) 経済産業省『シティズンシップ教育と経済社会での人々の活躍についての研究会 報告書』2006年、p.9.
(14) 松下良平「教育の公共性―議論の地殻変動と抗争の多元化―」山脇直司・押村高編著『アクセス 公共学』日本経済評論社、2010年、pp.157-177.
(15) Carnegie Corporation of New York ＆ the Center for Information and Research on Civic Learning and Engagement（CIRCLE）. *The Civic Mission of Schools*. College Park, Carnegie Corporation of New York and CIRCLE, 2004.
(16) サービス・ラーニング（service-learning）とは、地域貢献活動や社会的な課題を解決する活動と、教室での学習を組み合わせた、アメリカで主に1990年代以降に広く普及した、シティズンシップ教育の一方法である。後述する「社会参加学習」は、このサービス・ラーニングの理論を参照している。
(17) 『未来を拓く模擬選挙』編集委員会編『未来を拓く模擬選挙―実践シティズンシップ教育』悠光堂、2013年。
(18) 同上（ただし一部筆者により修正）。
(19) 唐木清志『子どもの社会参加と社会科教育―日本型サービス・ラーニングの構想』東洋館出版社、2008年、ほか。
(20) 唐木、前掲文献。
(21) 唐木、前掲文献、桐谷正信・西尾真治・宮澤好春「マニフェスト型思考を用いたシティズンシップ教育の実践―桶川市立加納中学校の選択科目「社会」の事例」『埼玉大学教育学部附属教育実践総合センター紀要』第7号、2008年、pp.213-229.
(22) 宮下与兵衛・濱田郁夫・草川剛人『参加と共同の学校づくり―「開かれた学校づくり」と授業改革の取り組み』草土文化、2008年。

(23) 同上。
(24) 同上。
(25)『未来を拓く模擬選挙』編集委員会編、前掲文献、p.37.
(26) Fertman, C. I., White, G. P. & White, L. J. *Service Learning in the Middle School: Building a Culture of Service*. Columbus, OH: National Middle School Association, 1996, p.4; 唐木、前掲文献、p.71.
(27) 宮下ほか、前掲文献、p.46.
(28) Campbell, D. E. *Why We Vote*. Princeton University Press, Princeton, NJ, 2006; OECD Educational Research and Innovation. *Improving Health and Social Cohesion through Education*. OECD Publishing, 2010.

〔参考文献〕

唐木清志『子どもの社会参加と社会科教育―日本型サービス・ラーニングの構想』東洋館出版社、2008年。

経済産業省『シティズンシップ教育と経済社会での人々の活躍についての研究会 報告書』2006年。

小玉重夫『シティズンシップの教育思想』白澤社、2003年。

杉本厚夫・高乗秀明・水山光春『教育の3C時代―イギリスに学ぶ教養・キャリア・シティズンシップ教育』世界思想社、2008年。

嶺井明子編著『世界のシティズンシップ教育―グローバル時代の国民／市民形成』、東信堂、2007年。

宮下与兵衛・濱田郁夫・草川剛人『参加と共同の学校づくり―「開かれた学校づくり」と授業改革の取り組み』草土文化、2008年。

『未来を拓く模擬選挙』編集委員会編『未来を拓く模擬選挙―実践シティズンシップ教育』悠光堂、2013年。

Carnegie Corporation of New York & the Center for Information and Research on Civic Learning and Engagement (CIRCLE). *The Civic Mission of Schools*. College Park, Carnegie Corporation of New York and CIRCLE, 2004.

第18章

学校保健の実践と方法

　社会情勢や生活環境の変化に伴って児童生徒の教育課題が多様化している。学校保健に対する社会的要請はますます高まり、実践の在り様が問われている。そのことを共有するために、冒頭である事例[1]を紹介したい。

　　小学1年生のAさんの連絡帳に、「Aが宿題をやっていなかったため、三日間食事を抜きにします。保健室には行かせないでください」という母親からのメッセージが書かれていた。この日から、学級担任と養護教諭はAさんの健康チェックと母親との懇談を始めることにした。母親は一人で三人の子育てをしながら深夜労働に従事し、慢性疲労の状態にあった。精神的なゆとりもなく、時に行き過ぎた「しつけ」を行うこともあった。そんな「しつけ」が行われた翌日、Aさんはふらふらの状態で登校し、その足で保健室に来室した。顔色も悪く、身体の痛みと空腹で授業を受けられる状態ではなかった。こうした状況のなか、子ども家庭センターから母親への指導が入ることになったが、母親は学級担任と養護教諭以外の家庭訪問を拒否し続けたため、学級担任と養護教諭が慎重な働きかけを続け、信頼関係の構築に努めた。その結果、Aさんが3年生の時、母親は「子どもを育てる意欲がわいてこない」、「愛情をかけるということがよくわからない。なぐられて、ほっとかれて育ってきた私なんで…」など、心の内を吐露するようになってきた。それに対し、養護教諭は「一緒に子育てをしていきましょう」と伝え、これを機に、Aさんの育ちに必要な学校ができる支援について、ケース会議を通じた公式の検討が始められることになった。就学援助の申請を進め、医療券を使って受診させたり、洋服や家庭で使用する毛布などを家庭に寄付したり、学校給食を朝食にまわしたりもした。また、Aさんの心身の安定を図るために、養護教諭は受容的な関わりを続けた。そ

して、母親自身の心身の安定が図られるようになると、行き過ぎた「しつけ」も見られなくなった。そうこうして、5年生になったAさんは学習の遅れを自覚し始め、教室に行きたがらなくなり、保健室で過ごす時間が増えていく。こうした様子に対して、Aさんのニーズに適した"居場所"を吟味し、その結果、保健室よりも教科指導が優先される支援学級で過ごすことが望ましいと考えた養護教諭は、そのことをAさんと母親に丁寧に説明し、理解と納得を得た。そして、支援学級での情緒の安定と個別学習の保障の方針が決定することになった。

第1節　健康の観点から捉える学校教育の方向性

1．発育・発達とは何か

　教職員は児童生徒の発育・発達をねがい続け、そのために必要なアプローチを実践する存在である。児童生徒の発育・発達とは具体的に何を意味するのか。
　「発育（growth）」とは、大きく広義の意味と狭義の意味とに分類される。広義の意味での発育とは、母体内で送る約9か月と生後約20年間にわたる主要な生物学的活動を指す。それに対し、狭義の意味での発育とは、身体全体や身体の各部位のサイズの増大を意味し、細胞数の増加と細胞自体の肥大、細胞間物質の増大を指す[2]。スキャモンによれば、人間の発育パターンの発育領域とその度合いから、リンパ系型（胸腺、リンパ節など）、神経系型（脳、脊髄など）、一般型（骨筋、臓器など）、生殖器型（卵巣・子宮、精嚢・睾丸など）という4つの型に分類され、これらがそれぞれの発育パターンを経て、20歳になると100％の生物学的発育を達成する（図18-1）。つまり、発育とは身体的成長を示すものである。
　一方、「発達（development）」とは、生物学的意味と行動的意味とに分類される。生物学的意味での発達とは、発育に伴う生体組織の機能的向上を指す。例えば、身体的成長に伴って獲得される微細運動の習得、身体上の忍耐強さや力強さなどである。それに対し、行動的な意味での発達とは、言語や価値などの文化的環境への適応、情緒性や協調性の発達を指す[2]。例えば、ハヴィーガースト[3]は、人間を最期の時まで発達し続ける存在と規定として、発達課題別

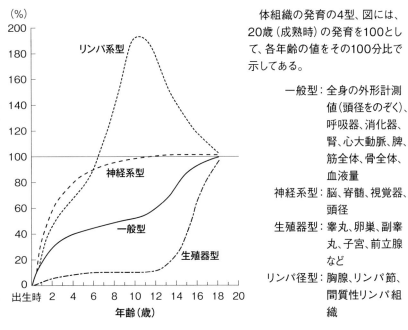

(松尾 保：新版小児保健医学、松尾 保編、日本小児医事出版社、東京 第5版、p10、1996より)

図18-1　臓器別発育パターン（Scammon）

に一生を区分し、各ライフステージにおける発達の目安とそのための教育の在り様を論じている。そのなかでも、社会的空腹を満たすように仲間を中心とした世界へ踏み出し、あらゆる社会的刺激に依存して非常に複雑な思考過程の発達が進む時期が「児童期」と分類されている。そして、児童に対する教師の役割とは、①学級活動の限界を定めること、②児童の行為の基準を設定し、仲間集団の活動を構成すること、③児童の適正な社会的態度を高めることができるような集団を構成すること、④個々の児童が仲間集団に溶け込むことができるように助けること、⑤知的発達を促すことができるような学習計画を立てること、である。

　これより、発育・発達とは身体的・精神的・社会的・文化的な成長と言い換えられる。近年、とくに個人の発達、個性の違いへの配慮が強調され、「発達可能態

である個人の潜在的能力を十分に引き出す」教育への関心が高まっている⁽⁴⁾。それに伴って、教師の役割を、児童生徒個人の成長の観点から捉える向きが強まっている。ただし、健康的な成長を支えるためには、個人へのアプローチだけでは不十分である。

2．健康的な成長を支えるための多元的な健康支援の必要性

　健康の捉え方は時代や文化によって異なる。しかし、その差異を乗り越え、一致した健康観のもとで国際社会が協調的な健康支援施策を展開していこうとする動きから、1946年、世界保健機関（WHO）は健康概念を規定した。ここで、健康とは「身体的、精神的及び社会的に完全に安寧である状態であって、単に病気でないとか、病弱でないとかいうに止まるものではない」と定義された⁽⁵⁾。そのうえで、Health is a social idea の発想に立脚した健康支援が提唱され、健康は公共概念としての位置づけが付与されるに至った。

　それまでの健康は医学概念であり、健康支援は主に個人を対象とし、パターナリスティックな医師―患者の関係性（治療関係）による個別のアプローチが中心であった。なぜならば、健康を決定づけるのはあくまでも個人であり、個人にその責任を帰するという捉え方が前提にあったためである。これによって、集団的・組織的・社会的な健康支援は積極的かつ十分に展開されてこなかった。しかし、健康が社会的理念の発想から捉え直されたことによって、こうした状況からの脱却が促されることになった。そして、人々が健康という生活上の資源を獲得し、それぞれのQOL（quality of life）⁽⁶⁾を守り高める責任の一端を社会や国家が担う向きが強まった。その端緒が21世紀版国民健康づくり運動の道標である「健康日本21」である。これは、地域、家庭、学校、企業（職場）、行政機関、マスメディア等を健康づくり運動の実施主体として明確に規定し、それぞれの特性に応じた活動の展開を求めるものである。そして、これを確実に推進するための法整備として、2002年「健康増進法」が公布された。こうした国家戦略としての健康支援の指針は、WHOが提唱したヘルスプロモーション理念に基づくものであり⁽⁷⁾、当理念では学校教育に関する10の提言⁽⁸⁾も示されている。

　価値観が多様化し、それぞれの健康観、あるいは人生観や死生観が一律では

ない現代社会を生きる者にとって、どのような状態を健康と捉えるのかは十人十色である。主観的健康観が重視される昨今、個々人のニーズを十分に踏まえながら、発育・発達を支えるための個別的・集団的・組織的・社会的な支援が求められている。これは、健康支援の多元化を意味するものであり、現代社会における学校保健の方向性として理解しておく必要がある。

3. 学校現場で見受けられる健康問題

　社会環境の変化に応じて人々のライフスタイルは変容している。それに呼応して、健康問題は明らかに質的変容を遂げている。とくに、発育・発達の過程にある児童生徒はあらゆる環境から相当な影響を受けやすい存在である。そのため、児童生徒が呈する健康問題は社会の在り様をいち早く映し出す鏡のようなものであり、その変遷を通観すると、とくに負の側面を垣間見ることができる。

　まず始めに、明治から昭和初期までの子どもたちの主な健康問題とそれへの対策を図18-2に示す。

　明治から昭和初期における主要な健康問題は感染症であった。感染症は原因の特定が比較的容易なことから、治療法や対策方法を明確に打ち出すことも可能であった。ただし、社会資本の整備が進んでおらず、その治療や対策を合理的に実行する資源が整っていなかった当時、唯一地域を問わず、ある程度均等に設置されていた学校に白羽の矢が向けられた。そして、学校においてあらゆる保健対策が加速的に進められ、その結果として、子どもたちの健康問題は改善、解決へと向かい、如実な成果が現れた。

　戦後、日本は高度経済成長を迎え、社会情勢の安定と生活環境の整備・拡充が進むことになる。その結果、1974年の保健体育審議会答申で指摘されているように、児童生徒の健康問題は「致死的疾患から日常生活や学校生活に支障をきたす障害」へと移行する。日本経済が後退局面に突入した1980年代後半以降になるとその傾向は一層強まり、いじめや不登校、保健室登校者の増加、薬物乱用や性行動の逸脱化などへの関心が高まっていく。1997年、保健体育審議会答申のなかで児童生徒の健康問題の複雑化・多様化に関する指摘は、こうした状況を踏まえたものである。つまり、身体的・精神的・社会的要因によって複合的

第18章　学校保健の実践と方法

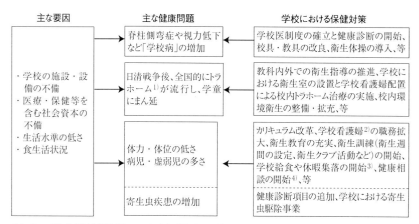

1) トラホーム（現：流行性角結膜炎）：クラミジアを病原体とする。早期に的確な治療が行われずに慢性化すると、角膜の混濁、結膜の瘢痕化、視力障害・慢性涙嚢炎などを引き起こし、視力低下を来し、失明に至る。
2) 学校看護婦：地方自治体が独自に学校看護婦を配置しはじめたのが始まりであり、後に文部省が学校看護婦の配置を推し進める。昭和16年国民学校令によって「養護訓導」として制度化され、昭和22年学校教育法で「養護教諭」へと名称変更された。当初、疾病罹患児や虚弱児を対象とする特別養護を主として、学校内に留まらず、家庭訪問等の地域保健活動を担う場合もあった。「養護訓導」職制化に伴って、全児童等を対象とする一般養護を主な職務とするに至った。
3) 休暇集落は、身体虚弱児を主な対象とする結核予防を主眼に据えた宿泊教育であり、林間・臨海・郊外学級（学校）などとも称されていた。これらが、後に養護学級や養護学級の普及にもつながった。
4) 学校における健康相談は、大正9年より公式に開始された。現在の保健所・保健センターは昭和7年頃から各市町村に設置され始めたが、それまでは、学校の衛生室（現：保健室）が地域の健康相談室としても機能していた。

図18-2　明治から昭和初期までの子どもたちの主な健康問題と対策[9]

に生み出される「複雑系」としての健康問題[10]が台頭する時代へと移行している。これは、実態の不透明性が増し、グレーゾーンの領域に位置する児童生徒が増えていることを意味している。このことに加えて、昨今では発達障害、大震災や事件・事故に伴うPTSD、あるいは虐待、経済・教育格差の帰結として引き起こされる健康格差の固定化といった世代を超える健康問題が顕在化している。つまり、児童生徒は必ずしも健康的な発育・発達を遂げているとは言い切れない現状にある[11]。

また、教職員の健康問題も明らかな変化が生じていることも特記しておきたい。身体疾患による病気求職者数は横ばいにあるのに対し、精神疾患による病気休職者数は増加傾向にあり、ここ10年間で約3倍に増えている[12]。これは勤務時間の増大や事務量の増加等による繁忙と疲労の蓄積、児童生徒の問題行動

等に関わる生徒指導上の対応等で、教職員が日常的にストレスにさらされている状況に起因するとされている。

第2節　学校教育における学校保健の在り方

1．教育実践科学としての学校保健の目的

　学校保健は文部科学省設置法第四条（所掌事務）等に依拠し、「保健教育」と「保健管理」の2領域からなるものとして捉える向きが一般的である。

　保健教育は「健康、安全で幸福な生活のために必要な習慣を養うとともに、運動を通じて体力を養い、心身の調和的発達を図ること（学校教育法第二十一条）」を目的とする。一方、保健管理は「学校における児童生徒等及び職員の健康の保持増進を図るため、学校における保健管理に関し必要な事項を定めるとともに、学校における教育活動が安全な環境において実施され、児童生徒等の安全の確保が図られるよう、学校における安全管理に関し必要な事項を定め、もって学校教育の円滑な実施とその成果の確保に資すること（学校保健安全法第一条）」を目的とする。

　これらの目的をより噛み砕いて言い表すならば、保健教育はEducation of healthにあたり、保健学習や保健指導を通して、児童生徒が自己や他者の健康を自覚し、守り育てるための教育活動である。一方、保健管理はHealth of Educationにあたり、児童生徒の発育・発達を健康という観点から支援するとともに学習権を保障するために、学校生活・日常生活における健康・安全への教育的配慮を行うことである。つまり、学校保健とは、学校教育に内在する教育的機能（育てる仕事）と福祉的機能（護る仕事）とを統一的に捉え、教育実践に反映されることによって、上記の目的を志向する活動である[13]。

　ここで、学校保健の学問上の位置づけについて確認しておきたい。学校保健は小児医学や公衆衛生学など医学の応用領域であることから、地域保健（母子保健、成人・高齢者保健など）や産業保健と並列に論じられる。ただし、こうした学問的枠組みに立脚することは、ともすると、学校保健を「教育活動を円滑に行うための条件整備として行われる保健に関する諸活動」という理解に留

めてしまう可能性がある。こうした理解のままでは、明治から昭和初期にかけての「学校衛生」と同質のものになりかねない。戦後、「学校衛生」は「学校保健」へと変化した。これは単なる名称変更ではなく、概念自体の変容によることを踏まえておく必要がある。

唐津秀雄は、次のように述べている。「対象とする生命は、単なる生物的生命ではなくて文化的生命であり、対象とする児童は生物としての児童ではなくて被教育者としての児童であり、健康の診査は疾病診断ではなくて教育診断であり（中略）、さらにまた児童の集団は単なる公衆ではなくホームルームであり、学級であり、教育的に編成された全校のことであることによって、公衆衛生学と異質の性格を持つ」[14]。

「学校衛生」は、児童生徒の集団生活の「場」である学校に医学的観点を導入することを主とするものであった。しかし、「場」への着目のみならず、教育という「機能」を内包する概念へと拡大・発展させたものが「学校保健」である。ここに、「学校衛生」との明らかな違いがある。したがって、パストラル・ケア（＝牧人的世話）の一環として、児童生徒が抱える健康問題への対応を図ることに加えて、児童生徒の社会的な自立、健康文化の担い手・つくり手として公共的な健康文化づくりに参加し、次代を担う健康の主権者として公共的責任を果たしていくことができるような能力を育てることもまた、欠かせない側面である。そのため、学校保健は教育実践科学として確かに位置づけられること、それに基づいて、学校保健の担い手である教職員が健康という観点から教育専門職としての自律性を発揮することが求められる。

2．学校保健に係る近年の政策動向

児童生徒の健康問題に対して、どのような政策が推し進められているのだろうか。近年の学校保健に係る主な政策動向を表18-1に示す。

ここで、注目すべき事項3点を指摘しておきたい。

第一に、ヘルスプロモーション理念が提唱されて以降、当理念を基軸に据えた政策が展開されていることである。それまで健康の回復・保持を主眼に据えていた学校保健は、健康増進の重点化へと舵を切った。そして、教職員、家庭や地域社会といった関係者同士のパートナーシップが重視されている。そのな

第Ⅱ部　学校教育の実践

表18-1　学校保健に係る主な政策動向 [15]

年度	答申等	主な内容
昭和33 (1958)年	学校保健法施行	学校における保健管理及び安全管理に関し必要な事項を定められた
昭和49 (1974)年	保健体育審議会答申	致死的疾患から日常生活や学校生活に支障を及ぼす障害へと移行した健康問題の特質を踏まえ、健康の回復・維持のみならず、心身の健康増進の重要性が指摘された
平成元 (1989)年	学習指導要領の改訂	ヘルス・プロモーション理念に基づき、健康教育の観点を導入され、学習指導要領の改訂が図られた
平成7 (1995)年	文部科学省初等中等教育局長通知	いじめの問題への取組の徹底等について通達であり、その中で、生徒指導における養護教諭の役割の発揮が求められた
	学校教育法改正	いじめの問題への取組の一環として、養護教諭の保健主事登用ならびに「保健」授業担当者としての兼務発令が可能となった
平成8 (1996)年	文部省審議会答申「21世紀を展望した我が国の教育の在り方について（第一次答申）」	子どもたちの生活と家庭、地域社会の現状、あるいは、いじめ・不登校の現状等を踏まえ、一人一人の個性を生かすための教育、豊かな人間性とたくましい体をはぐくむための教育、横断的・総合的な学習の推進を提示し、その中で、健康教育の充実の必要性が指摘された
平成9 (1997)年	保健体育審議会答申「生涯にわたる心身の健康の保持増進のための今後の健康に関する教育及びスポーツの振興の在り方について」	薬物乱用、性の逸脱行動、生活習慣病の兆候、いじめや登校拒否、感染症の新たな課題等、児童生徒の成長発達課題の複雑化・多様化を踏まえ、心身一体型の統合的アプローチの重要性が指摘された。その一環として、養護教諭の新たな役割として「健康相談活動（ヘルス・カウンセリング）」が示された
平成10 (1998)年	中央教育審議会答申「今後の地方教育行政の在り方について」	学校の自主性・自律性の確立、地域の教育機能の向上と地域コミュニティの育成等が示された
平成14 (2002)年	中央教育審議会答申「子どもの体力向上のための総合的な方策について」	子どもの体力の低下に対して、子どもを取り巻く社会環境や知識偏重の価値観、乱れがちな生活習慣などを振り返りつつ、子どものころから体を動かし、運動及び望ましい生活習慣を確立するようなことができるような健康づくりを実施するために、子どもの体力向上のための総合的な方策が提案された
平成16 (2004)年	食に関する指導体制の整備について	人々が生涯にわたってその心身の健康を保持増進していくためには、望ましい生活習慣の確立が不可欠である。そのなかでも、食習慣は子どものころの習慣が成長してからの習慣に与える影響が殊更大きく、心身の健全な成長に不可欠な要素である。このことを踏まえ、「栄養教諭」制度など学校栄養職員に係る新たな制度の創設を検討すべきことを提言するとともに、学校・家庭・地域社会の連携の必要性が示された
平成17 (2005)年	健やかな体を育む教育の在り方に関する専門部会	すべての子どもたちが身に付けるべきミニマムとして、保健教育が目指すべき学習目標の水準が示された
	特別支援教育を推進するための制度の在り方について	LD・ADHD・高機能自閉症等の児童生徒に対する指導・支援の充実のための対策が示された

平成19 (2007) 年	学習指導要領の改訂	学習指導要領の中に「ヘルス・プロモーション」という文言が掲載された
平成20 (2008) 年	中央教育審議会答申「子どもの心身の健康を守り、安全・安心を確保するために学校全体としての取組を進めるための方策について」	子どもの心身の健康、安全・安心に関する課題の解決は、一部の教職員が個々に対応するだけでは十分な成果を期待することはできない。このことを踏まえ、養護教諭や栄養教諭などの教職員を中核としつつ、日常的に子どもの状況を把握している学級担任などを含め、全教職員のそれぞれの役割を明確にし、相互の効果的な連携のもとで、学校全体の取組体制を整備すること、また、学校・家庭・地域の連携の重要性が指摘された
平成23 (2011) 年	学校保健安全法施行	学校保健法からの主な改正のポイントは、学校安全に関する章の新設により学校安全規定の充実を図り、そのうえで、学校保健ならびに学校安全に係る国及び地方公共団体、設置者の責務等が規定した。とくに、学校保健に関しては、学校保健計画の策定、保健室の機能の強化、養護教諭を中心として、教職員が保健指導や健康観察を協働的に推進すること、等が加えられた。
平成25 (2013) 年	教職員のメンタルヘルス対策について	精神疾患による休職している教職員についての現状と対策の指針が明示された

 かでも、とくに教職員の連携を促進する観点から、2008年、中央教育審議会において、学校保健の在り方について共有すべき基本的な考え方[16]が示された。具体的には、①学校は、心身の成長発達段階にある子どもが集い、人格を形成していく場であり、子どもの健康や安全の確保が保障されることが不可欠の前提となる、②学校において、子どもが自らの健康をはぐくみ、安全を確保することのできる基礎的な素養を育成することが必要である、③子どもの健康と安全を確保する方策は、家庭や地域との連携の下に効果的に実施されることが必要である、④健康・安全に係る連携は、学習指導面および生徒指導面において必要となる、家庭や地域との協力関係の基礎を形成するものとして取り組まれるべきものである、という4つの価値である。
 第二に、養護教諭や保健室に対する役割期待の高揚である。1970年代以降、養護教諭は非常に受容性が高く、多機能な保健室を創り上げてきた[17]。子どもたちの誰もが利用することができ、どんな子どもたちもが受け入れられる現在の保健室の在り様は現代的な光景であり、なおかつ日本の学校にしか見られない独自なものである。1990年代になると、「心の居場所」「心のオアシス」などといった代名詞が付与され、児童生徒の一つの居場所として、保健室の機能が

強調され、そこで行われる養護教諭による健康相談にも注目が集まっている。つまり、様々な児童生徒の健康課題への取り組みにおいて、養護教諭や保健室が欠かせないメンバーであり、場となっている。

　第三に、それまで児童生徒の心のケアに焦点が当てられてきた学校におけるメンタルヘルスの問題が、教職員をもケアの対象として内包したことである。これは、教育活動や学校運営等への多大な影響を鑑みたためであるが、各教育委員会等による本格的な取組が始まって日が浅く、その取組の内実もばらつきが見られる。そこで、2013年「教職員のメンタルヘルス対策について」において、①予防的取組と②復職支援に関わる具体的な対応策が提示された。①については、教職員自身によるセルフケアの促進、学校におけるラインによるケアの充実のほか、業務の縮減・効率化、相談体制等の充実、良好な職場環境・雰囲気の醸成、②については、休職時点から復職後の職場への再適応を見通した長期的支援の重要性、が示されている。これより、学校全体の協働性の強化、スクールカウンセラーやスクールソーシャルワーカーといった外部支援の活用と連携、地域における健康増進に関わる取組との連携等の視点に基づき、学校におけるメンタルヘルス問題への理解の促進、生徒指導及び保護者対応での取組の強化、病気休暇の把握と取扱いの検討、等が求められている。

　これらに共通する課題は、教職員どうし、あるいは学校外の専門機関、専門職との連携・協働である。

第3節　学校保健の進め方

1．学校保健の領域構造とプログラミング

　学校保健の目的の達成が図られるためには、すべての教育活動が学校保健の実践の機会とされなければならず、それは保健教育ならびに保健管理の複合的な展開を意味する。

　保健教育は学習指導要領に基づくものであり、各教科における保健学習と特別活動における保健指導からなる。例えば、平成23年4月から実施されている新学習指導要領（小学校）では、「健康」や「衛生」という語彙を用いながら

第18章 学校保健の実践と方法

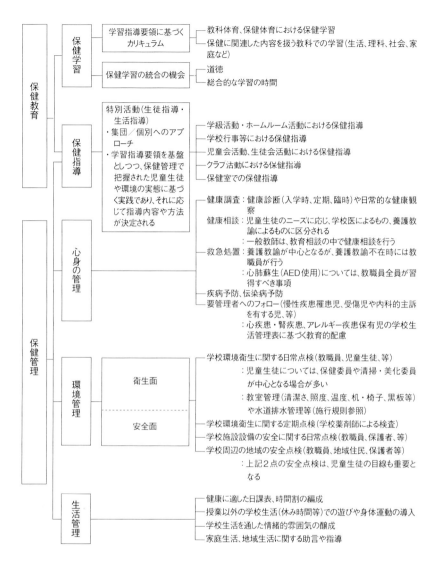

図18-3　学校保健の領域構造[18]

目標や内容等が示されている教科として、理科、社会、生活、家庭、体育、道徳、総合的な学習の時間がある。このように、保健学習は単一教科に留まらず、横断的に行われる。また、特別活動（学級活動）においては、「基本的な生活習慣の形成」「望ましい人間関係の形成」「心身ともに健康で安全な生活態度の形成」「食育の観点を踏まえた学校給食と望ましい食習慣の形成」という観点から保健指導が行われる。

　とくに、保健指導は、保健管理を通して把握される児童生徒の実態に即して行われるものである。つまり、必然的に学校それぞれの実状を踏まえた内容・方法によって取り組まれるものが保健指導ということになろう。

　学校保健の実践においては、学校保健計画に基づくPDCAサイクルに則った経営手法が用いられ、計画的かつ組織的な活動として展開される。学校保健に経営手法を導入するということは、学校保健のプログラミングと言い換えられる。こうした観点は戦後持ち込まれたものであり、これに関する最初の公的文書は、1949（昭和24）年「中学校保健計画実施要領」である[19]。それに伴って、学校保健に関わる諸研究は、学校保健計画の策定に大きな関心を寄せてきた。しかし、学校保健計画は単なるプランとして形式化し、時として、計画策定、すなわちプランニングが目的化される傾向が否めなかった。そのため、1970～80年代にかけて、学校保健計画の評価が議論の主眼にのぼり、とくに評価指標の検討が熱心に行われるようになった。そして、2000年後半になると、教員評価の導入との関連から、評価への関心が再燃している。つまり、学校保健のプログラミングにおける要諦は、評価である。以上のことを踏まえて、押さえておくべき課題2点を指摘しておきたい。

　第一に、学校保健計画の策定から評価までを教職員がともに取り組むことである。50％以上の学校では、全教職員による評価が行われていない現状にある[20]。それぞれの役割は違うにせよ、学校保健の担い手は多様である（表18-2参照）。そのため、保健主事や養護教諭のみならず、教職員等それぞれが当事者意識をもって、学校保健の一連のプロセスに主体的に取り組むことが求められる。

　第二に、児童生徒、保護者や地域住民を学校保健の担い手・つくり手として実質的に位置づけることである。つまり、教育・指導、管理の対象に留まらず、

表18-2 学校保健における教職員等のそれぞれの役割 [21]

関係者	法的根拠		主な役割
校長	学校教育法第37条	校務をつかさどり、所属職員を監督する	学校保健を重視した学校経営の推進、校内の協働あるいは校外との連携を図るための組織体制づくり
教頭	学校教育法第37条	校長（副校長を置く小学校にあつては、校長及び副校長）を助け、校務を整理し、及び必要に応じ児童の教育をつかさどる	
教務主任	学校教育法施行規則第22条	校長の監督を受け、教育計画の立案その他の教務に関する事項について連絡調整及び指導、助言に当たる	保健教育に係るマネジメント、等
学年主任	学校教育法第37条	校長の監督を受け、当該学年の教育活動に関する事項について連絡調整及び指導、助言に当たる	学校経営との関連のもと、学校保健（安全）計画を踏まえた学校保健を重視した学年経営の推進
教諭	学校教育法第37条	児童の教育をつかさどる	児童生徒の心身の健康問題の早期に発見・対応するための健康観察、保健指導、学校環境衛生の日常点検、健康の観点を導入した教科経営、等
養護教諭	学校教育法第37条	児童の養護をつかさどる	学校保健の中核的役割（学校保健の実務に従事）、保健室経営の主体者、教職員の協働、地域の関係機関等との連携におけるコーディネーター役割、いじめ・児童虐待などの早期発見・対応、学校保健活動におけるセンター的機能を果たしている保健室経営の充実、等
栄養教諭	学校教育法第37条	児童の栄養の指導及び管理をつかさどる	食育指導、アレルギー疾患を有する児童生徒の増加に伴う給食管理、等
学校医	学校保健安全法第23条	学校における保健管理に関する専門的事項に関し、技術及び指導に従事する	学校保健安全法施行規則第22条（一部略）1. 学校保健計画及び学校安全計画の立案に参与する、2. 学校の環境衛生の維持及び改善に関し、学校薬剤師と協力して、必要な指導及び助言を行う、3健康相談に従事する、4. 保健指導に従事する、5. 健康診断に従事する、6. 疾病の予防処置に従事する、7. 感染症の予防に関し必要な指導及び助言を行い、並びに学校における感染症及び食中毒の予防処置に従事する、8. 校長の求めにより、救急処置に従事する、等
学校歯科医	学校保健安全法第23条		学校保健安全法施行規則第23条（一部略）1. 学校保健計画及び学校安全計画の立案に参与する、2. 健康相談に従事する、3. 保健指導に従事する、4. 健康診断のうち歯の検査に従事する、5. 疾病の予防処置のうち齲歯その他の歯疾の予防処置に従事する、等
学校薬剤師	学校保健安全法第23条		学校保健安全法施行規則第24条（一部略）1. 学校保健計画及び学校安全計画の立案に参与する、2. 環境衛生検査に従事する、3. 学校の環境衛生の維持及び改善に関し、必要な指導及び助言を行う、4. 健康相談に従事する、5. 保健指導に従事する、6. 学校において使用する医薬品、毒物、劇物並びに保健管理に必要な用具及び材料の管理に関し必要な指導及び助言を行い、及びこれらのものについて必要に応じ試験、検査又は鑑定を行う、等

スクールカウンセラー[1]	スクールカウンセラー設置要綱（各教育委員会が規定している）	一例[3]として、1. 児童及び保護者への心理的な支援及び情報収集、2. カウンセリング等を通じた児童及びその保護者の家庭に関わる相談、3. 学校教職員への心理的な支援及び行動観察等を通じた児童情報の収集、4. 支援結果及び情報収集の学校長及び教育委員会に対する報告、5. 教育相談に関する関係機関との連絡及び調整、等	児童生徒や保護者、教職員への心理面接、教職員へのコンサルテーション、校内教職員との共通理解、校内組織への参画、地域の専門機関とのつなぎ役、等
学校保健技師[2]	学校保健安全法第22条	学校における保健管理に関し、専門的技術的指導及び技術に従事する	学校保健の活動状況の把握と指導助言、学校保健委員会・地域学校保健委員会などの組織づくりと活性化への支援、等

1) スクールカウンセラーは、地方公務員法に規定されている非常勤嘱託員（特別職）である
2) 学校保健技師は、教育委員会内に配置されている学校保健担当指導主事を指す
3) 「国分寺市立小学校スクールカウンセラー設置要綱」参照
　http://city.kokubunji.tokyo.jp/reiki/reiki_int/reiki_honbun/ac00012471.html

学校保健に係る諸活動への協力、学校保健計画の策定・評価過程への参加・参画を促すことである。実際のところ、諸アクターの参加・参画の機会には、①児童生徒保健委員会、②教職員による保健組織（校務分掌）、③PTA（保護者会）による保健組織、④学校保健委員会、⑤地域社会（行政や教育・医療関係組織など）と連携した保健組織、といった学校保健組織がすでに存在する。そこで、これらを「協議の場」[22]として、機能を拡充することが求められる。

2．学校保健の実質的な運営

　保健教育と保健管理を自転車の両輪に例えるならば、第一に、車輪の状態が重要となる。これは、教職員の学校保健に関わる力量として理解することができる。教職員はそれぞれの立場において求められる役割こそ異なるが、教諭に焦点を当てるならば、2008年、中央教育審議会答申では、①保健教育に関する役割として保健指導、②保健管理に関する役割として健康観察に関する力量の形成・向上が期待されている。

　とくに、様々な児童生徒の健康問題の早期発見が重要であることから、②健

康観察に関する力量に焦点を当てるならば、一つ目に、児童生徒のサインに気付くことができる力が求められる。例えば、学級担任が把握した児童生徒の心の危機サイン（表18-3参照）は、「孤立的（31.9％）」「気分が変わりやすい（31.6％）」「ぼんやりした表情（29.2％）」が上位を占めている。

また、児童生徒は神経型の発育の途上にあることから、悩みや不安感を頭痛、腹痛、吐き気といった身体症状（不定愁訴）として表出する傾向が強い。思考の整理、感情のコントロール、自己表現の方法に関する発達の途上にある場合もまた、同様の傾向を示す。そのため、「身体的にあまり異常がないのに頭痛を訴える（26.7％）」も上位にある。このように、児童生徒が全身を使って発するサインを見逃さずに捉えることができるかどうかがカギとなる。そのためにも、教諭は授業や学級経営などにおいて、健康という観点から児童生徒を丁寧に観察することが求められ、その積み重ねが多角的かつ奥深い児童生徒理解へとつながってゆくと考えられる。

表18-3 担任に聞く児童生徒の心の問題[23]

問題内容	件数（％）	問題内容	件数（％）
孤立的である	1056（31.9）	強情である	599（18.1）
気分が変わりやすい	1047（31.6）	甘えすぎる	542（16.4）
ぼんやりした表情	968（29.2）	カーッとなって乱暴しやすい	536（16.2）
1週間以上連続して不登校	936（28.3）	その他の問題行動	510（15.4）
自分勝手である	917（27.7）	はしゃぎすぎる	479（14.5）
身体にあまり異常がないのに、頭痛を訴える	884（26.7）	不平が多すぎる	448（13.5）
黙りがちである	876（26.4）	ひどく恥かしがる	426（12.9）
やる気がない	797（24.1）	ひどくいらいらする	420（12.7）
時々不登校がある	772（23.3）	やりっぱなし	404（12.2）
注意を引きたがる	747（22.6）	寝つきが悪い	392（11.8）
人を避ける	693（20.9）	怖がりやすい	354（10.7）
目つきがキョロキョロ	633（19.1）	すぐ泣き出す	330（10.0）
動きがのろい	607（18.3）	保健室登校が時々ある	314（9.5）

注：％は全件数3312に占める割合
資料：兵庫県医師会（1997）．1994年度兵庫県医師会学校保健委員会調査

二つ目に、児童生徒の異変やサインを他教職員と情報交換し、共有できるかどうかも重要な力である。しかも、事態が刻々と変化し続ける学校現場においては、情報交換のタイミングも併せて重要となる。例えば、「週1回の学年会議で共有するのか」、「放課後に1日の気づきを職員室や保健室で共有するのか」、「情報を得た段階で共有するのか」、あるいは「そもそも情報を共有しないのか」、こうした判断はそれぞれの教諭の情報に対する優先順位のつけ方に依拠する。こうした判断のずれが、時として支援のスタートを遅延させることを念頭に置かなければならない。個別のケースを取り上げ、支援の方向性を話し合うケース会議などの活用は有効であるが、それに留まらず、日頃からできる限り早い段階で、他の教諭はもとより学年主任などのミドルリーダーと情報交換し共有しておくことが求められる。なぜならば、ミドルリーダーはネットワークの観点から言えば、情報集積者に相当するためである。

　また、情報集積者には、学校保健の中核的役割が期待されている養護教諭も含まれる。養護教諭は教諭と異なる専門的な視点から児童生徒を観察し、支援を展開している。これより、養護教諭との情報交換を意識的に行うことも有効である。なお、情報とは、狭義の意味での心身の状態ばかりではない。出席状況、学習状況と成績の推移、部活動の状況、学校内外での友人や恋人との人間関係、学級集団の中での立ち位置と行動状況、家庭環境や成育歴、地域生活の状況（アルバイトや塾通い等）、保健室来室状況と保健室の中での行動、それぞれの見立てと指導・支援の進行状況など、教諭と養護教諭が互換性を要する情報は多様である [24]。このことを念頭に置き、「気になる児童生徒」や「個別に支援を要すると考えられる児童生徒」に関する情報は、早い段階で共有することが求められる。

　第二に、車輪の連動性、つまり保健教育と保健管理の連動性が重要となる。これは教職員個々人の姿勢、学校保健経営・学校経営の姿勢という大きく2つの次元で捉えることができる。前者は、健康観察など、保健管理で把握された児童生徒の心身の状況を題材として、保健教育につなげるということである。保健教育で扱うことのできる題材は、学校・家庭・地域生活の中に多く眠っており、子どもたち自身、あるいは他者の心身の状態や生活そのものが学びの種となる。狭義の学力とは直接的に結びつかない事柄が多くを占めていることは事

実ではあるが、人間への関心と自己肯定感、自他へのケア意識を高めることに直結する。だからこそ、他者への思いやりや自分を大切にする心を育むという目的のもと、保健指導や、いのちの授業[25]などの健康教育[26]が推進されている。さらに、家庭教育において基本的な生活習慣を習得している児童生徒ばかりではない現状をも勘案し、それぞれの実態に応じ、積極的な保健教育の推進が求められる。

なお、学校保健経営・学校経営による全面的な支援が必要であり、このことによって、取り組みは組織をあげた活動としてさらに息が吹き込まれ、血が通ったものとなる。その意味で、学校保健経営・学校経営の積極的な姿勢も不可欠である。

それぞれの学校現場において、児童生徒の実態、教職員や家庭、地域の特性、

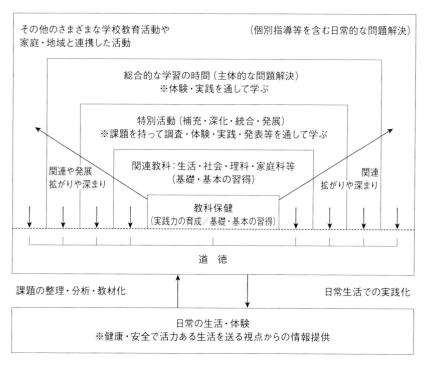

図18-4　学校における健康教育の構造・特質のイメージ [27]

活用できる資源が異なることを踏まえると、組織的・計画的な学校保健の実践はそれ自体が学校の特色となり得る。そして、これが地域づくりにまで発展する可能性もある[28]。そのため、教育委員会がグランドデザインを示し、各学校を支援する動きも高まっている[29]。さらに、近隣学校間のヨコの連携とタテの継続性を確保するために、教育委員会と養護教諭部会とが一体となって取り組んでいるケースもある[30]。

3．養護教諭の役割

1990年代後半以降、養護教諭の役割に注目が集まり、積極的な活用の必要性が指摘されてきた。例えば、生徒指導における養護教諭の役割の発揮や、養護教諭の新たな役割としての健康相談（ヘルスカウンセリング）である。また、従前からの保健室の保健管理機能及び「心の居場所」機能をさらに発展させるべく、「学校保健活動のセンター的役割」の強化が活発に議論され始めている。それに伴って、保健室運営、保健室づくりに関する議論は、「開かれた保健室」を一つの合言葉にした保健室経営[31]に関する議論へと移行している。また、養護教諭の「開かれた専門性」が強調され、学校内あるいは学校内外をつなぐコーディネイト機能にも注目が集まっている。

これより、養護教諭は児童生徒の心身の健康という観点から、学校教育活動を担う一員としての自覚を強め、ネットワークづくりを推し進めていくことが求められる。また、保健室経営と学校保健経営の連動性を高めることはもちろんであるが、それを基軸としながら、学級経営や学年経営、ひいては学校経営への参加・参画が求められている。そのために、養護教諭が有している課題意識を教職員と共有していくこと、そして、それを学校組織全体で取り組む必要のある課題として確かに位置づけていくことが肝心である。

第4節　学校保健の普遍的かつ現代的な課題

学校保健は組織活動として成立してはじめて、円滑で効果的な推進に至る。これより、連携・協働を通した組織活動としての特性を担保することが不可欠

である。

　教職員の職務には「個業」の側面と「分業―協業」の側面とがあるが[32]、学校保健は「分業―協業」の側面が強調される活動であり、学校経営の中に明確に位置づけられる必要がある。学校保健の組織活動としての特性を実質的に担保するためには、学校経営、学校保健経営、学年経営、学級経営、保健室経営のつながりを強めることが求められる。人や場、経営方針の違いによって、実践の質が異なることは適切ではない。児童生徒が混乱するような状態を生み出すことは避けなければならない。そのため、各経営主体者の自律性は認められながらも、そこには継続性の観点、つまり健康に係わる継続経営が求められる。こうした継続経営を進めるためには、全教職員がそのことを自覚するとともに、各種経営をつなぐことをその役割とするコーディネイターが必要となる。

　また、学校保健を学校内で勢力的に実践しても、家庭や地域社会との協力・連携がなければ、その十分な効果は期待できない。児童生徒の生活は、学校、家庭、地域社会の間で分断されるべきものではないことから、保護者、地域住民、地域における専門機関や専門職と協力すること、家庭での子育てや、行政やNPO等によって進められている地域社会における子育て支援、地域社会における健康づくり運動との関連性を高めることも、学校保健の効果を高めるうえで必要な観点となる。ここでもまた、学校内外をつなぐコーディネイターが求められることは言うまでもない。

　これより、学校保健は、継続性あるいは関連性の強化が求められている。このことを関係者・関係機関が共有し、実践につなげることが、普遍的かつ現代的な課題である。

　冒頭で紹介した事例からも明らかなように、児童生徒の現代的な健康問題、児童生徒を取り巻く生活環境は時代とともに、厳しさが増している。児童生徒のニーズをいち早く捉え、支援につなげられるのは学校であり、教職員一人ひとりである。初期対応の在り様がその後の経過を左右する。このことを勘案するならば、教職員一人ひとりが、学校が児童生徒にどのように向き合うのか、そして、必要に応じ、学校内外への支援の輪をどの段階でどのように拡げていくのか、さらに支援の輪の中で、教職員や学校はどのような役割を担うのかなど、検討を要する事柄は山積している。教育実践科学として、学校保健に確固

たる位置づけを付与するためには、より一層の学問的・実践的発展が急務である。

(留目宏美)

〔注〕
(1) 事例の詳細は、松尾裕子：特集―人やないから、へこたれんで!! 大阪の実践から学ぶ―子どもの貧困と虐待は社会の問題、保健室（全国養護教諭サークル協議会）、No.166、24-30頁、2013を参照のこと。
(2) マリーナ,R.M. ＆ ブーシャル,C.　高岩昌弘、小林寛道（監訳）：事典　発育・成熟・運動、大修館書店、1995。
(3) ハヴィーガースト,R.J. 荘司雅子（監訳）：人間の発達課題と教育、玉川大学出版部、1998。
(4) 佐藤博志編著：教育学の探求―教師の専門的思索のために、川島書店、3-4頁、2013。
(5) 世界保健機関が1946年「世界保健憲章」の中で示した定義である。近年では多様な民族の文化的背景を踏まえ、「霊的（spiritual）」な側面を加え、より包括的に健康を捉える向きもある。原文は http://who.int/en/ を参照のこと。
(6) QOLには2つの側面がある。一つは、生活者の意識面（満足感や充足感）への注目、もう一つは置かれている環境への注目であり、環境が生活者にもたらすあらゆる影響を評価する観点である。金子勇・松本洸編著：クオリティ・オブ・ライフ―現代社会を知る、福村出版、29頁、1986。
(7) 1986年、世界保健機関（WHO）が提唱した理念であるヘルスプロモーションとは、「人々が自らの健康とその決定要因をコントロールし、改善することができるようにするプロセスである」。そして、ヘルスプロモーションを成功させるためのプロセス（条件）は、①唱道（advocate）、②投資（invest）、③能力形成（empowerment/build capacity）、④規制と法制定（regulate and legislate）、⑤パートナーシップ（partnership）である。島内憲夫編著：「ヘルスプロモーション講座」順天堂大学ヘルスプロモーション・リサーチ・センター、2005。
(8) ①学校への投資を増やすべきである、②女子の教育への参加をもっと高めなければならない、③全ての学校は子どもたちにとって安全な学習環境、教職員にとっては安全な職場でなければならない、④全ての学校であらゆる段階の子ども

たちに非常に重要な健康とライフスキルを教えなければならない、⑤全ての学校がヘルスプロモーションの窓口として、また、健康教育介入の場としての役割を果たさなければならない、⑥学校保健プログラムをサポートするために、地方、国家、国際的の全てのレベルにおいて、資源の識別、割り当て、運用、そして調整を保証するために、政策、法律、ガイドラインを開発しなければならない、⑦教師と学校職員は尊重され、健康を増進することができるように必要なサポートを受けなければならない、⑧地域社会と学校は、健康と教育を支えるために協力し合わなければならない、⑨学校保健プログラムを成功させ良い結果を出すために、きちんと計画され、監督され、評価されなければならない、⑩健康と教育を促進するために、メンバーになっている国、地域社会、そして学校の能力を高めるために、もっと国際的なサポートが必要である。WHO, Promoting Health Through Schools（WHO Technical Report Series 870）Report of a WHO Expert Committee on Comprihensive School Health Education and Promotion, WHO, Geneva, pp.1-93, 1997

(9) 文部省監修：学校保健百年史（日本学校保健会編著）、第2版、第一法規出版、1972をもとに筆者が作成した。

(10) 広井良典：第6章 ケアとしての科学―科学とコミュニティ、コミュニティを問い直す―つながり・都市・日本社会の未来、第10刷、ちくま新書、204-208頁、2011によれば、「現代の病」は「複雑系としての病」という理解が求められる。

(11) 子どものからだと心・連絡協議会編：子どものからだとこころ白書2012、あるいは、内閣府：平成24年版子ども・若者白書、等を参照のこと。

(12) 文部科学省初等中等教育局初等中等企画課：教員のメンタルヘルスの現状、2012年、http://www.mext.go.jp/b_menu/shingi/chousa/shotou/088/shiryo/__icsFiles/afieldfile/2012/02/24/1316629_001.pdf

(13) 森昭三：学校保健の意義と目的、全訂学校保健ハンドブック（教員養成系大学保健協議会編）、ぎょうせい、17-24頁、1999。

(14) 唐津秀雄：学習の衛生に関する2、3の問題―教育衛生学の新しい類型への試論―、学校保健研究、3 (8)、1961。

(15) 文部科学省HP「審議会別諮問・答申等一覧」より、学校保健に直接関連する事項を筆者がまとめた。http://www.mext.go.jp/b_menu/shingi/toushin.htm

(16) 衛藤隆：「子どもの心身の健康を守り、安全・安心を確保するための学校全体としての取組を進めるための方策について」（中央教育審議会答申）からみた児

童生徒等の健康と安全の問題、学校保健研究 50（5）、329-333 頁、2008。
(17) 藤田和也：保健室と養護教諭―その存在と役割―、国土社、6-12 頁、2008。
(18) 采女智津江：新養護概説＜第 4 版＞、第 2 章学校教育と学校保健、少年写真新聞社、27 頁、2009 の図 2-2 を参考に筆者が作成した。
(19) これらの直接指導者は米国教育使節団のヘレン・マンレー女史であり、当時のミズーリ州大学都市学区の保健カリキュラム及び学校保健プログラムを規範として作成された。その詳細については、武田攘寿：学校保健計画の意義と性格、学校保健研究、18（3）、102-105 頁、1976 や森昭三、戸野塚厚子：ヘレン・マンレー女史と「学校保健計画実施要領」、学校保健研究、27（12）、585-591 頁、1985 を参照のこと。
(20) 日本学校保健会：学校保健の課題とその対応―養護教諭の職務等に関する調査結果から―、第 2 版、2013。
(21) 学校保健安全法や中央教育審議会答申等をもとに筆者がまとめた。
(22) 新谷チヨ子：特集学校保健委員会の効果的な活用に向けて―小学校の実践例 CHANGE! 学校保健委員会―、健康教室、第 723 集、11-13 頁、東山書房、2011。
(23) 兵庫県医師会（1997）：1994 年度兵庫県医師会学校保健委員会調査。
(24) 徳山美智子：第 5 章教育に果たす養護教諭の役割、4 学級・ホームルーム経営と養護教諭、改訂養護概説（編集代表三木とみ子）、ぎょうせい、79-85 頁、2002。
(25) 例えば、神奈川県公立学校におけるいじめ・暴力・不登校対策としての取組として、神奈川県教育局支援部子ども教育支援課小中学校生徒指導グループが進める「かながわ：いのちの授業」がある。詳細は http://www.pref.kanagawa.jp/cnt/f417796/ を参照のこと。また、兵庫県教育委員会は平成 17 年「いのちの大切さ」を実感させる教育プログラムを開発し、実践を展開している。
(26) 学校における「健康教育」は、初等中等教育においては、教科「体育」及び「保健体育」の「保健」における心身の健康・安全全般についての知識の習得、ならびに「家庭」等の他の教科や「道徳」等での健康に関する内容、保健指導、安全指導、学校給食指導など、特別活動や日常的指導を通じた健康な生活に関する態度の習得を指す。つまり、保健教育、安全教育、食育を総称したものが、学校における「健康教育」であり、保健指導よりも包括的な概念である。その詳細は、昭和 63 年の文部省体育局通知「健康教育の推進と学校健康教育課の設置についてのなかに示されている。下記を参照のこと。http://www.mext.go.jp/b_menu/hakusho/nc/t19880701002/t19880701002.html

(27) 采女智津江：新養護概説＜第4版＞、第2章学校教育と学校保健、少年写真新聞社、26頁、2009の図2-1を引用した。

(28) 教育家庭新聞：「地域で支える健康―日本学校保健会健康教育推進学校表彰」、健康・環境号 2013年3月18日、http://www.kknews.co.jp/kenko/2013/0318_1a.html

(29) 例えば、東京都教育委員会が平成17年に策定した「都立学校における健康づくり推進計画」http://www.kyoiku.metro.tokyo.jp/buka/gakumu/kenkouhonbun/zenbun.pdf

(30) 荻原明子：地域・関係機関と連携し、市内全小中学区で取り組んだ歯科保健活動―「いい息、強い歯、丈夫な体　いつも　いきいき　備前の子」をめざして―、健康教室、第703集、東山書房、20-24頁、2009。

(31) 保健室経営検討委員会報告書（2004年）によれば、保健室経営とは、「各種法令、当該学校の教育目標等を踏まえ、児童生徒等の健康の保持増進を図ることを目的に、養護教諭の専門性と保健室の機能を最大限生かしつつ、教育活動の一環として計画的・組織的に運営すること」と定義されている。

(32) 平井貴美代：第6章教師の職務、教師の条件［第3版］―授業と学校をつくる力、学文社、105-122頁、2010。

第19章
特別支援教育の実践と方法

第1節　特殊教育から特別支援教育へ

1．特別支援教育とは

　特別支援教育という用語は、平成15年に示された中教審「今後の特別支援教育の在り方について（最終報告）」[1]において公の場で用いられた。この報告書には、これまで、障害の程度等に応じ特別の場で指導してきた特殊教育体制から、障害のある児童生徒の教育的ニーズを的確に把握し、柔軟に教育的支援を実施する特別支援教育体制へと転換を図る必要性が示された。報告書では、特別支援教育について、以下のように述べている。

　　「特別支援教育とは、これまでの特殊教育の対象の障害だけでなく、その対象でなかったLD、ADHD、高機能自閉症も含めて障害のある児童生徒に対してその一人一人の教育的ニーズを把握し、当該児童生徒の持てる力を高め、生活や学習上の困難を改善又は克服するために、適切な教育を通じて必要な支援を行うものと言うことができる。」

　上述した記述にもあるように特別支援教育とは、発達障害のある児童生徒を対象とした教育ではなく、通級による指導、特別支援学級、特別支援学校において従来から対応していた児童生徒を対象として含むものである。
　本章では、紙面の都合もあるため、主として小学校や中学校等の通常の学級

第19章　特別支援教育の実践と方法

に関わる特別支援教育を取り上げ論じることとする。

2．特別支援教育体制整備の経緯

現在の特別支援教育の体制的な整備は、平成11年に文部科学省より示された「学習障害児に対する指導について（報告）」[2]の指摘に基づくところが大きい。本報告書では、学習障害児等の児童生徒の判断や対応について、通常の学級においてティームティーチング等を活用することにより配慮して対応すること、授業時間外の個別指導や通級による指導などの特別な場での個別指導通常学級以外の場における指導、指導専門家による巡回指導を実施すること、学校における実態把握のための校内委員会を設置すること、学習障害か否かについて専門家チームにおいて判断することなどが提言された。また、平成15年に示された「今後の特別支援教育の在り方について（最終報告）」では、これまで指摘された内容に加えて、学校内外の連携協力体制における連絡調整役としての特別支援教育コーディネーターの必要性が指摘された。加えて、平成17年に中央教育審議会から示された「特別支援教育を推進するための制度の在り方について（答申）」[3]では、「小・中学校における制度的見直し」として、「特別支援教室（仮称）」の構想が実現する方向で制度的な見直しをすることが述べられた。「特別支援教室（仮称）」は、障害のある児童生徒が通常の学級に在籍して配慮された教育を受けることを原則として、必要な時間に特別な指導を受ける教室である。しかしながら、固定式の学級の方が教育上の効果が高い児童生徒もいるという意見や保護者の中には固定式の学級が有する機能の維持を望む意見があることなどから、本答申では当面の方策として、学習障害（LD）や注意欠陥多動性障害（ADHD）の児童生徒が特別の場での指導や支援が受けられるように、特殊学級と通級による指導等の制度的な見直しを行うことが適当であると提言するに留めた。この「特別支援教室（仮称）」構想は、実現されていないが、現在も検討が続けられており、継続的な検討課題とされている。

一方、具体的な体制整備の取組みと検証のために、平成12年度に「学習障害児（LD）に対する指導体制の充実事業」が15地域で、平成13年度と14年度には全都道府県で実施された。本事業における取組みは、校内委員会の設置、巡回相談や専門家チームの活用を主とするものであり、報告書において提言され

第Ⅱ部　学校教育の実践

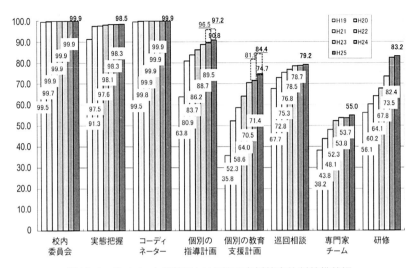

図19-1　公立小・中学校における特別支援教育体制整備状況
（平成25年度文部科学省特別支援教育体制整備状況調査調査結果[4]から引用）

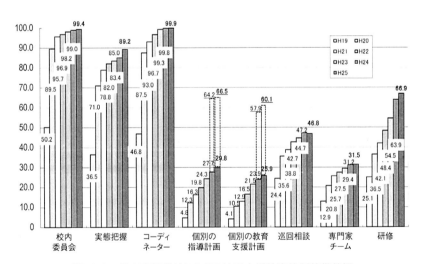

図19-2　公立高等学校における特別支援教育体制整備状況
（平成25年度文部科学省特別支援教育体制整備状況調査調査結果[4]から引用）

た判断・実態把握基準（試案）や校内支援体制の構築と指導方法の工夫を行うことであった。その後も平成15年度には「特別支援教育推進体制モデル事業」、平成17年度からは「特別支援教育体制推進事業」のように名称を変更しながら、特別支援教育コーディネーターの指名とその有用性に関する検討や幼稚園・高等学校における支援体制の整備、学生支援員を配置した支援の拡充などの新規事業を加えながら進められた。

　文部科学省では、平成15年度から毎年このような体制整備状況について調査し、結果を公表している。平成25年度に示された公立の小・中学校と高等学校の特別支援教育体制整備状況調査の結果を図19-1、2に示した。現在では、校内委員会の設置や特別支援教育コーディネーターの配置など体制のハード面の整備は整ってきたといえる。しかしながら、個別の指導計画や教育支援計画の作成といったソフト面、巡回相談や専門家チームといった校外の資源の活用という点についてはまだまだ改善の余地が残されている。

3．法令及び学習指導要領の改変

　「特別支援教育を推進するための制度の在り方について（答申）」で提言された制度的見直しは、その後学校教育法（平成18年6月改正、平成19年4月施行）において盲学校、聾学校、養護学校は、障害種別を超えた特別支援学校となることが示され、同法律の第七十二条では特別支援学校が幼稚園、小学校、中学校、高等学校及び中等教育学校に在籍する障害のある児童生徒等の教育について助言援助に努める役割が付加された。加えて、第八十一条には、幼稚園、小学校、中学校、高等学校及び中等教育学校が特別支援学級に在籍する幼児児童生徒だけでなく、教育上特別の支援を必要とする幼児児童生徒障害に対して学習上又は生活上の困難を克服するための教育を行う旨の条項が示された。

　また、学校教育法施行規則（平成18年3月改正、平成19年4月施行）においては、通常の学級に在籍する児童生徒で、通級による指導において対象として含まれていなかった学習障害者や注意欠陥多動性障害者、自閉症者をその対象として明記した。

　一方幼稚園教育要領（平成21年より全面実施）、及び学習指導要領（小学校、中学校は平成21年より総則等が先行実施、高等学校は平成22年より総則等が

先行実施）においても、特別支援教育に関連した改正がみとめられる。幼稚園教育要領第3章2（2）では「障害のある幼児の指導に当たっては、集団の中で生活することを通して全体的な発達を促していくことに配慮し、特別支援学校などの助言又は援助を活用しつつ、例えば指導についての計画又は家庭や医療、福祉などの業務を行う関係機関と連携した支援のための計画を個別に作成することなどにより、個々の幼児の障害の状態などに応じた指導内容や指導方法の工夫を計画的、組織的に行うこと」と明記され、必要に応じて個別の指導計画や個別の教育支援計画の作成を行い、指導内容や指導方法の工夫を計画的、組織的に行うよう示された。小学校（総則第4）、中学校（総則第4）、高等学校（総則第5）においても、同様の記述が盛り込まれている。

第2節　特別支援教育の体制づくりと協同的取組み

1．小・中学校等における特別支援教育支援体制づくり

前述したように、小・中学校等の特別支援教育支援体制整備は、校内委員会の設置や特別支援教育コーディネーターの配置などの体制のハード面において大きく進展し、法令や学習指導要領等においても体制整備にあわせて改変されてきた。

図19-3に支援体制の全体像を示した。小・中学校とそれを支える地域、もしくは都道府県レベルの広域特別支援教育連携協議会が連携協力をすることによって、発達障害等の特別な教育的ニーズを示している児童生徒の支援において、担任が一人で問題を抱え込むのではなく、学校として、地域として校内外の様々な人や関係機関が連携・協力しながら対応するモデルが示されている。支援体制を整備することは、教職員や保護者もしくは学外の専門家が協同することで、問題解決を図る仕組みの基盤となることを意味している。このような支援体制に含まれている主な要素の役割を概略すると以下のようになる。

＜校内委員会＞

校内委員会は、児童生徒の実態把握が主な役割で、構成員は、校長、教頭、

第19章 特別支援教育の実践と方法

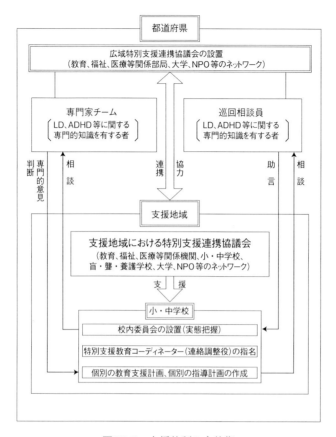

図19-3 支援体制の全体像
(文部科学省(2004)小・中学校におけるLD(学習障害)、ADHD(注意欠陥／多動性障害)、高機能自閉症の児童生徒への教育支援体制の整備のためのガイドライン(試案)[5]より引用)

担任教師、その他必要と思われる者（学年主任、教育相談担当教諭、養護教諭、特殊教育教師、など）により構成される。ここでは、専門家チームに学習障害（LD）、注意欠陥多動性障害（ADHD）、自閉症の判断を求めるかどうかが検討される。その際には、保護者への十分な説明が必要となる。

＜特別支援教育コーディネーター＞

特に小・中学校等における特別支援教育コーディネーターは、学校内の関係

者や関係機関との連絡・調整をしたり、保護者に対する学校の窓口となる役割を果たしたりする教員である。特別支援教育コーディネーターを校務として明確に位置づけることで、学校内の教職員全体の特別支援教育に対する理解のもと、校内の協力体制を構築するとともに、関係機関との連携協力体制の整備を図ることが求められる。

＜専門家チーム＞

専門家チームは、都道府県または政令指定都市の教育委員会に設置されるもので、構成員は、学習障害等に関する専門的知識を有する、教育委員会の職員、特別支援教育担当教員、通常の学級の担当教員、心理学の専門家、医師等が考えられている。チームが学校（校内委員会）に示す専門的意見には、学習障害（LD）、注意欠陥多動性障害（ADHD）、あるいは自閉症か否かの判断と、望ましい教育的対応の内容が含まれる。

＜巡回相談＞

巡回相談員は、小・中学校を訪問して、授業を観察したり、コーディネーターと情報を交換したりしながら、児童生徒の実態を把握し、教員や保護者を支援する役割を果たす外部の学習障害（LD）、注意欠陥多動性障害（ADHD）、自閉症や特別支援教育に詳しい専門家のことである。巡回相談員には、小・中学校の校内体制の整備に協力することも求められる。

＜個別の指導計画と個別の教育支援計画＞

個別の指導計画は、個々の児童生徒の実態を的確に把握し、個々の実態に即した具体的な指導目標とその目標を達成するための指導の内容や方法を明確にし、日々の授業で生かしていくために作成するものである。適切な指導が行われているかどうかを検討するためには、単元や学期、年度毎など適宜評価を行うことが必要となる。さらに、障害のある子どもを生涯にわたって支援する観点から、一人一人のニーズを把握して、関係者・機関の連携による適切な教育的支援を効果的に行うために、教育上の指導や支援を内容とする「個別の教育支援計画」を作成することも求められる。

このような特別支援教育支援体制が構築されてきたことによって、小・中学校等において発達障害等の特別な教育的ニーズのある児童生徒への対応は、十

分な成果が上げられているかというと、地域や学校間の格差も大きく、一律に成果が得られているわけではない。

　成果が得られていない学校をみると、①支援体制は、構築されたものの形骸化しており、機能していない。②連携やチーム・アプローチに対する認識や実行が不十分で、担任が抱え込むもしくはあきらめてしまう結果を招いている。③実態把握が、指導や支援につながるものになっていない。④個別の指導計画が作成されたとしても、活用されておらず、修正や見直しなどが図られていない。など多くの課題が存在している。

2．機能的な支援体制とチーム・アプローチの構築

　日本LD学会研究委員会では、平成15年度に全国の特徴的な取組み・特別支援教育の推進に携わっている教育行政もしくは専門家の学会員を対象として、特別支援教育におけるシステムモデルに関する調査を実施した[6]。調査結果を概括すると、校内委員会については、機能しているという学校は、「必然性がある」、「以前から校内委員会に相当する組織が設置されている」などがあがっており、逆に、機能していない理由としては、「管理職以下学校関係職員に十分理解されていない」、「役割が十分に理解されていない」などの回答が多く見られ、教員の意識や運営面でのノウハウの蓄積が重要な要因となっている可能性が指摘されている。このような状況は、現状においてもよくみられる。逆に、学校全体が落ち着かない状況があり、障害の有無に関係なく学校の改善を掲げることによって、管理職をはじめ教職員の組織的対応や連携が促され、結果として特別支援教育が推進される例もある。必然性や障害という少数の児童生徒を対象とした特別な支援という意識ではなく、学校全体の改善という意識をもつことが特別支援教育を含めた校内体制の整備と活用、教職員の連携や協同に大きく影響する例といえる。

　また、このような支援体制を機能的に運用するためには、特別支援教育コーディネーターが果たす役割は大きい。特別支援教育コーディネーターの養成やスキルアップに対して、都道府県のレベルで研修が実施されている。しかしながら、特別支援教育コーディネーターは分掌としての位置付けであり、コーディネーターを担う教員が変動的であることなどから、十分なスキルアップが

果たされてないことがある。加えて、特別支援教育コーディネーターの授業時数等を軽減する学校も中にはみられるが、特別支援学級や通常の学級の担任等が兼任していることによって、多忙な中での対応となっていることも多い。このような状況に対して、学校によっては、生徒指導部や教育相談部、特別支援教育部等の分掌の教員に対して、複数のコーディネーターを指名し、コーディネーターのチームを編成することもある。複数制をとることにより、関連する部の連携が促されたり、段階的に人が変わることで、業務の引き継ぎが容易になったりする場合もみられる。

指導の修正や改善については、ケース会議を定期的に開催したり、特別支援学校のセンター的機能や巡回相談を活用したりする例がある。ケース会議において、複数の教員による児童生徒の気づきを述べることで、児童生徒の理解を共有することができ、それに基づいて具体的な指導や支援の方法を考えることによって、様々な方法を知ることが可能となる。特別支援学校のセンター的機能や巡回相談を活用すれば、より特別支援教育の観点からの意見を聞くことができ、児童生徒をみる視点や指導・支援の方法のレパートリーを拡充する機会となる。ケース会議は、当該児童を担当する教員だけでなく、参加した教員全員のスキルアップと今後の対応に対する共通理解の場としての重要な機会となる。

その他に、全教員の共通理解を促進するために対応一覧表を作成し、全教員が閲覧可能にした例もある。個別の指導計画の作成なども、教員の共通理解を促進するためのツールとして活用することが可能であり、最初から完成された個別の指導計画の作成に労力をかけるよりも、必要な事項から作成しながら、教員間の共通理解を促進するためのツールとして活用することが重要であると考える。

3．教育のユニバーサル・デザインの取組みと授業の改善

近年、授業においてユニバーサル・デザインという用語を聞くことが多くなってきた。海外の例をみると、学びのユニバーサル・デザイン（Universal Design for Learning）として提案されているものもあり、これは個人のニーズに対してカスタマイズされ、調整された柔軟なアプローチを志向するものである[7]。教

育におけるユニバーサル・デザインは、特別支援教育の同様の視点を持ち、特別支援教育と連続する一つの取組みであると考える。

　平成23年度と24年度に京都府総合教育センターでは、発達障害等のある子どもを含めて、どの子にもわかる授業づくりを検討する一つの方法として「ユニバーサル・デザイン授業」の研究に取り組んだ[8]。これは、授業づくりに特別支援教育の視点を加味し、発達障害等のある子どもが学びやすいように授業を改善することが、全ての子どもが、「わかる・できる」授業につながると仮定した取組みである。2つの小学校が研究協力校となり、ユニバーサル・デザインの視点を開発・改善しながら、授業や学校生活全体に対する取組みを進めた。

　学校の実情により、それぞれの学校において特色のある取り組みとなった。しかしながら、共通する事柄として学級の児童に対してアセスメントを行い、支援の必要な児童のタイプを3タイプ程度に分類すること、指導案の中に全体に対しての手だてとタイプ別の手だて、および本時において授業者が組み込んだユニバーサル・デザインの視点を記述しておくことなどが取り上げられており、全体の視点と個の視点を融合するための指導案づくりの手引きを提案している。

　加えて、授業への参加を促す手だてとして、授業の開始と終わりのルールを徹底したり、明確化したりするなどの取組みを実施すること、内容理解のために、単元や本時のねらいを絞り込み、発問や板書をわかりやすくすること、もしくは子ども同士の学び合いやグループ学習などを取り入れ、理解を深めること、加えて授業を支える環境として、物理的な環境を整えたり、お互いが認め合い支え合う学級づくりを重視したりすることが重要であると指摘した。

　また、研究を進めるにあたって、校内の全教員もしくはセンターの指導主事や協力者であった特別支援学校の地域支援部の担当者などのメンバーが、授業を参観し、授業の改善に対してユニバーサル・デザインの視点もしくは特別支援教育の視点から意見を交換・集約するなどの取組みを実施した。このような授業改善の取組みは、教員の児童生徒の理解と授業の計画作りに対して効果的であり、有効な取組みであったと考えられる。

第3節　今後の展開とまとめ

1．インクルーシブ教育システムの構築と合理的配慮

　平成24年7月に、文部科学省から「共生社会の形成に向けたインクルーシブ教育システム構築のための特別支援教育の推進（報告）」[9]が示された。本報告書の中では、「共生社会の形成に向けて、障害者の権利に関する条約に基づくインクルーシブ教育システムの理念が重要であり、その構築のため、特別支援教育を着実に進めていく必要がある」と述べられており、さらに「同じ場で共に学ぶことを追求するとともに、個別の教育的ニーズのある幼児児童生徒に対して、自立と社会参加を見据えて、その時点で教育的ニーズに最も的確に応える指導を提供できる、多様で柔軟な仕組みを整備することが重要である。」と指摘している。

　また、「合理的配慮」とその基盤となる「基礎的環境整備」の充実をはかることが重要であることが指摘されている。「合理的配慮」とは、「学校の設置者及び学校が必要かつ適当な変更・調整を行うことであり、障害のある子どもに対し、その状況に応じて、学校教育を受ける場合に個別に必要とされるもの」であること、加えて「学校の設置者及び学校に対して、体制面、財政面において、均衡を失した又は過度の負担を課さないもの」と定義づけられた。同時に、「合理的配慮」の例として、「学習内容の変更・調整」（理解の程度を考慮した基礎的・基本的な内容の確実な習得、社会適応に必要な技術や態度を身に付けること。学習内容を分割して適切な量にする。習熟のための時間を別に設定するなど）や「情報・コミュニケーション及び教材の配慮」（視覚を活用した情報を提供する（写真や図面、模型、実物等の活用）。扱いやすい道具を用意したり、補助具を効果的に利用したりする。文章を読みやすくするために体裁を変える、拡大文字を用いた資料、振り仮名をつける、音声やコンピュータの読み上げ、聴覚情報を併用して伝えるなど）などが示されている。

　このような合理的配慮は、アメリカやイギリスなど主要な国では既に取り入れられている支援である。合理的配慮は、障害のある児童生徒が障害を理由とした不利益を生じないようにする配慮であり、持てる能力を発揮するための基

盤として考えられている。合理的配慮があることで、障害に起因しない平等な機会が得られると捉えられる。しかしながら、日本においての平等は、同じ活動に対し同じ方法で参加することを示すイメージが強く、このような考え方が定着するためには、「合理的配慮」の理念に対するさらなる啓発やその選択もしくは決定手順や方法の整備と明確化など、今後の重要な検討課題となるだろう。

2．まとめ——特別支援教育における支援の意味

本章では、小・中学校等の通常の学級を中心とした特別支援教育の取組みについて、その展開と経緯、文部科学省の報告書や中教審の答申、事業の展開や体制整備状況、法令や学習指導要領の改正から概観し、加えて通常の学級での実践における特徴的な取組みの例や今後の動向を述べた。最後に特別支援教育における支援が意味する事柄について、筆者の意見を述べたい。

筆者はこれまで、高等学校や高等専門学校もしくは大学などの高等教育における障害のある生徒や学生への支援についても関わった経緯がある。その中で、特別支援教育を進めることに対して、「入試を経て高等学校や大学に入学している生徒・学生に支援が必要だとは思わない」、「特別扱いはできない」、「高等学校や大学は義務教育ではない」などの意見を聞くこともある。このような意識は、青年期以降の教育機関だけでなく、小学校や中学校の教員にも少なからずあると感じる。その中で、前述した合理的配慮の理念を理解すると同時に支援が意味することについて、以下のような段階的な意識をもつことが重要ではないかと感じる。

特別支援教育は、一人一人のニーズに応じた適切な指導および必要な支援を行う教育である。一人一人のニーズに応じるためには、個のニーズや特徴（で

表19-1　障害のある児童生徒に対する段階的な支援の意味

①教員が児童生徒の「わかる・できる」ために必要な条件を見つける
②教員が児童生徒の「わかる・できる」ために必要な条件を用いて教える
③児童生徒が自分の「わかる・できる」ための条件を知り、メリットを感じる
④児童生徒が自分の「わかる・できる」ための条件を（場合によっては助けをかりて）作り出せる

きることやできないこと、認知能力の偏り、得意なことや不得意なこと、行動の特徴や傾向、本人の希望や好みなど）を知ること、ニーズに応える環境（教室等の周囲の物理的な環境、学校などの人的な資源の状況、周囲の人の対応の仕方、課題や教材の問題解決に必要な要素など）を知ること、環境と個人の相互作用（児童生徒がおかれている環境、周囲の人の対応、教材等に対してどのように振る舞っているのか、児童生徒のニーズと環境が合っているのか合っていないのかについて知り、必要があれば修正するなど）を知ることが重要となる。

　上記3点について知ることによって、児童生徒の「わかる・できる」ことを促す環境の設定や手だてとなる条件を見つけ（①）、その条件を用いて指導することが可能となる（②）。しかしながら、これがゴールであるとは思わない。指導や支援を継続するもしくは修正するなどを通して、児童生徒のスキルアップや成長を促すのと同時に、児童生徒が自分の「わかる・できる」条件を知り、そのメリットを実感すること（③）、最終的には、自分でその条件を独力でもしくは周囲の助けを借りて作りだすことができるように導くこと（④）が重要であると考える。そうすることによって、支援が児童生徒のものとして意味をもつものになるだろう。

　「共生社会の形成に向けたインクルーシブ教育システム構築のための特別支援教育の推進（報告）」に示されているように、特別支援教育は特別な教育的ニーズのある幼児児童生徒に対して、可能なかぎり同じ場で共に学ぶことを前提としながら、幼児児童生徒の教育的ニーズに最も的確に応える教育を行う柔軟で連続的な教育的対応である。ユニバーサル・デザインや合理的配慮を通して通常の学級の中で対応できるニーズもあれば、より個別的な対応である通級による指導等が必要であるニーズもある。さらには、特別支援学級や特別支援学校のように、通常の学級で取り扱うカリキュラムや到達目標を大幅に修正することが必要となるニーズもある。障害のある幼児児童生徒の多様な教育的ニーズに応えるためには、全ての教員が柔軟で連続的な教育的対応のいずれかの地点でその役割を担っているという意識をもつことが求められる。

　　　　　　　　　　　　　　　　　　　　　　　　　　（佐藤克敏）

〔文献〕
(1) 文部科学省:今後の特別支援教育の在り方について（最終報告）、2003
(2) 文部科学省:学習障害児に対する指導について（報告）、1999
(3) 文部科学省:特別支援教育を推進するための制度の在り方について（答申）、2005
(4) 文部科学省:平成 25 年度文部科学省特別支援教育体制整備状況調査結果、2013
(5) 文部科学省:小・中学校における LD（学習障害）、ADHD（注意欠陥／多動性障害）、高機能自閉症の児童生徒への教育支援体制の整備のためのガイドライン（試案）、2004
(6) 日本 LD 学会研究委員会研究プロジェクトチーム:特別支援教育の現状に関する調査—特色ある取組が見られる地域の現状・方法・課題を重点的に—、2006
(7) CAST：http://www.cast.org/udl/
(8) 京都府総合教育センター:ユニバーサルデザイン授業—発達障害等のある子どもを含めて、どの子にもわかりやすい授業—. 平成 23・24 年度特別支援教育部研究プロジェクト「通常の学級におけるユニバーサルデザイン授業の研究」、2013
(9) 文部科学省:共生社会の形成に向けたインクルーシブ教育システム構築のための特別支援教育の推進（報告）、2012

第Ⅲ部

学校づくりの方法

第20章
学校づくりと学校経営

第1節　教育実践と学校経営

1．教師に学校経営の知はなぜ必要なのか

　本章は、教師の教育実践を支え、条件づけているもののうち、最も身近にある学校経営について、公教育経営としての学校経営、学校経営の意義、学校運営の実際、学校づくりの方法という視点から理解を深めていくことにする。

　教師の仕事は子どもの成長と発達を促すための活動を組み立て、それを実践することにある。その実践は授業と子どもの学校生活の指導である。これが基本である。これらの実践を進めるために研修や研究があり、実践をめぐる他の教師との調整や協働がある。また学校づくりにかかわる校務分掌など学校の仕事の役割、分担がある。前者は教育実践の仕事、後者は校務分担の仕事である。教師になってからしばらくは、いい授業と生徒指導をするための実践的指導力を高めることに専念する。教育実践は個人芸、個人技、個業的な仕事であるが、公教育、教育行政、学校経営という制度の中で行われる。言い換えれば、そうした制度によって教育実践に期待され、要請された仕事として展開している。学校経営はそのうちの最も身近な制度である。学校は公教育目標を実現するという使命（ミッション）を持って設置されている。その使命をどう達成するかという学校課題を背負って学校を運営しなければならない。これが学校経営の仕事である。各教師の教育実践はこうした学校経営によって期待され、かつ条件づけられるという部分を持っている。教師は専門職であり、それにふさ

わしい裁量権限が必要である。教育実践は専門的意思に基づいて行われるべきものであることは当然であるが、同時にそれは学校経営の方針に基づいて行われる。また他の教師との連携や協働を視野に展開されるから、教師の教育の自由は絶対的なものでない。そのため、これまで教育実践をめぐる権限と校長の権限、さらには学校の権限と国家の権限をめぐって論争があり、それに関する判例も数多くある。現在、こうした状況は終焉していない。いや学校教育が続く限り、これは永遠のテーマであり、課題である。

　こう見ると教師の仕事は学校経営と深く関連していることが分かる。また学校経営の制度や在り方が教育実践を条件づけていることを考えれば、教師が学校経営の制度、組織、運営などについて理解し、また教育実践を支援、助長する学校経営の在り方を探究してみることは極めて大切な学びだと言わねばならない。木（教育実践）を見る（省察する）ことは当然として、さらに森（学校とその経営）を見る（省察する）視野と力量が求められる。森を俯瞰して木を見ると、今自分はどこにいて、何をしているか、何をしなければならないかという実践的課題を大局的に明らかにすることができる。これが高度専門職であるための教職人の姿勢、在り方なのではなかろうか。

2．公教育経営としての学校経営

　学校経営は、学校で行われる、もしくは学校において見られる経営現象であるとともに、教育を事業として経営し、管理運営する行為である。学校が公教育として組織されている場合、学校の経営は公権力の教育意思としての教育政策・行政（学校経営政策など）によってその意思を実現するよう期待され、そのための学校経営にかかわる業務、権限、仕組みが制度として展開する。それは教育、人事、財務、施設設備、組織運営、外部関係など、学校の経営活動全体に及ぶ。こうした経営現象と経営行為を研究することが学校経営学の使命である。学校経営学はこうした研究行為を通して創造され、蓄積された一定の知の体系であり、またそれを再定義し、新たな知を創造する営為である。

　学校教育は公教育であり、公教育目標を実現することが学校のミッションである。学校はこの使命を実現する専門的教育機関である。専門的教育機関であるとは、児童生徒の成長、発達を促す教育という仕事（教育事業）を行ってよ

いと社会的に認知され、制度化された教育施設（学校）であるという意味である。また、その教育事業を教員免許など一定の資格を有した教育の専門家としての教職員が組織としてその事業を計画、実施している教育機関であることを意味する。教育事業を計画し、実施するという行為と機能が学校経営である。これを学校運営と呼んでもよい。また日常的に学校教育を計画、実施運営していることを学校運営と呼ぶ方がむしろ普通でもある。政治運営、経済運営、ＰＴＡ運営、財務運営などと言われるように社会や組織などのさまざまな活動において、それを計画、実施運営する日常的な行為が運営というイメージである。他方、教育行政との違いを明確にし、学校の活動の特色や独自性を表現するために学校経営という用語をあてがうことが一般になされている。それは学校の経営行為に行政行為とは異なる行為と機能を認め、そのことによって学校経営の独自性と自律性を制度としても事実としても確認しようとするからである。また学校運営ではなく学校経営という用語をことさら用いることで学校づくりとその実施運営の主体性や裁量権限というニュアンスを表現することが明確になるからである。さらには経営を管理と区別して語る必要もあり、上記の学校活動を表現する概念としては学校経営という用語がふさわしいと考える。

　我が国では、こうした学校教育の目的や機能は公教育として編成され、関係法令のほか教育政策・行政によって組織され、展開している。またその時々の学校問題や課題をめぐって展開される政治や国民各人・各層の意思、世論やメディアの動向によって影響を受け、変更されたりもする。このように公教育目標は固定的でも絶対的でもなく、時代や社会の変化に柔軟に対応しつつ変化してきている。

　公立学校の場合、国、地方公共団体はそれぞれの立場において、学校がその事業を展開するために必要な資源を整え、もしくは整備することで支援、指導している（教育条件整備活動としての教育行政）。この行為は行政行為であり、学校経営とは区別される。教育政策は権力によって支持された教育理念であり、教育行政はそれを実現する行為であるという有名な定義（宗像誠也）がある。この定義は今日でも色あせてはいないが、国民の教育意思は住民、市民、国民、企業、団体、世論、メディア、政党などの教育意思として存在し、集団的、社会的、公共的な多様な教育意思を形成する。教育意思の主体、アクター

が多様に存在し、その活動が公共性を担保することにより、公教育意思を形成する可能性の幅を広げる。国民の教育意思の実体はこのようなものである。教育の国家意思は選挙、立法、行政という公的な作用・手続きを通して形成され、正当化されることで支配的な「国民」の教育意思が現実の公教育意思となる。それは教育政策、教育行政、行政指導として実体化している。

　教育行政は公教育経営における国家作用として、学校現場を整え、組織し、規制ないしは助長することで教育事業の実現という学校経営の可能性を残している。つまり学校に教育事業経営の独自性や自律性をどう考え、そこにどの程度、ないしはどのような裁量権限を認めるのかによって、学校経営の内実も変わってくる。学校経営の主体は教育委員会だとか、行政主導の学校経営になっているなどと指摘されたり、学校の裁量権限を拡大し、自主的、自律的に学校を運営するようにするなどの教育政策が主張されるのもこのためである。たとえば国家意思として学校経営を公教育経営機能の末端機能を担うにすぎず、それは学校現場の作業業務を監督、管理する行政行為と理解し、推進した時期もあった。ここからは学校経営が行政から区別される独自な意思と機能を有し、そのことから当然に教育機関にふさわしい裁量権限によって学校を運営するという認識は出てこない。学校にはこうした機能や権限は存在せず、もしくは存在しても行政がその主体となり、行政側が認める範囲の限定された機能であるという認識である。そこには行政主導の学校経営はあっても、行政の意思から相対的に独立した意思を根拠に学校経営の存在を認知することはない。そのため学校には経営という実体がなく、そこにあるのは教育委員会を主体とする学校経営であるとされた。かつて、学校を単位とする学校経営は存在しないと言われた。学校には教育、人事、予算など、どれひとつをとっても権限がなく、裁量も少ない。その権限や裁量権を持っているのは各学校―校長ではなく、教育委員会だ、したがって学校経営の主体は教育委員会だとする認識である。学校に残るのは管理機能だとする文部関係者（当時）の認識の中でも、教育を担う機関である以上、なにがしかの自主性はある、したがってこうした認識に対して、行政主導となっている学校経営であり、現実は限られた権限や裁量ではあるが、学校から経営機能をなくしてはならぬとする思いや認識はあった。また学校経営という用語を用いることによって、将来、また主張として学

校経営の必要性、学校経営を蘇らせようとする思いや認識があったのだと思う。学校単位の経営は存在しないとする解釈や言説を視野に教育委員会は本社として学校が行う活動を管理、統制する頭脳機能を有し、学校はそれによって統制された活動を確実に実行する現場作業場である工場であるとの認識（工場的学校観）や言説もあった。現在、学界ではこうした解釈や言説は影を潜め、支配的でなくなっている。現在は学校経営の主体は学校であるというのが通説だと言ってよいだろう。学校は公教育目標を実現する教育現場である。学校経営の在り方として、その教育現場に学校の自主性・自律性を大切にする自律的学校経営はここ20年の教育政策のとるところとなっている。

　ここ20年、学校経営への期待と思いは相当に変化してきた。それは自律的学校、そして自律的学校経営を求める主張であり、そうした方向での学校経営研究であった。学校そして学校経営に自主性と自律性が必要だ、不可欠だとすることは研究者が主張してきたことであるが、1980年代からの地方分権と規制改革を理念に展開された教育政策―学校経営政策は「学校に責任と権限を持たせてまいります」との臨時国会での首相（橋本龍太郎、1997年）と「今後の地方教育行政の在り方について」（1998年）、その後の各種の政策や施策などを通して少しずつ実現されてきた。しかし2014年に改定された教育委員会制度は学校の自主性・自律性の実現を担保するための制度については冷ややかである。

第2節　学校経営とは

1．人間生活における経営という行為、現象

　人間は生きるために、また自らの生を持続させるために必要な糧・財を得る活動・仕事をしている。その仕事は、そうしたい、やってみたい、つくってみたいなど、描いている夢や理想、目的や目標があって、それを実現しようとする目的意識的な意欲や意思があり、それを実現するためのプログラムや方法を設計、準備し、それをやり遂げ、実行することで目的や目標を達成しようとする活動である。経営とは本質的にこういう行為だと言える。それを自分自身で、もしくは組織（複数の人間や集団）を通して実現する行為である。家庭生活や個

人レベルの生活においても存在する行為である。もちろんわれわれは常に論理的、合理的に生活をしているわけではないから、個人の"経営意思"（理念・思い・信念・目的）が表立って直接に作用することはまずない。しかし生きることについて心のどこかに潜在的に、もしくは生活の基底や背景になにがしかの意思が存在し、それが無意識のうちに自己の生き方、生活の仕方を方向づけている。気がつかない、自覚していないだけであるのかもしれない。子どもの教育や将来を考え、生活や家計のスタイルを見直し、将来に備えるなどの工夫、やりくりをする。そのために、ある人は仕事や職業を生きがいや家計を視野に見直す、やり直す。育児や養育に専念していた女性が仕事を見つけ、自己のライフスタイルを変えていくということもある。個人（家族）で農業を営んでいる場合でも、それが親から受け継いだものであっても農業により多くの収益を生み自分たちの生活を豊かにし、生きがいを高めるための様々な創意と工夫をすることで、篤農家として生きる道を追究する。またこの仕事が社会において持つ意義や価値を確かめ、そのことを通して社会にかかわっていくことで農業の意味づけをする。個人の生活の視野ばかりでなく、社会的な視野においても仕事を設計し、それを実施するための創意と工夫をし続けるという人間の営為にこそ、まさに経営という行為の本質があると言うべきだろう。日常生活にあって経営という言葉は使うことは少ないが、無意識のうちに"生活を経営している"のである。ここには経営を志向する人たちの人間観、自然観、社会観、世界観、つまりその人となり、ものの見方や考え方とともに、生きる目標と価値が詰まっている。人間の仕事は本質的にそうした性質を有している。

2．企業経営の場合

　企業は人間や社会が必要とするものを生産し、商品・サービスとして提供する事業を展開し、それによって利潤を得て従業員の生命と生活をつなぎ、また企業活動を存続させている。企業は人を雇い、その労働・仕事を通して、事業目的を達成する。そのために事業の目的を明確にしながら資金、人材、施設整備などの経営資源を調達、運用して事業目的の実現を図る。今日、企業活動の社会性や社会貢献、つまりこの社会や世界に有する社会的意義や役割が問われ、企業の、そしてその事業の価値が問われる時代になった。またコンプライアン

スと言われるように法や倫理の遵守が強調される時代に変化した。株主・経営者利益優先の企業経営、ブラック企業、ブラックバイトなどの問題企業、非正規社員化など雇用効率の追求などは人間が働くことの価値や尊厳を剥奪している。「会社は誰のものか」という問いが企業の社会的意義・価値の問題として新たに関心を持つべきものとなっている。

　企業経営の理念、価値が問われる時代にあって、その経営をどう考えたらよいか、以下これについて考えていく。

　経営とは何かを考えるに当たって専門書などを紐解いてみたが、周辺的なことを述べているものが圧倒的で、どうもしっくりこないというか、ピンとこなかった。経営の本質を語っている言説や説明はきわめて少なかったということを経験したことがある。いろいろ調べているうち、国語辞書で以下の説明に出会った。「方針を定め、組織を整えて、目的を達成するよう持続的に事を行うこと」（『大辞林』1988年）。シンプルな定義であるが、我が意を得たりの"感激"の瞬間であったことを憶えている。こうした定義や説明は今にあってもリアルな価値を有している。学校経営の本質を考える場合、その経営は公教育経営の系、一過程である。おのずと経営という行為は果たして存在するのかという疑問が以前から指摘され、そのことが学校経営論争を生みもした。上記の定義は形式的にはどの組織の経営にあっても当てはまるものである。この定義にないものは経営が何のためにあるのかという経営の理念、価値である。この価値の存在に気づき、これこそが企業の社会的な意義を問い、これを踏まえた企業経営を展開することが経営において重要だと認識するようになった。公教育経営の系、過程としての学校経営にあっても自律的学校経営を実現しようとすれば、当然にこのことにぶち当たる。

　経営は価値を追求する。その価値とは、人間社会における事業の役割や意義にかかわるものである。人や社会が求め、必要としているものを提供する事業に人間社会をより豊かにし、よりよい社会、すべての人たちがこの社会に生きてよかったという気持ちをつくることに自らの事業の価値を見出す中から生まれる価値志向的行為が経営の中にあると理解すべきだろう。ここに企業が社会の中に存在し、その活動を展開することを社会は承認する。

　経営は技術だけではないことは確かである。それは経験的知識や直感に基づ

いてなされはするが、科学的知識に立って行うことが、実り多い成果と効果をもたらすものであることは現代の経営研究が示すところである。と同時に経営は、芸術という面を持ち合わせている。夢、理想、美意識が経営でも大切にされる。夢や理想を描き、その実現のために、関係する要素と条件を調達し組み立て、そこにダイナミズムを作り出すことが経営だとすると、それはダイナミズムという美のほか、自らの美意識や世界観を追究し、投影させ刻むことである。芸術としての経営は、その人の人間観、人生観、社会観、世界観などと深くかかわった、言わば経営哲学として語られ、またそれを目標にしている。経営を人間自身の生き方、人間や社会の営みにおける経営の役割という視野からその価値を追究することが重要だと考える。教育と学校において経営を語る場合、こうした認識がとりわけ重要になる。それは経営の芸術性や哲学性をすぐれて人間と社会の次元で再定義することを意味する。

　製造業における企業経営は人や社会が求め、必要としていることに対して、ものをつくり、それを売り、それによって利益を得ることをその目的の基本に置く。松下幸之助はそれにとどまらず、そのなかに自分の人生観や世界観を投影させ、また社会や国のために貢献を視野においた経営活動を展開することが究極の経営目標だと言っている。ものづくり経営者としての初期の松下には、こうした考えや思いはなかっただろうが、事業が軌道に乗り、社会に受け入れられ、広く展開することにより松下電器一社の活動を超え、社会とつながりを強くし、社会とのつながりを視野に置いた経営を展開するようになる。松下の経営哲学は社会との接点を自覚し、社会貢献を視野に具体化することができるようになる過程で生まれ、発展したのだと思われる。

　企業が基盤とする社会とのかかわりを経営理念として自らの活動を特色づけ、差別化することにより、そこで描かれる絵（経営構想）に経営理念（社会的使命・社会的責任）を包み込みながら、自らの、さらに組織の倫理を染み込ませた世界は経営にもある。城南信用金庫は、関東地方に展開している地域金融機関。城南信用金庫は2011年12月2日「原発に頼らない安心できる社会」の実現という脱原発宣言を発表し、より実際的ないしは実践的な観点から社の哲学と理念を訴え、ホームページで次のような「原発に頼らない安心できる社会へ」を発信している。

> **原発に頼らない安心できる社会へ**
>
> 　東京電力福島第一原子力発電所の事故は、我が国の未来に重大な影響を与えています。今回の事故を通じて、原子力エネルギーは、私達に明るい未来を与えてくれるものではなく、一歩間違えば取り返しのつかない危険性を持っていること、さらに、残念ながらそれを管理する政府機関も企業体も、万全の体制をとっていなかったことが明確になりつつあります。こうした中で、私達は、原子力エネルギーに依存することはあまりにも危険性が大き過ぎるということを学びました。私達が地域金融機関として、今できることはささやかではありますが、省電力、省エネルギー、そして代替エネルギーの開発利用に少しでも貢献することではないかと考えます。そのため、今後、私達は以下のような省電力と省エネルギーのための様々な取組みに努めるとともに、金融を通じて地域の皆様の省電力、省エネルギーのための設備投資を積極的に支援、推進してまいります。
>
> 以下、略。

　経営は同時に現実的で具体的である。カルロス・ゴーン日産社長は、企業の将来ビジョンとそれを社員と共に共有することを前提に、ビジョン・目標、動機づけ、全エネルギーの傾注が経営の要諦であると述べている（NHK総合テレビ1999.10.28）。企業経営ばかりでなく、アニメを芸術の域まで高め2013年9月7日監督引退会見した宮崎氏は、自身のアニメづくりについて「子供たちに『この世は生きるに値するんだ』ということを伝える」という心構えでアニメづくりに臨んできた。そのメッセージは言わばアニメないしはアニメづくりの宮崎の哲学であり、作者・監督の理念である。何か事をやろうとするとき、そこには何らかのメッセージを潜ませ、それを実現しようとする意思がある。作品づくりや監督の仕事が経営だとすれば、もしくは経営に例えれば、その根底には経営の理念や哲学があるはずだし、それなくしては作品づくりや監督の仕事は進まないばかりか、すぐれた作品は生まれないだろう。

　学校経営を考える場合、以上のような知見は大いに参考にしていいのではないだろうか。もちろん我が国の伝統的学校づくり論にはこうした認識はあった。

　教育や医療という事業では、人間や社会とのつながり、関係がストレートに

生まれる分野、生まれざるを得ない分野である。そこでは理念やビジョンなど、経営の精神、経営の土台骨が重要になり、それに基づいて人々や社会の幸せや喜び、満足をつくることを求める。経営の構想を練り、その実現のための活動をデザインし、それを実施運営することは、まさに経営の芸術性や哲学性を彷彿させる行為であると言ってよい。

3．学校経営とは

　経営は、企業という営利事業体における活動として考えられてきた。またそうだとする理解が今なお広く見られる。資本制経済が展開された近代社会にあって多数の労働者を雇い、利潤を最大にするために彼ら（の労働力）を効率的に組織し運用するために経営や管理という機能が重要な働きを持つようになり、経営への関心が強まった。そのため経営と言えば、企業経営だと理解されてきた。しかしながら現在、経営の機能は何も企業において見られる現象だけではない。組織をなして事業を行っているところであれば、どこにでも見られる現象、機能である。つまり、労働組合、宗教団体、行政機関、NPOなどの非営利事業体にも経営の機能はあり、またその機能は必要であるばかりでなく、極めて重要だと理解されている。大学・研究機関も経営体である。1991年の大学設置基準の大綱化により大学の質保証の観点から自己点検・自己評価を進め、今日、大学経営は大学の教育と研究の水準や、大学の将来を左右する役割を演ずるに至った。大学の経営を研究する機関として大学には大学経営・政策研究センターなども設置されるようになった。

　教育機関である学校（幼稚園・小学校・中学校・高等学校）にあっても、いい経営が行われなければ学校に期待された使命や目的を達成することはできない。いい経営なくして、"いい学校"づくりはできないと広く認識され、学校経営の役割、働きへの期待は大きくなった。とりわけここ20年、学校経営政策の大きな方向となってきた自律的学校を名実ともに実現させるためには経営の役割は計り知れない。いや経営の機能を充実させ、経営力を高めなければ自律的学校としての"いい学校"づくりはできないと断言してよい。

　現代の学校改革に必要なことは、急激に変化する社会における教育課題を見据え、カリキュラム、指導力、学力など個別課題の改善だけでなく、これらの

個別課題を成り立たせ、機能させ、さらに息づかせ、輝かせている総合的な力としての学校力の質を向上させ、もしくは高度化するなどの学校づくり（学校経営）の視野である。

　あの学校は"いい学校"だと言う場合、教育や学力、教師の力量や指導力、安心・安全や危機管理、学校文化やスクール・アイデンティティ、保護者・住民との関係やスクールガバナンス、経営力やリーダーシップなど、学校の力、エネルギー、ポテンシャルを生み、活性化させている活動それぞれの質が高い学校のことである。学校力とは、これらの質を生み機能させる力にかかわる概念で、学校を構成しているさまざまな要素や活動が作用して、いい学校、魅力ある学校だと思わせている活動や力の総体、総合力である。学校力は構成要素個別にとどまらず、それら全体が構造的に織りなして総合性をはぐくみ、戦略的変化、構造的変化を生み出す力である。その意味で学校力とは「学校の総合力」である。こうした学校力を持続させ、高める行為こそ、学校経営なのである。学校における経営とは、子どもの人間的能力を引き出し、開発、発達させ、同時に子どもの学校生活における充実感を得させるためのさまざまな働きかけ（教育活動）をデザイン、計画し、それを実現する活動である。それはまた、この実現を図るための資源や条件を調達、ないしは整えるとともに、これらが持っている機能を組織を通して、また組織の力によって計画的、かつ継続的に発揮、充実させる活動である。これらの活動は、現在抱える問題や課題を解決し、さらに現状を改善、改革する志向性を持つ主体的で創造的な行為である。1回限りで継続性のないものは通常、経営とは言わない。計画が伴わない行為も同様である。

　こうした認識から、わたしは学校経営を次のように定義している。

　　「教育事業経営体である学校において、公教育目標もしくは建学の精神を視野に学校づくりの理念、ビジョン、そして戦略を策定し、その実現のために学校経営計画を策定して、ヒト、モノ、カネ、情報、ブランドなどの経営資源を調達、運用して、それぞれの資源を機能させる組織をつくり、組織を通して意思決定を図り目標を達成しようとする計画的、持続的で目的意識的な営為である。学校づくりは、つまるところ学校力の構築とその

質的向上を目指す経営行為であり、そのことにより社会からの信頼を得ることができるとともに、学校のレーゾンデートル（存在理由）が認知される。その成否は学校づくりのリーダーシップに多く依存している」

　もちろん学校は公共性が高いし、とりわけ公立学校の場合には住民・国民の税により設置、運営されているため相当な公的規制と統制がある。その意味でここでの学校経営の定義は形式的なものであり、時代の変化や国際環境、教育政策・行政、マスコミ、世論、保護者・住民の意思、そして学校の実態により学校経営の実様、そして基調は違ってくることを述べておかねばならない。なお、学校づくりについては第1章参照。

　ここで「教育事業」とは、カリキュラム、教育活動など教育そのものにかかわる業務のほか、それを実現するためのヒト、モノ、カネ、情報など経営資源の調達、活用、運用にかかわる業務のことであり、それぞれの機能を生かし、学校目標を実現する一切の活動である。ここには学校づくりのビジョンや戦略、それを実現する事業計画の策定、計画の実施運営、計画実施の検証評価、学校改革のアクションプランの策定などのステージとプロセスがある。

　「理念」とはスクールリーダーの学校づくりの思い、信念、哲学である。「ビジョン」や「戦略」は、そうした学校経営の理念に立脚しながら、あるべき学校づくりの方向と計画をデザインしたものである。ビジョンとは、達成すべき目標や経営の方針、進むべき方向を一定のスパンで示したもの。ビジョン形成で最も重要なことは、学校のこれまで、現在、そして未来への「問い」である。その「問い」は戦略的思考としての「問い」でありたい。そのことを通して環境を読み、分析、解釈して、実現可能な学校づくりの姿と方向性を明確にできる。どんな学校をめざすか、どんな教育をつくるか、などである。たとえば、ある小学校校長は「経済格差を教育格差にしない」というテーマを学校づくりの目標にしているのは、その例である。戦略は、ビジョンを達成するための道筋を環境の視点（学校内外の環境を読む）と選択の視点（構想したいくつかの戦略から、組織の課題や将来展望を見据えてそのいずれかを選択すること）から明示した総合的な"はかりごと"である。

　学校は教育機能を有するが故に永遠に価値志向的であり、その価値の方向や

在り方に常に責任を負う。学校経営とはそうした価値を自覚しながら、それに基づいて業務を展開することが期待される。

以上のことを樹形図として描くと次のようになる。

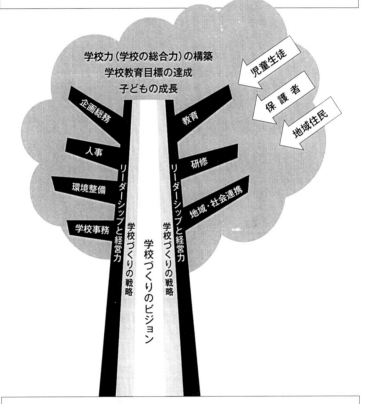

図20-1　学校経営とスクールリーダーシップ

第3節　学校はどのように運営されているか

1．学校経営の領域

　学校経営の領域は一般に「校務」と言われる。つまり学校経営は校務を遂行する仕事だということになる。その校務と言われるものこそ学校経営の領域だと言ってよい。校務について文部科学省関係者によると、「校務とは、学校の仕事全体、すなわち学校が学校教育の事業を遂行するに必要なすべての仕事」であり、それは以下のものからなると説明されている。

①教育課程に基づく学習指導など教育活動に関するもの
②学校の施設設備や教材教具に関するもの
③教職員の人事に関するもの
④文書の作成処理や人事管理事務、会計事務など学校の内部事務に関するもの
⑤教育委員会などの行政機関やPTA、社会教育団体などとの連絡調整に関するもの等
（文部科学省学校管理運営法令研究会『第五次全訂　新学校管理読本』第一法規、平成21年）

　また教育委員会は学校の管理運営をしているが、その事項は下記の通りだとされる。

①学校の物的要素である校舎等の施設設備、教材教具等の維持、修繕、保管等の物的管理
②学校の人的要素である教職員の任免その他の身分取扱い、服務監督等の人的管理
③学校の組織編制、教育課程、学習指導、教科書その他の教材の取扱い等の運営管理の一切

第Ⅲ部　学校づくりの方法

学校経営の領域・業務を図示すると次のようになる。
ここには公教育目標のほか、各学校の使命、学校づくりのビジョンと戦略が

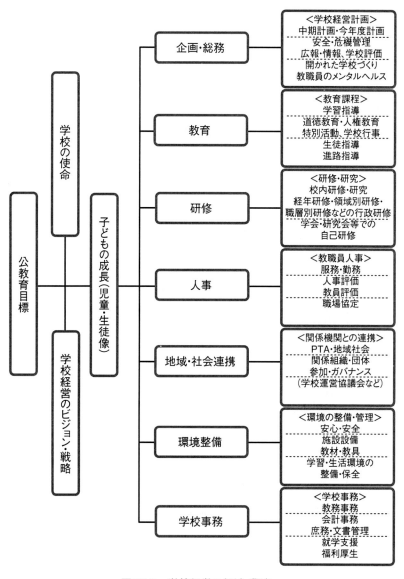

図20-2　学校経営の領域・業務

子どもの成長を目指して策定され、展開されることが必要だとのメッセージが込められている。こうしたメッセージを各学校がどう実現していくか、その仕事の領域と業務内容が示してある。たとえば企画・総務という業務は学校の使命、学校経営のビジョン・戦略、つまり学校づくりの方向を示し、実現する具体的な道筋と活動にかかわる業務である。ここでは当該年度、短中期の学校経営計画を策定する。さらに本校が特に重点的に取り組むべき課題、たとえば危機管理への取り組みを示す。開かれた学校づくりや教職員のメンタルヘルスなども重点課題として掲げてよいだろう。読者が目にしたことがあると思われる校務分掌は、これらの業務を教職員が分担した役割、責任体制として示したものである。そこから校長、主幹、主任などの職制のほか、意思形成・決定の仕方が読み取れる。

2．学校の意思形成

学校経営政策では学校の自主性・自律性を尊重し、校長の学校づくりのビジョンを踏まえ、その実現をめざして教職員の意欲と創意を引き出し、言わば「教職員の力を学校の力に変える」ことによって目標を達成しうる自律的学校、自律的学校経営を期待している様子を読み取れる。そのために校長のリーダーシップを発揮し易くするとともに校内責任体制の確立を目指している。

経営は意思決定だとも言われる。意思決定（decision making）とは、一定の判断や行動を選択する行為である。意思決定はすぐれて個人的な行為である。そうであるがゆえに、意思決定者には高度な識見と力量が求められる。意思決定には当然に意思形成の過程がある。その過程では一定の組織で検討を踏まえて最終判断をすることが多い。もちろん組織での検討のプロセスになじまない事項は自ら判断することはあるものの、教育に関する多くの事項は、さまざまな組織での意見や検討を踏まえて意思形成、決定するプロセスをたどることが多いし、またそうであることが望ましい。校長がどんな意思形成の過程を取り込みながら意思決定を進めるかによって、意思決定スタイルの特徴、独自性がつくられる。また意思決定は内外の組織環境、組織の成熟度、メンバーの意識と力量、人間関係などによって影響を受け、意思決定のスタイルが形成される。

経営のプロセスにおいて、トップダウンまたは単なるボトムアップではな

く、関係する人たちが創造し、集積してきた知恵を出し合い、協働関係を深め、確かな意思を形成することが大切である。「組織を通して」「組織の力」により意思の水準ないしは質を高め、意思決定することが重要であるからである。

学校の自主性と自律性のある学校経営、つまり自律的学校経営を確立するための条件は、先を見通し、実現性のある学校改革のメッセージを含んだ学校づ

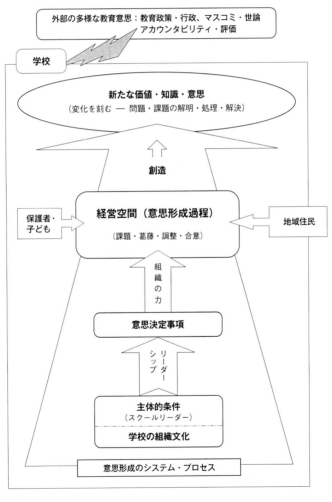

図20-3　学校の意思形成

くりである。これを可能にする装置が「経営空間」という場と機会である。「経営空間」とは、学校の意思形成過程で知恵や知見が交換され、問題や課題を解決する時間・空間を意味する。自らの意思決定過程の中に問題や課題を処理・解決するプロセスとして「経営空間」という場を形成し、それを重視するという姿勢とリーダーシップが重要である。たとえばミドルに限らず、メンバーがアイディアなどを持ち寄り、話しをすることで、そのアイディアがビジョンや戦略の形成、または問題解決につながることは少なくない。そうしたことが組織における意思形成や決定のプロセスに多様に、かつ多元的に存在する組織こそ、ダイナミズムのある、いい組織だと言えるし、そうした組織を導くことがトップリーダーの仕事である。経営空間の存在は、教育事業経営体としての内実が学校に備わっていることを意味する。こうした経営空間の存在は、まさに学校の権限を前提にしなければ成り立たない（小島、2010）。ミドルリーダーシップとしての「中間概念」の創造のプロセスも形式的には同じように見ることができる（同、2012）。

3. 学校の運営組織

職員会議が校長の補助機関として法制化された（学校教育法改正2003年）。また副校長、主幹教諭、指導教諭の「新たな職」を制度化した（2007年）。その意図は学校運営における責任体制（校内責任体制）を確立することにある。運営委員会、職員会議、分掌会議など学校運営組織を校長、副校長、指導教諭、主任などの職制（個人）の責任によって運営することを目指している。これによって校長のリーダーシップを発揮し易くし、補佐機能、補助機能を重視した組織原理、意思決定原理に基づく学校運営組織を目指した。

学校の組織原理では、これまで学校は教育の専門機関であるから、企業組織や官庁組織の原理である官僚制原理など一般組織の原理とは馴染まない教育組織特有の原理が学校組織には機能していなければならないとする考えがある。専門性原理、合議制原理である。これは、とりわけ教育事項では組織として判断し、決定する場合においてはトップの意思が優先するのではなく、教育の専門家集団が議論をし、それを通して一定の意思決定をしていく、少なくともそれを尊重して学校の意思を決定することが望ましいとするものである。こ

うした考えは個々の教員の権限を強め、また職員会議の存在や役割を大きくするから、一体的で統一した学校運営を進める上で支障があるとか、校長のリーダーシップを発揮しにくくするなどの懸念や事態を生み、とりわけ行政の側からは学校現場で校長の意思を実現することを困難にしているとの考えから、官僚制原理に立つ運営をさらに強めるべきだとする考えに変化した。官僚制原理は、トップの意思を実現するために職務と権限を上下の関係—指揮監督関係で編成し、それに基づいて意思決定を図っていくスタイルである。したがってここでは組織の意思、規則、統一、秩序、統制、管理という機能が重視される。これに対して専門性原理は、職務遂行に必要な知識と倫理に基づく判断を重視する。そのほか教育活動が有する個別性、多様性も官僚制原理と異なる組織原理を求める。これらは特別な意思決定スタイルを求め、官僚制原理とは馴染まないと言われる。

　合議制は専門的意思、判断を尊重し、それに基づいて学校の意思を形成、決定しようとする組織行動であり、またその仕組みである。職員会議は、その合議制組織として考えられ、事実上そういう存在でもあった。教育行政当局は職員会を校長の補助機関として位置づけた。そうであっても学校の基本的な教育事項や教育問題に関して学校の意思を形成、決定する場合、職員会議に諮り、その意思を確かめ、尊重するというように運用してきた学校は多い。つまり実際の学校運営では職員会議は学校の教育意思を形成、決定する合議制組織として期待され、存在してきた。これを改め、「校長の職務の円滑な執行に資するため、職員会議を置くことができる。職員会議は、校長が主宰する。」のように新たに学校教育法施行規則（第48条）で規定した。校長の円滑な職務の執行に資するために、職員会議は学校の教育方針、教育目標、教育計画、教育課題への対応方策等に関する教職員間の意思疎通、共通理解の促進、意見交換をその機能に求め、職員会議の法令上の位置づけ、その意義・役割の明確化、運営の適正化を図るとした。要するに職員会議は教育事項に関して校長の職務執行を助けることにその設置目的を置いたのである。

　全校的教育問題は職員会議で大いに議論し、審議することは省略してはならないプロセスだ。専門的意思が学校の意思となるプロセスに職員会議があることは確認しておきたい。それが教職員の中に全校的教育問題への関心をつく

り、問題を共有し、問題解決の意欲と行動を生むことになる。こうした環境が学校教育の質の向上につながることは言うまでもない。職員会議での議論を参考に判断するということは拘束するということにはならない。つまり校長に判断する道を残しているかということが重要なのである。なぜ道を残しておくことが必要であり、重要なのかの議論はこれまでの職員会議論にはなかった議論であった。要するに、職員会議で議論されたことがらを執行する場面では、状況に応じて校長が判断するという余地を残すことだ。そうすることによって、校長の経営方針やリーダーシップを発揮することができる。また職員会議の審議を大切にしていく環境が生まれるのではないか。事実、筆者たちが行った調査では、意思決定するに当たり、とりわけ教育事項については職員会議での審議を参考にするという校長は少なくない（「学校の裁量権拡大と校長の意思決定構造の変容に関する研究」平成15～17年度日本学術振興会科学研究費補助金・基盤研究（C）（2）研究成果報告書、代表・小島弘道、2006年）。

　大学の法人化以降、機動的で組織的な意思決定が不可欠だとする観点から学長を大学の意思決定機関として制度化し、その権限を飛躍的に拡大し、学長のビジョンと戦略に基づくリーダーシップを発揮しやすいように変えた。学長の権限が巨大となり、大学自治の根幹とされてきた教授会自治は見る影もなくなった。さらに2014年、学校教育法が改定され、「教授会は、学長が教育研究に関する重要な事項について決定を行うに当たり意見を述べることとする。教授会は、学長及び学部長等がつかさどる教育研究に関する事項について審議し、及び学長及び学部長等の求めに応じ、意見を述べることができることとする」のように、その役割が大幅に縮小された（2015年4月1日施行）。

　こうして今や初等、中等、高等教育機関を問わず、専門的意思に基づく合議制意思決定方式が大きく後退することになった。国立大学の法人化はこのことを決定的にしたと言える。ライン機能はある程度までは組織を機能させる、つまり教職員を動かすことができる。しかし教職員の心を突き動かし、貢献意欲を引き出し、内発的な動機づけにつなぐためには、それだけでは十分ではない。同僚性、協働、参加が十分に機能していなければ、学校の組織を機能させることはできないからである。

第4節　学校づくりとスクールリーダーシップ

1．教職員の力を学校の力に変える

　学校づくりの方法の基本は、「教職員の力を学校の力に変える」ことに尽きる。その力を変えるためにどのような戦略や方法で行うかがポイントになる。第Ⅲ部・学校づくりの方法として取り上げた校内研修などの章題は何をしたらよいかということを意味しているだけでなく、それぞれの取り組みによって教職員のポテンシャルやイニシアティブを高め、協働関係を構築し、学校づくりにつなげていくリーダーシップを視野に置いている。「学校づくりは学校経営を機能させる行為、もしくは実質化させる行為」、また「学校経営は学校づくりの教職員の熱意、エネルギー、ポテンシャルを生かして自らの使命や役割を実現しようとする行為」である。このように学校づくりには、学校という組織にあってその活動を組み立てる自己完結的な活動、その時々の学校状況から見える課題の解決、さらにフォーマル、インフォーマル双方の活動というイメージがあるのに対し、学校経営は教育制度、公教育経営、教育政策、教育行政の系、一環と関連させた機能として捉えた制度というイメージがある。言い換えれば、制度としての学校経営を機能させる目的意識的な活動が学校づくりということになろうか。

　学校づくりへの教職員の熱意、エネルギー、ポテンシャルがなければ、または生かされなければ学校づくりはできない。学校経営は、専門的教育機関としての学校を"いい学校"に仕立て上げる挑戦的で、かつ知的な学校づくりを持続的に展開する営みである。学校づくりは学校経営の目的としてありながら、同時に学校経営を展開する方法、学校経営のプロセスでもある。教職員の学校づくりへの意欲、イニシアティブ、かかわり、参加が学校づくりの成否を左右する。こう考えると、学校づくりとは、まずトップリーダーとしての校長が抱く"いい学校"づくりへの思いであり、同時に教職員の意欲、情熱、思い、知見というものが学校づくりの重要な条件であることに気づく。学校づくりへの参加を促し、教職員が学校づくりにかかわっていく環境をつくるために、学校づくりへの主体な参加を促すことが大切である。そこには"いい学校"を求

め、そうした学校にしたいとする思いが共有され、目標を達成しようとする協働関係が息づく学校文化が形成されていく。

　教職員は高い指導力、しかも面倒見のいい指導によって児童生徒の学びをつくり、それが学校の評判、信頼、力をつくる。このプロセスを自覚的に浮き上がらせ、再構成して、"いい学校"にしていく要素を見出すことが学校づくりの基本である。ここで大切なことは学校づくりを視野に置いた教職員のイニシアティブ（セルフリーダーシップ）、協働関係、ミドル、スクールリーダーの力である。この中で教職員の仕事への誇りと専門性を踏まえ、彼らのイニシアティブを引き出し、それを学校づくりへとつなげる上でミドルの役割は大である。日本の学校経営スタイルは校長主導型というよりは、ミドルリーダーが校長を支え、支援する「ミドル中軸型」の学校経営が主流だと言われるように、ミドルリーダーの存在、ミドルリーダーの力量、ミドルリーダーシップなど、学校づくりは彼らの力によるところが大きい。企業においても急激な事業環境の変化に対応するためにこれまでのミドル像を刷新し、価値創造型・変革型と言われる"本物"のミドルへの期待がここ20年高まってきた。次世代スクールリーダー育成を視野にこうしたミドルの力を生かし、学校づくりを支え、学校づくりに貢献するミドルリーダーシップとはどういうものか（小島、2012）。教職員の力（ポテンシャルとイニシアティブ）を学校づくりに生かし、学校の力を高めるためにどうしたらよいのだろうか。

2．組織を生かす、協働をつくる

　組織は目標の達成に向けて織りなし、関係づけられた仕事と権限の体系である。それは多様な職務からなり、一定の体系、関係をなして存在し、機能する。組織とは、人間が自らの、もしくは組織が直面する問題や課題を解決する思考、かたち、様式、方法である。こうした組織の見方、考えに立つことが、組織を人間の問題、人間社会の問題だと認識することを可能にする。組織とは、我々人間が人（たち）との出会い、ことがらとの遭遇において生ずる問題や課題を処理・解決するために考えられた、人（たち）のつながり、関係のスタイル、仕組み、かたちである。組織とは人間が日常的に問題や課題を処理・解決するために動員される人間の仕事の仕方である。私たちは、組織を形として考えがち

であるが、一歩進めて問題を処理し、解決するための思考、かたち、様式、方法などとして考えてみると、組織は人間の問題処理・解決の形式であることに気づくし、組織のダイナミズムもそこに見出すことができる。つまり経営とはそうした組織を通して、組織によって何かを可能にし、何かを創造することである。

　組織目標を達成する職務がつくられ、それが人々に割り当てられ、職務に期待された目標を実現する。職務は個別的なものであるが、一定の関係、体系の中で存在し、遂行される。それを協働もしくは協働関係としよう。この場合、協働とは組織目標に共鳴・共感し、もしくは目標を共有し、その実現に向けて人々が織りなす意識と行動のかたちである。チームワークといってよいかもしれない。協働は、協力と区別される。協力は、目標に対する共鳴、共感、共有がなくても成立する仕事関係のかたちである。分業化され、割り当てられた仕事の分担・分業の集積であり、関係である。これに対して協働と言えるためには、精神的な絆、つながり（共鳴・共感・共有）がなければならない。またそうあるのが協働だと考えたい。協働の意欲、協働の関係は、共有するもの（目標）があってはじめて成立する概念である。

　協働は必ずしも分担とか個別業務を前提とするのではなく、達成すべき具体的な課題を共有している自律的な人間が、その解決のために個人であるがゆえに持つ制約を克服するために複数の人間が一緒に関係し合って行動する必要が生まれるためである。

　協働は、組織の問題でありながら、同時に人間の問題である。人間の問題を中心に据えたところに協働の意味がある。協働は、自律的な人間を前提として成り立つ。またそう考えることが重要である。ここでは、協働するための目的を自覚、共有しながら、それに主体的に取り組み、必要ならば目的そのものや目的実現過程に発言し、それらの修正に影響力を行使しうる姿勢と力量を有する人間であることが要請される。それゆえに真の協働は、その過程で混沌や曖昧さを常にはらんでいる。言い換えれば、協働は常に創造の過程、問題解決の過程である。創造であり、問題解決であるがゆえに、秩序のみに拘り、それを是が非でも守ろうとするならば、協働は崩壊し、組織の"危機"に直面する。この危機を乗り越え、また行きすぎた各個人の行動を是正するため、さらに協

働を拒否し、限りなく個人化（個人主義）が進むならば、それを調整し、規制する必要も生まれる。リーダーシップとはこういう力である。

　リーダーシップは組織の進むべき方向やビジョンを形成し、それを成員に説明して協働意欲を各成員のなかにつくり、これを協働にまでつくり上げる力である。また個人と組織の間を結合、リンクさせ、ここに協働関係をつくることや、協働の過程で生まれるさまざまなトラブル、軋轢、ジレンマを解決し、目的達成に向けて協働関係をできるだけよい状態に維持することもリーダーシップの役割である。

　とすると、協働は学校経営においてきわめて重要なキーワードであると考えられる。協働においては各教師の教育活動における専門性を重視、尊重することが前提である。その場合、「閉じられた専門性」ではない。学校における専門性は関係する教師が有する専門性との関係、つながりの中で形成される協働という面を持っている。また協働の中で成長し、息づく専門性でなければならない。その意味で「開かれた専門性」でなければならないのである。保護者・住民の学校参加が現実のものとなっている中で、開かれた専門性のもつ意義は大きい。協働についても同じことがいえる。協働も学校においても、保護者等に対しても開かれたものでなければならない。

　協働的であることが、教師の専門性の特徴だと言える。教育活動は各教師のひとりの仕事であり、その意味で個業であるし、個業を支え、促す知としての専門性である。しかしながら同時に、その専門性はそれぞれを補い合うという部分、または性質を有している。協働としての専門性である。日本の学校ではものごとを一緒でやることをひとつの特色としてきた。「協働の文化」である。協働の文化は、教師の専門性においても色濃く存在し、「協働の専門性」を生み出している。これからは、学校は一人ひとりの教師の円熟した高い専門性を開かれた専門性と協働の専門性に発展させることを目指して専門性の再生と再定義、そして再構築をする必要がある。こうした専門性は、1960年代から80年にかけて論争を繰り返してきた、言わば伝統的な専門性とは異なる。これからの学校経営において重要なことは、こうした方向性をもった専門性が経営と組織において息づき、または機能しうる学校でありたい。

　協働がうまく機能するために大切なことは、人間の問題、つまり学校の雰囲

気、人間関係、働きやすい環境、気持ちが行き交う職場との関連で捉える必要がある。政府文書の中にこうした提言が見られるようになったのも最近のことである（囲み参照）。

> **学校が魅力ある職場となるための支援**
> 　今後とも教員に優れた人材が得られるよう、また、一人一人の教員が教職へのモチベーションを持ち続け、専門職としてふさわしい活躍ができるよう、これまで述べてきた教員の資質能力向上方策とともに、教職や学校が魅力ある職業、職場となるようにすることが重要である。そのため、修士レベル化に伴う教員の給与等の処遇の在り方について検討するとともに、教職員配置、学校の施設、設備等引き続き教育条件の整備を進める。あわせて、教員が職務上の悩みなどについて相談できるような学校の雰囲気づくりや教員のサポート体制を充実することが必要である。また、新たな教育理念を実現するため、校舎づくりの段階から教育委員会と大学とが連携し、学校現場の課題解決や教員同士が学び合う環境づくりに成果を上げている例もあり、このような工夫を促進することも重要である。
> 　中央教育審議会「教職生活の全体を通じた教員の資質能力の総合的な向上方策について（答申）」平成24年8月28日

3．学校の危機管理、コンプライアンス

　学校は、これまでになく学校の安心安全、危機管理、コンプライアンスに関心を強めている。なぜそうなのか。これは学校だけでなく、広く日本社会、国際社会の大きな関心事となっている。この危機管理、コンプライアンスにどう対応するか。学校現場では、そしてスクールリーダーにとっては、とりわけ安心安全、危機管理が学校経営の最大の関心である。それは学校づくりにおいて最大のエネルギーを注入する領域・事項になっていると言っても過言ではない。ここでは学校づくりにおけるその重要性に指摘するにとどめ、コンプライアンスについては第Ⅰ部第4章「学校教育の法と行政」を、危機管理については第Ⅲ部第25章「学校づくりと危機管理」をそれぞれ参照していただきたい。

第20章　学校づくりと学校経営

4．スクールリーダーシップの力

　スクールリーダーシップは個人・集団・組織に働きかけ、これらの中に変化を刻み、目標を達成しようとする目的意識的な学校づくりの行為である。それはまさに"いい学校"にしようとして、新たな意思と価値を創造する行為だと言える。スクールリーダーシップはこうした学校づくりを視野に置き、理解すべきだろう。

　スクールリーダーシップをイメージするために、校長などのスクールリーダーの資質能力として捉えれば次のようになる（これは勤務する京都教育大学連合教職大学院が作成し、カリキュラム、授業、研究科評価などで活用しているものである。第Ⅰ部第6章第5節を参照）。

京都教育大学院連合教職大学院・スクールリーダー専門職基準試案

1．教養と識見

　高度専門職業人としての教職人であるためには、人間として、社会人として、職業人として生活し、生きる意味を確かめ、その意味を深め、その知を膨らませつつ、学び、探究する姿勢と努力が要求される。こうした不断の学びと探究により自らの感性、自覚、ものの見方・考え方の総体の知、つまり識見（人間観・社会観・世界観・人生観としての教養と専門的教養）を形成し、成熟させることができる。以上のような常識と教養、そして識見を持ち、児童生徒の「最善の利益」（児童の権利に関する条約）と人権の尊重をめざす、総合的人間力と高度な専門性を備えた、そのような教職人でありたい。

　スクールリーダーの役割は、個人の活動を超えたところの組織と学校の方針や方向を設定し、それを実現することにある。そのために、学校教育と学校づくりに関する戦略的視野と思考力、そして深い識見が求められる。

2．職務遂行能力

（1）学校教育の文脈を読み解く力

　現代の学校教育を支えている政治的、社会的、思想的、文化的背景を読み解きながら、学校教育の状況と本質、そして構造をつかみ、それを踏まえて学校教育の改善や改革の方向をつくり出す能力が求められる。

　　■学校教育政策と行政の動向を読み解く力

■学校教育の状況と構造、そしてそこでの課題を読み解く力
　　　■学校・教師と子ども（児童生徒）たちの状況と構造、及びそこでの課題を読み解く力
　　　■学校教育の文脈を読み解くために必要な知
（２）学校経営の文脈を読み解く力
　現代の学校経営を支えている政治的、社会的、思想的、文化的背景を読み解きながら、学校経営の状況と本質、そして構造をつかみ、それによって探り出した課題を解決するための戦略を提示できる能力が求められる。
　　　■学校経営政策と行政の動向を読み解く力
　　　■学校経営の状況と構造、そしてそこでの課題を読み解く力
　　　■学校経営の文脈を読み解くために必要な知
（３）スクールリーダーシップ
　スクールリーダーには自らの職務について設計、計画、実施運営する経営力とリーダーシップが求められる。
　　　■学校づくりのビジョンと戦略を策定する力
　　　■学校経営計画を設計、実施運営、評価、開発する力
　　　■カリキュラムを編成、実施運営、評価、開発する力
　　　■スタッフマネジメントを計画、実施運営、評価、開発する力
　　　■組織マネジメントを計画、実施運営、評価、開発する力
　　　■予算財務を設計、計画、実施運営、評価、開発する力
　　　■保護者・地域と連携・協働する力
　　　■安心安全と危機管理に対応する力
　　　■学校評価を計画、実施運営、評価、開発する力
　　　■リーダーシップ戦略を策定する力

３．スクールリーダーとしての基盤的能力

　スクールリーダーには、上で示した能力のほか、経営感覚、分析力、洞察力、探究力、創造力、構想力、企画力、戦略的思考力、論理力、判断力、決断力、開かれた学校経営の視野、国際的視野など、経営し、リーダーシップを発揮するための基盤をなす戦略的視野と能力が求められる。

４．職業倫理

　高い公共性を有する教職は、その職務にかかわる人たちや、関係する人たちと意思を共有して展開すべきものである。そこには自らを律すべき規範や相互の約

束ごとがあり、それが協働や信頼の構築に貢献している。職業倫理がそれである。わたしたちはこの職業倫理を未来につながり、未来を創る教職人を育成する新たなエネルギーとして機能することを期待する。

- ■高度専門職業人としてのスクールリーダーの使命、役割、責任を踏まえた学校づくり
- ■教職に関する法的、職業的ルールや倫理を踏まえた職務の遂行
- ■児童生徒への深い愛、思いやり、面倒見のよさ
- ■児童生徒・保護者・コミュニティの教育意思の尊重
- ■学校のミッションへの自覚とその実現のためのリーダーシップ

　スクールリーダーシップは存在するものではない。それは、個人・集団・組織が自らの意思により期待された役割を実現しようとして学校づくりを進める目的意識的な行為である。同時にこれらに働きかけ、変化を刻み、目標を達成しようとする目的意識的な学校づくりの中から生まれる、もしくはつくられる行為である。学校づくりは学校のさまざまなアクターの思いや願いなどの多様な意思と力が織りなして展開される。スクールリーダーシップはこうした学校づくりを視野に置いて理解すべきものである。それは、立場、役割、職制から発信される様々なレベル、ステージにおいて飛び交うリーダーシップを問題や課題の性質に応じて個別に、もしくは、複合的に構成して対応する、そうしたスクールリーダーシップのプロセス、システムとして捉えることを意味する。その意味でスクールリーダーシップは学校の"共同作品"である。校長の意思決定は単純ではない。多様な意思をさまざまな人たちとの関係の中で調整しながら、自らのビジョンと経営方針によって意思決定することが求められている。このような多様な意思と関係は校長の意思決定において大きな影響を与え、校長のリーダーシップ行動に対応して一定の構造をかたちづくる。OECD（経済開発協力機構）の調査（国立教育政策研究所・2014）は、「学校の意思決定に校長だけではなく、学校運営チームの校長以外のメンバーや副校長、教員等が参加していることを分散型リーダーシップ又は分散型意思決定として定義している」分散型リーダーシップは、「相互に尊重する学校の雰囲気」のある学校で発揮しやすいこと、また分散型リーダーシップは「相互に尊重する学校の雰

囲気」を育みやすいということを示唆していると述べている。

　学校づくりとは、個別のリーダーシップ、もしくは複合的なリーダーシップを動員して一定の問題や課題を解決し意思と価値を創造する仕事である。したがってある断面を切り取ってそこでのリーダーシップを個別に論ずるスクールリーダーシップ研究には限界がある。それは、学校づくりという視野を置かないリーダーシップのかたち、トップリーダーシップに従属するリーダーシップのかたちなのかもしれない。リーダーシップが働く学校づくりの場で、学校経営という視野、全体像が忘れられているのではないか。断片的なリーダーシップ現象を見るだけでは学校づくりにおけるリーダーシップの全体像を見たことにはならないのではないか。

　スクールリーダーシップの核心は学校を教育事業経営体と捉え、自律的な学校、自律的な学校経営の構築という現代日本の教育と学校、そして学校経営の在り方を展望するに当たって視野に置くべき学校づくりにある。つまりリーダーシップによって、現在、学校経営において求められ実現すべき意思と価値、その実現を可能にさせる人と組織の力、この力を問題解決に促す意思形成プロセス、これら一連の過程をコーディネートする力だとも言える。

5．もうひとつのスクールリーダーシップ

　学校づくりにおいては、校長のリーダーシップのほか、多くの意思と力、多様なリーダーシップが作用している。学校づくりのビジョンは校長が責任を持ってつくりあげるべきものであるが、実はそれは学校の総合力としての学校力の構築という目標のもと、教職員と一緒になって議論し、つくりあげた"共同作品"である。スクールリーダーシップは校長や主任などの特定の職制のリーダーシップだけでなく、その他のメンバーによる多様なかかわりとリーダーシップが織りなして学校の総合力としての学校力を形成する力であるからである。トップリーダーシップ、ミドルリーダーシップなど限られた人たちのリーダーシップだけではなく、それ以外の教職人としてのリーダーシップ、インフォーマルなリーダーシップ、セルフリーダーシップなど、さまざまなリーダーシップが織りなしてスクールリーダーシップがかたちづくられ、機能している。「開かれたリーダーシップ」「社会化されたリーダーシップ」と言うべき

か。そこにはトップリーダー、ミドルリーダー、教職員それぞれに宿る独自のエネルギー、イニシアティブ、自己実現力がある。ここにリーダー・フォロアーモデルに執着するこれまでのスクールリーダーシップ論の限界や課題がある。「新たな」と言うべきリーダーシップを機能させるためには従来のリーダーシップモデルでは対応することは難しいし、限界がある。職制に立つリーダーシップのほか、職制を超えたリーダーシップを視野にスクールリーダーシップ論を構築する必要がある。

　まず、自己に対してエンカレッジ、エンパワー、自己の行為を方向づけ、コントロールしてものごとを達成する内発的、自発的行為を意味する「セルフリーダーシップ」である。自律的、主体的に生きる人間、必ずしもそうでなくても人間は生きるために何らかのリーダーシップを生み出している。たとえば個人が「自己をコントロール」、「自己を仕向ける」、「自己を奮い立たせる」などの行為、さらには無意識的にこうした行為に仕向けるエネルギーは、自己の中にある他者（もうひとりの自己）が自己に対して促す、なにがしかの行為である。それもリーダーシップと言っても何らおかしくはない。self-governanceもこうした概念群に入れてもよいだろう。こうしたリーダーシップはセルフリーダーシップ（self-leadership）と呼んでいいものだと思う。京都市の私立東山高等学校の教育理念には「自ら情熱と主体性をもって行動し、夢を実現させ目標を達成する力」としての「セルフリーダーシップ」を掲げている。社会心理学や産業臨床心理学などの研究実績もある。たとえば、セルフリーダーシップを「職務を遂行するための自らの方向性の模索や動機づけに対して、自分自身で影響力を及ぼす過程」であると定義している（江頭尚子「産業カウンセラーの"セルフ・リーダーシップ"向上方策の研究―カウンセリング面接における自己課題の発見と対処のために―」平成23年度・日本産業カウンセラー協会公募研究論文）。

　リーダーシップは限られた時空の中でリーダーとフォロアーの関係としてあるだけでなく、本質的に人間が備えている能力として存在し、またそう捉えるべきだと考える。こう考えると学校づくりのためには職制にかかわるリーダーシップだけでなく、一般教職員のリーダーシップにも注目し、そのイニシアティブ、ポテンシャル、貢献意欲を生かす道を考えることが学校の意思形成

では重要になる。そのためにセルフリーダーシップを自己開発し、またセルフリーダーシップを育成する環境を構築する学校づくりが重要になる。

次に、「融合型リーダーシップ」という視野である。

学校での問題解決の過程では「わいわい・がやがや」「ああでもない・こうでもない」「ああじゃない・こうじゃない」という状況がしばしば生まれ、もしくはある。カオス（chaos、混沌・無秩序）のようだが、これが、またこの過程が持つ生命力、創造力とも言える。さらにカオスは秩序を曖昧にし、時に破壊するかもしれないが、カオスの過程がつくる秩序もある。カオスの中に秩序が潜んでいると考えてよい。残念ながら、こうした意思形成は合理的でないし、あってはならないものだと排除されていく運命にある。果たしてそうなのか、それでいいのか。意思決定論で「ゴミ箱理論モデル（garbage can model）」というものがある。意思決定はそもそも、あいまい性を伴うものだから、意思決定は合理的であるべきで、またそうした意思決定をしなければならないというのはおかしい。実際はそうではなく、その合理性は見せ掛けで、合理的な意思決定などありえない、実在しないとする考えに立つ。ルースカップリング論も同様な組織論だろう。「わいわい・がやがや」などもこうした現象を述べたものであるが、「わいわい・がやがや」はそれにとどまらない。ここに学校の意思形成、スクールリーダーシップの特色を見出すことができるからである。我が国の学校づくり論はこうした面を大切にしてきた。残念ながら、時代の変化、社会の変化、価値観の変化などとともに、「わいわい・がやがや」が意思形成の過程として顧みられなくなり、失われつつある。果たしてそれでいいのか。実は「わいわい・がやがや」が学校づくりをするにあたって必要なエネルギーとなるものであり、「もうひとつのスクールリーダーシップ」となるものである。トップリーダーシップでもない、ミドルリーダーシップでもない、ボトムリーダーシップでもない、そしてセルフリーダーシップでもない。パートナーシップを含む「融合型リーダーシップ」と呼んでよい。そのようなリーダーシップが生まれ、つくられるのは、この「わいわい・がやがや」の過程である（意思形成過程の「わいわい・がやがやモデル」）。企業の中には会議の時間を惜しみ、時間を効率的に使うために、立ちながら会議をする会社もあると報じられている。そうした中にあってコミュニケーションの機会を多くし社員の交流を深め、課題

を共有する時空を大切にする会社も出てきたとの報道もある。いつでも、どんなことでも、というわけにはいかないが、学校ではみんなに知ってもらい、ことがらを共有するためにも「わいわい・がやがや」のプロセスを意思形成の空間として大切にする組織文化を学校経営、学校づくりの基本に置いていいのではないかと考える。それは学校を考える組織、学習する組織に変える。

　学校問題の処理・解決の過程には、さまざまなリーダーシップが飛び交う。いじめ問題の解決に際しても、教職経験の浅い教師は別として、校長、副校長・教頭、主幹教諭、指導教諭、主任、教師などがそれぞれの立場や問題意識から発言し、問題解決のための選択肢を提案することが多い。だから意思決定に特定のリーダーシップが支配的な影響を与えるということが常にあるわけではない。そこではまさにさまざまなリーダーシップが飛び交って、ぶつかり、関係し、融合し合いながら次第に研ぎ澄まされて一定の意思や結論が導き出される。そうしたリーダーシップはある特定の人のものではない。特定の人によって発せられるリーダーシップではない。意思形成の過程で生まれ、つくられるもので、特定の人を超え、複数の人のリーダーシップが交差し、まじりあって形成されるリーダーシップである。学校という組織はそういうリーダーシップが似合う組織なのである。組織が一定の秩序を持った構造を自律的につくり出す力を意味する自己組織化（self-organization）とはこういう現象を言うのかもしれない。こうしたリーダーシップが生まれ、もしくはこうしたリーダーシップを生むためには意思形成のプロセス、時空としての「経営空間」がつくられ、大切にされ、それを生かす学校文化が求められる。こうしたスクールリーダーシップモデルに気づいたのは、リーダー・フォロアーモデルのリーダーシップ、職制や役割を背景として個人から発せられるリーダーシップとは異なる性格を持ったリーダーシップが学校の意思形成の中に存在し、息づき、重要な役割を果たしていると気づいたからである。それはこれまで誰も気づかずにいた（？）まったく新しいスクールリーダーシップのかたち、リーダーシップモデルではないかと思う。セルフリーダーシップと言い、クロスリーダーシップと言い、融合的リーダーシップと言い、これまでのリーダーシップ概念、とりわけスクールリーダーシップ概念を変え、再定義することなしに、スクールリーダーシップの進化は生まれない。

これまでのスクールリーダーシップ研究で考察の外に置かれていた多様なリーダーシップという視野は、学校づくりにおいて作用し機能するリーダーシップはひとつではなく、それは多様なリーダーシップが融合しシステムとして機能し、自己組織化を繰り返していることを意味している。スクールリーダーシップの特徴、独自性はまさにこうした「融合型リーダーシップ」（多様なリーダーシップが織りなし融合して一定の意思形成を進めるリーダーシップ）にある。スクールリーダーシップは学校というシステムにおいて交差し、関係し合い、融合し機能している。その意味でスクールリーダーシップはシステムとして機能していることになる。これまでのスクールリーダーシップ研究では、こうした観点からスクールリーダーシップを理論的に整理し、概念化することはなかった。スクールリーダーシップの再定義が求められる所以である。

（小島弘道）

〔参考文献〕

小島弘道・北神正行・水本徳明・平井貴美代・安藤知子『教師の条件－授業と学校をつくる力』第3版、学文社、2008年

小川正人・勝野正章『新訂　教育経営論』放送大学教育振興会、2008年

志水宏吉編著『「力のある学校」の探究』大阪大学出版会、2009年

小島弘道・渕上克義・露口健司『スクールリーダーシップ』学文社、2010年

小島弘道・熊谷慎之輔・末松裕基『学校づくりとスクールミドル』学文社、2012年

国立教育政策研究所編『教員環境の国際比較』　OECD国際教員指導環境調査（TALIS）2013年調査結果報告書、明石書店、2014年

第21章
学校づくりと教職員の協働

第1節　協働の位置づけ

　「協働」という考え方やその必要性は、研究者や現職教員のみならず、随分と馴染み深くなってきたのではないだろうか。2012年8月に公表された中央教育審議会（以下、中教審）答申「教職生活の全体を通じた教員の資質能力の総合的な向上方策について」においても、「これからの教員に求められる資質能力」として、「これからの社会で求められる人材像を踏まえた教育の展開、学校現場の諸課題への対応を図るためには、社会からの尊敬・信頼を受ける教員、思考力・判断力・表現力等を育成する実践的指導力を有する教員、困難な課題に同僚と協働し、地域と連携して対応する教員が必要である」と提言された[1]。

　今ひとつ例を挙げるならば、これから教職に就きたいと希望している者に対して公表されているA県教育委員会の「A県公立学校教員として求められる資質・能力」という資料には、大項目の一部として「組織の構成員としての自覚と協調性」とあり、そこの小項目の中には、「学校組織マネジメントを理解し、学校運営等の改善・更新を進める」、「『報・連・相』を基盤として、上司・同僚と協働的に職務を行う」等と記述されている。入職前より、学校という職場には、「組織マネジメント」が必要で、上司や同僚と力を連結させて職務にあたるのだ、ということを事前に分かっていてほしいという意図が読み取れる。ただし、入職前、すなわち、主として大学（学部）における教員養成段階で、教職志望者に「学校では協働が必要なのだ」ということを理解してもらうことは、難儀

なことである。教職の職務特性である「個業性」や「自律性」を説明した後に、協働なくして学校「組織」としては不十分である、というストーリーを提供するのが精一杯なところなのではないだろうか。

学校の教育力を高める、あるいは、形成するための手段として学校組織マネジメントを位置づけると、それが達成しなければならない2つの両立要件として次の2点が挙げられている[2]。一つは、教員の自律的な教育活動：一人ひとりの教員が目の前にいる子どもについて考え、よりよい教育実践を、誠実に構想、実践していく主体として行動し、教育実践の具体の局面においてその質あるいは水準を高めていくこと。もう一つは、学校教育の組織化：個々の教員の部分最適の集合体に陥らないように、学校教育のつながり、まとまりを実現すること、である。この2つの要件を両立させるために必要な要因が「協働性」であるとし、図21-1はそれを表している。

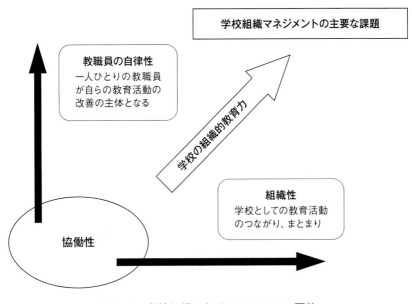

図21-1　学校組織マネジメントの二つの要件
（出所:佐古、2011）[5]

無論、協働性は組織の前提要因、つまり、もともとある所与のものではなく、学校においては、「組織化を進展させていく過程としてとらえていくべきだ」[3]と指摘されるように、生成されていく現在進行形のようなものであり、個々の学校によって、その生成の態様（生成のきっかけやスピード、形態）はさまざまであるといえる。これまでも、学校組織における理想的な協働状態を語るうえでは、「校長のリーダーシップ」や「目標の共有」、「教師の職務満足」や「モラールの向上」、「教師の自律性の確保」といった言葉が持ちだされ、説明されてきた[4]ことはそれを物語っているといえる。

第2節　誰と協働するのか─学校教職員の多様化─

1．学校教職員多様化の概要

学校には、校長や教頭、教諭、養護教諭ばかりではなく、事務職員や司書教諭、2005年度からは、食育や学校給食の管理に従事する栄養教諭を配置することが可能になっている。元々、配置されていた栄養士の免許を有した学校栄養職員を"格上げ"したものである。子どもたちの食生活が乱れ、食をめぐる複雑・困難な状況に対応できるよう、学校における食に関する指導・教育の専門性が要請されてのことである。近代学校制度が確立されてから現在に至るまで、さまざまな教育事業・活動のために、さまざまな人びとがそれぞれの専門性を活かせる持ち場で、職務に従事している。また、学校で職務に従事する人びとのすべてが正規雇用の職員ではなく、昨今は、非正規雇用の教職員が増加している。

すなわち、以上のことからいえることは、教師は、多様な職種、多様な雇用形態の同僚と協働しなければならないといえる。例えば、各校の学校要覧等に記載されている職員構成をみると、実にさまざまな職名がみられることからもそれはうかがえる（表21-1参照）。

学校教職員の多様化について、詳しくみてみると、学校教職員の多様化は次の3つの側面から捉えることができる[6]。第一に、教員内部での専門分化で、まず、経営的な機能を分化させ、近年、「新しい職」と称される副校長や主幹教

第Ⅲ部　学校づくりの方法

表21-1　教職員一覧の例

職名	氏名	担当	教科
校長	○○○○		
教頭			
教諭		教務主任	国語
教諭		進路指導主事	社会
教諭		生徒指導主事	数学
教諭		研究主任	理科
教諭		人権教育主任	英語
教諭		第1学年主任	体育
教諭		第2学年主任	音楽
教諭		第3学年主任	美術
教諭			
教諭			
養護教諭			
栄養教諭			
司書教諭			
講師			
講師			
講師（町費）			
スクールカウンセラー			
事務主幹			
事務主任			
事務主事			

諭等の配置による教員職務の縦の専門分化がある。また一方で横の専門分化もあり、従来から多くの学校に置かれてきた養護教諭や司書教諭に加え、栄養教諭等の配置にみられるものがある。第二に、教員以外の職の多様化で、従来から置かれている事務職員や用務員のほか、いじめや不登校問題に対応すべくスクールカウンセラーや相談員等の配置である。第三に、勤務形態の多様化で、スクールカウンセラーや少人数指導等のための非常勤講師等、非正規で雇用されている職員が配置されていることである。以下、本節では、第一のうちの前者（教員職務の縦の専門分化）と第三の勤務形態の多様化について、今日的状況に触れながら、教師はいかに多様な人びとと協働していかなくてはならないのかということについて述べていく。

2．協働を促すために―学校組織における縦の専門分化―
（1）学校組織マネジメントの政策

　この約十数年、学校組織をめぐる縦の専門分化にかかわり、国レベルでの議論・動向を振り返れば、その発端は「教育改革国民会議」から提唱された「組織マネジメント」という発想の導入であったといえる[7]。2000年12月、当時の森喜朗首相の私的諮問機関であった「教育改革国民会議」（発足は2000年3月、小渕恵三首相時）から「教育改革国民会議報告―教育を変える17の提案―」というものが発表された。その17の提案のひとつに、「学校や教育委員会に組織マネジメントの発想を取り入れる」ことが盛り込まれた。そこでは、学校について、「学校運営を改善するためには、現行体制のまま校長の権限を強くしても大きな効果は期待できない。学校に組織マネジメントの発想を導入し、校長が独自性とリーダーシップを発揮できるようにする」と指摘された。具体的には次のような提言が示された。

・予算使途、人事、学級編成などについての校長の裁量権を拡大し、校長を補佐するための教頭複数制を含む運営スタッフ体制を導入する。
・校長や教頭などの養成プログラムを創設する。
・若手校長を積極的に任命し、校長の任期を長期化する。

　学校の最高責任者である校長が、今のままの任用制度や学校組織のありようや学校運営体制ではリーダーシップを十分に発揮できないから、ついては、「組織マネジメント」という発想の下で、これらの改善を図っていく必要があるという認識を示したのである。当時、「組織マネジメント」という発想の提示には、学校や教育関係者にとってかなりのインパクトがあった。まして、教育行政の中央機関：文部科学省（以下、文科省）ではなく、首相官邸サイドからの提起であったからなおさらのことであった。これ以降、文科省も、「学校組織マネジメント研修」のモデル開発に着手し始めたりした。2002年に「マネジメント研修カリキュラム等開発会議」を設置、2004年3月には「学校組織マネジメント研修―これからの校長・教頭等のために―（モデル・カリキュラム）」を発表した。

もちろん、学校の組織・運営体制の見直しをめぐっては、文科省においても検討が進められていた。すでに、1998年の「今後の地方教育行政の在り方について」（中教審答申）では、主任制や職員会議の在り方の見直し、企画委員会等の活用、校長・教頭任用資格の見直し、教頭の複数配置、管理職における学校事務を含め総合的なマネジメント能力の向上、企業経営や組織体における経営者に求められる専門知識や教養を身に付けることなど、具体的な改善策が指摘されていた。

2000年代に入ると、例えば、2004年の「学校の組織運営の在り方について」（中教審「学校の組織運営に関する作業部会審議のまとめ」）では、これまで法規で定められていなかった副校長や一定の権限を持つ主幹と呼ばれる新しい「職」を設けることについて提言がなされた。2005年の「新しい時代の義務教育を創造する」（中教審答申）でも、「機動的な学校運営のため、教頭の複数配置や主任制、主幹制なども活用」と指摘された。さらに、2007年の「教育基本法の改正を受けて緊急に必要とされる教育制度の改正について」（中教審答申）でも、「副校長（仮称）、主幹（仮称）、指導教諭（仮称）の職の設置を通じて、学校の組織運営体制の強化を図り、より充実した学校教育の実現を目指していく必要がある」と指摘された。同年の「今後の教員給与の在り方について」（中教審答申）においても、「教頭の複数配置を促進するとともに、校長を補佐し、担当する校務を自ら処理する副校長（仮称）制度や校長及び教頭を補佐して担当する校務を整理するなど、一定の権限を持つ主幹（仮称）制度の整備が必要である」と、教員の「メリハリのある給与体系」の確立と併せて新しい「職」の制度化の必要性を指摘した。

これらの答申等にみられる特徴は、これまで多くの学校で長い間置かれてきた「校長―教頭」という管理職について、「校長―副校長」、「校長―教頭・教頭」のような新しい管理職のありようが具体的に提示されたことである。そして、彼らをサポートする「主幹」や「指導教諭」といった新たに設ける職位の教員を配置することにも言及していることであった。

2007年、学校組織のあり方をめぐってはエポック・メイキングを迎える。まず、同年1月に当時の安倍晋三首相が提案・設置した「教育再生会議」による「社会総がかりで教育再生を〜公教育再生への第一歩〜―第一次報告―」が発

表された。「日々の学校運営を改善し、また問題が生じた時に迅速な対応を行うには、現在の校長に負担が集中する体制では、限界があり」、「校長の校務を補佐し、学校内外の役割と責任体制を明確にし、より良い学校運営を行うため」として、次の3つの提言が示された。

> ①学校は、校長を中心として、教職員全員が一丸となって責任を持って教育にあたる。
> ②国は、学校に責任あるマネジメント体制を確立するため、学校教育法等を改正し、副校長、主幹等の管理職を新設し、複数配置を実現することにより、学校の適切な管理・運営体制を確立する。
> ③教育委員会は、公立学校の管理職に登用する者については、その能力や適性を見極め、早い段階での管理職登用、マネジメント研修に取り組む。また、同時に、管理職としての不適格者は降格できる仕組みも作る。

そして、2008年4月1日より、「副校長」「主幹教諭」「指導教諭」（以下、これらの3つの職位を一括して「新しい職」と表記）と呼ばれる教員を置くことが可能となった。改正された学校教育法第37条で「新しい職」は以下のように規定された（中学校準用：第49条）。

> 小学校には、校長、教頭、教諭、養護教諭及び事務職員を置かなければならない。
> ②小学校には、前項に規定するもののほか、副校長、主幹教諭、指導教諭、栄養教諭その他必要な職員を置くことができる。

「新しい職」は「置くことができる」任意設置の職とされた。教員の任命権を有する教育委員会の判断に委ねられる。「新しい職」の職務については同条で以下のように規定された。

> ⑤副校長は、校長を助け、命を受けて校務をつかさどる。
> ⑨主幹教諭は、校長（副校長を置く小学校にあつては、校長及び副校長）及び教頭を助け、命を受けて校務の一部を整理し、並びに児童の教育をつかさどる。
> ⑩指導教諭は、児童の教育をつかさどり、並びに教諭その他の職員に対して、教育指導の改善及び充実のために必要な指導及び助言を行う。

(2) さらに進む縦の分化の例とその課題

このように、前掲の表21-1にみられたような職に加えて、副校長や主幹教諭、さらには、指導教諭が置かれている学校も増え、教職員の職名の"バリエーション"は増えている。そのパイオニア的な自治体を挙げるとするならば、東京都である。東京都教育委員会では、2013年度より、図21-2のような体系で独自に新しい職を配置している。すでに2003年度に全国に先駆けて「主幹」(現行学校教育法上の主幹教諭に相当し、現在は呼称も主幹教諭)を設置し、多くの注目を浴びた。2004年度には、教頭を副校長と改称(現在は現行学校教育法上の副校長で、同法上の教頭は置いていない)、そして、2009年度に主任教諭(校務分掌などにおける学校運営上の重要な役割を担当。指導監督層である主幹教諭を補佐し、教育指導の専門性を高め、同僚や若手教員への助言・支援などの指導的役割を担う。また、主幹教諭に向けて必要な力を身に付ける[8])、さらに、2013年度からは指導教諭(授業のあり方や教科指導の専門性について、児童・生徒等の実態等を踏まえ、自校及び他校の教員に対して、教科等の指導技術を普及させる[9])を配置してきた経緯がある。

このような教員の任用体系多様化の内実は、学校組織の階層化(重層化)と教員キャリアの分化であるといえるが、ますます複雑化・多様化する教育課題と向き合うために、一人ひとりの教員の職能開発・成長と「学校としての」組織力向上に、「新しい職」等を生かしていかなければならないといえる[10]。と同時に、近年の教育政策において目指される「新しい公共」型学校の議論は、その前提となる組織観を、新しい組織論(例:学習する組織)や学校モデル(例:学びの共同体)の議論と共有しているゆえ、そうした議論の背景にある理論や原理を理解した上で、学校におけるさまざまな教職員の関係を捉えることが重要だとし、単純に学校組織の階層化が官僚制の強化だと認識するのは、不十分だと指摘されている[11]。そこでは、「学習する組織」論で有名な経営学者P.センゲが参照され、組織を「システム思考」(=個々の要素(部分)や出来事ではなく、システム全体を見るというものの考え方)に依拠し、「生きたシステム」としてホリスティックに学校を捉えることを紹介している。「生きたシステム」としての学校における教職員の役割は、より積極的な関与や学びのパートナーであり、協働的・探究的な学習が行われるため、教職員どうしの関係は相互作

第21章　学校づくりと教職員の協働

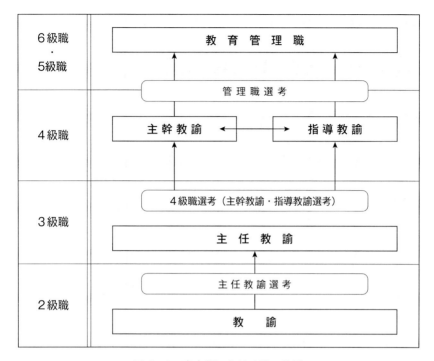

図 21-2　東京都における職の体系
（出所：「東京都教育庁報」No.595（2013.1.9））

用的で互恵的なものになるという[12]。そうした基盤となる土壌をつくり出すことをリードしていくのは、「新しい職」等のポジションにある教員であるといえる。

　つまり、こうした国レベルの政策による「新しい職」等の配置は、「学校においては、集団としての力を生かすことが大切であり、チームとしての機能を発揮し、学校全体の組織力の向上につなげることが重要」で、その一翼を担うキーパーソンとして、「ミドル層に期待している」という認識による[13]。そして、具体的には今後、ますます、彼らの評価と処遇、教職キャリアの複線化にもつながっていくのである[14]。

3．教室レベルでの協働―多様な任務形態の教職員とともに―

　学校組織が「個業」だといわれるのは、教員の本務が主として教室において一人で授業や学級経営を行うことであり、個別裁量性が高いからである。しかし、多様な子どもの教育ニーズや課題に対応するためには、教員一人では限界があり、教室に複数の教職員を配置することも、今では、多く見られるようになった。ティームティーチングの実施や特別支援を要する子どものためのサポート等が目的で、現在では、多くの自治体（都道府県／市町村レベル）が独自に教職員を雇用するようにもなった。しかし、その多くは非正規雇用で勤務の時間・日数・契約期間等は有限である。

　筆者が以前、事例調査を行ったある小学校では、県費と市費の職員（非常勤講師等）が配置されていた[15]。県費の非常勤講師は職員会議にも出席し、学校全体にかかわる事項を把握していた。また、職員室に机が確保されており、そこで本務者（教諭）と授業に関わる連絡調整が行われていた。一方、市費の非常勤講師は勤務時間の関係上、職員会議をはじめとした会議等には一切参加していない。そこで、同校では、本務者と市費の非常勤講師等の指導方針・内容の不一致を避けるため、教材や指導方法等についての打ち合わせを勤務時間内に週2時間確保していた。また、市費の非常勤講師にも職員室に机が確保され、本務者と共に行動することも多いことから、連絡調整は先の打ち合わせ時間以外にも日常的に行われていた。

　実際の授業運営においては、本務者と非常勤講師等が「対等な関係」であることが強く意識されていた。そのため、本務者は、学習指導や生活指導にかかわる判断を非常勤講師等に任せることも多く、こうした授業運営のスタイルは、教育活動の「幅の広がり」と事務処理の効率化の面で効果をあげているようであった。ある本務者は、「一つの教室に講師がいるのは、説明が届いていない子どもを見てくれているので助かる。全体を見ながらだと難しかった。一人にかけてあげられる時間が長くなる」と述べていた。また、別の本務者は「事務の面でも、たとえば、これまでなら（教科指導にかかわる）プリントを全部自分で印刷していたのが、講師も手伝ってくれるので、そういう面でも助かる」と述べていた。

　ただ、こうした「対等な関係」による授業運営は、非常勤講師等の存在を前

提としているため、本務者の仕事の遂行方法がつくり直されることも意味している。例えば、ある本務者は「(非常勤講師等の雇用条件により)欠勤日があるが、欠勤日がないほうがありがたい。毎日いてくれると、仕事の分担(丸つけや給食指導、掃除の監督といった指導)が行いやすいが、ひとりとなると大変になる。講師や支援員(特別支援を要する子どものサポート)が欠勤の日に、学級の雰囲気がガラリと変わることはないが、一日の仕事のリズムが崩れる」と述べ、彼らの存在なしには仕事が成り立ちにくく、ある種の依存関係が見て取れた。つまり、非常勤講師等の存在によって教員ひとりでは困難であったきめ細やかな指導が実現できる反面、彼らが配置される以前に教員ひとりで可能であった指導(仕事)が彼らの存在なしには困難になるという現象が生じていた。

改めてこの事例から読み取れることは、非常勤講師等との協働が当然の状態になっている。彼がいないと「仕事のリズムが崩れる」という教員による表現はまさにそれを物語っている。無論、仕事のリズムを成立させるまでには、さまざまな工夫や負担行動も強いられる。しかし、そうした過程を経ていく中で、教室における協働の質的向上は高まっていくのである。

第3節　学校改善と協働

学校を現状よりも良くする「学校改善」とは、協働と同様、学校現場内外で広く認知されるようになった。学校改善を実現するためには、当然のことながら、協働が伴う。学校改善の重要な視点として次の3つが指摘されている[16]。第一に、「構成員の学校改善への意識の共有化」で、教育目標や方針が教員集団の実践的意識から遊離した形で設定されるのは生産的とはいえず、当該学校で期待しうる実践と現状(事実)とのギャップを校内で共有しながら、教員個々や集団での内発的意欲を高める内容として形成される必要がある、ということである。第二に、「学校改善の組織化(仕組みの構築)」で、第一に挙げた学校改善の意識の共有化それ単体では直ちに改善に作用するものとはいえず、教職員の個々・集団としての具体的行動を引き出す「仕組みの構築」が連続すること

が重要である、ということである。校務分掌組織の見直しや校外からの協力を得ることなどがその例である。第三に、「学校改善の時間的な展望」で、単年度の経営サイクルももちろん重要であるが、もう少し長い（年度を越える）スパンでの組織の変革ステップあるいは発展段階を見据えること、ということである。

　これら3つの視点を有するには、個々の学校によって比較的スムーズに達成できるケースもあれば、部分的に多くの困難を抱えてしまったりと一様ではないだろう。例えば、筆者が出会った学校改善事例（公立高等学校：以下、B高校）においては、第一の点の「構成員の学校改善への意識の共有化」に相当な困難性がみられた[17]。B高校では、一部の教員の間で現状を変えようとする試みが存在していた。というのも、B高校の当時の現状とは、近隣の中学校から「B高校に入ると、ろくな大学に行けず、せっかく中学校でここまで育てたのに、B高校に入ると生徒がダメになる」とまで言われるほど、進学実績も低迷傾向にあり、生徒の規律面も乱れ、学校全体の雰囲気も悪かった。しかし、同校の現状や将来に危機感を覚え、ある学年団では、基本的な生活指導（例えば、時間を守ることを指導するなど）を重点的に強化していこうとする指導方針が年度当初に掲げられた。時間にルーズな生徒が多く、授業運営にも支障をきたしていたため、授業をスムーズに行いたいとの教員の認識によっていた。この指導方針については、学年団の共通理解は比較的容易に得られ、偶然にも学年団の教員の課題意識が共通していたということと、まとまりのない同校の教員組織の実態に何らかの"柱"をつくっていきたいという意欲的な教員で学年団が構成されていたことが大きかった。

　しかし、この学年団の取り組みは教員組織の中で目立たないように行われるしかなかった。それは、他の学年団の視線を意識してのことである。形式的で踏み込んだ指導を行っていない他の学年団からみて突出しないよう、控え目に行うことを彼らは意識したのである。当時のB高校において、生徒の課題を明確に意識して積極的に指導しようとする同学年団はいわば少数派で、彼らの取り組みを側面からサポートするものはなかった。熱心に指導にあたろうとする教員が自分自身を"マイノリティー"と認識せざるをえなかったのである。つまり、一部の教員の間で行われていた指導改善の取り組みが他の多くの教員へ

影響を及ぼせる条件がなく、結局当時は、この学年団だけの取り組みにとどまらざるをえなかったのである。

　多くの教員たちはどうしても、自分が担当する学年や組織だけを意識した実践に留まる傾向が強い。B高校では、改善過程の中で「生徒にとって何が良いのか」、ひいては、「この学校を良くするために」という指向性への変化が起きた。つまり、教員が協働して教育改善にあたろうとする意識が確立されたのである。その確立過程には先の第二、第三の点にかかわるさまざまな実践が組み込まれてこそのものであった[18]。教員が目の前にいる子どもたちに主眼を置いて教育を行うことは、決して間違ったことではない。しかし、「『この学校の』子どもたちにとって必要な教育とは何か」、「『この学校の』子どもたちは、将来、どう育ってほしいのか」といった指向性が不可欠である。それを一人ひとりの教員が意識することから協働の起点となって、学校改善は始動していくのであろう。

第4節　まとめ—協働とは何か—

　前節で取り上げた事例からも垣間見えるように、「協働が生まれ、必要となるのは、達成すべき具体的な課題を共有している自律的な人間が、その解決のために個人ではあるが故にもつ制約を克服するために複数の人間が一緒に関係し合って行動するため」[19]といえる。複数の人間が結び付き、「協働意欲と協働関係をつくり、共有する規範や文化が生まれ、精神的な一体感が創り出されている状態」[20]である。「この学校の同僚と共に、仕事をしていきたい」と実感しながら教育実践と学校経営を展開・発展させていくことが、協働の本質であるといえる。

（川口有美子）

第Ⅲ部　学校づくりの方法

〔コラム〕
　筆者が学校改革（改善）過程に関する事例研究の対象とさせていただいた公立B高校（第3節で紹介）で提供された『創立70周年記念誌』に、ある先生（インタビュー調査にも快くご協力くださった女性教諭）が、次のようなB高校の学校改革に対する思いを綴られていた。

　～改革とは、それまでに醸造された個人の取り組みに、思い切って学校としての形を与えるもの。推進の原動力は、自分たちの工夫が具現化されていくことの喜び。私たち自身の『夢を叶える通り道』だったのかもしれない～

　B高校は改革の過程で、学校のスローガンを生徒から募っていた。採用されたスローガンは、「夢を叶える通り道―努力の汗　感動の涙　僕らの本気がB高校にある」というフレーズであった。学校改革は生徒にとっても、教員にとっても、「夢を叶える通り道」であってほしい。

〔注〕
(1) 同答申2頁。http://www.mext.go.jp/b_menu/shingi/chukyo/chukyo0/toushin/1325092.htm
(2) 佐古秀一「個業と協働のマネジメント―元気のでる学校づくりのための学校組織マネジメント」北神正行編著『「つながり」で創る学校経営』天笠茂編集代表「学校管理職の経営課題―これからのリーダーシップとマネジメント―」第4巻、ぎょうせい、28頁、2011年。
(3) 同上書、30頁。
(4) 臼井智美「協働体制の構築とリーダー教師の役割」小島弘道編著『時代の転換と学校経営改革―学校のガバナンスとマネジメント―』学文社、254頁、2007年。
(5) 佐古前掲書、28頁。
(6) 水本徳明「学校における教職員の多様化と協働」小島弘道・北神正行・水本徳明・平井貴美代・安藤知子共著『教師の条件［第3版］―授業と学校をつくる力―』89-90頁、2008年。
(7) 本項の2．については、次を参照している。川口有美子「学校組織のしくみをめぐる改革の進行―「新たな職」に着目して―」浜田博文編著『学校を変える新

しい力―教師のエンパワーメントとスクールリーダーシップ―』小学館、36-52頁、2012年。
(8) 東京都教育委員会「東京都教員人材育成基本方針」8頁、2008年。
(9) 東京都教育委員会「東京都教育庁報」No.595（2013.1.9）http://www.kyoiku.metro.tokyo.jp/buka/soumu/choho/595/page3.htm
(10) 川口有美子「主幹教諭・指導教諭の職務」水本徳明編著『実践教育法規2013』「総合教育技術」7月号増刊、小学館、21頁、2013年。
(11) 織田泰幸「『新しい職』の設置と学校組織開発の可能性」木岡一明編著『学校マネジメント研修テキスト6 教育改革をめぐる重要課題』学事出版、72頁、2013年。
(12) 同上書、72-73頁。
(13) 小島弘道「スクールミドルの状況と課題」小島弘道・熊谷眞之輔・末松裕基『学校づくりとスクールミドル』学文社、38頁、2012年。
(14) 同上。
(15) 本節（3）の事例記述については、浜田博文研究代表平成20年度財団法人人文教協会研究助成「小・中学校の課題多様化に対応した学校組織の協働のあり方に関する調査研究」の成果発表：日本教育経営学会第49回大会（2009年6月）発表資料による。
(16) 大野裕己「学校改善の方法」篠原清昭編著『学校改善マネジメント―課題解決への実践的アプローチ―』ミネルヴァ書房、22-23頁、2012年。
(17) B高校の改善過程に関しては、次を参照している。川口有美子「『改革困難な《中堅校》』の改革を実現した北高等学校」浜田前掲書、193-214頁、2012年。
(18) 詳しくは、同上書を参照。
(19) 小島弘道「教師の専門性と力量」小島弘道・北神正行・水本徳明・平井貴美代・安藤知子共著『教師の条件［第3版］―授業と学校をつくる力―』194-195頁、2008年。
(20) 同上。

第22章
学校づくりと校内研修

第1節　校内研修の位置と意義

　今の学校には、若手教員の育成や、グローバル化への対応、特別な配慮を要する児童生徒への指導方法などの多様な教育課題への対応が求められている。こうした課題は、教師個人で解決できる問題ではなく、学校単位での対応が重要となる。そうした個別学校での対応を考えるにあたって、研修の中でも、特に校内研修とはどのような意義をもっているのだろうか。そして、どのような校内研修を行う必要があるのだろうか。本稿では、この2点を中心にして学校づくりにおける校内研修の役割について考察する。

1．研修の類型

　教育公務員特例法第21条に定められている通り、教師は職責を遂行するために絶えず研究と修養に努めなければならない存在であり、教師には研修の機会が与えられなければならない。教師の仕事は、子どもの教育にあるが、子どもたちの教育課題や、教えるべき内容などは絶えず変化している。したがって、教師にとって、そうした仕事を遂行するために必要な知識や技能を学び続けるために、研修は欠かすことができないものである。

　教師の研修は多様にあるが、以下の3つの類型に整理することができる[1]。

①行政研修：文部科学省、教育委員会、教育センター、大学院等による短期・

長期の研修
②校内研修（校内研究）：各学校独自の研修、研究指定など
③自主研修：個人研究、サークル、研究会、学会、大学・大学院修学など

　次頁の図は文部科学省が教員研修体系を整理したものである。これを見れば、とりわけ行政研修の研修体系は、教職経験年数や役職に合わせて整備されており、教師としての成長を段階ごとに支援する体制が作られていることがわかる。
　中でも校内研修は、学校や教師が自主的に行う研修の重要な形態である。山﨑（2002）によれば、教師たちが教育実践の質を高める上で最も意義があると感じているものは、学校全体での研究活動・研究体制、職場の雰囲気や人間関係、所属校での研修である。様々な研修の機会が体系的に実施されているが、各学校が自身の課題に基づいて取り組む校内研修は他の研修にはない意義や特徴をもつということがうかがわれよう。

２．校内研修の定義の多様性

　ただし、これまで「校内研修」という概念は多様な意味合いで用いられてきた。境野は「校内研修」について、「教師の教育的力量の形成を目的として学校内で実施される研修を指し、通常、全教職員が参加し、学校教育目標の達成のための課題を共通テーマとして、年間計画のもとで行われるもの」[3]と説明している。ここには、「教師の教育的力量の形成」という目的、「学校内」という場、「全教職員が参加する」という参加者、「共通テーマ」というテーマ設定、そして「年間計画」という計画性、という構成要素が示されている。
　それに対して中留は、広義と狭義に分けて「校内研修」を説明している。すなわち、広義には「校内の全教職員が、自校の教育目標に対応したところの学校全体の共通の教育課題を設定して、その解決を外部の関係者との関連をふまえながらも、計画的・組織的・継続的かつ科学的に達成していく過程において、教育者としての専門的力量を向上させていくところの実践的研究活動」であり狭義には、「必ずしも全教職員による学校全体の教育課題の解決を明確に目的にした計画的・組織的な研究活動ではなくても、学校において各個人・各分掌（組

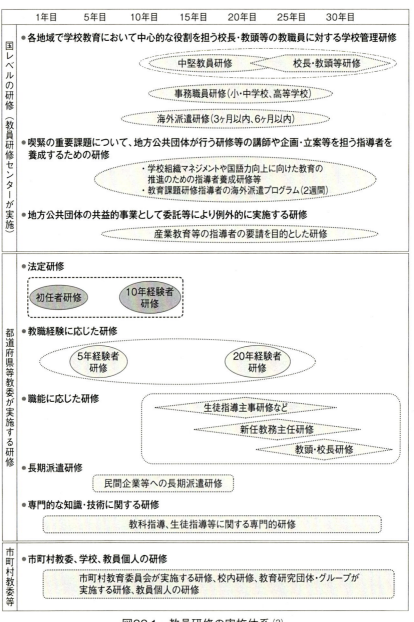

図22-1　教員研修の実施体系[2]

織）が自主的にまたはインフォーマルにそれぞれの専門的力量を向上させるために営む研究・修養活動」[4]である。この広義の概念には、先掲の境野の説明に加えて、「外部の関係者との関連をふまえ」ることや、組織性、継続性、科学性という要素を含みこんでいる。そして狭義の概念では、個人、自主性、インフォーマル性といった要素がみられる。

　以上の二者の説明からうかがわれるのは、「校内研修」概念の多様性とあいまい性、そして幅広さである。学校内部において教師個人の力量形成を狙って行われてきたフォーマル、インフォーマルな研修活動も、学校改善を狙って行われる校内での研修も、いずれも「校内研修」と捉えられてきた実態がうかがわれる。

　さらに「校内研修」と類似した概念として、「校内研究」や「授業研究」という言葉があるが、実際には、研究的にも実践的にも、明確には区別されずに用いられている。これらの概念は、それほど明確に区別されて使われているとは言えない状況がある。したがって本稿では、多様で幅広いこれらの概念における最も重要な要素を「同一学校内の教職員による研修」という点に焦点化しつつ、校内研修の目的を教師個人の力量形成とともに学校課題を解決することとする。

　教師にとって学校は教育実践を行う場であると同時に、教育実践をより充実したものにするために、同僚教師どうしの協働関係を構築する場でもある。その過程を通して日々、子どもや同僚教師の影響を受けながら教師としての職能成長が可能になるのである。そうした意味で、先の山﨑の指摘のように、校内での学びが教師にとって重要であることは言うまでもない。だが、「校内研究の充実は永遠の課題」[5]といわれるように、その内実を形成することは容易ではなく、長い間、模索されてきた。教師の成長と学校づくりにとって有効な校内研修はこれまでどのように取り組まれてきたのか。時代ごとの教育課題とそこでの校内研修の在り様を追いながら、このことを検討してみたい。

第2節　校内研修の草創と技術的な定着

　校内研修の由来は、古くは明治30年代に授業を中心とした研修が校内で行われはじめたことにまでさかのぼることができる。明治５年の「学制」発布以降、就学率はしばらく低迷していたものの、明治30年代以降は急速に上昇した。それに対応するため、諸外国の教育方法を参考にして一斉教授の方式が広く採用され、画一的で均一的な教育システムが整備されていった。そのような国民教育のシステムが整備された1900年頃、授業の観察と批評を含む校内研修も学校の中に普及し、「発問法」の研究や、「板書」や「教様」（授業の様式）の研究が教師たちの間に浸透した[6]。その後、大正自由教育の時代を経て昭和期には戦時体制下の国家主義教育の時代へと移行した。そうして、戦後改革期には子ども中心主義に基づくカリキュラム改造を志向する授業づくりが展開された。

　第二次世界大戦後には、国家中心の教育から子ども中心の教育への理念転換を受け、カリキュラムや授業の改造がなされている。しかし、こうした新教育の実践は、1950年代半ばには衰退していき、また1958年には学習指導要領が「国家基準」化されて系統主義に基づくカリキュラムへの転換がなされた。東西冷戦構造の激化、高度経済成長、そして高校大学進学率の上昇などの社会状況のもとで、学校教育ではより高度な知識をより多く系統的に教えることが重視されるようになった。他方で、授業は効率性を重視する講義形式の伝達型が多くみられるようになり、「詰め込み教育」とも揶揄された。

　このような状況の中で、1960年代には授業に関して、法則的な認識や技術的な原理の一般化を目指した大学での研究成果と、教師たちを中心とした実践団体の影響、また文部省が1964年に研究指定校制度をスタートさせた影響を受けて、授業研究が各地各学校で盛んに行われた。この当時の授業研究は、「授業の再現可能性」を前提として進められた。授業での教師と子どもの発言をテープレコーダーに録音して逐語的に整理したり、教師の発問と子どもの答えから授業を構造的に把握したりするなどの方法が広く普及した[7]。

　以上のように、1960〜1970年代においては、高度で大量の知識をより多くの子どもに対していかに効率的に教えるかが教師と学校に強く要請されてい

た。それに応えるべく普及した校内研修は教授に関わる方法や知識の共有を指向していたといえる。これらは、教育実践を科学的な理論と技術の合理的適用とみる前提に立脚し、授業研究の方法を決まった型にはめてしまうようなものであった。このことは、教師が科学的原理を実践に適用する「技術的熟達者」と捉えて、そのための所定の技術獲得を目指す校内研修が広く普及したことを示している[8]。

　文部省が1960年代に導入した研究指定校制度は、各都道府県・各市町村の教育委員会の研究指定校制度として広がりをみせ、現在では、全ての学校が5年から10年の間にいずれかの「研究指定校」になるほどまでに普及している。しかし、こうした研究指定校の拡充は、校内研修が1〜3年程度のスパンで「成果」を出さなければいけない、「義務感」で行うものだというイメージを植え付けてしまう一面ももっていた[9]。

第3節　教師の学び合いを追究する校内研修

　「教育の現代化」を目指した1968年改訂学習指導要領の時期は、今日に至る教育改革の方向性を大きく決定づけたともいえる。1970年代、学校の授業についていけない子どもが「おちこぼれ」という言葉で呼ばれるようになった。知識の効率的な伝達が重視される授業のもとで、授業内容が理解できない子どもの存在が注目された。一方、高校、大学進学率の急激な上昇は、子どもと教師への圧力をさらに強めていた。学習者の主体的な学習意欲を引き出し、持続的に展開させる教育実践、学習者の側に立つ教育実践が求められ、民間教育研究団体を中心に教師の研修・研究が多様に展開された[10]。

　また、校内暴力、いじめ、自殺、登校拒否（現在は「不登校」と呼ばれている）などそれまでの学校には想定されてこなかった問題も噴出した。このことを受けて、まず1978年の学習指導要領の改訂では、豊かな人間性を育成する教育課程の改革が目指された。そして、教育内容は大幅に削減され、学校裁量時間である「ゆとりの時間」が設置された。

　こうした学校教育の変化を背景として、稲垣（1986）は、医師が臨床事例に

関してそれぞれの診断を検討し合い、その議論を通じて適切な診断を下すという方法からヒントを得、授業研究の方法としてカンファレンスという手法を提唱した。カンファレンスの方法は、「(1) ビデオを利用し、映像によって実践を対象化するとともに、授業の中で見おとしていた子どもの表現をとらえ、子どもへの理解を深めること、(2) 学校や研究会において、お互いにビデオを見あい、それぞれの授業における判断や見解を交換し、それを通して、相互に授業を見る目をひろげ、きたえること、(3) さらに同じ教材で複数の教師が授業をおこない、その比較をとおして、それぞれの授業の特質や問題を検討すること」(11) であるとされる。このカンファレンスには、具体的な授業を事例として教職員全体での意見交換の中で優劣をつけるのではなく、相互に学び合うことが重視されていた。

　また、大瀬・佐藤（2000）は、神奈川県茅ヶ崎市立浜之郷小学校の学校づくりにあたり、「学びの共同体」を構築する教育実践を提示した。浜之郷小学校の実践では、校内研修が学校経営の中核と考えられ、その充実のために教師の「同僚性」の構築と「自律性」の樹立が不可欠だとされた。そこで、校務分掌は一役一人制として自律性の樹立に努める一方で、校内研修は、一人ひとりがそれぞれの教科・領域・方法でテーマを設定し、客観性（どのクラス・教科にも当てはまる方法なのか）や再現性（どのクラス・教科であっても同様の結果が得られるのか）にこだわらずに進められた。教師は、授業公開とその後の研究会を通して相互に学び合うことになる。研究会ではビデオ記録をもとに一人の授業について最低二時間をかけ、「技術的問題」だけを問うのではなく、教材の選択と解釈、教師の関わり方がどう子どもの学びを触発し、聴きあい学びあう関係が育まれているか、検討を行うという (12)。

　1960-1970年代に隆盛した校内研修は、「技術的熟達者」として教師を捉えてきたのに対し、1980年代後半以降の以上のような取り組みでは、客観性や再現性にこだわらず、さらに同僚間での相互交流に基づき省察を重ね、専門的力量の向上を目指す、新たな校内研修の方向性に注目が集まった。

第22章　学校づくりと校内研修

第4節　学校組織開発を志向する校内研修の展開

　その後、1990年代後半を境にして、ワークショップ型研修という実践も広がりをみせた。ワークショップ型研修とは、「参加者が自ら参加・体験して共同で何かを学びあったり創り出したりする学びと創造のスタイル」[13]を用いて行われる校内研修と考えられる。根津（2008）は、カンファレンス型研修がVTRの使用や発話記録の作成を要し、教師への負担が大きいために、日常性を持ちにくいのに対して、ワークショップ型研修はVTRなどを反復してみる必要性はない点から、教師の負担は少ないとした[14]。

　さらに、教職員相互の関係性そのものの変革・開発を導くことができる校内研修に目が向けられていく。たとえば浜田（2009）は、ある小学校でワークショップ型研修を導入することによって、学校改善が進んだことを明らかにしている。A小学校は新潟県上越市立高志小学校で行われているワークショップ型研修を導入した。A小学校にはもともと、教職員の間には和気藹々とした協力的な雰囲気があったものの、教育実践を開きあうことなく、内容のある校内研究は行われていなかった。しかし、市教育委員会の2年間の研究指定と、それを見据えた校長と研究主任の意志によって、高志小学校の研修スタイルが最初は抵抗を受けながらも導入され、教師たちに受容されていったという。ただし、ここでの「受容」は、「学校の共有ビジョン」の形成を重視しそれを意図した教職員間のコミュニケーションの展開が、学校経営の様々な場面で貫かれたからこそ生じたものだという[15]。この事例からは、校内研修を通じて、組織成員一人ひとりが自分たちの学校改善の方向性に納得し、行動を起こすという一連の過程があって、成果を生みだしたことが分かる。

　こうした校内研修を通じて学校改善を導くという例は、他の手法を用いても実践されている。例えば佐古（2011）は、ある事例校の校内研修における課題設定のプロセスに着目した。この事例校では、この学校の児童の課題について話し合った結果、「自尊感情の不足」に集約され、この学校の教育の基本課題として「自尊感情を高めること」がいったん設定されたという。しかしながら、この地域では人権教育や道徳教育のねらいとして自尊感情という概念が多

用されていることから、研修主任は教員にもそれぞれ既成のイメージが形成されていることを懸念した。そこで事例校では、それまで「自尊感情」という言葉で表わされてきた子どもの実態を再度確認するという研修を行った。この研修では、児童を捉える認識枠組みとして自尊感情の下位要素を設定し、それらを理解した上で児童の実態を出し合い、整理・検討するブレーンストーミングを実施した。従来、この学校は安定していたがために研修等でも教師間では当たり障りのないコミュニケーションが支配的であったが、このワークショップ型研修では他の教師の意見に対する疑問や自己の見解を述べるなど「踏み込んだ」話し合いがみられたという[16]。

　これらの例が示しているのは、校内研修が教師個人の力量形成のみに限定せず、学校組織開発という志向性をもって行われたということである。先に述べてきたように、過去に行われてきた校内研修は教師一人ひとりの力量向上を最終目標としていた。対して、学校組織開発を志向する校内研修の場合には、各教師の力量向上と合わせて、学校組織として、その学校の教師たちが協力し合いながら、学校が持つ課題に合わせた研修を通して、児童生徒によりよい教育を行うことができるような学校組織へと変化させていくことをねらいとしている。

第5節　学校づくりを推進する校内研修の在り方

　ここまで校内研修がどのような狙いのもとに行われてきたのかを明らかにしてきた。それを踏まえると、教師という仕事の捉え方や学校が置かれた状況によって、校内研修のねらいと方法は異なるものの、学校づくりを推進していく中には教師個人の力量形成とともに学校組織開発を志向する校内研修が学校課題の解決にとって重要な役割を果たすことが明らかになった。以下では、そうした校内研修を行っていくために着目していく必要がある点について言及する。

1．教師一人ひとりの力量形成を意識した校内研修

　青森県において長きにわたり校長職を務めた伊藤は、自らの実践の経験から、「名称は校内研修で、その活動は、所属する部会員による共同研究であるが、その底には、自己研修という意識が強くないと、その場限りの浅くて、義務感だけによる形式的な授業で終わってしまう」[17]と述べる。この言葉からは、学校改善のために、まず教師個人の課題を意識できる研修が必要であることがわかる。

　伊藤はこうした意識から、各々の教師が課題とすることをテーマにできるような校内研修の在り方を追求した。彼は、教職生活の最後の3年間を過ごした青森県十和田市立三本木小学校で校内研修を始める際、その年は研究指定を受けていなかったので、「この1年こそ、自分たちがほんとうに困難に感じていること、日頃、自分が究めたいと思っていたことに、実際に取り組んでみよう」と教師たちに語りかけた。その年の校内研修の方針を教師同士で話し合う会議を幾度も持たなければならず、研究の方向を定めるには苦心したという。だが、研修主任が時には個別に話し合ったりしながら、方向性を見出し、主題を「自分自身の授業の創造をめざして―自らやる気をもって取り組み、自分を高めようとする子を育てる―」とし、その研究方法の中で、特に「気軽に授業実践に取り組めるよう研究の日常化を図る」ようにした。

　具体的には国語、社会科、算数、道徳の4部会とし、所属部会は自分の意志で決定し、各部会の活動の方法はそれぞれ独自に工夫して進めるようにした。ある部会では授業実践に取り組んでいるのに、別の部会では研究主題の設定段階で動きが止まってしまっているという状況もあった。本来ならこの年の計画では、年度内に一度、研究主題に沿った授業を公開することになっており、部会ごとに実施されたが、社会科部会は期日が迫っても授業内容が決まらなかった。次第に焦りを募らせた部会では、間に合わせで授業を行おうとしてしまう。そこで伊藤は、間に合わせはよくないこと、授業は本当に研究が進んでから行うようにし、他の教師には経過を正直に話すことを勧めた。必要な場合にはためらわずに変更することが大切だと考えていたからである。結局、社会科部会は正直に進捗状況を話し、発表の延期が了承された。このように、教師が教材や子どもと向き合う中で、立ち止まることも含んだ研修がなされていた。

この伊藤の取り組みのねらいは、教師それぞれが興味をもっている内容を追求できることで、教師としての専門性の向上を目指したことである。そして、それぞれの興味を他の教師と協力していく中で深めさせようとしたのである。そのために、「自らの授業を創る」というあるひとつの答えがない非常に難しいテーマ設定をした。そして希望する4つの部内に分け、それぞれで協力し合える体制をとり、同僚教師と研修を重ねる中で、自らの教材研究や授業をよりよくしようとする姿勢が獲得されていくことも期待したのである。

　伊藤は、現行の制度下では、一つの学校では同一主題を校内研修で追及することは難しいけれども、教師個々の内部に独自の研究課題を持ち、それを自らの意志によって長期的・継続的に追及することは可能だと考えていた。もちろん、研究指定を受けていなかったからこそ、こうしたテーマ設定ができたのであるが、一人ひとりが課題意識を持つことの重要性が指摘されている。さらに、一人で閉じこもるのではなく、同僚教師と関わり合いつつ力量向上を目指すような取り組みを意識することが校内研修にとって重要であることが示されている。

2．課題意識を共有できる校内研修

　個別学校にとって適切な主題を見つけるためにも、またその主題に向かって研修を進めるにあたっても、教師同士で意見を交わし合えるかどうかは重要なポイントとなってくる。

　例えば、先に見た浜田（2009）で取り上げられたA小学校と、佐古（2011）が示した事例校では、もともと教師同士のコミュニケーションは日ごろから存在していたものの、教育実践に関わるようなコミュニケーションではなかった。実際、A小学校の場合には、教師どうしが授業を見合って率直に議論できる状況ではなかった。また佐古の示した事例校においても、外部から指定されたテーマで行う研修や、校内研修担当者からテーマが提示されることが続いたことで、いざ自分たちで学校の課題を生成しようとしたとき、教師たちは「課題を早く出してくれたら、私たちはそれを実践していくから」という受動的な反応を示した。しかしながら、両学校ともに研修に取り組んでいく中で、教師たちは教育実践に関わるコミュニケーションを介しながら、次第に学校の課題

や自らの実践の課題に真剣に目を向けていくようになった。

特に、A小学校の場合は、教職員間のコミュニケーションが校長の学校経営ビジョン形成と結びつき、経営実践と個々の教師の教育実践が「連結」していった。一方で、佐古が取り上げた事例校においては、自尊感情の不足という課題を一度は見出したものの、研修主任は自尊感情という言葉は一緒でも各教師が実際にイメージするものが異なることを懸念し、ブレーンストーミング型の研修を行うことにした。このことによって、教師間で真の課題が発見・共有され、取り組むことができた。

こうして2つの事例をみてみると、課題として取り上げた事がらが、本当に自校にとっての課題であるのかを組織成員全員で吟味していくことが重要であることが理解できる。今日、学校にはさまざまな教育課題への対応が求められ、それらの課題を主題とした校内研修を行っている学校も多い。しかしながら、学級や学年によっても抱えている課題が異なる場合もあるだろう。そうした場合、共通の課題意識を持つための取り組みが欠かせないだろう。先に挙げたワークショップ型やブレーンストーミング型研修といった方法では、それまでの仲の良い教師同士で交わされるコミュニケーションではなく、課題を見出したり検証したりするような真のコミュニケーションが可能となり、校内研修を通じた組織改善を促すことができると考えられる。

3．若手教師が中心となる研修

先に取り上げた伊藤は、かつて青森県古間木小学校における校内研修の事例をとりあげながら、研修主任を充てることについて次のように述べている。

> 「教職の世界では、意外な程年功序列の考え方が強くあって、各主任には、それ相当の年配者を配することによって、それぞれの職場における人間関係は維持されていると、多くの教師たちが思い込んでいたと言ってもいいかもしれない。私はそういう慣習的なものに多少背を向けることになるかもしれないが、主任はやはり適材適所であるべきだと、常々考えていたのである。だから、ともかく経験年数が多いからなどということは抜きにして、若くても、授業に取り組む姿勢が誠実で行動的であれば男女を問

わないであてたいと考えていたのである」[18]

　伊藤は研修活動が見かけ上は上手くいくようなものでなく、「内部でたぎるマグマのような活力をぶつけ合う研修」にするため、「多少の経験の浅さはあっても、学ぶことに対する謙虚さと、学ぶことへの飢餓意識を併せ持っている若い教師」を研究主任に充てたのであった。そして、結果としては「多少、非効率的と見られはしても、若い教師たちのもっているひたむきさと、研修に対する柔軟な姿勢がもたらす新鮮さ、明るさ」があり、「これまでにない活力を生み出すのではないか」[19]と感じられたという。
　現在の日本においては、教職員の大量退職とそれに伴う大量採用が生じており、学校の教職員の年齢構成は不均衡な状況にある。とりわけ、若手教師が多く在籍する学校の場合には、若手教師の力量獲得の方途が問われてきている。そうした中、学校によっては、校長自らが若手教師を集めて勉強会を開くといった試みもみられる。もちろん、こうした取り組みは有効であるけれども、学校組織のありようを考えると校内研修と切り離さず、むしろ若手教師の育成を中心に据えるという考え方も大切であろうし、校内の教員構成上、若手教師を研修主任に据えざるを得ない学校もあるだろう。伊藤の実践では、研修主任としては通例では若いとされる年齢の教師でも、あえてその機会を与え、若手教師が中心となる校内研修を行い、中堅・ベテランの教師たちは助言役に回ることで、彼らを育てることができている。こうした好例は、現代の学校においても求められる校内研修のありようではないだろうか。学校全体で若手教師を育てる中で、教職経験年数を越えた教師どうしの相互交流が可能になり、学校の組織知を継承する機会にもなるだろう。

第6節　学校づくりと校内研修の課題

　以上、校内研修の変遷と、学校づくりを推進する校内研修のあり方について論じてきた。自律的な学校経営が求められている時代にあって、学校としての課題をどのように捉え、学校としてどのような改善を行うのかが厳しく問われ

る方向にある。そうした学校としての方針を問われる時代にあって、校内研修のあり方次第で学校改善が可能であることが、これまでの事例に示されている。そしてそれぞれの学校によって多様な課題を持つがゆえに、ねらいによって、方法や形態はそれぞれ異なることは当然のことであり、各学校の課題に合わせた校内研修の在り様を模索する必要がある。

　そのときに注目したいのは、ミドルリーダーの在り様である。これまでは、校長や副校長、教頭といったトップリーダーの在り様に政策的な関心が集まっていたが、先に述べたように、団塊世代の大量退職により、教職年齢の比較的早期に校内の教師をリードする立場に就かなければならない状況も少なからず生じている。こうしたミドルリーダーの中でも、研究主任は校内研修を進めていくうえで鍵となる役割である。研究主任は、学校の課題解決を可能にする校内研修を運営するために、その主題や方法をどのようにイメージするかが問われるだろう。教職年数の比較的早期に主任に充てられるということは、自身が研修をリードする中で学んでいくことになる。そうした主任の力量形成と併せて、日常の教員の力量形成の場としての校内研修をどのように設定するのかが問われている。研究主任は、管理職と連携しながら、自分自身が学校の課題をどのようにとらえ、学校や教師がどのように変わっていく（もしくは維持していく）必要があるのかを見据えることが大切だろう。

　そうした校内研修を行っていくにあたって大切なことは、同一校で共に教育実践を行う教師どうしが孤立せず、協力し合い、実践を開きあって切磋琢磨できるような取り組みとなっているかどうかである。現代の学校は、これまで以上に多忙になっており、教師たちがゆっくりとコミュニケーションをとる時間すらままならない現状がある。また、若手教員が多くなる中で、彼らの力量形成が喫緊の課題となっている。そうした中で校内研修を行うためには、校内研修の意義を理解し、意欲を持てる取り組みや、悩みや課題を共有できる取り組みでなければいけない。そうでなければ、各教師にとって真に有意義な校内研修とは成り得ないし、学校課題の解決にもつながらない。各学校の教師一人ひとりにとって、どうすれば有意義な研修となり得るのか、その学校がどの様な学校へと変化する必要があるのかを見据えた上で方法や形態を選択し、実践をすることが求められるといえるだろう。そうした一人ひとりの教師の変化を引

き起こす実践が学校を改革することへとつながっていくであろう。

(吉田ちひろ)

〔注〕
(1) 浜田博文「研究からみえてくる教師としての力量形成のあり方」臼井智美編『イチからはじめる外国人の子どもの教育―指導に困ったときの実践ガイド―』教育開発研究所、2009年、pp.188-194。
(2) 文部科学省「教員研修の実施体系」(2013年7月19日閲覧) http://www.mext.go.jp/a_menu/shotou/kenshu/1244827.htm
(3) 境野健児「校内研修」青木一、大槻健、小川利夫、柿沼肇、斉藤浩志、鈴木秀一、山住正己編『現代教育学事典』労働旬報社、1988年、p.285。
(4) 中留武昭「校内研修」細谷俊夫、奥田真丈、河野重男、今野喜清編『新教育学大事典』第一法規、1990年、p.171。
(5) 石橋昌雄「校内研究の充実は永遠の課題」『週刊教育資料』第1219号、2012年8月27日号、pp.15-17。
(6) 佐藤学『教育方法学』岩波書店、1996年、p.35。
(7) 片上宗二「授業研究の現在―2つの視座から―」日本教育方法学会編『LESSON STUDY IN JAPAN 日本の授業研究 上巻 授業研究の歴史と教師教育』学文社、2009年、p.96。
(8) 佐藤、前掲書、pp.42-43。
(9) 浜田博文「校内研修の計画と実施」永岡順、水越敏行編『教職員の研修』ぎょうせい、1995年、p.97。
(10) 片上、前掲書、p.26。
(11) 稲垣忠彦『授業を変えるために カンファレンスのすすめ』国土社、1986年、p.43。
(12) 大瀬敏昭著者代表、佐藤学監修『学校を創る―茅ヶ崎市浜之郷小学校の誕生と実践―』小学館、2000年、pp.37-56。
(13) 中野民夫『ワークショップ―新しい学びと創造の場―』岩波新書、2001年、p.11。
(14) 根津朋実「校内研修のプログラム開発に関する事例研究―カンファレンスとワークショップ型とを対比しつつ―」『筑波大学教育学系論集』第32巻、2008年、

pp.27-38。
(15) 浜田博文「小学校の学校改善過程に及ぼす組織的要因に関する研究—教師の自律と協働の連関関係に着目して—」『筑波大学教育学系論集』第33巻、2009年、pp41-54。
(16) 佐古、前掲書、pp.171-184。
(17) 伊藤功一『魂にうったえる授業　教えることは学ぶこと』日本放送出版協会、1992年、p.124。
(18) 伊藤、前掲書、p.49。
(19) 伊藤、前掲書、p.102。

〔参考文献〕
伊藤功一『教師が変わる授業が変わる校内研修』国土社、1990年
大照完『教師のワークショップ　参加・計画・指導のために』教育問題調査所、1950年
北神正行・木原俊行・佐野享子編『学校改善と校内研修の設計』学文社、2010年
浜田博文「『学校の自律性』研究の現代的課題に関する一考察」大塚学校経営研究会『学校経営研究』第29巻、2004年、pp.102-115
浜田博文編『「学校の組織力向上」実践レポート』教育開発研究所、2009年
浜田博文編『学校を変える新しい力』小学館、2012年
村川雅弘編著『授業にいかす教師がいきる　ワークショップ型研修のすすめ』ぎょうせい、2005年
山﨑準二著『教師のライフコース研究』創風社、2002年

第23章
学校づくりと「教師の学習」の再定義

　児童生徒の学習指導に直接たずさわる教師の質は、自ずと学校教育の成果を左右する。故に、これまでの教育改革において教師の質をいかに高めるかが恒常的な課題とされてきた。特に今日では、グローバル化、情報化、少子高齢化といった急激な社会変化に伴う諸問題への対応が、学校教育と教師に対する要請をより高度化・複雑化させている。知識の量が爆発的に増え、その陳腐化が急速に進む現代において、自ずと学校で扱われる知識は増大し、質的にも急速な変容に直面している。

　このような現代的状況に鑑み、中央教育審議会答申「教職生活の全体を通じた教員の資質能力の総合的な向上方策について」（2012年8月28日）では、教師の質の向上に関して「教職生活全体を通じて、実践的指導力等を高めるとともに、社会の急速な進展の中で、知識・技能の絶えざる刷新が必要であることから、教員が探究力を持ち、学び続ける存在であることが不可欠である」との見解が示された。そして教師を高度専門職業人と捉えた上で「学び続ける教員像の確立」を標榜するに至った。教師の「学び」や「学習」という用語自体は、教員施策における主要なキーワードとされて久しい。もっとも、人がある職務に就いた時点で十全な資質や能力を具備していることはまれであり、教職生活を通じた継続的な学びは重要である。

　ただし「学び」や「学習」は環境との相互作用によって生じる個人の行動的・認識的な変化であり多様な営みが想定される点で、重要性と共に曖昧さも有している。なぜ子どもの学習ではなく教師のそれが重要視されるのか、そのこと

が学校づくりとどのように関わっており、またどのような在り方が求められるのか。これらのことが検討されなければ、教師の学習は曖昧さを増し、さらに教師個人の努力や研鑽、卓越性の強調に矮小化されかねない。とりわけ教師による個人的努力の強調だけでは、協働を基盤とした学校づくりと学校教育の成果の実現は難しい。そこで本章では、教師の学びや学習の背景を確認した後その問題点を整理し、学校づくりの視点から「教師の学習」を捉え直すことでその在り方について検討していきたい。

第1節　生涯を通じた教師の学びや学習とその背景

　教師の質の向上に関わって学びや学習が注目されるようになったのは、必ずしも最近のことではない。教師の質の向上については、その具体的な手立てとして主に教員研修に関わる法規や事業の整備が進められてきた。特に戦後まもなく中央・地方の教育行政当局によって研修行政の基盤整備が進み、教員研修事業が進展・拡大・強化されたことで、量的側面での飛躍的な発展をみせた[1]。その後、教員の養成・採用・研修を一連の過程として捉える教師教育の考え方が広まると共に、研修の内容や方法は理念的にも制度的にも洗練されていく[2]。特に、1970年以降に隆盛した教師教育の考え方は、教師を長期にわたって継続的に成長していく主体と捉えた点で、それまでの研修観に大きな影響を与えた。

　教師教育の概念が広まったこの時期は、1960年代後半に提唱された「生涯学習」の概念が我が国の教育政策でも導入・拡大していく時期でもあった。生涯にわたって主体的に学習を継続していくことを意味する生涯学習の概念は教師教育の考え方と相まって、教師教育の柱に生涯にわたる学習を位置づける新たな枠組みが形成される。そして、児童生徒のみならず教師自身もまた生涯学習の主体とみなされ、また、教師の成長・発達あるいは教師教育自体が、教師による生涯学習であるとの認識が形成されていった[3]。

　ただし、近年取り上げられている教師の学びや学習の背景には、生涯学習としての教師教育だけでなく、実践の省察を原理とする「反省的実践家」として

の教師像が大きく関わっている⁽⁴⁾。「反省的実践家」とは1980年代にショーンが提唱した新たな専門家像であり、所与の問題に対して科学的な理論や技術を合理的に適用する「技術的合理性」に基づく実践の捉え方から、複雑かつ不確実な状況の中で実践者自身が問題自体を設定し、行為の中の省察によってその解決に向けた「実践の知」を構成していくという実践の捉え方への転換を背景としている。

佐藤は、ショーンに依拠した反省的実践家としての教師像について「教職を高度の専門職として規定するが、その根拠を科学的な知識や技術に求めるのではなく、実践場面における省察と反省を通して形成され機能する実践的な知見や見識に求めている」[5]と述べ、「技術的熟達者」としての教師像に対置されるものとしてこの教師像を示した。つまり、専門職としての教師の成長を実践的な知見や見識の発達として捉えようとした。それは同時に、教師の専門的な学習と成長の中心的な場が学校現場（教室）にあることを主張することにもなった[6]。

その後、反省的実践家としての教職像は教師の成長や発達に関する研究に多大な影響を及ぼし、反省や省察（リフレクション）によって教師が構成していく実践的な知見や見識に迫ろうとする研究を飛躍的に進展させた[7]。そして、いま・ここで生じている実践において、反省的な思考を通じて固有の認識枠組みを形成していく教師の姿が描き出されると共に、現代の教師教育改革を牽引している[8]。

教師が自らの実践を省察することによって形成される実践的な知は「実践的知識」と呼ばれ、その形成過程が学びや学習のプロセスととらえられている。なお、ショーンが提唱した「省察」という概念自体は、デューイが経験から学ぶ契機としてあげた反省的思考（reflective thinking）が原点となっている[9]。省察と学習という語自体は異なる概念であるものの、教師が経験から学習していく行為の中に省察が位置づくと理解することができよう[10]。

特に我が国においては、古くから授業研究を核とした同僚教師との学びの文化の存在が認められてきた[11]。さらに、校内研修として定型化・硬直化した授業研究を脱構築する動きが1990年代から始まり2000年代以降活発化している[12]。その潮流のなかに、教師の学びや学習を基盤とした授業研究の展開を見る

ことができ、特に授業研究の中心には共同的に行われる省察が位置づけられている。

第2節　教師の学習が抱える問題とその実態

　教師個人の問題として学習を捉えると、教師から見て、学校が豊かな経験と質の高い省察をもたらす場となっているかが重要となる。しかし、教師の学習は児童生徒の学びへと結実することで意味を持つし、それを実現する学校づくりを前提としてその在り方が問われなければならない。そこで、本節では学校づくりの観点から教師の学習に関わる問題や課題、実態について検討していく。

1．学校づくりと教師の学習の個別化

　第一に、教師の学習の個別化に関わる問題がある。確かに我が国では古くから同僚との学びの文化が認められてきた。だがその一方で、教師の個業化傾向や同僚性を基礎とした学校の機能が十分に発揮されていない状況も指摘されている[13]。加えて、優れた教師や優れた実践が個人単位で脚光を浴び、スーパーティーチャー認定制度や優秀教員の表彰制度が敷かれ、教師の成長・発達あるいは学習の成果が「個」に帰属される潮流が形成されつつある[14]。また、教師の学習の背景となっている反省的実践家という概念自体は、個人に焦点化した概念であり、個人の専門性への志向を強めるとの指摘もある[15]。省察もまた個人を最小単位とした行為であることから、教師の学習と省察を素朴に受け入れてしまうと、教師の興味関心に基づく多様な学習が、個人を単位として学校内外に拡散し、学校づくりとの接点を逸してしまう。

　教師の学習が重要だとしても、学校づくりという観点からはその成果が個人に帰するだけでは不十分である。今津[16]は、教師の質を「教師個人の質」「教育実践の質」「学校教育の質」という3つのレベルから捉え、さらに、教師個人が身につけている知識・技術・態度の向上を志向する「教師個人モデル」と学校教育上の問題を同僚と協働して解決していくことによって教師の認識や価

値観、行動を変化させる「学校教育改善モデル」という2つのモデルを提示した。そして、前者のモデルが教師個人の質の向上に閉ざされているのに対し、後者のモデルが個人の枠を超えて教育実践や学校教育の質の向上を志向していることから、前者から後者へ移行していく意義を論じた。

今津のモデルに依拠すれば、教師個人による知識量の増加や技術の習得、そして、それらの総和が即、学校づくりに貢献するとはいえない。教師の質の向上が学校づくりに資するのは、個別学校における問題を学校自らが設定し、その解決の過程で教師の認識や価値観が変容していくからである。故に、教師個人にとっては知識の獲得や技能の習熟はもとより、学校が抱える問題の認識とものの見方や考え方の変化がより重要である。

このように学校づくりに向けて教師の学習を捉えようとするならば、特に教師の省察の対象は、教師自身の認識や価値観に求められる。ところが、教師による省察については、その対象が授業プランや子どもへの働きかけ方などの技術的水準に終始し、教師の抱いている前提的認識や哲学（フィロソフィー）のレベルに至らないことが多い[17]。ショーンによれば「行為の中の省察の能力を広げ深めるために、専門的な実践者たちが、職業生活に暗黙のうちに持ち込んでいる人格と人格との間の相互行為の理論（個人の考え方ではなく、たがいに共有されたプロフェッショナルの在り方に関する知）を明確に把握し、再構築することができなくてはならない」[18]とされ、個人の省察を深めていくためには、専門家同士の協同が不可欠であることが指摘されている。つまり、経営体としての学校が抱える問題を定め、教師が有する認識や価値観を省察できるような学習を生み出すためには、必然的に個人の枠を超えた教師間の協働と学習の組織化が必要となる[19]。

教師個人の習熟や卓越性自体は否定されるものではないが、教師の学習が学校づくりにつながるためには、学校がどのような問題や課題を定めるのか、そして教師個人の認識や価値観にどう迫っていくのかがより重要となる。つまり、教師の学習を検討しようとするならば、同時に、学校が主体となった自律的な問題設定からはじまる学校全体の学習について考える必要があるだろう。

2．学習を通じた知識の「獲得」と「棄却」の重要性

　第二に、学校づくりに向けた教師の学習成果に関わる問題である。今日求められている「学び続ける教員像」あるいは教師の学びや学習はいずれも「望ましい教師」の姿を前提にしている。そのため、教師の実践や学校の改善にとって有益な成果を加算的に学習していく姿だけが想定されているようにみえる。だが、教師は学習することで、職務の遂行にとって望ましい成果だけを得ているだろうか。

　教師は他の職業と異なり、教師として入職する以前から学習者として学校に通い、教師の実践を見つつその場に直接参加している[20]。また、学習者としての経験を有するほとんどの人々が「教えること」を暗黙のうちに学んでおり、学習や指導に関するものの見方や考え方を個人的な学習・指導論として形成・保持している[21]。このことは、教師が授業や学校をどのように捉えるかといった素朴なイメージの形成要因にもなる。

　ところが、教わった経験を通じて作られた個人的な学習・指導論やイメージは、しばしば誤概念として機能し、有効でない実践への固執を生み出す[22]。また、実践を支えている考え方への固執は入職後にも生じ、経験を積むにしたがって生じる「ルーティン化」[23]や「マンネリズム」[24]、「成長の落とし穴」[25]といった停滞現象を引き起こす。新たな実践的知識の形成や刷新を妨げる実践の硬直化ともいえるこれらの現象も、経験を通じた行動的・認識的な変化であり、学習の成果と言えるだろう。

　これらの実態を具体的に検討するために、中学・高等学校の保健体育科教員を対象に行った調査結果を見てみたい[26]。まず、理想とする授業が入職後にどの程度変わったか、さらに変わった回数をたずねたところ、経験年数を積んだからといって理想とする授業が変わるとは言えず、およそ半数の教師は1度も理想とする授業が変化していないことがわかる（図23-1）。さらに、成長の契機となるような経験をどの程度重要視しているかをたずね、教職経験年数ごとに分析してみると、ベテランの教師ほど成長に資する経験をあまり重要視していない傾向がうかがえる（図23-2）。

　授業に対する考え方が変化しないのは、実践経験の蓄積を通じた「安定」とも捉えられるし、一般的な成長経験を重視しなくなるのは、教師個人の人格と

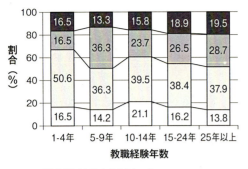
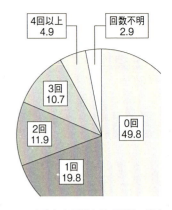

図23-1　理想とする授業の変容

成長契機となる経験の因子と項目例
Ⅰ　省察的実践経験
・授業の振り返りや反省をして次の授業にいかすこと
・新しいアイディアを積極的に取り入れて授業をしてみること
Ⅱ　知識の獲得経験
・教育関係の専門雑誌(書)を読むこと
・行政研修に参加して知識・情報を得ること
Ⅲ　教員間対話経験
・学校外の保健体育教師から肯定的な意見をもらうこと
・学校内の同僚から肯定的意見をもらうこと
Ⅳ　実践の参照・公開経験
・学校外の授業公開に参加して授業を見ること
・同僚の授業を参観すること
Ⅴ　困難経験
・予想と異なる反応をする生徒に出会うこと
・解決が難しい問題場面を多く経験すること

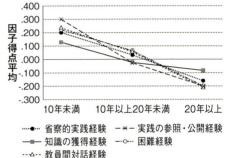

図23-2　成長契機となる経験の重要度

教師としての個性が調和し、独自の発達課題に応じた独特の経験が重視されるからかもしれない。そこで、教職経験20年以上のベテランの教師に着目して理想とする授業像が変化した教師とそうでない教師を比較してみたところ、授業像が変化した教師の方が、より多様な経験を重要視していた（図23-3）。つま

第23章 学校づくりと「教師の学習」の再定義

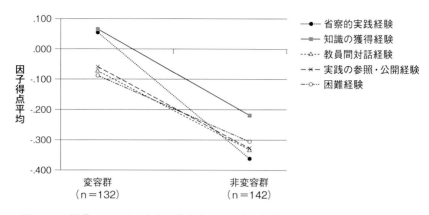

図23-3　授業イメージの変容／非変容による成長契機となる経験の重要度の比較
（教職経験20年以上）

り、遭遇する経験を教師として成長する糧にしようと積極的な意味づけをする教師ほど、理想とする授業が刷新されていることがわかる。このことは、経験から何かを学ぼうとすると、その成果として既有の認識の否定や刷新が起こり得ることを示唆している。

　これらのことから、教師が何か新しいものを加算的に獲得したり、構築したりすることだけが学校づくりに資する教師の学習とは言えない。既有の知識や技術あるいは省察を通じて構築してきた実践的な知と一度向き合い、時にはそれを否定し刷新していくことにも意味がある。そこで、教師の学習を想定した時、既に有している知識や前提的な認識を意図的に棄却する「アンラーニング」[27]やいったんは構成された知をあえて解体し、新たな形につくりかえていく「学びほぐし」[28]といった営みも重要な学習として捉えていく必要があろう。それはとりもなおさず、学校づくりに向けて教師の認識や価値観、行動の変化を促すために重要な学習といえる。

3．教師の学習における経験と教訓の多様性

　第三に、教師の経験と学習の多様性に関する問題である。経験と学習については二つの事実が指摘できる。一つは、ある経験をしてもそこから何かを学ぶ

教師と学ばない教師がいるということ、いま一つは、同様の経験をしても必ずしも同様のことを学ぶとは限らないということである。そもそも教師は、どのような経験から何を学習しているのだろうか。特に、先に取り上げたような学校づくりに資する前提的な認識の振り返りや変化はどのようにして生じるのだろうか。ここでは、教師自身が一回り成長したと思った「経験」と「そこから学んだこと」について、自由記述を用いた質問紙調査の結果を参照しながら、教師はどのような「経験」から何を「教訓」として得ているのか概観する。

表23-1は、教師が一回り成長したと思う経験とその経験から学んだ教訓をそれぞれ分類し、経験（縦軸：11カテゴリー）と教訓（横軸：14カテゴリー）をクロス集計したものである。調査・分析の方法は簡潔だが、現職の教師によって記述された計417の経験と教訓のセット（一人3つまで記述）が全154のマスにどのように分布するかを見ていくことでその傾向を捉えることができる[29]。

まず、一回り成長する経験については研修活動による割合がもっとも高く、次いで授業実践経験が多かった。一方、教訓については授業実践方法が最も多く、次いで学習者として生徒をどのように捉えるかといった学習者観に関する教訓を得ていることがわかる。そして三番目に多かったのが「前提的な認識の変容」であった。「前提的な認識の変容」とは、それまで自らは正しいと思っていた知識や認識が間違っていたことに気づいたり、教師は生徒を牽引していく存在であるといった認識から生徒が主体的に学習に取り組む必要性を認識するに至るような変化を意味している。この教訓には授業観の変容やそれまで教師として学習してきたことの学びほぐしが含まれている。

次に、教訓の数がもっとも多かった「研修活動」の経験をさらに詳しく見てみたい（表23-2）。「研修活動」のカテゴリーを細分化すると、先輩教員などから指導を受けたり薫陶を受けたりする経験としてまとめた「徒弟的な被指導体験」や「理想の実践をみる」といった経験、「授業公開」の経験が高い割合を占めている。さらに、必ずしも勤務校での研修活動だけではなく「校外研修」も教師として一回り成長した経験として高い割合を占めており、多くの教訓が得られていることがわかるだろう。特に教師の前提的な認識の変容は、校外研修と熟練教師としての経験（他の教師を指導する経験など）、そして授業公開（他校の教師に対する授業公開を含む）といった経験によってもたらされている。

第23章 学校づくりと「教師の学習」の再定義

表23-1 経験と教訓のクロス集計表①

			教訓カテゴリー													
			授業実践方法	学習者観	学習環境への配慮	体育科の価値	教師観	リーダーシップ	働き方と職務態度	前提的な認識の変容	学習指導要領の理解	スポーツの本質的理解	同僚性の意義	運動部活動の指導指針	学校外との交流の重要性	学校外部組織の現状	合計
経験カテゴリー	授業実践経験	n	51	20	9	3	2	1	1	6			1				94
		%	12.2%	4.8%	2.2%	0.7%	0.5%	0.2%	0.2%	1.4%			0.2%				22.5%
	研修活動	n	72	18		10	8	2	3	34	1	1	5				154
		%	17.3%	4.3%		2.4%	1.9%	0.5%	0.7%	8.2%	0.2%	0.2%	1.2%				36.9%
	学校行事	n	5	5	1	5		3	2	2			2				25
		%	1.2%	1.2%	0.2%	1.2%		0.7%	0.5%	0.5%			0.5%				6.0%
	ミドルリーダー経験	n	1				1	3	1	1					1		9
		%	0.2%				0.2%	0.7%	0.2%	0.2%					0.2%		2.2%
	生徒指導	n	8	23	2	4	1		4	5			1				48
		%	1.9%	5.5%	0.5%	1.0%	0.2%		1.0%	1.2%			0.2%				11.5%
	部活動指導	n	3	4		1			3	1			1	2	2		17
		%	0.7%	1.0%		0.2%			0.7%	0.2%			0.2%	0.5%	0.5%		4.1%
	状況変化	n	25	14		3	1		4	7			3				57
		%	6.0%	3.4%		0.7%	0.2%		1.0%	1.7%			0.7%				13.7%
	職務外経験	n	2	2		1			1	1			1				8
		%	0.5%	0.5%		0.2%			0.2%	0.2%			0.2%				1.9%
	保護者からのクレーム	n													1		1
		%													0.0%		0.0
	制度変化	n		1						2							3
		%		0.2%						0.5%							0.7%
	中体連役員経験	n														1	1
		%														0.2%	0.2%
合計		n	168	86	12	28	12	9	19	59	1	1	14	2	4	1	417
		%	40.3%	20.6%	2.9%	6.7%	2.9%	2.2%	4.6%	14.1%	0.2%	0.2%	3.4%	0.5%	1.0%	0.2%	100.0%

表23-2 研修活動の経験と教訓のクロス集計表

			研修活動の内訳							合計
			徒弟的な被指導体験	理想の実践をみる	校内研究	校外研修の受講	授業公開	熟練教師としての経験	実践の整理	書物との出会い	
教訓カテゴリー	授業実践方法	n	16	9	2	18	19	2	4	2	72
		%	22.2%	12.5%	2.8%	25.0%	26.4%	2.8%	5.6%	2.8%	100.0%
	学習者観	n	2	5	1	5	3		2		18
		%	11.1%	27.8%	5.6%	27.8%	16.7%		11.1%		100.0%
	体育科の価値	n	3	1	2	1	2		1		10
		%	30.0%	10.0%	20.0%	10.0%	20.0%		10.0%		100.0%
	教師観	n	2	3		2				1	8
		%	25.0%	37.5%		25.0%				12.5%	100.0%
	リーダーシップ	n		2							2
		%		100.0%							100.0%
	働き方と職務態度	n	3								3
		%	100.0%								100.0%
	前提的な認識の変容	n	6	2	1	9	6	8	2		34
		%	17.6%	5.9%	2.9%	26.5%	17.6%	23.5%	5.9%		100.0%
	学習指導要領の理解	n						1			1
		%						100.0%			100.0%
	スポーツの本質的理解	n					1				1
		%					100.0%				100.0%
	同僚性の意義	n	3		1		1				5
		%	60.0%		20.0%		20.0%				100.0%
合計		n	35	22	7	36	30	11	10	3	154
		%	22.7%	14.3%	4.5%	23.4%	19.5%	7.1%	6.5%	1.9%	100.0%

認識変容をもたらす代表的な契機に、既有の認識や知識、技術では対応することのできない「ジレンマ」との遭遇がある[30]。校外における研修や授業の公開、熟練教師として客観的に他者の実践に携わる経験は、多くの場合、異質な知識や情報に触れる貴重な機会となる。つまり、日常的に行われる校内研究とは異なった非日常的な経験が、ジレンマを引き起こし教師の前提的な認識に対する気づきを喚起していると考えられる。

第3節　学校づくりに資する教師の学習の在り方

　ここまで検討してきた点を整理すると、以下の三点にまとめられる。一つは、教師の学習は個人的な営みを越えて、学校の自律的な問題設定とその解決を目指す組織的な営みの中に位置づける必要がある。二つ目は、その学習は知識の獲得や構築といった加算的なものだけを意味するのではなく、それらを棄却・解体することで既に有している知識や認識を刷新していく営みとしても捉えていく必要がある。そして三つ目は、そのような知識の刷新や認識の変容は学校内外で起こり得るということである。これらを踏まえて学校づくりに資する教師の学習の捉え方とその在り方について検討していく。

1．学校づくりに向けた教師の学習の捉え直し

　教師の学習を整理すると「個人の学習―組織の学習」と「知識の獲得や構築―知識の棄却や解体」という2つの次元からなる4つの営みとして存在することになる（図23-4参照）。特に学校づくりを展望した時、個々の教師は実践的な知識を形成し習熟していく意味での教師の学習（左下の象限）のみならず、あるいはそれ以上に学校が主体となって自律的に問題を設定し、その解決を目指していくプロセスの中で学習することが重要となる。換言すれば、これは学校組織としての学習であり、学校づくりそのものが教師の学習であることを意味している

　なお組織学習のプロセスは「組織が新たな知識や価値観を、顕在的あるいは潜在的にも習得していく過程」[31]を指す営みである。また、組織の学習と個人

第 23 章　学校づくりと「教師の学習」の再定義

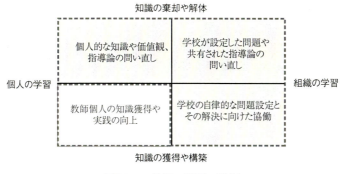

図23-4　教師の学習の様相

の学習の大きな違いとして「個人が学習したものは、その個人一代で途絶えてしまい、他者に伝承されることはないが、組織が学習したものは、組織内部に流布し、それを媒介して将来の成員にも伝えられていく」[32]ことがあげられる。固有の地域特性や歴史、社会的背景をもつ個別学校にとっての課題形成や解決は短期的になされるものではない。その意味で、個人の学習を越えて知識の継承をもたらす組織としての学習の重要性は大きい。

　一方で、学習という行為は望ましい成果だけを生み出すとは限らないし、過去の経験によって培った知見はいつまでも有効に働くとは限らない。特に、組織の学習は個人では途絶えてしまう成果の継承をもたらす反面、実践の硬直化と新たな知の構築を妨げる組織の慣性としても働く。学校づくりには、社会の変化に対する組織的な対応過程が含まれるが、教師が有する学校や授業についての知識やイメージが絶えず再構築されなければ、学校は閉鎖性と硬直性を増してしまう[33]。

　そのため、学校づくりに資する教師の学習については、組織的かつ知識の棄却や解体を含む学習として捉えなおしていくことが肝要であるが、さらに児童生徒の「学習」とは大きく異なる点にも留意する必要がある。教師の学習は、個人の知的好奇心や個人的な探究心からではなく、学校教育を取り巻く社会的問題や実践上の課題認識から共通に解決すべき問題自体を設定することから始まる。そして、その解決に資する知を協同的に創造していくと共に、過去か

ら現在に至る経験によって培われた価値観をも客観的に批判することが求められる高度な営みである。

　このことを踏まえると、学校づくりに向けた教師の知的営為を「学習」という概念でとらえる枠組み自体を問い直し、再定義していくことに意義がある。例えば、安藤・小島[34]は、教師の「研究」に焦点化し、主体的な課題認識に基づいてテーマや研究の方法が設定されること、一定の知見を習得するというよりも「発見」が要求されること、その研究成果は実践を媒介して表出することから「学習」や「学問的研究」とは異なるものであるとしている。また、教師の研究は学校としての教育責任を背景としていることから、共同的性格を有している。この捉え方に依拠すると学校づくりに資する教師の学習も、時には過去に明らかにされたり、自明視されたりしている知見を批判的に吟味し、実践と結びついた問題の設定と解決を通じて新たな知を協同的に生み出していく組織的な「研究」として捉えなおすことが出来る。

2．学校づくりと教師の学習の在り方——解決困難な問題とその共有

　教師の経験と教訓の概観からは、教師の学習あるいは研究が生じる場や機会の多様性が示唆される。古くから指摘されてきたように、授業研究を核とした学校内の同僚教師との協働が大きな意義を有することは確かである。だが実際には、教師は授業に限定されない多様な経験から多様な教訓を得ているし、そうして得られる教訓は授業実践に関わるものだけではない。殊に、前提的な認識を問い直すような経験は学校の外にも広がっている。

　なお、学習が多様な場面で生じていることは、学校内におけるそれを否定するものではない。むしろこのことは、個々の教師による多様な経験と教訓が交流し、新たな知が生成される場としての学校の意義を示唆している。先に述べた通り、既存の知識を棄却・解体し認識変容をもたらすには、既有の認識や知識、技術では対応することのできないジレンマとの遭遇が重要となる。このようなジレンマが学校外における経験によっても生じているならば、学校は教師のジレンマが集い、常に改善や刷新の契機を内包した場になる可能性を有している。学校づくりに向けて知識の棄却や解体が求められることからすれば、教師が抱えるそれらのジレンマを積極的に評価し受け入れ、共有していくことも

第23章　学校づくりと「教師の学習」の再定義

必要である。

　もちろん学校づくりの過程で、自らの認識や行為を否定するような知識や情報、価値観を受け入れ、共有していくことは容易ではない[35]。また、それらの知識や情報、価値観は教師の実践や学校の文脈に位置づけられることで意味を持つため、その営みは自ずと長期的にならざるを得ない。このことは、社会の急速な進展の中で知識や技能を刷新していく「学び続ける教員像」と長期的で漸進的な学校づくりとの間に生じる矛盾や教師の個人的努力だけでは解決することのできない困難な問題を示唆している。

　ところが、このような矛盾や解決困難な問題の存在は、協働の必要性を喚起し、学校づくりに向けた重要な契機にもなり得る。この視点に立つと、学校づくりに資する教師の学習は、教師個人による急速な社会の変化への順応や適応よりも、そういった社会の変化によって生じるジレンマをはじめ、個人では解決することが出来ないような問題ないしは「問い」を積極的に打ち立てていくことを起点とするものとして再定義される。教師の学習が学校づくりへと結びつくためには、問題の解決に先立って教師自身が主体的に行う問題の設定や矛盾の発見に価値を見いだしていくことが肝要である。

（朝倉雅史）

〔注〕

(1) 西穣司「戦後における研修行政の特質」牧昌見編『教員研修の総合的研究』ぎょうせい、1982年、185-222頁。

(2) 1971年6月11日の中央教育審議会答申「今後における学校教育の総合的な拡充整備のための基本的施策について」では、教師の資質能力は「その養成、採用、研修、再教育の過程を通じてしだいに形成されるべきもの」とされている。

(3) 例えば、市川正午「教職の未来」市川正午・奥野宮雄編『教育学講座＜第18巻＞教師・親・子ども』学研マーケティング、1979年、282-307頁。今津孝次郎『変動社会の教師教育』名古屋大学出版会、1996年。、佐藤学『教育方法学』岩波書店、1996年などで生涯学習者としての教師の在り方が論じられている。

(4) 佐藤学「教師の省察と見識―教職専門性の基礎」『日本教師教育学会年報』第2号、1993年、20-35頁。および、ショーンD、佐藤学・秋田喜代美訳『専門家

の知恵：反省的実践家は行為しながら考える』ゆみる出版。
(5) 佐藤学「教師文化の構造―教育実践研究の立場から」稲垣・久富編『日本の教師文化』東京大学出版会、1994年、31頁。
(6) 佐藤学『教師というアポリア』世織書房、1997年。
(7) 例えば、澤本和子「教師の成長・発達と授業研究」『日本教育工学会研究報告集』第94巻3号、1994年、77-84頁。木原俊行「『反省』と『共同』による授業改善方法の開発」『日本教育工学雑誌』第13巻3号、1995年、165-174頁など。
(8) 秋田喜代美「教師教育における『省察』概念の展開：反省的実践家を育てる教師教育をめぐって」『教育学年報』第5巻、1996年、451-467頁。
(9) デューイJ、植田清次訳『思考の方法―いかに我々は思考するか』春秋社、1955年。
(10) 坂本篤史「現職教師は授業経験から如何に学ぶか」『教育心理学研究』第55巻4号、2007年、584-596頁。
(11) 佐藤学『教師というアポリア』世織書房、1997年。
(12) 佐藤学「授業研究の現在―二つの視座から―」日本教育方法学会編『日本の授業研究＜上巻＞』学文社、2009年、95-114頁。
(13) 例えば、中教審答申「今後の教員養成・免許制度の在り方」（2006年7月11日）や佐古秀一「学校組織の個業化が教育活動に及ぼす影響とその変革方略に関する実証的研究―個業化・協働化・統制化の比較を通して―」『鳴門教育大学研究紀要』第26巻、2006年、41-54頁。などを参照。
(14) 坂田哲人「教員という人材をめぐる人材マネジメント論―教員の人材マネジメントに何が起きているのか―」岩田康之・三石初雄編『現代の教師教育改革と教師』、東京学芸大学出版会、2011年、46-63頁。
(15) 油布佐和子「教師という仕事」広田照幸監修『リーディングス日本の教育と社会15』、日本図書センター、2009年、324頁。
(16) 今津、前掲書。
(17) 酒井朗「教師の成長をはぐくむ学校文化―日米間の比較をもとに―」藤岡完治・澤本和子編『授業で成長する教師』、ぎょうせい、1999年、139-149頁。
(18) ショーン、柳沢昌一・三輪健二監訳『省察的実践とは何か―プロフェッショナルの行為と思考―』鳳書房、2007年、371頁。
(19) 省察と組織学習については、今津、前掲書。、柳沢昌一「省察的実践と組織学習：D.A.ショーン『省察的実践とは何か』(1983)の論理構成とその背景」教師

教育研究、第 6 巻、2013 年、329-351 頁で論じられている。
(20) Lortie, D.,Schoolteacher：A sociological study。University of Chicago press：Chicago, 1975.
(21)　梶田正巳『授業を支える学習指導論 PLATT』金子書房、1986 年。
(22)　ハモンド・スノーデン、秋田喜代美・藤田慶子訳『よい教師をすべての教室へ：専門職としての教師に必須の知識とその習得』新曜社、2009 年、49 頁。
(23)　西穣司「教師の教育行為におけるルーティン化とその生成メカニズム：教師が依拠している知識に焦点を当てて」日本学校教育学会編『学校教育研究』第 5 巻、東信堂、1990 年、72-84 頁。
(24)　小山悦司・河野昌晴・赤木恒雄・加藤研治・別惣淳二「教師の自己教育力に関する調査研究―自己教育力の構造的把握と経年的推移―」『岡山理科大学紀要 B』第 30 巻、1994 年、151-162 頁。
(25)　梶田正巳、前掲書、172-174 頁。
(26)　本章で示すデータは、2011 年 3 月から 4 月にかけて全国から無作為に抽出した保健体育科教員 2000 名を対象に行った調査の結果である。もちろん、中学・高等学校で特定の教科を担当する教師のみを対象としているため、教師一般の傾向を論じる上では不十分である。ただし、同様の調査研究が行われてこなかったこと、さらに保健体育科教員に対する比較的厳しい批判など（負のイメージや職務に対する低いコミットメント、体罰等の社会的問題など）を鑑みると、特定教科に焦点化した調査研究の展開や教科間の比較には一定の意義が見いだされよう。なお調査結果の一部は、朝倉雅史・清水紀宏「体育教師の信念が経験と成長に及ぼす影響：『教師イメージ』と『仕事の信念』の構造と機能」『体育学研究』第 59 巻 1 号、2014 年、29-51 頁。にまとめられている。
(27) Hedberg, B., How Organizations Learn and Unlearn, in Nystrom, P. & Starbuck, W. H. (eds.) Handbook of Organizational Design (Vol. 1), Oxford University Press, 1981, pp.3-27.
(28)　この研究枠組みは経営学のリーダーシップ開発研究の領域で適用されたもので、優れた経営幹部にとって心に残る変化をもたらした出来事を想起してもらい、そこでの経験と教訓を明らかにしたアプローチに基づいている。詳しくは、McCall, M. M., Lombardo, M. M. and Morrison, A. M., The Lessons of Experience.The Free Press, 1988. を参照されたい。
(29)　苅宿俊文・佐伯胖・高木光太郎『まなびを学ぶ』東京大学出版会、2012 年。

(30) 例えば、組織学習の領域では、Argyris C and Schön D、Theory in practice: Increasing professional effectiveness、Jossey-Bass, 1974、pp. 18-19.、成人学習の領域では Mezirow. J, Critical theory of adult learning and education. Adult Education, 32 (1), 1981, pp. 3-24. などが学習の契機となるジレンマの存在を指摘している。
(31) 安藤史江『組織学習と組織内地図』、白桃書房、2001、p.3。
(32) 古川久敬「構造こわしと集団・個人の学習」『組織科学』第 25 巻 1 号、1991 年、10-21 頁。
(33) 高橋望「教育改革の展望」佐藤博志編著『教育学の探究―教師の専門的思索のたみ』川島書店、2013 年、109-135 頁、では、学校や授業に対するイメージの再構築に寄与するものとして「実践記録」と「研究開発学校制度」が取り上げられ、他者や他校の実践や研究蓄積に学ぶ重要性が述べられている。
(34) 安藤知子・小島弘道「教育実践と教師の研究」『研究主任の職務とリーダーシップ』東洋館出版社、1996 年、56-74 頁。
(35) 例えば、安藤知子「学校組織における『教育改革』への意味付与の様相：志木市立 A 中学校における 03 ～ 05 年度の事例分析」『上越教育大学研究紀要』第 29 巻、2010 年、1-11 頁。。水本徳明・大林正史・田中真秀・チャクル・ムラット・山田有芸・鈴木瞬・内田沙希・小野明日美・増澤恵美・森田智也「公立中等教育学校の発足過程に関する組織認識論的研究―事例校における教員インタビューの分析を通して―」『筑波大学教育学系論集』第 36 巻、15-53 頁。では、意味付与や認識といった組織成員の主観的側面が丹念に記述されており、組織成員間による認識の不一致や学校外部から提示された意味（価値や意義）を学校内に浸透させていく難しさが描き出されている。

〔参考文献〕

浅田匡・生田孝至・藤岡完治『成長する教師―教師学への誘い』、金子書房、1998 年。

今津孝次郎『変動社会の教師教育』名古屋大学出版会、1996 年。

ショーン D、佐藤学・秋田喜代美訳『専門家の知恵：反省的実践家は行為しながら考える』ゆみる出版、2001 年。

山﨑準二・榊原禎宏・辻野けんま『「考える教師」―省察、創造、実践する教師―』小島弘道監修『講座　現代学校教育の高度化 5』学文社、2012 年。

第24章

学校づくりと子ども・保護者・住民

第1節　課題設定

1．本稿の目的と研究上の位置

　本稿の目的は、子ども・保護者・住民による学校づくりの効果や方法に関する経験的な先行研究の知見を整理することを通して、子ども・保護者・住民による学校運営参加の正当性と有効性の関係を考察することである。子ども・保護者・住民による学校づくりには、学校運営における子ども・保護者・住民による参加の側面と、学校教育における教員と保護者・住民間の連携、あるいは協働の側面がある。本稿では、これら両者を対象とした経験的な先行研究を検討する。

　子ども・保護者・住民による学校づくりについては、教育法学や教育行政学、学校経営学などにおいて、学校参加や学校自治といった概念が用いられながら様々な観点から論じられてきた。とりわけ岩永（2000）が、保護者による学校教育参加には、保護者が学校教育に参加すること自体に正当性があるという側面と、保護者による学校教育参加が子ども自身の教育にとってどのように有効であるのかという側面があること、及び「研究者の参加論には、子ども自身の教育にとって父母・住民参加がどのように機能するかという有効性の観点が希薄であり、学校の実践には、正当性の観点が希薄である」と指摘したことは重要である[1]。

　保護者が学校づくりに参加すること自体に正当性があることは、「教師の教育権」との対比で「親の教育権」が論じられる中で指摘されてきた。例えば今

橋（1983）は、1983年の時点で、「今日の学校教育状況の中で、『教師の教育権』の一面的主張は、子供の学習権・一般人権の非保障・侵害、父母の教育権・教育の自由の行使に対して、多くの場合、否定的役割を果たしているのである」と述べ、それまで重視されてこなかった親の教育権の重要性を指摘した[2]。今日では、結城（1994）が、「わが国においても、親の教育権（教育の自由）は単に民法上の権利たるにとどまらず、自然権的な基本的人権として現行憲法によっても厚く保護されている」と指摘している[3]。また、結城は、学校教育に関わる親の教育権の法的内容について、「学校教育における親の能動的権利」としての「公教育運営への参加権・学校教育の共同形成権＜教育政策・教育立法・教育行政・学校の管理運営過程さらには学校の教育過程への参加権＞」が予定されていると指摘している[4]。

　最近では、保護者だけでなく、子ども自身が学校づくりに参加することにも正当性があることが指摘されている。1994年に日本で批准された「児童の権利に関する条約」は、「児童がその児童に影響を及ぼす全ての事柄について自由に自己の意見を表明する権利」を保障している。このことに関わって、結城（2007）は学校教育に関わる生徒の権利の法的内容について、「生徒の能動的な権利」としての「学校教育運営への参加権・協同的形成権」が予定されていると指摘している[5]。

　以上のように、保護者が学校運営に参加すること自体に正当性があることは多く指摘されてきた。一方で、岩永が指摘しているように、保護者による学校運営への参加が子ども自身の教育にとってどのように有効であるのかについては、あまり研究が蓄積されてこなかった。しかし、2000年代に入って、保護者・住民による学校づくりが子ども自身の教育にとってどのように有効であるのか、また、どのようにすれば子ども自身の教育にとって有効な子ども・保護者・住民による学校づくりが可能になるのかについて、研究の蓄積が見られるようになってきている。だが、それらは十分な整理がなされていないように思われる。そこで本稿では、子ども・保護者・住民による学校づくりの効果や方法に関する経験的な先行研究の知見を整理することを通して、子ども・保護者・住民による学校運営参加の正当性と有効性の関係を考察したい。

2．子ども・保護者・住民による学校づくりの制度及び実践の概観

　2000年以降、保護者・住民による学校づくりに関する制度や施策の普及が進んできている。保護者・住民による学校づくりの全国的な制度や施策としては、学校評議員制度、学校運営協議会制度、学校支援地域本部事業等が挙げられる。

　2000年に制度化された学校評議員は、一人一人がそれぞれの責任において、校長の求めに応じて学校運営に関し意見を述べるが、どのような事項について意見を求めるかは校長が判断する。それに対して、2004年に制度化された学校運営協議会の委員は、校長の求めによらなくても学校運営について意見を述べることができる。また、2008年から2010年までは、学校支援地域本部事業が実施されていた。2011年からは、「学校・家庭・地域の連携による教育支援活動促進事業」として引き続き、学校支援地域本部の取組が支援されている。

　全国的な制度や施策の他にも、保護者・住民による学校づくりは地域ごとに取り組まれてきた。例えば北海道では、開拓の中で住民自らが学校を創立・建設してきたことを背景に、住民自身が教育内容や学校行事などの運営においても大きく関わってきた。とくに北海道の農村地帯においては、地域の教育活動を学校が担い、また学校自体も地域住民に支えられている地域が多く存在している[6]。

　大阪府では、2000年から「すこやかネット」と呼ばれる「地域教育協議会」の取り組みが実践されてきた。2002年度には、大阪府内の全中学校区に、「地域教育協議会」が設置された。その趣旨は、「学校と地域がたがいを隔てている壁を突き崩し協働の活動に取り組むこと」であるとされている[7]。また、大阪市では、2012年に、大阪市立学校活性化条例が制定され、保護者等の意向を反映させるために、学校にその運営に関する協議会をおくこと（第9条）等が定められている。

　一方、子どもによる学校づくりについて、岩永（2012）は、「教育経営学において、学校と家庭・地域との連携に関する研究は外国研究を含めて一定の蓄積が見られるが、それらの多くは保護者や地域住民が学校経営に関与する学校協議会（総称：school council）に関するものであり、そこにおいては子どもは実践プログラムの対象ではあっても、企画・立案といった主体的立場にはない」と指摘している[8]。このように保護者・住民に比べ、子どもによる学校づくりは

あまり実践されてこなかった。ただし、そうした実践に着目した研究も少数見られる。

例えば、平田（2007）は、生徒参加が認められた「学校協議会」が設置された日本の2つの高校を対象とした調査により、生徒をエンパワーするという観点から、両校の類似性と差異性を明らかにしている。なお、この研究で対象とされている「学校協議会」とは、「学校評議員や学校運営協議会が制度化される以前から教育委員会あるいは学校独自の判断で設置されている、校長等管理職、教師、子ども、親、場合によっては地域住民から構成される合議制組織を意味する」とされる[9]。また、押田ら（2011）は、志木市立志木第二中学校を対象に、「学校―家庭・地域の連携を深化させていく」ため、子どもの参加を目指し、かつ活用していくことを研究者が支援していった事例の経緯を記述している[10]。

本稿では、上記のような、子ども・保護者・住民による学校づくりに関わる制度や実践を対象とした先行研究の知見を整理していく。以下、2節では、子ども・保護者・住民による学校づくりの効果を整理する。3節では、保護者・住民による学校づくりの過程を概観し、その方法を整理する。4節では、子ども・保護者・住民による学校運営参加の正当性と有効性の関係を考察する。

第2節　子ども・保護者・住民による学校づくりの効果

1．保護者・住民による学校づくりの効果

三菱総合研究所（2012）は、3つの地域にて、管理職130名、地域住民850名、保護者21000名程度を対象に、質問紙調査を実施し、学校と地域の連携による効果を整理している[11]。その調査結果によれば、地域と連携して諸活動を推進している学校群は、そうでない群に比べて、過去と現在を比べた達成状況の向上群、同程度群、低下群の構成比率に、次の項目で有意差が見られたという。

子どもに関する効果としては、「学力（国語）の向上」、「学習意欲・探究心の向上」、「学習の習慣化」、「規範意識の向上」、「人的ネットワークの拡充」、「地域

に対する理解・愛着の向上」、「地域・社会一般に対する信頼感・安心感の向上」、「生活習慣の改善」、「読書週間の定着」が確認されている。学校・教員に関する効果としては、「地域の参加による教育課程の充実（質の高い学習支援の展開）」、「学校と保護者の相互理解促進（建設的意見の増加）」、「子どもに向き合う時間の増加」が確認されている。家庭・保護者に関する効果としては、「互いの苦労の共有による悩みの解消」が確認されている。地域に関する効果としては、「生涯学習機会への参加促進」、「既存のボランティア活動の参加促進」、「地域住民間の結束促進」、「新たなコミュニティ・ネットワークの創出」、「地域における子どもや学校に対する関心の高まり」が確認されている。

　このような保護者・住民による学校づくりの効果のいくつかは、事例調査によっても確認されている。例えば、玉井（1996）は、北海道の標茶町中御卒別地区および、阿寒町仁々志別小中学校地区を対象に、学校と地域の連携に関する事例分析を行っている。分析の結果、学校と地域の連携活動が、住民や子どもに与えた意識について、「地域住民相互の共同関係や信頼関係を増し、そのことが子どもどうしの共同関係や近隣の人々との協力関係にも影響しているととらえられるなど、『学校と地域』の連携が大人のみならず、子どもにも模範学習効果などの重要な教育効果を持つことも明らかとなった」[12]。

　玉井（1996）が明らかにした、学校と地域の連携による、住民相互の協働関係や信頼関係の増加や、子どもへの効果については、柏木（2002）による長期のフィールドワーク調査によっても確認されている。柏木（2002）は、大阪府の公立Ａ小学校の「学校週五日制委員会」を対象に、参与観察およびインタビュー調査を通して、学校と家庭・地域の連携の効果を明らかにしている。「学校週五日制委員会」は、「休日となった土曜日に子どもたちが楽しめるような活動を企画する母体であり、運営には教職員や保護者及び地域住民がたずさわる」組織である[13]。

　こうした「学校週五日制委員会」での活動の結果、確認された効果は次の諸点である[14]。①保護者や住民が有機的なつながりを持つようになっていった。②保護者や地域住民が、地域全体で子どもの教育を志向する方向へと意識を変容させた。③保護者や地域住民が、家庭や地域において、子どもに対して以前とは異なる言動をとるようになった。④教師も、保護者や地域住民と関わるこ

とによって、子どもに対する言動を良い方向へ変化させた。⑤こうした学校・家庭・地域の環境変化、及びそれらに対する子どもの認識の変化により、子どもの行動や態度が向上した（子どもに及ぼす間接的な効果）。⑥子どもが連携活動に参加することで経験の幅を広げたり楽しい思いをした（子どもに及ぼす直接的な効果）。

玉井（1996）や柏木（2002）が明らかにしてきた効果は、保護者・住民による学校づくりに関する制度の一つである学校運営協議会が設置された学校でも確認されている（大林 2011）[15]。

以上のことから、保護者・住民による学校づくりは、子ども、保護者、住民、教員のそれぞれに対して、住民・保護者と教員間の信頼関係の形成や、子どもへの直接的、間接的な効果を中心に、様々な効果をもたらすと考えられる。

2．子どもによる学校づくりの効果

子どもによる学校づくり、あるいは地域づくりについても、いくつかの効果が確認されている。例えば、平田（2007）は、子どもによる学校づくりの効果について、X高校では、「教科指導やカリキュラム開発に関しても学校協議会で議論されており、生徒の意見のいくらかはそこでの議論を通して実現されてきた。この意味で、X高校の学校協議会は生徒が自主自律意識を養い、そういった意識に基づいて行動を起こすのに役立っており、それは生徒のエンパワーメント意識を促進していた」ことを明らかにしている[16]。

押田ら（2011: 97-98）は、志木市立志木第二中学校の学校協議会において、「①生徒の参加を促す体制を組織したことで、生徒自身が学校づくりの当事者である意識を持つまでに成長したこと、②生徒の成長を目の当たりにした保護者・地域住民が、学校づくりに対するコミットメントを高めていったこと」といった、子どもによる学校づくりの効果を確認している[17]。

子どもが校区の事業にスタッフとして関わることによる効果も明らかにされている。中村ら（2005）は、大阪府の「すこやかネット」の一事例（東大阪市縄手南中学校区校外指導協議会〈以下、縄南校外〉）を対象に、事例研究を行っている。その結果、中学生が、校外指導協議会による「パズルハイキング」や「ふれあい盆踊り」といった事業にスタッフとして関わることによって、「多

くの教師が責任者として校外活動に参加するようになり、地域の大人と子どもが関わる機会が増え、非行問題を示す子どもに対する縄南校外の大人の認識が変わり、同時に子どもも変わった」ことが明らかにされている[18]。

以上のことから、子どもによる学校づくりや地域づくりは、子ども自身に対して、自主自律意識や学校づくりの当事者意識を養う、といった効果をもたらすと考えられる。また、子どもによる学校づくりや地域づくりは、保護者や地域住民に対しても、学校づくりに対するコミットメントを高める、子どもに対する認識を変える、といった効果をもたらすと考えられる。

第3節　子ども・保護者・住民による学校づくりの方法

第2節で見てきたように、子ども・保護者・住民による学校づくりは、子どもや保護者、住民、教員、学校に、多様な効果をもたらす。ただし、同じ制度を導入しても、子ども・保護者・住民による学校づくりの効果には、学校あるいは校区ごとに、ばらつきが生じることが知られている。例えば、佐藤ら（2010）による質問紙調査は、学校運営協議会の導入による児童の学力向上が、校長によって認識された学校が約半数にとどまっていることを示唆している[19]。

では、どのようにすれば、子ども・保護者・住民による学校づくりが促されるのであろうか。本節では、この点を考察するため、保護者・住民による学校づくりの過程を明らかにした3つの先行研究の知見を整理する。

1．青少年健全育成協議会での活動を通じた保護者・住民による学校づくり[20]

1985年、M小の新設を機に、N中が設立された。N中では、校区のまとまりがなかったことを背景に、N中教員主導で、青少年健全育成協議会（育成協）が創られた。育成協の活動によって、連携による地域づくりがある程度進展してきたが、地域が一体になるところまではいかなかった。

1994年、教員と育成協主導で、国際文化フェスタが行われた。フェスタは学校と地域の連携をある程度促進した。だが、連携が進展する一方で、N中では、生徒の「荒れ」が長く問題になっていた。生徒の「荒れ」は地域の課題に

もなっていた。そのため、学校と地域の関係は必ずしもうまくいっていなかった。こうした状況で着任したO校長は、校長と住民が話し合う機会（校長と語る会）をつくりつつ、問題が起きたときに学校が積極的に動いて対処するようにした。すると、住民とN中教員間の信頼関係が構築されていった。こうした変容の中、2000年に、育成協の運営が地域主導になった。学校の一室で行われる役員会では、参加者達は、自分の意見を自由にのべ、活発な議論が交わされていた。すると、住民間、教師間、住民と教師間の対立や葛藤が表面化した。しかし、対立や葛藤が生じても、「子どものために」を合い言葉に、連携活動はより進展していった。

　2001年度以降、育成協において、対立や葛藤が回避されるようになった。例えば、2001年度に、府の施策を受け、組織の規模拡大と住民の新規参加が図られたため、会議内容が経緯伝達に偏り、時間的制約のある中で議論になりそうなときは、「あとはこっちで何とかします」と会長Lさんが話を切る状態が続いた。また、2001年度に着任したY校長は、連携推進のために対立を生じさせないようにした。まず事前に三校の管理職の意思統一を図り、次に一部住民（主に会長や副会長）と教師による役員会の事前会議を行い、会議内容を事前に協議するようにした。また「校長と語る会」も削減していった。その結果、連携は形式化していった。

　以上の柏木（2009）の研究から得られる住民による学校づくりに関する知見として、次の4点を挙げたい。①青少年健全育成協議会が、住民による学校づくりの場となっていた。②校長が住民と話し合う機会を設けたり、問題が起きたときに積極的に動くようにすることで、教員と住民間の信頼関係が形成された。③教員と住民は、「子どものために」を合い言葉にすることで、学校づくりを進めていた。④育成協における対立や葛藤は、住民による学校づくりを妨げるというよりも、むしろ住民による学校づくりをより進展させていた。逆に、対立や葛藤の回避は、連携の形式化をもたらしていた。

2．地域との合同運動会の実施を通じた保護者・住民による学校づくり[21]

　勝山小（仮称）は、関東地方の沿岸部の埋め立てによって生まれた新興住宅地に、1980年に開校した公立小学校である。1996年に着任した荻原校長（仮

名）は、研究指定を受けていた頃に教頭を務めており、その頃に学校と地域が連携することの効果を実感していた。勝山小学校では、①女性および高齢の教諭の割合が高く、運動会の準備に支障がでる、②児童数の減少により運動会の盛り上がりに欠ける、③不登校児童の増加といった課題が認識されていた。そこで、荻原校長は地域との合同運動会を提案した。合同運動会を実施するために、教員と住民が直接会した合同会議が3回開かれた。住民は、合同運動会を「日常の体育の発表の場所」であると捉え、子どもが日頃の成果を発表できるように、運動会の準備をできるだけ手伝うことを提案した。それに対して教員は、子ども達に充実感や達成感をあじわわせてあげたい、との理由から「手伝わないでほしい」と要望した。このように合同会議では、「子どもの学習」を優先しつつ、意見の不一致を隠さない議論を通じて、教員と住民の運動会に関する考え方が共有されていった。

　合同運動会は、1000人もの参加者、見学者を集め、大成功をおさめた。合同運動会の実施によって、教師は、不登校児童の減少の効果を認識した。そこで、2年目以降も合同運動会が実施されることになった。2年目には、子どもと保護者・地域住民が一緒に取り組む「合同種目」が設定された。これによって、学校と地域、特に子どもと住民に新たなつながりが生み出された。

　その後、合同運動会や、その他の連携活動の経験を積み重ねたことにより、合同会議が最小限の回数に「スリム化」されることになった。だが、合同会議のスリム化は、徐々に学校―地域間の合同運動会に対する認識に違いを生みだした。

　以上の横山（2012）の研究から得られる住民による学校づくりに関する知見として、次の3点を挙げたい。①「勝山コミュニティ」や合同運動会実施のための合同会議が、住民による学校づくりの場となっていた。②意見の不一致を隠さない議論が、合同運動会の目的や方法に関する教員と住民による意味の共有を促していた。逆に、意見の不一致をすりあわせる合同会議の回数のスリム化はそのような意味の共有を困難にしていた。③子どもと保護者・地域住民が共に「合同種目」に取り組むことにより、教員と住民、子ども相互のつながりが生み出された。

3. 学校運営協議会での活動を通じた保護者・住民による学校づくり [22]

　B小は、関東地方にあり、校区には、古くから住んでいる住民と、新しく移住してきた住民が半々くらいの割合でいる。学校と地域とのつながりは強い。2005年、B校に学校運営協議会が導入されると、委員が教育内容に介入するようになり、教員と委員の間に意味づけをめぐる葛藤が発生した。教員は、協議会を、「教員と地域住民・保護者との連携と協働」を促す組織と意味づけた。一方、一部の委員は、学校教育を「評価や査定」する組織と意味づけた。

　こうした葛藤は、①会長が教員の意向を支持したこと、②委員が教員との共同活動を通して、教員との関わりを深めていったこと、によって解消された。保護者向けの協議会の発表では、教員と委員が保護者に対して共同で説明を行った。また、T教諭は、地域住民・保護者を巻き込んだ教育活動を企画、実施した。委員は、このような共同活動を通して、教員との関わりを深めていくことで、教員の実態を理解していった。学校運営協議会の役割が「教員と地域住民・保護者との連携と協働」と意味づけられたことや、教員と委員が相互に関わりを深めていったことによって、「子どもが夢中になって活動できるような」ことが「コミュニティスクールだとよりやりやすくできる」ようになった。こうして協議会では地域住民や保護者を巻き込んだ教育活動が創造されるようになった。

　以上の大林（2011）の研究から得られる住民による学校づくりに関する知見として、次の３点を挙げたい。①学校運営協議会の役割が、「教員と地域住民・保護者との連携と協働」と意味づけられることによって、学校運営協議会が保護者・住民による学校づくりの場となっていた。②学校運営協議会の役割に対する意味をめぐって葛藤が生じたことによって、学校運営協議会の役割に対する意味が教員と保護者・住民によって共有されるに至った。③地域住民・保護者と教員間の関わりの深まりが、地域住民や保護者を巻き込んだ教育活動の創造を促していた。

4. 子ども・保護者・住民による学校づくりの方法

　上記のように、保護者・住民による学校づくりの過程は多様である。だが、次の５点は部分的に共通していると思われる。それらは、①学校づくりの場が存

在していること、②教員と住民が、共に「子どものための」教育活動を実施していること、③学校づくりの過程において、信頼関係やつながりが形成されていること、④教員と保護者・住民によって実施される教育活動の目的や方法および、学校づくりの場の役割に関する意味の生成や共有が、保護者・住民による学校づくりに大きな影響をあたえていること、⑤学校づくりの場における対立や葛藤が、そうした意味の生成や共有に影響を与えていること、である。

①と②に関わって、池田（2005）も、「教師、地域住民、保護者、そして行政機関やＮＰＯの人びと……これらの人々が『ともに頭を寄せ合い子どものたちのことを考え、いっしょに汗を流しながらさまざまな活動に取り組むこと』が教育コミュニティづくりのかたちであり、『ともに集う場』『共通の課題』『力を合わせて取り組む活動』がその基本的要素である」と指摘している[23]。

以上のことから、子ども・保護者・住民による学校づくりの方法として、次の４点が挙げられる。

第一は、学校づくりの場を生成することである。池田（2005）が指摘するように、教員、子ども・保護者・住民が「ともに集う場」を生成することが、子ども・保護者・住民による学校づくりには、必要であると考えられる。

第二は、教員と住民が、共に「子どものための」教育活動を実施することである。池田（2005）の指摘に関連させて言えば、教員と住民が「力を合わせて」、「子どものため」という「共通の課題」に取り組むことが、保護者・住民による学校づくりを進める上で重要だと考えられる。

第三は、教員・保護者・住民間の対立や葛藤を積極的に捉えることである。そうすることによって、共同で実施される教育活動の目的や方法、および学校づくりの場に関する、教員・保護者・住民間の意味の生成と共有が可能になることが予想される。逆に、対立や葛藤を回避しようとすることは、保護者・住民による学校づくりの形式化をもたらす可能性がある。

第四は、子どもを、学校づくりや地域づくりの主体として捉えることである。子どもが、学校づくりや地域づくりの主体となることによって、子ども自身に効果があるだけでなく、保護者や地域住民による学校づくりへのコミットメントが高まることが期待できる。保護者や地域住民による学校づくりへのコミットメントの高まりは、保護者・住民による学校づくりを進める上で重要だと考

えられる。

　以上の方法により、子ども・保護者・住民・教員間の信頼関係やつながりが形成され、子ども・保護者・住民による学校づくりが促されることが予想される。

第4節　子ども・保護者・住民による学校運営参加の正当性と有効性の関係

　学校運営協議会制度は、学校支援地域本部事業に比べ、普及が進んでいない。学校運営協議会は2004年に制度化され、10年後の2014年には1919校に設置されている。一方、学校支援地域本部事業は2008年に開始され、2年後の2010年には小学校で5939校、中学校2620校で取り組まれていた。このことは、学校の教職員が、保護者・住民による学校運営参加を伴わない学校教育への支援の方が、保護者・住民による学校運営参加に比べ、子どもの学習に良い効果を与えると認識していることを示唆しているように思われる。

　だが、これまで見てきたように、子ども・保護者・住民による学校運営参加は、参加の場の運営方法次第によっては、保護者・住民と教職員間の関係の形成等を通じて、子どもの学習に良い効果を与えることができると考えられる。この点に関して、学校運営協議会委員は、学校評議員に比べ、学校への帰属意識が有意に高いことが明らかにされている[24]。このことからも、保護者・住民による学校運営参加は、保護者・住民と教職員間の関係形成に有効であると言える。

　以上のことから、参加の場の運営方法次第によっては、子ども・保護者・住民による学校運営参加が子どもの学習に与える効果は、学校運営参加を伴わない学校教育への支援が子どもの学習に与える効果よりも大きくなることが予想される。

　このように考えてくると、子ども・保護者・住民による学校運営参加、換言すれば、学校参加の正当性の担保は、子ども・保護者・住民による学校参加の子どもにとっての有効性の担保に通じるように思われる。

　子ども・保護者・住民による学校運営参加と、参加による子どもにとっての有効性をこのような関係として認識することが、学校参加の正当性と子どもに

とっての有効性を同時に充足させていく上で重要なのではなかろうか。

(大林正史)

〔引用注〕(副題省略)
(1) 岩永定「父母・住民の経営参加と学校の自律性」『自律的学校経営と教育経営』玉川大学出版部、2000年、252頁。
(2) 今橋盛勝『教育法と法社会学』三省堂、1983年、355頁。
(3) 結城忠『学校教育における親の権利』海鳴社、1994年、18頁。
(4) 結城、同上、89頁。
(5) 結城忠『生徒の法的地位』教育開発研究所、2007年、115頁。
(6) 玉井康之『北海道の学校と地域社会』東洋館出版社、1996年、26-27頁。
(7) 池田寛『人権教育の未来』部落解放・人権問題研究所、2005年、15-16頁。
(8) 岩永定「学校と家庭・地域の連携における子どもの位置」『日本教育経営学会紀要』第54号、2012年、13頁。
(9) 平田淳『「学校協議会」の教育効果に関する研究』東信堂、2007年、4頁。
(10) 押田貴久・仲田康一・武井哲郎・村上純一「学校―家庭・地域の連携に向けた研究者の支援」『日本教育経営学会紀要』第53号、2011年。
(11) 三菱総合研究所『平成23年度「生涯学習施策に関する調査研究」学校と地域の連携施策の効果検証及び改善事例収集に向けた調査研究報告書』、2012年。
(12) 玉井、同上、201頁。
(13) 柏木智子「学校と家庭・地域の連携に関する一考察」『日本教育経営学会紀要』第44号、2002年、99頁。
(14) 柏木、同上、103-104頁。
(15) 大林正史「学校運営協議会の導入による学校教育の改善過程」『日本教育行政学会年報』第37号、2011年。
(16) 平田、同上、345頁。
(17) 押田ら、同上、97-98頁。
(18) 中村有美・渥美公秀・諏訪晃一・山口悦子「学校と家庭と地域の協働による教育コミュニティの活性化」『ボランティア学研究』第6号、2005年、109-111頁。
(19) 佐藤晴雄『コミュニティ・スクールの研究』風間書房、2010年、48頁。
(20) 柏木智子「学校と地域の連携推進に関する研究」『大阪大学大学院人間科学研

究科紀要』第 35 号、2009 年、57-63 頁。
(21) 横山剛士「地域との合同運動会を創り上げた勝山小学校」浜田博文編著『学校を変える新しい力』、小学館、2012 年、154-180 頁。
(22) 大林、同上、70-78 頁。
(23) 池田、同上、12 頁。
(24) 仲田康一、大林正史、武井哲郎「学校運営協議会における保護者 / 地域住民の活動特性」『日本学習社会学会年報』第 7 号、2011 年、40 頁。

第25章

学校づくりと危機管理

第1節　学校危機管理の意義と目的

1．個人、社会、組織の存続と機能の維持

　組織における危機管理の最終的な目的は何であろうか。その組織を維持することと言ってよいであろうか。そうは言い切れない。

　原発事故を例に考えてみよう。原子力発電所で深刻な事故が起きた場合、原発の維持存続よりも人命と社会の存続を優先し、原発を廃棄したり電力会社や電力事業そのものを再編したりすることがあり得る。つまり、組織の危機管理においては、組織自身の維持存続よりも、個人や社会の維持存続を優先しなければならないことがある。その場合、組織が自らの廃棄を決断することもあり得るわけである。

　学校の場合そのようなことは起こりえないと高をくくれるだろうか。ある学校をなくした方が、個人や社会にとって望ましいという事態はあり得ないだろうか。現実的にはそのような事態はほとんどないであろう。しかし、思考実験的にそのような事態を想定する想像力はあってよい。学校という制度そのものが社会のリスクであるという脱学校論の警告もあるのだから。

　重要なことは、組織における危機管理については、その組織の維持存続ばかりでなく、そこに関わる個人や社会の維持存続が目的とされなければならないということである。したがって、何を優先すべきかについて葛藤が生じることもある。学校自体を廃棄するという事態には至らなくても、学校で深刻な事件

や事故が起きた場合などに、どのタイミングで通常の教育活動を再開するかの判断が難しいのは、危機管理の目的として何を優先するかについて葛藤があるからである。

　以上のことを踏まえて、学校における危機管理の目的について整理しよう。

　第一に、学校に関わる個人すなわち児童生徒、教職員、保護者、地域住民などの安全と健康を守ることである。中でも児童生徒の安全と健康が優先されなければならないことはいうまでもない。

　第二に、学校の教育機能を正常に保つことである。学校の目的は児童生徒の教育であるから、その機能を正常に保ち、児童生徒の学習権を保障することが学校の危機管理の目的である。

　第三に、学校組織の正常な運営を保つことである。個人の安全と健康を守り、教育機能を正常に保つためには学校組織の運営が正常でなければならない。それとともに、学校組織の健康自体が重要であり、それを維持することが学校危機管理の目的となる。

　第四に、学校に関わる諸個人間の関係を正常に保つことである。第三の点とも関わるが、児童生徒相互、教職員相互、児童生徒と教職員間、教職員と保護者間などの関係を正常に保つことが学校危機管理の目的である。諸個人間の信頼関係を保つことといってもよい。

　第五に、学校組織に対する信頼を保つことである。個人や集団と組織の関係からみれば、学校組織に対する信頼を保つことが学校危機管理の目的である。とりわけ児童生徒や保護者、地域社会からの学校への信頼を守ることが重要である。

　以上の危機管理の目的について3点の補足をしておきたい。

　第一は、学校危機管理の目的を「〜を守ること」「〜を保つこと」ととりあえず表現してきたけれども、危機管理は単にマイナスを予防したり、生じてしまったマイナスをゼロにしたりするのではない。危機管理においては、プラスを生み出す発想を持つことが重要である。日常的なリスク・マネジメントを通じて、児童生徒や教職員の健康を増進したり、教育機能を向上させたり、組織を改善したり、諸個人間の信頼関係を構築したり、学校の信頼性を高めたりすることができる。たとえば学校事故が生じて学校への信頼が大きく損われた場

合でも、そこからの回復や今後の予防体制の構築などを通じて、学校への信頼を前よりも高める可能性もある。危機管理を積極的に捉えることが大切なのである。

　第二に、何が「正常」な状態であるかは社会的に合意されるべき事柄である。たとえば、どのような教育が望ましいかについて教員と保護者では考えが異なるかもしれないし、教員間、保護者間でも考えが異なるかもしれない。学校組織の運営についても、どのような在り方が望ましいかは教職員間で考えが異なるかもしれない。したがって、危機管理の前提には正常な状態や望ましい状態について、学校で何らかの合意を形成しておく必要がある。

　第三に、先にも述べたように、上に述べた危機管理の目的の間で葛藤が生じる可能性がある。そこでどの目的を優先するのかについても、学校で合意を形成しておいたり、その場その場の状況判断の中で決断していったりすることが必要である。

2．児童生徒の危機管理能力の育成

　学校における危機管理が他の組織におけるそれと決定的に異なるのは、児童生徒の危機管理能力の育成を一つの目的とする点である。もちろん、他の組織でも組織成員を対象とした安全教育が行われるが、それはあくまでもその組織の危機管理を目的とするのであって、危機管理能力の育成自体を目的とするのではない。教育機関としての学校は、児童生徒の危機管理能力の育成自体を組織目的に組み込んでいる点で特徴的なのである。言い換えると、児童生徒の危機管理能力を育成することは、学校自体のリスク・マネジメントとクライシス・マネジメントにとって必要なだけでなく、学校の外や学校を卒業した後も生涯にわたって児童生徒が自ら危機管理していくために必要なのである。社会全体の危機管理能力の向上が学校の危機管理を通じて行われるのである。

　児童生徒の危機管理能力の育成は、学校安全教育を通じて行われるが、それについて文部科学省「学校安全の推進に関する計画」（2012年4月27日）では、次のように述べられている。

　○学校に求められる役割として第一に挙げられるのは、各教科、道徳、特別

活動、総合的な学習の時間など学校の教育活動全体において行われる総合的な安全教育によって、児童生徒等自身に安全を守るための能力を身に付けさせることである。

具体的には、

ⅰ）日常生活における事件・事故、自然災害などの現状、原因及び防止方法について理解を深め、現在や将来に直面する安全の課題に対して、的確な思考・判断に基づく適切な意思決定や行動選択ができるようにすること

ⅱ）日常生活の中に潜む様々な危険を予測し、自他の安全に配慮して安全な行動をとるとともに、自ら危険な環境を改善できるようにすること

ⅲ）自他の生命を尊重し、安全で安心な社会づくりの重要性を認識して、学校、家庭及び地域社会の安全活動に進んで参加し、貢献できるようにすること

などについて、発達の段階に応じて、児童生徒等の能力を育むことが求められている。

このように考えると、学校における日常的なリスク・マネジメント自体が児童生徒に対する安全教育として危機管理能力を育成するのであり、逆に児童生徒の安全教育が学校のリスク・マネジメントになるのである。また、不幸にして学校がクライシスを経験しそれに対処せざるを得なくなったときにも、児童生徒にとってそれは危機に直面しそれに対処する経験であり、その中で児童生徒の危機管理能力が育成される。そのようにして育成された危機管理能力が、学校の外でも、学校を卒業した後でも生涯にわたって、個人による危機管理の力量となる。また、そのような個人の危機管理能力は、個人が属する組織や社会の危機管理能力を構成する。その意味では、学校の危機管理は社会の構成員の危機管理能力を形成することを通じて、社会の危機管理のインフラを整備しているということができる。

3．社会の危機管理リソースの整備

学校は社会の危機管理のためのリソースである。したがって、学校における危機管理の目的の一つは社会の危機管理リソースを整備することである。

総務省消防庁の調べによると、2007年度において地方公共団体が所有又は、

管理している防災拠点となる公共施設等は、都道府県が約23,700棟、市町村が約169,100棟、合計約192,700棟となっている。そのうち文教施設（校舎、体育館）が占める割合は、都道府県で51.2％、市町村で62.2％、全体で60.8％である[1]。防災拠点となる公共施設という点では、学校は社会の重要な危機管理リソースである。

　実際に、1995年の「阪神・淡路大震災では、多くの住民が近くの公共施設等に避難し、ピーク時には、避難所数約1,100か所、避難者数約31万人に達した。このうち、学校施設は、約390校が避難所となり、約18万人の避難者を受け入れ」、2004年の「新潟県中越地震では、ピーク時には、避難所数約600か所、避難者数10万人以上を数え、このうち、学校施設は118校、避難者数は約4万人に上った」[2]。学校は災害時の避難場所として社会の危機管理リソースなのである。小学校施設整備指針においても、「学校施設は、地震等の災害発生時には地域住民の応急的な避難場所としての役割も果たすことから、このために必要となる機能も計画することが重要である」と述べられている[3]。また、「防災基本計画」は避難場所について次のように定めている[4]。

○地方公共団体は、都市公園、公民館、学校等公共的施設等を対象に、地域の人口、誘致圏域、地形、災害に対する安全性等及び想定される地震の諸元に応じ必要な数、規模の避難場所をその管理者の同意を得た上で、あらかじめ指定し、住民への周知徹底に努めるものとする。避難場所となる都市公園等のオープンスペースについては、必要に応じ、大震火災の輻射熱に対して安全な空間とすることに努め、また、避難場所として指定された建築物については、必要に応じ、換気、照明等避難生活の環境を良好に保つための設備の整備に努めるものとする。
○地方公共団体は、避難場所における貯水槽、井戸、仮設トイレ、マット、非常用電源、衛星携帯電話等の通信機器等のほか、空調、洋式トイレなど高齢者、障害者、乳幼児、妊産婦等の災害時要援護者にも配慮した避難の実施に必要な施設・設備の整備に努めるものとする。さらに、地方公共団体は、テレビ、ラジオ等被災者による災害情報の入手に資する機器の整備を図るものとする。

第Ⅲ部　学校づくりの方法

○地方公共団体は、指定された避難場所又はその近傍で地域完結型の備蓄施設を確保し、食料、水、常備薬、炊きだし用具、毛布等避難生活に必要な物資等の備蓄に努めるものとする。
○地方公共団体は、あらかじめ、避難場所の運営管理のために必要な知識等の住民への普及に努めるものとする。

　これは学校ではなく行政の役割について定めたものである。災害時のための備蓄についても、学校の児童生徒と教職員用の備蓄と住民のための備蓄とは区別されなければならない。しかし、実際には、学校の施設設備の管理が避難場所の管理にもなるのであり、学校の危機管理においてそのことは意識されなければならない。また、大規模な災害の場合には、避難場所に指定されていない学校にも住民が避難してきて、学校として引き受けざるを得ないこともある。教職員が避難所の運営を担わなければならないこともある。施設設備面だけでなく、人的な面でも学校が社会の危機管理リソースとなっているのである。
　したがって、学校の危機管理において社会の危機管理リソースを整備することが一つの目的になる。しかし、だからこそ、学校自体の危機管理と社会の危機管理の区別をすることが重要である。教職員の職責は児童生徒の教育を行うことであるから、教職員が避難所の運営に奔走して健康を損ねたり、学校の教育機能が阻害されたりすることは本来あってはならない。社会の危機管理において学校や教職員がどこまで関わり、どこまで責任を負うのか、学校以外の機関や住民自身がどのような責任を負うのかについて、関係機関や住民との間で合意を形成しておくことが学校の危機管理にとって重要である[5]。

第2節　学校危機管理の制度と政策

1．2000年以降の事件・災害と学校の危機管理政策
　学校教育において子ども達の安全を脅かす出来事は、学校事故や自然災害、交通事故など多岐に渡り、学校は従来からそれへの対策を実施していた。とりわけ1995年に発生した阪神・淡路大震災を受けて、文部科学省は「学校防災体

制の充実について」(1995年11月27日第一次報告、1996年9月2日第二次報告)を示し、学校における危機管理体制の整備を促してきた。

　ところが、2000年代に入り、様々な事件、事故、災害の発生により、学校危機管理に関わる取り組みの見直しと更なる充実が求められることとなった。そのきっかけは、2001年に大阪教育大学附属池田小学校で発生した児童殺傷事件である。子ども達の安全な学舎であると考えられてきた学校で起きた、この悲惨な出来事は、教育現場のみならず、社会に対して大きな衝撃を与えた。その2年前にも京都市立小学校で児童が殺害される事件が起きており、これらの事件を契機として、不審者侵入を始めとする犯罪から子ども達を守るための取組みが、教育現場で強く進められることとなった。

　子ども達を取り巻く事件・事故に対し、文部科学省は、従来の学校安全施策に加え、2002年から「子ども安心プロジェクト」を実施し、地域ぐるみの学校安全推進モデル事業等を行うとともに、「学校施設の防犯対策について」「学校への不審者侵入時の危機管理マニュアル」を示して、学校安全の一層の充実を目指した。学校安全において「危機管理」という言葉が定着し始めたのもこの頃である。

　また、翌2003年には同プロジェクトの一環として、「学校の安全管理に関する取り組み事例集―学校への不審者侵入時の危機管理を中心に―」を作成し、「学校施設整備指針」における防犯対策関係規定を充実させた。

　しかしながら、その後も学校への不審者侵入事件や通学路で子どもに危害が加えられる事件が後を絶たず、2004年に「学校安全緊急アピール―子どもの安全を守るために」を、2005年には「学校の安全確保のための施策等について」「学校安全のための方策の再点検等について―安全・安心な学校づくりのための文部科学省プロジェクトチーム第一次報告―」「登下校時における幼児児童生徒の安全確保について」等で、改めてそれぞれの学校の安全管理の取組みの推進を求めることとなった。

　次いで、2006年の「登下校時における児童生徒の安全確保のための路線バス等の活用について」や、2002年に作成された危機管理マニュアルの改訂版となる「学校の危機管理マニュアル―子どもを犯罪から守るために（2007年）」が作成された。その後、2008年の学校保健法改正等を受け、2010年に「学校安全

参考資料―「生きる力」をはぐくむ学校での安全教育」が作成され、学校教育における子ども達の安全確保のための取組みが、引き続き推進されている。

そして現在、2011年に発生した東日本大震災への対応・復興作業を通じ、激甚災害への備えと災害発生時の対応について、大きな見直しが求められている。それに伴い、2011年7月には「東日本大震災の被害を踏まえた学校施設の整備について（緊急提言）」が、9月には「東日本大震災を受けた防災教育・防災管理等に関する有識者会議（中間取りまとめ）」が、また12月には「東日本大震災からの復旧・復興の取組に関する中間的な検証結果のまとめ（第一次報告書）」がそれぞれ取りまとめられている。文部科学省は2012年3月に「学校防災マニュアル（地震・津波災害）作成の手引き」を公表した。

中央教育審議会では学校安全部会において検討が進められ、2012年3月には「学校安全の推進に関する計画の策定について」答申がなされた。そこでは、今後5年間の施策の柱として①安全教育の充実、②学校施設及び設備の整備充実、③組織的取組の推進、④地域社会、家庭との連携を図った学校安全の推進、が提示され、後述の「学校安全の推進に関する計画」の策定につながった。

2．多岐にわたる学校危機管理政策の展開

大きな事件の防止や災害への備えとそれらが生じたときの対応以外にも、学校がその安全を確保するために取組まなければならない事柄は多く、そのための施策も多岐に渡る。ここですべてを網羅することは困難であるが、以下に近年の主な政策について整理する。

（1）交通安全と熱中症対策

従来、学校安全の重要な課題とされてきた交通安全については、道路交通法の改正に伴い、自転車の安全利用のための指導の徹底が図られ（2008年、文部科学省「道路交通法の一部を改正する法律の一部の施行等に伴う交通安全指導の徹底について（依頼）」）、部活動、体育の授業などに伴って、毎年発生している熱中症については、特に2011年の節電時において、例年以上の対応徹底が求められた（2011年、文部科学省「熱中症事故等の防止について（依頼）」）。

（2）学校施設

学校施設に関しては、安全性・防災性、防犯性を備えるべく、校舎の耐震化

や、アスベスト対策が進められてきた。文部科学省は2008年に「学校施設における事故防止の留意点について（第一次報告）」を、2009年に「学校施設における事故防止の留意点について」をそれぞれ公表した。そこでは、2008年6月に東京都内の小学校で起きた屋上の天窓からの児童落下事故などを背景として、事故防止に向けた関係者の役割、事故種別ごとの事故防止の基本的な考え方、建物の部位ごとの具体的な留意事項等が示されている。また、それに基づいて「学校施設整備指針」の改訂が行われた。

（3）いじめ

近年、ネットにまで波及しているいじめについて、文部科学省は2008年に「ネット上のいじめ」に関する対応マニュアル・事例集をまとめ、「いじめの兆候をいち早く把握して、迅速な対応を行うとともに、情報モラルの指導や、保護者への啓発活動を行い、『ネット上のいじめ』を許さない学校づくりを家庭や地域と共に行っていく必要」を提言した。また、2010年「いじめの実態把握及びいじめの問題への取組の徹底について（通知）」において、2006年に出された通知の別添資料である「学校におけるいじめ問題に関する基本的認識と取組のポイント」も参考にしながら、改めていじめ問題に取組むことの必要性が示されている。

2013年に「いじめ防止対策推進法」が成立し、学校の設置者及び学校が講ずべき基本的施策として①道徳教育等の充実、②早期発見のための措置、③相談体制の整備、④インターネットを通じて行われるいじめに対する対策の推進を定めた。また、個別のいじめに対して学校が講ずべき措置として①いじめの事実確認、②いじめを受けた児童生徒又はその保護者に対する支援、③いじめを行った児童生徒に対する指導又はその保護者に対する助言について定めるとともに、いじめが犯罪行為として取り扱われるべきものであると認めるときの所轄警察署との連携について定めることとした。

（4）ハラスメント

セクシャルハラスメントについては、男女雇用機会均等法第11条にその防止や対策に関する規定がある。1999年に文部科学省が「公立学校等における性的な言動に起因する問題の防止について（通知）」の中で、学校の教職員と児童生徒の保護者との関係においてセクシャルハラスメントが行われることがない

よう、教職員への注意喚起や啓発など必要な措置を講じるよう求めた。また、2005年の「男女共同参画基本計画（第2次）」でも、学校等に対してセクシャルハラスメントの防止等の周知徹底や加害教職員に対する厳正な対処等を求めている。

パワーハラスメントについては、厚生労働省「職場のいじめ・嫌がらせ問題に関する円卓会議ワーキンググループ」が2012年1月に報告を、同3月に提言を公表し、パワーハラスメントの予防・解決に向けた取組を求めている。

（5）個人情報保護

学校の情報化が進む中で、個人情報の保護が課題となっている。2003年に個人情報保護法が制定されたが、文部科学省は2004年に「学校における生徒等に関する個人情報の適正な取扱いを確保するために事業者が講ずべき措置に関する指針」によって、情報の利用目的の特定や個人情報の取扱いに関する苦情の適切な処理について指針を示した。2006年には「学校における個人情報の持ち出し等による漏えい等の防止について（通知）」を出して、個人情報の持ち出しやパソコンのセキュリティ対策等について適切な対応を求めた。そして、2012年には「文部科学省所管事業分野における個人情報保護に関するガイドライン」を示して、個人情報の利用目的と取得、個人データの管理・第三者提供・開示、苦情処理などについて包括的な指針を示した。

（6）クレーム対応

保護者や地域住民からのクレームに対する対応については、教育委員会でマニュアルの作成や専門家チームの設置が進められ、文部科学省は「学校マネジメント支援に関する調査研究事業」などを通じてそれを支援してきた。2010年に公表された文部科学省の「保護者や地域等からの要望等に関する教育委員会における取組」では、マニュアルを作成している自治体として18都道府県と8市が、専門家チームを設置している自治体として10都県と10市がそれぞれ挙げられている。

（7）指導が不適切な教員に対する人事管理システム

前述のように、学校の教育機能を正常に保ち、児童生徒の学習権を保障することが学校危機管理の目的であるとするなら、2007年の教育公務員特例法改正によって制度化された「指導が不適切な教員」の人事管理システムは危機管理

に直結する制度であると言える。2008年2月に文部科学省は「指導が不適切な教員に対する人事管理システムのガイドライン」を公表し、「教員の中には、教科に関する専門的知識、技術等が不足しているため学習指導を適切に行うことができない者、児童等の心を理解する能力や意欲に欠け、学級経営や生徒指導を適切に行うことができない者等が存在する」という問題を指摘し、「指導が不適切な状態に陥った後の対応策にとどまらず、そういう状態に陥らないよう未然に防止することがより望ましいものであることから、教員の指導力の維持・向上のための取組」について示した。

（8）体罰

2012年の大阪市立桜宮高校での体罰問題を受けて、文科省は2013年1月23日に「体罰禁止の徹底および体罰に係る実態把握について（依頼）」を、3月13日に「体罰の禁止及び児童生徒理解に基づく指導の徹底について（通知）」を、4月26日に「体罰に係る実態把握の結果（第1次報告）について」を、8月9日に「体罰に係る実態把握（第2次報告）の結果について」と「体罰根絶に向けた取組の徹底について（通知）」をそれぞれ出している。

（9）アレルギー

2012年12月東京都調布市の小学校で食物アレルギーのある女児がチーズ入りチヂミを食べ死亡した事故を受け、文科省は2013年7月29日「学校給食における食物アレルギー対応に関する調査研究協力者会議中間まとめ」を公表した。そこでは、「学校のアレルギー疾患に対する取り組みガイドライン」（2008年）が活用されていない問題を指摘し、学校給食における対応をまとめている。

3．学校保健安全法による学校危機管理体制の整備

以上のように、多方面にわたり学校の安全と危機管理が社会的課題となり、それぞれについての政策が展開されてきた。その中で、包括的に学校の保健、安全、危機管理体制について定めたのが、2008年に学校保健法を改正して成立した学校保健安全法である。

学校保健安全法では、学校の設置者の責務については、第26条に規定があり、児童生徒等の安全の確保を図るため、その設置する学校において、事故、加害行為、災害等により児童生徒等に生ずる危険を防止し、及び事故等により児童

生徒等に危険又は危害が現に生じた場合において適切に対処することができるよう、当該学校の施設及び設備並びに管理運営体制の整備充実その他の必要な措置を講ずるよう努めるものとされる。

また学校の責務については①学校安全計画の策定等、②危険等発生時対処要領の作成等、の2点が定められている。また、努力規定として地域の関係機関等との連携が設けられた。①について学校は児童生徒等の安全の確保を図るため、当該学校の施設及び設備の安全点検、児童生徒等に対する通学を含めた学校生活その他の日常生活における安全に関する指導、職員の研修その他学校における安全に関する事項について計画を策定し、これを実施しなければならない（第27条）。また、②について学校は、児童生徒等の安全の確保を図るため、当該学校の実情に応じて、危険等発生時において当該学校の職員がとるべき措置の具体的内容及び手順を定めた対処要領を作成するものとし（第29条第1項）、事故等により児童生徒等に危害が生じた場合において、当該児童生徒等及び当該事故等により心理的外傷その他の心身の健康に対する影響を受けた児童生徒等その他の関係者の心身の健康を回復させるため、これらの者に対して必要な支援を行うものとされる（同条第3項）。また、地域の関係機関との連携については、第30条に規定されている。

また、第28条および第29条第2項によれば、校長は、当該学校の施設又は設備について、児童生徒等の安全の確保を図る上で支障となる事項があると認めた場合には、遅滞なく、その改善を図るために必要な措置を講じ、又は当該措置を講ずることができないときは、当該学校の設置者に対し、その旨を申し出るものとされ、危険等発生時対処要領の職員に対する周知、訓練の実施その他の危険等発生時において職員が適切に対処するために必要な措置を講ずるものとされている。

この学校保健安全法に基づいて、2012年4月に文部科学省は「学校安全の推進に関する計画」を策定した。そこでは、学校における安全教育と安全管理を両輪として総合的かつ効果的な学校安全に係る取組を推進することとし、その推進方策として、①安全に関する教育の充実方策、②学校の施設及び設備の整備充実、③学校における安全に関する組織的取組の推進、④地域社会、家庭との連携を図った学校安全の推進、を挙げている。

第3節　学校危機管理の基本

1．これまでの学校危機管理の問題点

　前節で述べたように、学校の危機管理に関わる施策が国、地方それぞれのレベルで活発に展開されてきている。こうした施策に基づいて、各学校における危機管理体制の整備、取組が期待されている。しかし、一般的に、各学校における危機管理体制の整備が進み、適切な取組がなされてきているとは言えない。そこには次のような問題がある。

　第一に、危機管理が個人任せになっており、組織的なものになっていない。たとえば医療現場では、職員が日々経験するヒヤリ・ハット（事故には至らなかったけれどそれにつながる危険性のある出来事）の報告を求め、事例を記録、蓄積、分析、共有することを通じて、医療事故の防止・医療安全に役立てられている。これまで述べてきたように、学校では日々ヒヤリとしたりハッとしたりする出来事が生じているが、それを学校組織として蓄積、共有する取組はなされていない。逆にいえば、日常的なリスク・マネジメントが教職員個人に任せられている。学校は一般に個人任せになりやすい組織であり、それが危機管理においても現れるのである。組織力によって危機管理を行うことができないため、個人の力量を超えた問題については対処が困難になってしまう。

　第二に、そのこととも関連して教職員間での危機管理意識の差が大きい。ちょっとしたことに敏感に反応して対処し管理職に報告する教員もいれば、問題が大きくなってやっと動き出す教員もいる。そのため、危機の兆候が見過ごされて潜在化しやすい。主任や管理職が把握したときには、すでに問題が拡大して対処困難になっている場合がある。

　第三に、危機管理マニュアルの整備が十分なされていなかったり、作成されていても形骸化していたりする学校が少なくない。マニュアルが作られていないことが問題であることはいうまでもないが、行政の提示したモデルをそのまま使っていて学校や地域の実情にあっていない場合もある。また、一部の教職員によってマニュアルが作られ、見直しもされず、訓練によって検証もされていない場合などには、マニュアルが教職員に意識されず、活用される状態に

なっていないこともある。

　第四に、避難訓練や児童生徒受け渡し訓練などの訓練が行われているけれども、必ずしも効果的なものになっていない。教職員の危機管理研修も近年活発化しているが、それも同様である。その原因の一つは、訓練や研修の内容がリアリティのあるものになっていないことである。危機管理の難しいところは、その場その場で状況に基づく判断が求められる点であるが、訓練や研修では決められた行動を機械的に行うものになりがちである。もちろん、マニュアルに定められた行動を迅速にできるようにすることは大切であるが、そのためにも訓練や研修の内容・方法を工夫してリアリティがあり、参加者がいろいろと物事を考える機会のあるものにする必要がある。

　第五に、危機管理の対象として意識されている範囲が狭い。多くの場合、社会的に注目された直近の事件、事故、災害に注目が集まり、かえって視野が狭くなる危険性がある。たとえば、大阪教育大学附属池田小学校の事件の後では危機管理といえば外部からの不審者対応のことと思われがちであったし、最近では震災や津波への対応に注目が集まっている。また、危機管理といえば事件、事故、災害に備えることだと思われて、教育活動自体を危機管理的な発想から捉える視野は弱い。これまでも述べてきたように、学校にとって教育活動が最も重要なものであるとするなら、その質の維持向上、それを通じた児童生徒の学習権の保障は学校の危機管理にとっても本質的であるはずである。そうした観点から見た場合、学校危機管理の視野は一般的に狭いといわざるを得ない。

　第六に、たとえば管理職が学校にいる、通信手段が使えるなど、学校の通常の状態を前提に危機管理が考えられがちである。東日本大震災の教訓の一つはこうした前提そのものが成り立たないクライシスが発生するということである。そのような状態を想定した危機管理が必要であるということであるが、さらに、想定外のこと、マニュアル化できないことに対処するのが、危機管理の最も重要でかつ困難なことである。

　以上のことからわかるように、教職員が広く敏感な視野を持ち、気づいたことをコミュニケーションし、失敗から学び、小さな変化に機敏に対応できるような組織になっていることが危機管理にとっては重要なのである。そして学校組織がそのようであることは、すべての子どもに質の高い教育を保障するため

に必要なことである。その意味で、学校づくりにとって危機管理は特殊な場合に求められる特殊な活動ではなく、本質的な構成要素であると考えなければならない。

2．リスク・マネジメントの基本

　学校におけるリスク・マネジメントで重要なことは、上で指摘したような問題を意識し、各学校で危機管理体制を構築することである。
　第一に、教職員の危機管理意識を幅広くかつ高いレベルに保たなければならない。教職員一人一人が、学校における様々な活動に伴うリスクを事前に想定しそれを小さくするよう配慮すること、また事件や事故につながる可能性のある小さな出来事を敏感に察知して対処することが重要である。たとえば、授業で体験的な活動をする場合、それが行われる場所や時間、活動内容などに関わるリスクを事前に調査し、安全を確保するよう手を打つことが必要である。そうした一人一人の危機管理意識を構築することが管理職の責任である。そのためには、リアリティのある効果的な訓練と研修を実施することが必要である。
　第二に、危機管理のための組織化を図ることである。これは一つには、「危機対応チームの組織化と役割分担」「保護者との連携と協力関係の強化」「学校外の地域の危機救援機関との連携の強化」[6]といった組織体制の構築を図ることである。しかしそれと同時に、そのような組織体制を下から支える日々の教職員間のコミュニケーション関係を形成することが重要である。いかに一人一人の危機管理意識が高くても、一人一人の教職員の視野や観点は限られているので、リスクを敏感に察知するには限界がある。危機管理には学校が組織として多元的な目をもつことが必要であり、そのためには教職員のコミュニケーション関係が良好でなければならない。また、組織内で誰かが察知した出来事が情報として流れ、共有されたり、多元的な目で解釈されたりするためにも、良好なコミュニケーション関係が重要である。
　第三に、危機管理マニュアルを整備する必要がある。危機管理マニュアルは学校の置かれた社会環境と自然環境の特色、児童生徒と学校の教育活動、施設設備などの特色に応じたものでなければならない。逆にいえば、危機管理マニュアルを作成するプロセスで、各学校のこれらの特色を明らかにすることが

必要である。また、危機管理マニュアルは教職員に意識され活用できるものになっていなければならない。こうしたことのために、危機管理マニュアルの作成と検証、改訂を教職員と保護者、地域の人々を巻き込みながら行うことが大切である。とりわけ教職員は異動で入れ替わるので、新しく赴任した教職員に対しては、赴任当初にその学校の危機管理体制と危機管理マニュアルについて十分説明し、理解を深め、意識化することが重要である。

第四に、学校の活動全体を通じた安全教育を実施することである。安全教育は訓練や特別活動ばかりでなく、道徳や各教科の内容にも組み込むことができる。たとえば、学校周辺の自然環境に潜むリスクについて理科で、社会環境に潜むリスクについて社会科で学習するというように。そのためには、学校としての安全教育の計画を構築する必要がある。また、安全教育は児童生徒にとってリアリティをもたなければ効果的にならないので、体験的な活動を採り入れたり、その学校で過去に実際に起きた事件や事故の記憶を伝えたりするなどの取組が望まれる。

3．クライシス・マネジメントの基本

危機管理マニュアルは、いざ深刻な事件、事故、災害に遭遇したときにどう行動すべきかの指示書である。しかし、これまで述べてきたように学校で生じるクライシスはきわめて多岐にわたり、そのすべてに関するマニュアルを準備し、全教職員がそれを常に携帯したり、頭に入れておいたりすることは困難である。そこで重要なのは、クライシス・マネジメントにある程度共通する原則を教職員全員が理解しておくことである。

図25-1は、クライシス・マネジメントの一般的な段階とそこでの原則をまとめたものである。

一次対応においては被害者の保護が最優先であることはいうまでもない。そして状況を把握して管理職や保護者、警察等に連絡するが、その過程で可能な限り一人で対応しないことが原則である。

二次対応においては情報を収集分析してクライシスの要因を分析し、学校としての対応の組織体制を確立して、児童生徒や保護者にていねいに対応する。この段階では、事実に関する記録を残していく。一次対応の場面では記録を残

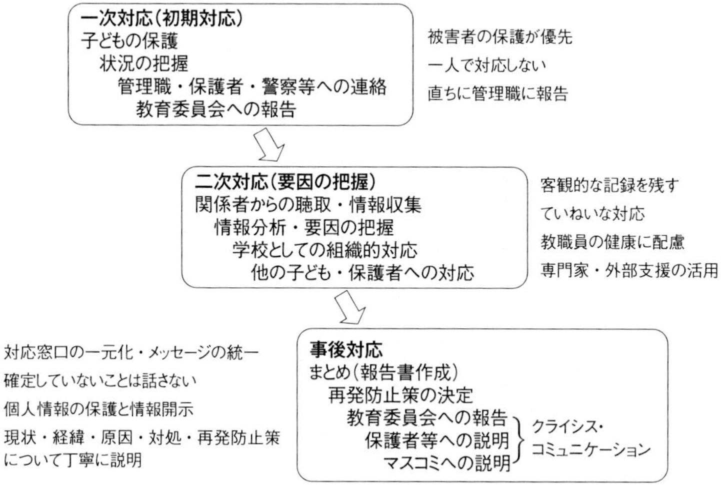

第25章 学校づくりと危機管理

一次対応(初期対応)
- 子どもの保護
- 状況の把握
- 管理職・保護者・警察等への連絡
- 教育委員会への報告

 ・被害者の保護が優先
 ・一人で対応しない
 ・直ちに管理職に報告

↓

二次対応(要因の把握)
- 関係者からの聴取・情報収集
- 情報分析・要因の把握
- 学校としての組織的対応
- 他の子ども・保護者への対応

 ・客観的な記録を残す
 ・ていねいな対応
 ・教職員の健康に配慮
 ・専門家・外部支援の活用

↓

事後対応
- まとめ(報告書作成)
- 再発防止策の決定
- 教育委員会への報告
- 保護者等への説明 ─┐
- マスコミへの説明 ├ クライシス・コミュニケーション

 ・対応窓口の一元化・メッセージの統一
 ・確定していないことは話さない
 ・個人情報の保護と情報開示
 ・現状・経緯・原因・対処・再発防止策について丁寧に説明

図25-1 クライシス・マネジメントの原則

す余裕がないことも少なくないので、この段階で振り返って記録する。記録は客観的であることが大事だから、「○○が怒ってそこにあったものを壊した」というような書き方ではなく、「○○が大声を上げて机を肩の高さまで掲げて振り下ろしたので、その机の脚が折れ、机が当たった教卓上の花瓶が落ちて割れた」というように書く。また、一次対応、二次対応を通じて教職員のストレスは大きい状態が続くから、教職員の心身の健康に配慮することが大切である。この段階で外部の専門家などの支援を得ることも大切である。

　事後対応においては、クライシスの発生以後のプロセスと発生要因を整理し、再発防止策を決定して、関係者に報告、説明していくことになる。場合によっては二次対応の段階から保護者やマスコミへの説明を求められることがあるけれども、その際重要なことは、対応窓口を一元化しメッセージを統一すること、確定していないことは公表しないこと、個人情報を保護することなどである。

　近年、組織への信頼を回復するためにクライシス・コミュニケーションが重視されている。たとえば、児童生徒が自殺した場合などに、いじめがあったの

か、なかったのかについて学校の発表が二転三転して、学校への信頼を地に落とす結果になる場合がある。こうした事態を避けるために、保護者やマスコミに対する説明を組織的、計画的に実施する必要がある。学校で記者会見を開かなければならないことなどまずないだろうと思わないで、記者会見を開くときの担当者、体制などについて事前の備えをしておき、模擬的な訓練を行って（メディアトレーニング）、心理面を鍛えておけば（メンタルタフネス）、いざというときにあまり慌てないですむ。記者会見などの場面では、発表内容についての資料（ポジションペーパー）を用意し必要に応じて配布するとともに、想定問答集を用意してそこにないことは答えないこと（「後日調査の上答える」とするなど）が重要である。記者会見実施後はそれがどのように報道されたかを分析し、記者会見を反省し、次の記者会見に備えるようにする。こうした一連のプロセスには大きな困難が伴うので、教育委員会と連携し支援を受けながら進めることが必要である。

以上のような基本を理解してクライシス・マネジメントを行うことが重要なのであるが、それを超える想定外の出来事が生じる可能性は常にある。現代の組織は想定しないことに備えるという矛盾したことを求められているのである。

（水本徳明）

〔注〕

(1) 総務省消防庁「防災拠点となる公共施設棟の耐震化推進状況調査報告書」2008年11月、(http://www.fdma.go.jp/html/new/201127_houkoku/201127_bk00.pdf、2012年6月16日確認)

(2) 国立教育政策研究所文教施設研究センター「避難所となる学校施設の防災機能に関する調査研究」研究会『学校施設の防災機能の向上のために～避難所となる学校施設の防災機能に関する調査研究報告書』2008年8月、1～2頁

(3) 文部科学省大臣官房文教施設企画部「小学校施設整備指針」2010年3月30日改正、第1章第2節第2の3項。

(4) 中央防災会議「防災基本計画」2011年12月、24頁。

(5) 阪神・淡路大震災を受けて文部科学省が示した「学校防災体制の充実について」

（第二次報告）では、「学校は教育施設であるが、災害が発生した場合、学校が避難所として重要な役割を果たすことが予想される。災害時における教職員の第一義的な役割は児童等の安全を確保するとともに、学校教育活動の早期正常化に向けて取り組むことにあると考えられ、また、避難所は本来的には災害対策担当部局が運営の責任を有するものである。しかし、地域防災計画において避難所として指定されている学校や、災害の規模・程度、地域の実情等により避難所となることが予想される学校については、教育委員会等の指導のもと学校防災に関する計画等において、避難所となる場合の運営方策に関し、下記の事項（運営体制、初動体制、避難所としての施設の使用─引用者註）について定めておくことが必要である」としている。

(6) 上地安昭「危機管理教職員研修の基礎・基本」上地安昭編『「学校の危機管理」研修』教育開発研究所、2005年、13〜14頁。

〔参考文献〕

天笠茂・牛渡淳・北神正行・小松郁夫編著『東日本大震災と学校─その時どうしたか次にどう備えるか』学事出版、2013年

OECD編『学校の安全と危機管理』立田慶裕監訳、安藤友紀訳、明石書店、2005年

文部科学省『学校安全参考資料 「生きる力」をはぐくむ学校での安全教育』文部科学省、2010年

第26章

学校づくりと学校評価

　学校は教育活動を展開し、これを運営させていくなかで、日々、より良いものを目指し、実現していくという意味での「更新」と「改善」を行っている。ところがこういった組織の「更新」や「改善」が行われずに見過ごされたり、悪い意味で前例踏襲が行われたりすれば、適切な教育が行われないばかりか、子どもの生命や安全に関わる問題を引き起こしかねない。よって、学校づくりには、学校という組織の「更新」と「改善」を適切に行うこと、すなわち学校評価というはたらきが必要なのである。

　本章では、まず、わが国において学校評価システムが構築される経緯を述べ、学校評価ガイドラインの内容を確認する。これらを踏まえ、学校づくりに必要な学校評価について検討し、考察していきたい。

第1節　学校評価システムの構築

1．学校評価システムの制度化

　平成10年9月の中教審答申「今後の地方教育行政の在り方について」によって、教育に関する領域の地方分権のあり方が示され、国と地方（都道府県、市区町村）の関係が見直された。このなかで「公立学校が地域の教育機関として、家庭や地域の要請に応じ、できる限り各学校の判断によって自主的・自律的に特色ある学校教育活動を展開できるようにする」ことが期待された。さらに「学

校の教育目標とそれに基づく具体的教育計画、またその実施状況についての自己評価を、それぞれ、保護者や地域住民に説明することが必要である」としたのである。こういった流れを受け、平成14年3月に小学校設置基準、中学校設置基準及び高校設置基準等の一部改正によって学校評価が規定された。すなわち、学校の自己点検及び自己評価に関する努力規定（第2条）と、加えて教育活動等に関して保護者に対し積極的な情報提供をすること（第3条）が明記されたのである。

その後、平成17年に出された中教審答申「新しい時代の義務教育を創造する」では、「学校や地方自治体の取組の成果を評価していくことは、教育の質を保証する上でますます重要」であると指摘し、ここでも学校評価の充実の必要性が唱えられた。しかし、この答申では学校評価の進展について一定の評価を指摘しつつも、「各学校における実施内容のばらつきや、評価結果の公表が進んでいないなどの課題」を指摘した。よって、ガイドラインの策定による基準化と全ての学校における実施、すなわち義務化を唱えたのである。

これらの提言を受け、文部科学省は「中教審答申に示された方向性にしたがって、学校や地方公共団体の自主性・自律性を強化していく場合、それらの取組を評価していくことは、学校教育の質に対する保護者、国民の関心の高まりに応えるためますます重要となる」とし、最初のガイドラインとなる「義務教育諸学校における学校評価ガイドライン」（平成18年3月27日）を策定し、学校運営や授業改善に関する学校評価の在り方を提示した。なお、この段階では学校は「自己評価」を前提として、保護者や地域住民等が構成する外部組織が「外部評価」を行うことを基本的な考え方としていた。つまり、当初は「外部評価」とは、子ども、保護者、地域住民など学校に関係する者が行う「当事者評価」と、教育委員会などが行う「設置者評価」、専門家など第三者機関が行う「第三者評価」といったそれぞれの評価として区別されていた。

その後、平成18年12月に教育基本法が改正されたが、これを受けるかたちでなされた翌平成19年6月の学校教育法の一部改正の際に学校評価の規定が加わることとなった。

第Ⅲ部　学校づくりの方法

> 学校教育法　第42条　小学校は、文部科学大臣の定めるところにより当該小学校の教育活動その他の学校運営の状況について評価を行い、その結果に基づき学校運営の改善を図るため必要な措置を講ずることにより、その教育水準の向上に努めなければならない。（※幼稚園、中学校、高等学校、中等教育学校、特別支援学校等にもそれぞれ準用。）

また、上記の第42条に関わって、以下の学校教育法施行規則（平成19年10月）に規定された。

> 学校教育法施行規則　第66条　小学校は、当該小学校の教育活動その他の学校運営の状況について、自ら評価を行い、その結果を公表するものとする。
> 2　前項の評価を行うに当たつては、小学校は、その実情に応じ、適切な項目を設定して行うものとする。
> 第67条　小学校は、前条第一項の規定による評価の結果を踏まえた当該小学校の児童の保護者その他の当該小学校の関係者（当該小学校の職員を除く。）による評価を行い、その結果を公表するよう努めるものとする。
> 第68条　小学校は、第六十六条第一項の規定による評価の結果及び前条の規定により評価を行つた場合はその結果を、当該小学校の設置者に報告するものとする。（※幼稚園、中学校、高等学校、中等教育学校、特別支援学校等にもそれぞれ準用。）

これらの法規定を前提として策定されたのが「学校評価ガイドライン〔改訂〕」（平成20年1月31日）である。その主な改訂は以下の四点であった。第一に、高等学校を対象とし（当時の段階で幼稚園を除き）、初等中等教育段階の全ての学校種を対象としたこと。第二に、目標設定の焦点化や重点化を強調し、関連して、児童生徒・保護者対象のアンケート調査などについても評価項目を絞り、学校の事務負担の軽減を考慮するよう求めたこと。第三に、それまでの「外部評価」を「学校関係者評価」に改め、学校関係者評価の評価者に保護者を加え、保護者による評価と積極的な情報提供の重要性を指摘したこと。第四に、学校評価の結果を学校の設置者に報告することであり、これによって設置者が学校に対して適切に人事や予算における支援を講じることが重要であることを強調したのである。

第26章　学校づくりと学校評価

また、更なる改訂である「学校評価ガイドライン〔平成22年改訂〕」（平成22年7月20日）では、第三者評価に係る内容が追加された。すなわち、「学校の優れた取組や改善すべき課題などを学校や設置者等が改めて認識できるような取組を行うことが重要である」と指摘し、「保護者や地域住民による評価とは異なる、学習指導や学校のマネジメント等について専門性を有する者による専門的視点からの評価」や「各学校と直接の関係を有しない者による、当該学校の教職員や保護者等とは異なる立場からの評価」として実施していくことが有効であると指摘されている。ただし、第三者評価については実施義務や努力義務は課せられていないため、任意による実施となる。

2．今日における学校評価の意義

前項において確認したように、今日の学校評価は法制度化を前提として、学校評価ガイドラインに沿った内容としての実施が義務化されているといえる。だが、学校評価そのものの考え方は制度化よりも以前から存在していたし、本来的にいえば、そういった制度的な理由のみによって課されるものと理解することは適切とはいえない。

「学校評価とは、学校のあり方の改善を目的とする、学校に対する評価である」[1]と指摘される。つまり、学校評価の目的は学校そのものを良くしていくという、学校経営そのものの改善にある。よって、学校評価において用いる手段や方法、評価すべき内容などについては、教職員が主体的に確認し、学校全体として取り組まれることが求められるといえる。

学校評価の本質的な意義は、学校改善に資することであり、制度として要請される在り方からいえば、加えて説明責任を果たすことが求められるということができる。つまり、端的に述べれば、今日の学校評価とは「学校が説明責任を果たし、学校改善を進めるため」に実施されるものといえる。とりわけ学校が担うべき説明責任は二つが指摘される[2]。第一は、学校において実際に教育を受けている児童・生徒とその保護者に応答する責任（レスポンシビリティ）である。いじめや不登校、学級崩壊などの学校病理、体罰やセクハラなどの教師の不祥事などに対する社会の見方が厳しくなっている。今日、保護者だけでなく、一般的なイメージにおいて教育に対する不信感が強くなっているといえ

る。こういった不信感を取り除き、教師と児童・生徒及び保護者が相互に理解し合って、信頼を築いていくことが求められる。第二は、結果を公表する責任（アカウンタビリティ）である。とりわけ国公立学校は、その大半を公的な経費によって賄われている機関である。すなわち学校は、その適正な教育活動と成果について、その結果を公表する責任（アカウンタビリティ）がある。

よって、学校評価は、学校の自己評価としての組織的・継続的な取組として、また家庭・地域に対する説明責任を果たしながら、彼らの連携・協力を得て、さらにそこに教育委員会による適切な支援・改善の手だてがなされる、そういった関係にあるなかで展開されることが期待されるといえる。

第2節　学校づくりのための評価―視点と方法―

1．自己評価と学校関係者評価

学校評価が、学校の更新・改善を進め、説明責任を果たすことができるように機能するためにはどのような点が重要といえるだろうか。まず指摘できる点は、学校評価ガイドラインにおいて示される自己評価、学校関係者評価の位置関係を明確にし、年間を通した評価プロセスとして整理し、評価を機能させるという点である。学校評価ガイドラインでは、以下のように第三者評価を加えた三つの形態として説明している。

まず自己評価は、校長のリーダーシップの下で、当該学校の全教職員が参加し、設定した目標や具体的計画等に照らして、その達成状況や達成に向けた取組の適切さ等について評価を行うものである。この自己評価が基盤となって学校評価は展開されなくてはならない。そして、これと呼応するかたちで学校関係者評価が実施される。ここには保護者、学校評議員、地域住民、接続する学校（小学校に接続する中学校など）の教職員などが委員として入り、自己評価の結果について協議し、評価する。このように学校の自己評価と保護者等による学校関係者評価が相互に関係し合って、学校改善を進めていくことが期待されている。また第三者評価は、学校とその設置者が実施者となり、外部の専門家によって自己評価や学校関係者評価の実施状況も踏まえて評価を行うもの

である。なお、第三者評価は実施の義務や努力義務は課されていない。

　自己評価については、まず年度当初に適切な目標設定と評価すべき項目について設定する。そして各領域の点検・評価を実施し、その評価の結果について情報を提供・公表し、評価の結果から導き出される改善方策を明確にする。また最終的に設置者に報告を行う。これに並行するかたちで行われる学校関係者評価は、委員会等を設け、学校の自己評価を受けて、学校関係者による評価を実施する。また、適宜、学校への訪問や見学を行って、学校の状況を把握する。そしてここに保護者や設置者の関わりを持たせていく。学校づくりという観点に立てば、学校評価は年間を通じて、諸関係者とともに協議やアンケートを実施し、また学校の負担軽減にも配慮しながら、計画と見通しをもって展開していくことが必要である（図26-1参照）。

2．マネジメント・サイクル

　上記のように学校評価における関係、とりわけ自己評価と学校関係者評価の関係が明確化されたら、次に指摘できる点は、学校づくりにおいてマネジメントサイクルを機能させることである。それは、冒頭においても述べたように、学校が毎年度の取組について、振り返り、更新・改善を進めていくためである。

　マネジメントサイクルとしてもっとも一般的だったものはPDSサイクルである。つまり、P（PLANプラン）計画、D（DOドゥ）実施、S（SEEシー）評価というサイクルである。だが、PDSは新しい計画につながらないという問題がしばしば指摘されてきた。つまり組織の更新や改善が伴わず、ただ漫然と組織のサイクルが単純に繰り返されるだけとなってしまうというのである。そこで近年ではPDCA（PLAN, DO, CHECK, ACTION）サイクルとしての理解が一般的となってきた。これはPDSの弱点である、SからPへの展開、つまり評価によって新しい計画を生み出すことがねらいとされた。すなわち、学校評価でいえば、自己評価や学校関係者評価の後に、更なる計画・修正を加えた上での改善としてのアクション（ACTION, 行動）を起こすという意味が強調されているのである（図26-2参照）。

第Ⅲ部　学校づくりの方法

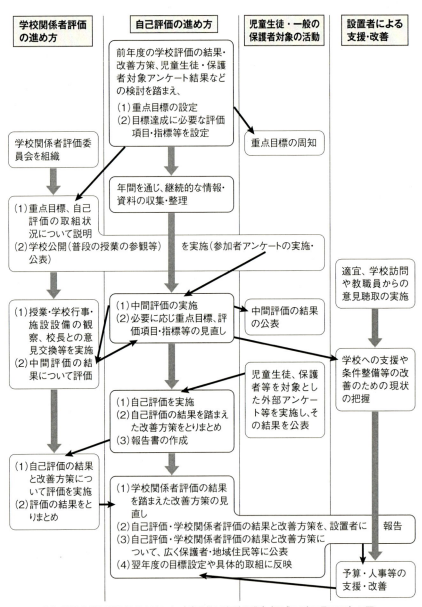

文部科学省「学校評価ガイドライン」〔平成22年改訂版〕(平成22年7月20日)、7頁。

図26-1　「自己評価・学校関係者評価の進め方のイメージ例」

第26章　学校づくりと学校評価

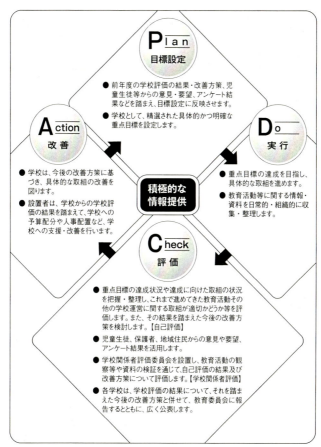

図26-2　「学校評価による改善サイクル」
（文部科学省「学校評価」パンフレット）

3．項目・指標の設定と評価

以下では、ガイドラインに例示された項目を大きく3点に括り、それぞれ評価項目・指標について検討していく。

（1）教育課程・学習指導

改めていうまでもなく、学校は教育を行う組織である。その意味でいえばもっとも重要なその機能は教育であり、よっていかなる教育を計画し、実施し、そしてこれを適切に評価することが学校評価の根本に位置づいていなくて

はならない。よって、学校評価の中心に教育課程の改善という視点をしっかりと位置づけることが重要といえる。このことは学習指導要領が公示された際の中央教育審議会答申における指摘を見ても良く理解できる。

> （教育課程におけるＰＤＣＡサイクルの確立）
> ○これまで述べてきた教育課程や指導についての評価とそれに基づく改善に向けた取組は、学校評価と十分な関連を図りながら行われることが重要である。学校評価等を通じて、学校や設置者がそれぞれの学校の教育の成果や課題を把握し、それを改善へとつなげることが求められる。
> ○このように、学校教育の質を向上させる観点から、教育課程行政において、
> 　①学習指導要領改訂を踏まえた重点指導事項例の提示
> 　②教師が子どもたちと向き合う時間の確保などの教育条件の整備
> 　③教育課程編成・実施に関する現場主義の重視
> 　④教育成果の適切な評価
> 　⑤評価を踏まえた教育活動の改善
> 　といった、Plan（①）― Do（②・③）― Check（④）― Action（⑤）のＰＤＣＡサイクルの確立が重要である。各学校においては、このような諸条件を適切に活用して、教育課程や指導方法等を不断に見直すことにより効果的な教育活動を充実させるといったカリキュラム・マネジメントを確立することが求められる。

中央教育審議会「幼稚園、小学校、中学校、高等学校及び特別支援学校の学習指導要領等の改善について」（答申）平成20年1月17日、144頁。

この点を踏まえ、具体的な評価項目には以下の諸点が挙げられる。まず、「各教科等の授業の状況」については、「説明、板書、発問など、各教員の授業の実施方法」「体験的な学習や問題解決的な学習、児童生徒の興味・関心を生かした自主的・自発的な学習の状況」「個別指導やグループ別指導、習熟度に応じた指導、児童生徒の興味・関心等に応じた課題学習、補充的な学習や発展的な学習などの個に応じた指導の方法等の状況」「ティームティーチング指導などにおける教員間の協力的な指導の状況」などが評価の観点となりえる。また、「学級内における児童生徒の様子や、学習に適した環境に整備されているか」など、各学級における学級経営の状況も挙げられる。さらに総じて「教育課程等の状況」について、「学校の教育課程の編成・実施の考え方についての教職員間の共

通理解の状況」「児童生徒の学力・体力の状況を把握し、それを踏まえた取組の状況」「児童生徒の学習について観点別学習状況の評価や評定などの状況」「学校図書館の計画的利用や、読書活動の推進の取組状況」、さらには学校行事、部活動なども評価項目として挙げられる。

　また、こういった評価項目に学力テスト（全国学力・学習状況調査）の結果などを関わらせて評価・検討していくことも課題といえる。学力テストは、全国の児童生徒の学力や学習状況を分析し、教育施策の成果と課題を検証し、その改善を図ることを目的として、小学校第6学年及び中学校第3学年を対象として行われているが、これを継続的に検証していくとともに個々の学校において児童生徒に対する指導を充実させ、また学習の改善に活かしていくことが期待されている。もちろん、学力テストの点数を評価結果として公表しようといっているのではない。学力テストの結果を学校の教職員がいかに受けとめ、そこで議論し、練られた対策というものがどのように示されていたのか、自己評価において明らかにするということである。

　上記、教育課程・学習指導に関わっては、「キャリア教育（進路指導）」「生徒指導」の評価も重要な項目であり、内容といえる。例えば、生徒指導における教職員全体として取り組む体制の整備の状況、問題行動への対処の状況、保護者や地域社会、関係機関等との連携協力の状況あるいはスクールカウンセラーやスクールソーシャルワーカー等との連携協力に関することが指摘できる。同様に「特別支援教育」についても指摘できる。すなわち「特別支援学校や特別支援学級と通常の学級の児童生徒との交流及び共同学習の状況」、そして「校内委員会の設置、特別支援教育コーディネーターの指名や校内研修の実施等、特別支援教育のための校内支援体制の整備の状況」についての評価である。

（2）組織運営、研修

　上記の教育課程に関わる評価があって、その教育課程を支えるための管理運営体制に関する評価は、学校評価のなかでも重要な項目といえる。「校長など管理職の教育目標等の達成に向けたリーダーシップの状況」や「校務分掌や主任制等が適切に機能するなど、学校の明確な運営・責任体制の整備の状況」、「職員会議等の運営状況」は、この間、校長のリーダーシップが強化されてきたこと、いわゆる「新しい職」（副校長、主幹教諭、指導教諭）等の制度が整備さ

れてきたことからも重要な評価項目といえる。

また、「学校の財務運営の状況（県費、市費など学校が管理する資金の予算執行に関する計画、執行・決算・監査の状況等）」や「勤務時間管理や職専免研修の承認状況等、服務監督の状況」、「各種文書や個人情報等の学校が保有する情報の管理の状況、また、教職員への情報の取扱方針の周知の状況」「学校運営のための諸事務等の情報化の状況」なども教員だけでなく、学校事務職員その他の職員も関係し、加えて学校のICT化など、電子ファイル化の課題も含めて、事務的な課題と組織的な課題が合わさったかたちの課題として明確化し、解決していく上でも適切に評価すべき対象といえる。

こういった組織体制のなかで、いかに校内研修を充実させていくか。校内研修は、教職員一人一人の資質・力量の向上に関わり、ひいては学校の改善・更新にとって重要な課題といえる。すなわち「授業研究の継続的実施など、授業改善の取組の状況」「校内における研修の実施体制の整備状況」「校内研修・校外研修の実施・参加状況」に関する評価である。

(3) 施設・設備、保健・安全、危機管理等

まず、「施設・設備」の全般ないし重点箇所に関する点検・評価が指摘できる。すなわち「設置者と連携した施設・設備の安全・維持管理のための点検の取組の状況」「設置者と連携した教材・教具・図書の整備の状況」である。また、「保健管理」面として、「児童生徒を対象とする保健（薬物乱用防止、心のケア等を含む）に関する体制整備や指導・相談の実施の状況」「法定の学校保健計画の作成・実施の状況、学校環境衛生の管理状況」「日常の健康観察や、疾病予防、児童生徒の自己健康管理能力向上のための取組」「健康診断の実施の状況」がある。さらに、安全管理については、「学校事故等の緊急事態発生時の対応の状況」「家庭や地域の関係機関、団体との連携の状況」「法定の学校安全計画や、学校防災計画等の作成・実施、体制整備の状況」「危機管理マニュアル等の作成・活用の状況」「安全点検（通学路の安全点検を含む）や、教職員・児童生徒の安全対応能力の向上を図るための取組の状況」といった評価に関する課題があるといえる。

近年、とりわけ不審者対策、通学路の安全確保、災害・防災に対する備えといった課題は極めて重要性が増している。こういった管理を前提に、保護者や

地域に対する「様々な情報の提供状況」が課題であり、評価の項目の一つといえる。学校における教育活動の報告・お知らせと共に、上記のような課題・対策における連携・協力を求めるうえで必要といえる。

第3節　学校づくりに資する評価の課題

　これまで述べてきたように、今日の学校評価は学校評価ガイドラインの趣旨を鑑み、また内外の関係者を関わらせながら、これまで検討してきた多側面にわたる項目・領域について点検・評価を行っていかなくてはならない。その意味でいえば、いっそう評価の計画性が重要であり、マネジメントの課題と指摘できる。また評価項目が大量になることも好ましいとはいえず、重点課題に関わる評価や評価に係る優先順位・取捨選択も重要といえる。適切なバランスをもった評価を学校づくりのプロセスにおいて位置づける必要がある。
　なお最後に、以下の２点について学校評価の課題を補足として指摘したい。
　第一に、「学校評価」＝「アンケート」という悪しき理解であり、アンケートの実施のみで学校評価の実施として形式的に済ませてしまうことである。今日、学校評価が制度化されたことで学校評価を行うことは「当たり前」のものとなっている。端的に指摘すれば、「学校評価は保護者アンケートさえすればそれで終わり」という単純理解が急速に浸透しつつある。学校評価がなぜ必要なのか。これをいかに活用するか。そういった問いがなく、悪い意味のアリバイづくりとしてアンケートの実施のみが課題となってしまうのである。確かに学校は忙しい。多忙である。だが、そういってアンケートを形式的に行う学校でも、他方では子どもの生徒指導の在り方や特別支援教育の実施体制について真剣に話し合っているのである。そうでなくては学校という組織は廻らない。だが、そうであるならば、そういった教職員が苦労している、本音の部分で、またここに保護者・地域からの協力や理解、そして信頼を得ることができるように評価の方法が開発されねばならないといえる。
　第二に、教職員評価との関係である。学校をマネジメントすることを考えれば、「ヒト・モノ・カネ」の重要度でいえばヒトが重要であり、それは教職員とい

うことになる。よって教職員のパワーアップは、同時に学校組織のパワーアップにつながるといってよい。つまり教職員評価を適切に行うことが、教職員の資質・力量の向上につながり、学校組織のパワーアップにつながるといえる。すなわち評価という意味でいえば、学校評価のプロセスにおいて、組織の適切な目標設定と実施後の評価があって、そこで教職員個々人がいかに関わり、貢献したのか、そしてそこでいかなる力量形成がなされたのか、そういったつながりとしての学校評価と教職員評価の関係がある。このような目標設定という点は大いに着目すべき点であるし、それぞれの評価を高めていくことは個人と組織の両面におけるパワーアップに視するといえる。

　しかし、この逆は慎重にとらえなくてはいけない。つまり、教職員評価の結果を学校評価に関わらせるという関係は、個人の責任を組織の責任に帰したり、結果づけたりすることになり、学校・教職員組織の現状からいって適切ではない。今日、教職員のなかには、あらゆるものが「評価」されるかのように映り、憤り、とまどい、また、あきらめの感想を持っている人たちが少なくない。評価は、その役割と適切な活用が簡潔に説明され、明確化されることで的確に、また誤解のないように進めなくてはならないといえる。

　いずれにしても、学校評価は制度化されているために実施義務がある。しかし、学校づくりは教職員一人一人の力を結集した組織力が前提であり、評価はそのための手段となっても、足かせとなってはいけないといえる。

（加藤崇英）

〔注〕
(1) 木岡一明「学校評価」安彦忠彦他編『新版現代学校教育大事典』1、ぎょうせい、2002年、522-524頁。
(2) 木岡一明「外部評価と学校の自己評価の関係をどう考えたらよいか」『教職研修』教育開発研究所、7月号、2000年、66頁。

〔参考・引用文献〕
木岡一明『新しい学校評価と組織マネジメント―共・創・考・開を指向する学校経営―』第一法規、平成15年。
文部科学省「学校評価ガイドライン〔平成22年改訂〕」（平成22年7月20日）

第27章

スクールリーダーシップの世界的視野

第1節　スクールリーダーシップへの関心とその概念

1．教育水準向上の鍵としてのスクールリーダーシップ

　教育課題の複雑化や社会経済的背景のもと、1980年代後半から、世界では、規制改革や分権改革が進んできた。複雑さの高まる学校環境にあって、どのように良いスクールリーダーを育てることができるか、政策、研究面で、世界的に議論が行われてきた（Walker & Hallinger, 2013: 401）。

　日本でも、2001年の日本教育経営学会主催の特別公開シンポジウム「スクールリーダーのための専門大学院を構想する」の開催や2009年の日本教育経営学会による校長の専門職基準の公表をはじめ（日本教育経営学会, 2009）、スクールリーダーの資格・養成・研修の必要性やあり方が議論されてきた（小島, 2004, 2009；小島他, 2010）。

　また、OECDやヨーロッパに加えて、シンガポールなど、アジア諸国でも精力的な取り組みが行われてきた（OECD, 2008; 末松, 2012, 2013, 2014）。

　2001年パリ開催の「万人の能力への投資（Investing in Competencies for All）」、2004年ダブリン開催の「万人の学習の質の向上（Raising the Quality of Learning for All）」というOECD教育大臣会議では、急速に変化する社会のニーズに教育システムが対応するためには、スクールリーダーシップの役割が重要になることが強調された。そして、2006年には、22の国、地域によりOECDの「スクールリーダーシップ改善（Improving School Leadership: ISL）プロジェクト」が開

始された[1]。

　ISLプロジェクトは、教授・学習活動の改善に向けたスクールリーダーシップ政策の策定・実施の支援となる情報・分析を、政策作成者に提供することをねらいとしており、参加国はレポート報告・知識共有を行う。同プロジェクトは、一連の学校効果性研究に基づき、スクールリーダーシップが教育改革の鍵となることを前提としている。

　また、ヨーロッパでは、1993年のEU創設以降、ヨーロッパ・コミュニティやヨーロッパ・アイデンティティの確立に向けて、教育が関心を集めてきたが、政治、経済、法、システムをはじめ、言語、民族、文化、歴史的背景の多様性から、共通の内容・目標を探ることには大きな困難を伴うともされてきた。その一方で、OECDによるPISAやIEAのTIMSSを受けて、教育水準向上が各国の課題となり、2000年代のEUにおいて、標準的な教育システムをできるだけ避ける一方で、スクールリーダーシップについては独立した問題として、各国の文脈に配慮しながら、国を超えたシステムが「スクールリーダーシップのヨーロッパ化（Europeanisation of school leadership）」として模索されてきた。

　ヨーロッパ化という言葉は1990年代から広く使用されており、簡潔に定義すると欧州統合下において生じる自国内の変化を指す。スクールリーダーシップのヨーロッパ化として、特に、①リーダーシップ開発プログラム、②教育におけるリーダーシップに関する共通理解、が検討課題となり専門職基準や研修のあり方が議論されてきた。

　2007年には「PISAからLISAへ（"From PISA to LISA"）」と表現されるなど、スクールリーダーシップの生徒の学業到達度へのインパクトについて、ヨーロッパ7カ国によって国際比較による評価が開始されている。LISAとは"Leadership Improvement for Student Achievement"の略で、プロジェクトにはEU機関の資金が用いられている。

　その後、2009年のEU教育大臣会議でスクールリーダーシップの重要性が改めて確認され、2010年には欧州委員会でヨーロッパ・スクールリーダーシップ政策ネットワークが提案要求された。具体的には、スクールリーダーの養成・選抜・教育・研修の改善が期待され、スクールリーダー政策の関係者である政策作成者、実践家、研究者、利害関係者間の、例えば同業者による学習、研究、分

析を通じた超国家的交流や協力の重要性が確認された。その他、EU資金によるスクールリーダーの登用・養成・システムに関する国際比較調査研究や、専門職基準開発や研修に向けた団体・ネットワークが設置されるなど、スクールリーダーシップへの注目がうかがえる [2] (末松, 2012)。

この間、世界的な傾向として、分権改革を通じて学校裁量が拡大されたことで、スクールリーダーの役割の重要性が高まった一方で、各国では、教育システムの水準保証に向けて、アカウンタビリティ政策、学校評価、ナショナルカリキュラム、テスト政策など、中央集権的な施策も増えてきた。それゆえ、「世界の多くの国で、スクールリーダーの役割と機能は変化してきている」、「その結果、スクールリーダーは、全く新しい要求と課題に直面している」(Huber, 2004: 5)。

2．スクールリーダーシップの概念整理

国際比較研究を進めてきたHuber（2004: 5）は、「スクールリーダーシップ（school leadership）について明確に定義された特定の『役割』はなく、せいぜい、多くの異なる面を種々寄せ集めたもの(a coloured patchwork of many different aspects) と表現できる程度である」と指摘している。

「スクールリーダー（school leader）」は、1983年から1986年にOECD-CERIが推進した「学校改善国際プロジェクト（International School Improvement Project: ISIP）」による新たな概念であり、校長、教頭のほかに主任や指導主事等が含まれているが（日本教育経営学会・学校改善研究委員会, 1990)、この時点では、スクールリーダーのうち、校長への関心が強かったと言える [3]。

その後、2008年にOECDは、「スクールリーダーシップ（school leadership）」について、一人の個人が組織全体に主たる責任を負う「校長職というあり方（principalship）」とは異なるとして、組織経営の権限を一人にとどめるのではなく、学校内外の様々な者に分散されるとするより広い概念であるとして次のように定義している。

「校長職というあり方（principalship）の概念は、一人の個人が組織全体に対する主たる責任を負う学校教育の産業モデル（industrial model of schooling）に根差している。リーダーシップ（leadership）は、組織を導く権限が一人の個人

にのみ存在するのではなく、学校内外の様々な人に分有されうるとする、より広い概念である」(OECD, 2008: 18＝27一部改訳、原文斜体をゴシックに)。それゆえ、「スクールリーダーシップには、校長、副校長、教頭、リーダーシップ・チーム、学校理事会、リーダーシップに関わる学校職員のような、様々な役割と機能を担う者を包含することができる」(OECD, 2008: 18＝27一部改訳)。

Lumby *et al.*(2009: 157)も、スクールリーダーシップは「非常に論争的な概念である」として、企業経営における「リーダーシップ」の概念が組織の有効性への影響力として捉えられてきた一方で、「スクールリーダーシップに関するわれわれの捉え方というのは、その影響の及ぶ範囲について、組織の効果性への貢献だけではなく、コミュニティとの直接的な相互作用や貢献という、より広いものである」と述べている。

2008年にOECDは、スクールリーダーシップの概念を検討するにあたって、「リーダーシップ」、「マネジメント」、「アドミニストレーション」の関係を考察している (OECD, 2008: 18＝26-27)。

「各国の文脈次第では、スクールリーダーシップ (school leadership) という用語はスクールマネジメント (school management) やスクールアドミニストレーション (school administration) と互換性を持ってしばしば用いられている」が、「3つの概念は一部重なり合うが、われわれは強調の違いによりそれらを使い分ける」(OECD, 2008: 18＝26一部改訳) と述べている。

具体的には、"マネジャーは物事を正しく行い、リーダーは正しいことを行う (managers do things right, while leaders do the right thing)"という表現を例に挙げ、「マネジメント」が現状維持を志向するのに対して、「リーダーシップ」は意図的な影響プロセスによって、他者の動機づけや態度を生み出し、組織を導くダイナミックなものであることを確認している。そして、「リーダーシップ」が改善に向けたより高次の役割であるのに対して、「マネジメント」は日々の業務の維持、「アドミニストレーション」はより低次の職務を表していると言及し、「学校の成功には、効果的なリーダーシップ、マネジメント、アドミニストレーションが必要である」(OECD, 2008: 18＝27一部改訳) と述べている。

近年では、「ミドルマネジャー」についても、それが他者の方針の遂行や管理を想起させやすいとして、学校改善の中核や原動力を担う「ミドルリーダー」と

捉えられることが多いと指摘されている（Earley & Weindling, 2004: 111-123）。

一方、教育政策などが、近年、「リーダーシップ」を選好するものの、かつて「マネジメント」と言われてきたことと大差はなく、さらに、「リーダーシップ」より以前に好まれてきた「マネジメント」も、「アドミニストレーション」として言われてきたことと大して変わりはないとも指摘されている（Field & Holden, 2004: 208）。

先に見たように、スクールリーダー並びにスクールリーダーシップは、本来、学校関係者を広く含むが、本章では議論を容易にするために、以下、主として校長職に限定して考察を行っていく。

第2節　スクールリーダーシップ開発の展開

1．リーダーシップ開発への注目とその背景

「リーダーシップ開発への言及なしに、どのようなリーダーシップが望ましいかを議論することもできないし、どのようなリーダーシップが求められるかということへの言及なしにリーダーシップ開発を議論することもできない」（Walker & Hallinger, 2013: 401）と指摘されているように、スクールリーダーシップをめぐっては養成・研修の問題が「リーダーシップ開発」として論じられてきた。

「リーダーシップ開発（leadership development）」とは、企業経営学でも一般的に用いられる用語であり、「リーダーシップの役割と過程を効果的に担うための組織成員の集団としての力量を高めること」（Day, 2000: 582）と定義されており、予期せぬ課題に対応していくためにも、個人・集団の力量の向上を図る営みを指している。

Simkins（2012）は、1970年代以降のイギリスのスクールリーダー研究の動向を振り返るなかで、「この分野では常に見られるように、専門用語に関する問題が存在する」（621）として、「研修（training）」、「開発（development）」、「教育（education）」、「学習（learning）」という用語が、すべて広く使用されてきたと指摘している。そして、「これらの用語の使われ方は様々であり、自由に用い

られたり、場合によっては意味を慎重に踏まえて用いられたりもする」(622)が、彼の研究の焦点が広範に渡ることからも、Simkins（2012）においては、「リーダーシップとマネジメントの開発（leadership and management development: LMD）」が他の用語も包含するものとして用いられている。

一方、Bush（2013b: 456）の場合は、イギリスのスクールリーダー政策に触れる中で、①"leadership preparation"をスクールリーダーのポストへの就任以前におけるもの、②"leadership development"を現在、スクールリーダーのポストにいる者（currently in post）へのもの、と区分している。

「スクールリーダーの養成・研修は、今や教育改革の世界的潮流における中心課題となっている」（Hallinger, 2003: x）が、なぜ、教育界でもリーダーシップ開発が重視されてきたのだろうか。

イギリスの場合、小規模校などでは、校長就任後も授業を担当することがあることから、授業こそが校長職の主な仕事であると捉えられる傾向もあった。「**教員の筆頭**（head teachers）として、校長の仕事のうち授業を重視することは、教授能力（teaching qualification）と教授経験（teaching experience）こそが、スクールリーダーシップの必要条件であるという考え方を表している。しかし、20世紀後半から、校長職はその職に特化した養成を必要とする特別の職であるという認識が高まってきた」（Bush, 2013b: 455、原文斜体をゴシックに）。

Bush（2013b: 455）は、その背景として、①1988年以降の校長役割の拡大、②学校環境の複雑化、③リーダーは、自ら研修に取り組むべきであるという認識の高まり、④リーダーシップは生まれつき備わっているものではないことから、場当たり的な経験でない体系的な養成・研修によって良いリーダーが生まれるという、リーダーシップ開発の必要性や有効性への認識が高まってきたこと、を挙げており、これらを受けて、政府がリーダーシップ開発に予算を付けることが促されてきたと指摘している。

以上を踏まえて、Bush（2013b）は、「スクールリーダーシップは、教えるという仕事（teaching）とは異なる役割であり、独自の特化された養成（preparation）が必要である」(455)と述べ、1980年代初頭には、スクールリーダー養成のための全国基準や知識基盤を体系的に持っている国はなかったが、「21世紀においては、イングランドを含む多くの国が、学校改善のための可能性を認識した

第27章　スクールリーダーシップの世界的視野

ことから、これらを優先事項としてきた」(463)と指摘している。

2．リーダーシップ開発の構造と主体

スクールリーダーシップ開発のための専門職基準や研修の開発・実施の主体や責任者は国によって様々であり、政府や関係当局が主導する場合や、大学と地方の提携、自治体、教員や専門職団体が主導する場合もある。つまり、スクールリーダーシップの概念や開発のあり方は、各国の教育改革や学校経営改革のあり方と密接に関わっている。

たとえば、表27-1はヨーロッパの4地域、①スカンジナビア（デンマーク、ノルウェー、スウェーデン）、②イングランド、③ドイツ語圏（スイス、ドイツ、オーストリア）、④東ヨーロッパ（チェコ、ハンガリー）の学校経営改革の特徴を分析したものであり、大きく準市場化、NPM、官僚的統制、専門的統制、自己評価（専門家のアカウンタビリティを強化するためのもの）の視点から、各国のシステムや改革の状況を分類したものである。なお、準市場化とNPMの傾向は重なる部分が多く、専門的統制は自己評価を包含する場合もある。

イングランドでは教育改革で中央統制が強いことや、専門家の影響力も大きいことが分かる。ハンガリーは市場的な改革の傾向が強いなかで、専門家による改善志向が強いが、専門的統制のための制度やシステムが十分に整備されていない。スイスは急激な改革はそれほど見られないが、官僚的統制と専門的統制が拮抗している。

これらを踏まえると、スクールリーダーに求められる力量やそのための研修は多様である必要があり、開発の方法は個別の文脈にかなり依存してくることが分かる。また、特定の国のスクールリーダーシップ開発のシステム・制度を分析するためには、学校経営改革の傾向など個別の文脈の分析が欠かせないとも言える。

ヨーロッパのスクールリーダーシップ開発は非常に多様性があり、多くの国でスクールリーダーの専門職化など質的向上への要求が強まっている。専門職化は職の地位にも関わる問題で、専門職団体の存在も関係しているが、リーダー候補者への大学正規課程の養成がない場合や、教員とスクールリーダーの同一労働組合の加入が一般的であったりもする。

表 27-1　ヨーロッパ各国の学校経営改革の多様性

		デンマーク	ノルウェー	スウェーデン	イングランド	スイス[i]	ドイツ	オーストリア	チェコ	ハンガリー
準市場化	学校間競争	△	×[ii]	△	○	×	△	△	△	△
	学校選択	×	×	○	○	×	△	△	○	○
	学校順位表	×	×	×	○	×	×	×	×	×
	分権化	○	○	○	○	○	△	△	○	○
	民営化	△	×	△	○	×	×	×	△	△
	外部委託	×	×	×	○	×	×	×	×	×
	出口規制	○	○	○	○	△	△	△	△	×
NPM	経済的賞罰	×	×	×	×	×	×	×	×	×
	人口規制	×	×	×	×	×	×	×	×	×
	官僚制	○	○	○	△	○	○	○	○	○
	規則主義	△	○	△	×	△	○	△	△	×
	SBM	○	×	○	○	○	△	△	△	△
	専門職基準	進行中	×	×	○	進行中	進行中	進行中	進行中	×
専門的統制	アカウンタビリティ	△[iii]	△	△	○	○	△	△	△	△
	政府の教員養成・教職統制	○	○	○	○	○	○	○	○	○
	改善志向	○	○	○	○	△	○	○	○	△[v]
自己評価	アカウンタビリティ志向	○	○	○	○	○	○	○	○	○
	経済志向	×	×	×	×	×	×	×	×	×

i．義務教育。後期中等教育では、学校間競争、学校選択、NPM の傾向が見られる。
ii．郡によっては、後期中等教育で競争が見られる。
iii．iv．教員のみ。スクールリーダーにはなし。
v．教員のみ。スクールリーダーは、2015 年より資格が必要となる。
(出典) Moller & Schratz (2008: 349-350) を参考に作成。

第 27 章 スクールリーダーシップの世界的視野

　表27-2は、OECD・ISLプロジェクトのヨーロッパ参加国のスクールリーダー専門職化の実態を比較したものである。オーストリア、チェコ、ハンガリー、フィンランド、スロベニア、スペインは、教員とスクールリーダーが共に加入する組合・専門職団体はあるが、スクールリーダーのみの専門職団体を有していない。スクールリーダーの任用前研修は、イングランドとスコットランドだけが求めており、ノルウェー、オランダは、スクールリーダーに対して教員養成・教職経験や他の公的資格を必要とはしていない。

　ISLプロジェクト・ヨーロッパ参加国の多くで分権改革が進んでいるが、政治的パワーと専門的パワーのバランスがスクールリーダーシップ開発のあり方

表27-2　OECDスクールリーダーシップ改善プロジェクト・ヨーロッパ参加国のスクールリーダー専門職化の比較

	スクールリーダー及び教員の組合・専門職団体		スクールリーダーの任用資格／任用前研修の規定			
	教員及びスクールリーダー	スクールリーダーのみ	任用前研修	教員養成及び教職経験	登用後就任前研修	資格要件なし
デンマーク	○	○	×	×	×	×
ノルウェー	○	○	×	×	×	○
スウェーデン	○	○	×	×	○	×
オーストリア	○	×	×	×	○	×
ドイツ	○	○	×	○	△	×
スイス	○	○	×	×	○	×
チェコ	○	×	×	○	○	×
ハンガリー	○	×	×	×	△	×
イングランド	○	○	○	×	×	×
スコットランド	○	○	○	×	×	×
フィンランド	○	×	×	×	○	×
ベルギー（フランデレン）	○	○	×	○	×	×
フランス	○	○	×	×	○	×
アイルランド	○	○	×	○	×	×
オランダ	○	○	×	×	×	○
スロベニア	○	×	×	×	○	×
スペイン	○	×	×	×	○	×

（出典）Møller & Schratz（2008: 352）を参考に作成。

第Ⅲ部　学校づくりの方法

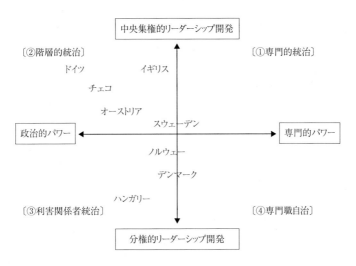

図27-1　ヨーロッパのスクールリーダーシップ開発の4モデル
（出典）Møller & Schratz（2008: 360）を参考に作成。

を大きく左右している。

　Møller & Schratz（2008: 359-360）は、「政治的―専門的パワーバランス」と「中央集権的―分権的リーダーシップ開発」という観点から、ヨーロッパのリーダーシップ開発モデルを図27-1の通りに区分・整理している。①専門的統治（expert governance）」は、研究者等が中央集権的に影響力を持つ場合であり、「②階層的統治（hierarchical governance）」は政治家が中央集権的に影響力を持つ場合、「③利害関係者統治（stakeholder governance）」は地方の政治家や利害関係者が分権的に影響力を持つ場合、「④専門職自治（professional self-governance）」は教員など教育専門職が分権的に影響力を持つ場合、を表している。

　スクールリーダーシップ開発において、イギリスは中央集権的であるものの、政治的―専門的パワーバランスが拮抗している[4]。ハンガリーは分権的ではあるが、教育専門職に委ねられているわけではなく、学校をめぐる様々な利害関係者が開発に関わっている。専門職基準の有無だけではなく、研修の開発・実施も含めた実際のリーダーシップ開発の過程や、そもそも専門職基準がどのような思惑や背景で設置され使われているかなどパワーバランスの検討が、ス

クールリーダーシップ開発の分析視点として重要になることが分かる。リーダーシップ開発を担う行政機関の位置づけや政治的な機構改革が、リーダーシップ開発、ひいては学校経営改革のあり方や学校の職務、意思決定を規定していることになる。たとえば、小さな政府により立案―執行関係が行政機構改革で関係づけられるなど、リーダーシップ開発をめぐる機構改革、主導権について、その背景や実態を含めて考察することが重要になるだろう。

第3節　イギリスのスクールリーダーシップ開発

1．国家主導による展開

　1980年代から教育水準向上を目指して改革が進んだイギリス（イングランド）では、政府がスクールリーダー施策を主導してきた。2000年には「全英スクールリーダーシップ機構（National College for School Leadership: NCSL）」が創設され、NCSLのような全国機関の創設は、イギリスの教育改革において「発展してきた政策革新の最新段階（the latest stage of an evolving policy innovation）」として扱われるべきだと指摘されている（Bolam, 2004: 251）。

　これらイギリスの動向は「世界で最も包括的で洗練された」スクールリーダーシップ開発モデルであると評価されており（Bolam, 2004: 255）、世界的に見てもリーダーシップ開発の壮大な社会実験であるが、国家主導の画一的なリーダーシップ開発とその研究は、「野心的であるが、恐らく賢明でなく明らかに正しくない」（Bush, 2004: 245）とも指摘されてきた。

　英国教育経営学会の名称にも2004年からリーダーシップが入るなど（"British Educational Management & Administration Society: BEAMAS"が"British Educational Leadership, Management & Administration Society: BELMAS"となった）、1980年代後半から続く改革で、学校に自律性の確立が強く求められた結果、リーダーシップのあり方の検討が各界で大きな課題となってきた。

　NCSLは、スクールリーダーのキャリア・ラダーを、①リーダーシップ生成の段階（emergent leadership）、②経営スタッフとしてのリーダーシップ開発（established leadership）、③トップマネジメントへの参加の段階（entry to headship）、④リーダーシップ高度化の段階（advanced leadership）、⑤コンサルタントとして活躍する段階（consultant leadership）、の5つに分けている（NCSL, 2001）。

① 「リーダーシップ生成の段階」は、教師のリーダーシップを対象としたもので、マネジメントとリーダーシップの責任を担い始める段階であり、ミドルはここに位置づく。
② 「経営スタッフとしてのリーダーシップ開発」は、校長を目指さない副校長、校長補佐を対象とし、経験豊かなリーダーであるが指導的立場を追求するつもりのない者を対象としている。
③ 「トップマネジメントへの参加の段階」は、トップマネジメントに向けた準備とマネジメント・チームへの参加を行う段階である。
④ 「リーダーシップ高度化の段階」は、校長として4年以上の経験を有す者で、スクールリーダーとしての役割を成熟させ、経験を広げ、技能を最新のものにする段階である。
⑤ 「コンサルタントとして活躍する段階」は、有能で経験豊かなリーダーが研修、メンタリング、査察等によって還元ができる段階であり、2008年までに68名が認定され、困難校の学校改善支援が期待されている。

また、NCSLはリーダーシップ開発枠組み（Leadership Development Framework）により、表27-3のスクールリーダーシップ10の条件を示すとともに、スクールリーダーの全キャリアに渡るプログラムとスタンダードを示し、校長の任用前、任用時、任用後の研修を担ってきた。

2．リーダーシップ開発の課題状況

イギリスでは、スクールリーダーシップ開発における過度の実践傾斜による教育経営学の専門性の先細りの問題と、スクールリーダーが獲得する知のあり方の問題性が批判的に捉えられるようにもなってきた。学校経営改革とスクールリーダーシップ開発を先導してきたイギリス関係者の自己批判である。

国家主導の画一的なスクールリーダーシップ開発が問題視されているほか、

表27-3　イギリスのスクールリーダーシップ10の条件

スクールリーダーシップは、
　①目的志向で包摂的であり、価値志向でなければならない。
　②学校に固有の文脈を総合的に考慮しなければならない。
　③学習に対する積極的な理解を促進しなければならない。
　④教授活動に焦点化しなければならない。
　⑤学校コミュニティに分散されたものでなければならない。
　⑥学習するコミュニティとしての学校づくりを担う力量を開発しなければならない。
　⑦未来志向で戦略的でなければならない。
　⑧経験にもとづく革新的な方法で開発されなければならない。
　⑨一貫した実効性のある支援と政策との関係で捉えられるべきである。
　⑩学習のためのリーダーシップのあり方を先導するNCSLによって支援されなければならない。

（出典）NCSL（2001: 5）.

規模が優先され、修士号取得者がほとんどいないことや、スクールリーダー対象の理論・研究中心の修士・博士課程受験者が減少し、大学によっては関係コースやセンターを縮小・廃止しており、かつてであったら修士・博士号を取得した者も、研究をそれほど要求しないスクールリーダー教育に満足するようになっている。論文課題なしで修了することができ、座学ではなく職務遂行のための実務的な力量開発に特化し、理論や研究を軽視する点で、知的レベルが明らかに低いとも指摘されている。研修受講者の多くがリーダーシップ開発に有効と満足しているものの、大学院であったら修了後も含めて期待される継続的な研究や文献購読につながらないという意味で、質と深度が犠牲にされ知的な成長が限られていることや、複雑さが増す学校経営環境には還元主義的なリーダーシップ観が強すぎることも問題視されている。研修プログラムの実施だけでなく開発や評価に実践家が極端に関与する実践家主導モデルの限界も指摘されている（末松, 2013）。

　また、実践的な課題を重視し即時的なニーズに対応するリーダーシップ開発のあり方は、職務に必要な役割取得には有効であるとされている一方で、抽象

的、理論的な思考を重視しないリーダーシップ開発は未来志向の役割開発ではないと問題視されている。つまり、即時的なニーズに応じるリーダーシップ開発は職業的社会化（organizational socialization）として有効であるが、未来志向の役割開発を行う専門的社会化（professional socialization）の側面が弱いと指摘されている（Gary, 2004: 302-303）。

近年では、国家主導によるリーダーシップ開発が見直され、学校間ネットワークや研修供給者の認証方式による同業者によるリーダーシップ開発が導入され始めた。リーダーシップ開発は学校現場でこそ行われるべきで、NCSLや地方当局、大学などの外的機関は支援を重視するという考えである（末松, 2013）。分権改革が進むと、スクールリーダーは政策遂行と政策形成の両方に関与することになるが、アカウンタビリティが強く求められるため、学校が過負担になり階層的になっていることにスクールリーダーが気付かないという現象も生じている。これら経営環境や政治性の変化を踏まえつつ、政策遂行の請け負い業務に偏るのではなく、専門職としてのあり方を考えていくことがスクールリーダーシップ開発の課題になっていると言える。

第4節　スクールリーダーシップ開発の課題

スクールリーダーシップが注目される一方で、依然として校長や他のリーダーのための研修・資格のない国も多く、Bush（2005: 3）は、「特定の養成がなくとも、良い教師が効果的なマネジャーやリーダーになることができるという前提」が依然として根強いことを問題視している。また、Bush（2013a: 253）は、教員養成との比較から、校長の養成・研修の課題を次のように述べている。

「校長職は非常に厳しい役割を担うものと認識されつつある。そして、校長職の役割は、ほとんどの者が職業キャリアを開始する教員としての経験（classroom context）とは異なる。教員養成の必要性は広く認識され、取り組まれているものの、校長に特化した養成は、限られた国でしか見られない（たとえば、カナダ、フランス、シンガポール、南アフリカ、米国など）。ほとんどの政府は、校長職就任前後に特定の研修を受けることを求めてはいない」。そ

して、彼は、力量不足のスクールリーダーを任用することは、学校と任用者への損害が大きいことがよくあり、効果的な養成・研修が見られてきてはいるものの、多くの国が依然として教授能力と教授経験しか、校長職に求めていないことを問題視している。

　また、校長らトップマネジメント・チームの職務が複雑化すると、事実上、学校の教育上のリーダー（instructional leader）としてミドルに多くが期待される。日本でも学校ミドルリーダーシップ開発の模索が始まったが（小島他、2012）、その多くが経験豊かで、授業の実践家としては優秀であるものの、公的なリーダーシップ開発の機会を各国でほとんど得られていないとも指摘されている。そのため、スクールリーダーシップの複雑さが増し、分散型リーダーシップの重要性が増すにつれて、ミドルのための専門職基準と研修プログラムの開発が多くの国で重要課題となってきている（Bush, 2005: 8-9）。

　なお、イギリスのスクールリーダーシップ研究の第一人者であるトニー・ブッシュ（Tony Bush）は、スクールリーダーシップ開発の重要事項として、①リーダーシップは校長に限定されたものではなく広く分散されるべきこと、②キャリアの各段階においてリーダーシップ開発が必要なこと、③幅広い学習方法の活用、④個人ではなくリーダーシップ・チームのための開発プログラムの必要性、⑤経験豊かな校長のトレーナーやファシリテーターとしての活用、⑥実践の改善のために、理論や研究をもとに学校が学習する組織になること、⑦優れた実践を発見し、普及するための研究を政府やセンターが支援すること、を挙げている（Bush, 2005: 13）。

　リーダーシップ開発の単一のモデルはあり得ないが、これらはリーダーシップ開発の国際的な共通課題として参考になるだろう。

　また、Lumby et al.（2009: 157-158）は、1980年代半ば頃より、米国におけるスクールリーダー研究や養成・研修のあり方が、「自民族中心主義や孤立主義的である（ethnocentric and isolationist perspectives）」として、問題視されてきたことを取り上げ、米国の物の見方が当然視され、文化的な影響が不問にされてきたことを批判している。自国に内向きになり、他国の動向に目を向けていないことから、「ナルシシズムへの挑戦（challenging narcissism）」が必要であり、米国を離れて各国に目を向けることが、米国のプログラムの改善にもつながると

指摘している。

　さらに彼らは、「自らの文化への自覚を欠いているのは世界的な潮流でもある」（Lumby *et al.*, 2009: 158）と述べており、この点、1980年代のISIPとは異なり、日本はスクールリーダーシップの国際共同研究への参加の機会をほとんど得ておらず出遅れており、米国と同じような課題を抱えつつあると言え、世界的な視野で、スクールリーダーシップを模索していくことが、今後、重要になるだろう。

（末松裕基）

〔注〕

(1) ヨーロッパからは、オーストリア、ベルギー（フランデレン）、ベルギー（ワロン）、チェコ、デンマーク、イングランド、フィンランド、フランス、ドイツ、ハンガリー、アイルランド、オランダ、ノルウェー、スコットランド、スロベニア、スペイン、スウェーデン、スイス。ヨーロッパ以外では、オーストラリア、イスラエル、韓国、ニュージーランドが参加した。

(2) 具体的な団体・ネットワークとしては、欧州委員会の資金プロジェクトによるヨーロッパ・スクールリーダーシップ・ネットワーク（European School Leadership Network: ESLN）がある。ヨーロッパ的視点によるスクールリーダーシップの役割の学習と職能成長を目的としたオンライン・コースが開発されており、また、これまでにヨーロッパ校長会（European School Heads Association: ESHA）の協力のもと、補足的にカンファレンスも開催されている。ESHAはヨーロッパ（EUと非EU）におけるスクールリーダーシップに関して、フォーラムによって議論を行う専門職団体である。その他、欧州委員会・資金プロジェクトで、年に数回、ヨーロッパ各国でシンポジウムを開催し、相互学習と質の高いスクールリーダーシップの枠組みの開発を目的としているのが、ヨーロッパ・スクールリーダーシップ・資格ネットワーク（A European Qualification Network for Effective School Leadership）である。

(3) ISIPでは、学校改善の重要事項として、①スクールリーダーの役割と研修の推進、②学校の組織、運営の改善、③教師のモラールの向上、④校内研修の改善、が挙げられた。当時は、OECD加盟国の多くにとって、校内の組織づくりへの関心がまだ低調であったことから、ISIPの1985年の日本セミナーでは、日本の主任

が話題を呼び、日本にとっても主任をどのように英訳するのがよいか苦労したとのことで、結局、そのまま"Shunin"としたそうである（牧, 2000; 奥田, 1986）。
(4) Møller & Schratz（2008）は、図1の通り、イギリスについては「②階層的統治」に該当するとしており、専門的パワーと政治的パワーがかなり拮抗しているように描いている。しかし、Bolam（2004）による次の指摘を踏まえると、図27-1で示されたものより、さらに政治的パワーが強いと位置付けることができるだろう。「時代を超えて、恐らく世界で最も包括的で洗練された**全国的な**スクールリーダーシップ開発モデルが、徐々に、独特で、ある意味固有の、それゆえ検討に値する状況で開発されてきた」、「NCSLの構想、規模、取り組みは、国際的な従来のモデルやイングランド及びウェールズの従来のモデルと比べて、『パラダイムシフト』を表していることはまず疑いがない」（Bolam, 2004: 255, 260、原文斜体をゴシックに）。

〔引用・参考文献〕

Bolam, R.（2004）, Reflections on the NCSL from a Historical Perspective, *Educational Management Administration & Leadership*, Vol. 32, No. 3, pp. 251-267.

Bush, T.（2004）, Editorial: The National College for School Leadership: Purpose, Power and Prospects, *Educational Management Administration & Leadership*, Vol. 32, No. 3, pp. 243-249.

Bush, T.（2005）, Preparation for School Leadership in the 21st Century: International Perspectives, Paper Presented at the First HEAD Research Conference, Oslo, pp. 1-15.

Bush, T.（2013a）, Leadership Development for School Principals: Specialised Preparation or Post-Hoc Repair?, *Educational Management Administration & Leadership*, Vol. 41, No. 3, pp. 253-255.

Bush, T.（2013b）, Preparing Headteachers in England: Professional Certification, Not Academic Learning, *Educational Management Administration & Leadership*, Vol. 41, No. 4, pp. 453-465.

Day, D.（2000）, Leadership Development: A Review in Context, *Leadership Quarterly*, Vol. 11, No. 4, pp. 581-613.

Earley, P. & Weindling, D.（2004）, *Understanding School Leadership*, Paul Chapman Publishing Ltd..

Field, K. & Holden, P.（2004）, Subject Leader, in Green, H.（ed.）, *Professional Standards for Teachers and School Leaders: A Key to School Improvement*, Routledge Falmer, pp. 206-224.

Gary, C.（2004）, The National College for School Leadership, A North American Perspective on Opportunities and Challenges, *Educational Management Administration & Leadership*, Vol. 32, No. 3, pp. 289-307.

Hallinger, P.（2003）, Reshaping the Landscape of School Leadership Development: A Global Perspective, in Hallinger, P.（ed.）, *Reshaping the Landscape of School Leadership Development: A Global Perspective*, Swets & Zeitlinger Publishers, pp. i-xvi.

Huber, S.（2004）, *Preparing School Leaders for the 21st Century: An International Comparison of Development Programs in 15 Countries*, Routledge Falmer.

Lumby, J., Walker, A., Bryant, M., Bush, T. & Björk, L.（2009）, Research on Leadership Preparation in a Global Context, in Young, M., Crow, G., Murphy, J. & Ogawa, R.（eds.）, *Handbook of Research on the Education of School Leaders*, Routledge, 157-194.

牧昌見（2000）「教育改革と教育研究」『国立教育研究所広報』第126号。

Møller, J. & Schratz, M.（2008）, Leadership Development in Europe, in Lumby, J. Crow, G. & Pashiardis, P.（eds.）, *International Handbook on the Preparation and Development of School Leaders*, Routledge, pp. 341-366.

NCSL（2001）, *Leadership Development Framework*.

日本教育経営学会（2009）『校長の専門職基準〔2009年版〕─求められる校長像とその力量』。

日本教育経営学会・学校改善研究委員会編（1990）『学校改善に関する理論的・実証的研究』ぎょうせい。

OECD（2008）, *Improving School Leadership, Volume 1: Policy and Practice*（有本昌弘監訳（2009）『スクールリーダーシップ─教職改革のための政策と実践』明石書店）.

奥田真丈編（1986）『学校改善に関する国際共同研究─日本チーム報告書』。

小島弘道編著（2004）『校長の資格・養成と大学院の役割』東信堂。

小島弘道編（2009）『スクールリーダー大学院における教育方法に関する開発的研究』平成18～20年度日本学術振興会科学研究費補助金基盤研究（B）・研究課題番号18330162研究成果報告書。

小島弘道・淵上克義・露口健司（2010）『スクールリーダーシップ』学文社。

小島弘道・熊谷愼之輔・末松裕基（2012）『学校づくりとスクールミドル』学文社。

Simkins, T.（2012）, Understanding School Leadership and Management Development in England: Retrospect and Prospect, *Educational Management Administration & Leadership*, Vol. 40, No. 5, pp. 621-640.

末松裕基（2012）「ヨーロッパにおけるスクールリーダーシップ開発の動向」『上越教育大学研究紀要』第 31 巻、83-93 頁。

末松裕基（2013）「イギリスにおけるスクールリーダーシップ開発の動向―校長の専門職基準・資格を中心に―」『日本教育経営学会紀要』第 55 号、151-164 頁。

末松裕基（2014）「シンガポールにおけるスクールリーダーシップ開発の動向」『東京学芸大学紀要・総合教育科学系Ⅰ』第 65 集、53-64 頁。

Walker, A. & Hallinger, P.（2013）, International Perspectives on Leader Development: Definition and Design, *Educational Management Administration & Leadership*, Vol. 41, No. 4, pp. 401-404.

第28章
学校づくりと自律的学校経営

第1節　学校づくりの実践と展望

1．学校づくりの実践

　今日、学校の多忙化が進んでいる。中学校では、放課後は、生徒指導、保護者対応等に追われ、午後7時を過ぎてから会議が開かれることも少なくない。9時過ぎに帰宅できれば良い方なのではないだろうか。小学校の先生は余裕があると思われがちだが、そうではない。実際には、帰宅しても持ち帰り仕事が残っており、夜遅くまで自宅で授業の準備・テストの採点などが続く。教師の使命感と献身的な仕事によって、学校教育の現場がぎりぎりのところで成立している。教師たちは精神的・肉体的限界をごまかしつつ働き続けている。どんなに努力しても、成果が得られない時は、消耗感にさいなまれるだろう。多忙化によって、教師は自分のことで精一杯になる。本当は、学年組織、学校組織のチームワークが必要なことは、皆が分かっている。だが、その思いとは裏腹に、無情にも多忙化が個業化に拍車をかけていく。この悪循環が教師の教育への思いを空回りさせ、不本意ながらも、その場しのぎの教育を余儀なくさせている。つまり、学校と教師はすでに危機に瀕している。教育の質の保証、学力向上を叫ぶ前に、まず、危機に瀕する学校と教師を救うべきであろう。だが、そのような声は世間からほとんど聞こえず、むしろ、教師への批判や学校へのクレームが広がっている。そのような無理解が「教師の仕事は、子どもの成長に貢献することは間違いないが、報われないことが増えてきている。」という

思いを教師の間に増幅させている。

　学校の多忙化の背景として、第一に、個々の問題を解決する時間が長くなっていることがあげられる。生徒指導上の問題にせよ、保護者からのクレームにせよ、問題が複雑化・高度化し、解決に時間がかかるようになってきている。例えば、携帯メールやインターネットの影の部分が、子どもや保護者の疑心暗鬼を増幅し、問題の発見や解決を遅くしている。第二に、経済格差を背景として、家庭の教育力と子どもの学習レディネスの格差が拡大している。同時に、ミクロ的には個々の教育ニーズが多様化している。第三に、総合的な学習の時間、体験学習、食育、キャリア教育、安全教育、特別支援教育、学校評価、教員評価など、今日の教育改革の進展に伴い、準備と会議に時間がかかる仕事が増えてきている。同時に、教育課程の過密化と文書主義が進み、報告書が必要な仕事も増えている。

　このように多忙な状況であるならば、教師は内側を向いてしまうのではないかと懸念される。実際、「自分のことだけやっていればよい」と考えて、自己完結する教師もいる。しかし、その一方で、学校づくりに乗り出していく教師もいる。学校づくりは連携の観点から進められることが多い。連携の理論は、ソーシャル・キャピタル（social capital）によって表わされる。ソーシャル・キャピタルとは「ネットワーク（社会的なつながり）、互酬性の規範、信頼といった社会組織の特徴で、人々の協力関係を促進し、社会を円滑に機能させるもの」[1]と定義されている。したがって、連携による学校づくりの実態として、家庭教育との協力、地域との共同行事、学校ボランティアの活用、学校評議員制、学校運営協議会、大学等との連携などがあげられる。

　このような学校づくりが進められる背景として、「開かれた学校づくり」やコミュニティ・スクールが政策的に推進されていることがあげられる。より根本的な理由は、子どもの発達の助成の観点から、連携が一つの活路になっていることであろう。

　すなわち、第一に、教育はもともと家庭教育から出発している。子どもの発達の出発点は家庭教育であるため、学校教育は家庭教育との連携によって効果を高めることができる。第二に、子どもと保護者は地域の中で生活し、成長している。したがって、学校が地域に貢献し、地域が学校に貢献することによっ

第Ⅲ部　学校づくりの方法

て、子どもの成長、学校の存立、地域の成立の観点から、相互にメリットを享受できる。第三に、保護者や地域住民が学校ボランティアを担うことによって、学校は人材を増やし、教育活動を充実できる。同時に、子どもの発達に関わる人々が増えることによって、子どもが多面的に見守られることができる。

　学校の多忙化が進む中、子どもの育ちを助けるために、連携による学校づくりは一つの鍵になっている。ここで、学校づくりとは、ソーシャル・キャピタルの考え方をもとに、学校という場において、様々な人々が集団や組織で共通の目的（子どもの発達の助成）に向かって協働することを意味する。

2．学校づくりの展望

　多忙な学校における悪循環を断ち切るために、連携を軸とした学校づくりが進められている。学校によっては連携が唯一の突破口の場合さえある。成功したコミュニティ・スクールの例をあげるまでもなく、学校づくりによって、子どもの学びを豊かにした成功例もある。新たな連携によって「子どもの育ちが良くなった」という成果が感じられている時は、同僚の理解も得られ、充実感が得られるだろう。

　だが、学校づくりは手間のかかる仕事である。どのような学校改革も、2～3年の時間が経過すれば、ルーティン化し、色褪せてしまう。いつしか教師の充実感は多忙感に変容し、職員室の雰囲気に微妙な変化をもたらす。主要な役割を担ってきた教師の転勤が追い打ちをかける。教師の意識が散漫な実践は子どもの心に届くはずもない。そのうちに、教職員の多くが「連携は多忙化の要因だ」と考えるようになった時、連携を軸とした学校づくりは形骸化する。つまり、多忙な日本の学校では、学校づくりは危機を内在化している。この点を克服するために、学校づくりの展望を考える必要があるだろう。

　第一に、学校の役割の明確化が求められる。日本の学校は役割がもともと大きい。西欧の学校には、部活・清掃はない。これは西欧の学校が学習指導に特化して成立したからである。一方、日本の学校は明治時代から、学習指導と生徒指導を行い、町づくりの中核的役割を担ってきた。近年、食育、キャリア教育、安全教育の導入に見られるように、学校の役割は一層、拡大している。「学校の役割はここまで」という線引きをしないといけない。

「学校教育」「家庭教育」「社会教育」の役割の明確化と適切な相補関係が求められる。学校によって地域背景等が異なるからこそ、学校単位で指針を示し、保護者の納得と協力を得る必要がある。学校の役割を拡大し、すべてを任すことによって、よい教育が得られるとは限らない。むしろ、家庭教育の充実こそが学校教育の取組と相乗効果をもたらすのである。その趣旨を分かりやすく説明し、見通しと手順をもって普及・浸透できるようなスクールリーダーでありたい。

　第二に、教育課程の適正化と充実化が必要である。ここ10年間、学校の教育課程は過密化の一途をたどってきた。学校週5日制の導入によって、教育課程の授業時数は週6日の時代に比べて制約がある。にもかかわらず、学校教育への過剰な期待と戦略なき教育改革の展開によって、学校の教育課題が増加し、教育課程は過密化している。さらに、体験学習や校外学習が求められている。そのこと自体の意義は認められるものの、過密な教育課程の上で展開が求められているため、授業準備の教師の負担が過度に増加し、多忙化を促進している。さらに、子どもの立場から見ても、細切れの学習の連続を強いられるため、表面的な学びにとどまってしまう。その結果、学力の定着が困難になっている。

　むしろ、授業時数に応分な内容・分量を適正化し、個々の内容における子どもの主体的な学びと教師の支援的な教え（learning and teaching）を充実することが必要であろう[2]。外国の学校では、授業時数に見合った内容・分量を設定することは常識になっている。その上で、探究力、国際理解、生命尊重などの現代的な教育課題は、①既存の科目の学習の深化・応用、②クロス・カリキュラム、③ヒドゥン・カリキュラムを活用して、無理なく展開されている。このような教育課程の適正化と充実化こそが、教師を救い、子どもの学びを豊かにする。

　第三に、教師の尊重と共同的な学校観の普及が求められる。「フィンランドでは、教師の職は社会的にも尊敬されており、人気が高い。（中略）教師の高い能力とその努力ぶりを見ているので、親も生徒も教師を大いに信頼しているのだが、そのような国づくりを続けているフィンランドの社会は健全である。」[3]一方、日本では「保護者が教育サービスを消費する」という消費主義的な学校観が広まっている。学校へのクレームがこれほどまでに増えた背景的要因は、

保護者が児童・生徒の時に感じた教師への不信感や恨みが潜在意識の中に残存しているからではないだろうか。保護者による教育サービスの要求、学校への不満とクレームは、教師を追い詰めて、多忙化の一因となっている。

だが、これは子どもの発達の助成の観点から逆効果である。なぜなら、教育は、家庭（保護者と子ども）と学校（教師）、さらに地域が共同してつくりあげるものだからである。教育とは当事者同士が共に育つ営みであり、端的に言えば、共育なのである。もちろん、教師も自らの権力化の回避を自覚しつつ、信頼を獲得しようとすることが求められる。「学校の"権力化"とは、教育関係において子ども・親に対して教師・学校の指導の支配的権能を事実上形成、主張し、教師・学校の規範、秩序を一方的に守ることを求め、そうした関係と秩序が子どもや親に一定の力、強制力となっている姿のことである。」(4) このような権力化を回避した上で、教師が組織的に専門性を発揮し、学校づくりが成功すれば、その学校では消費主義的な学校観から共同的な学校観に転換するだろう。

第2節　学校づくりと組織マネジメント

1．学校変革プラン

ケン・ロビンソン（Ken Robinson）は次の重要な指摘をしている。「教育は標準化されたテストの文化によっていつまでも抑圧されている。皮肉なことに、テストは一部の特定の分野を除いて水準を向上せずに、教育の本質のほとんどを犠牲にしてしまう。」(5) 「教育は改革（reform）される必要はない。教育の内実が変化（transform）される必要があるのだ。教育の内実を変化する鍵は、教育の標準化ではなく、個人から出発することである。そして、子どもの個人の才能を発見して伸ばすこと、生徒が学びたくなる環境をつくること、自然に自分の情熱を見つけられるような場所を生徒に与えることである。」(6) 教育専門家ならば、この問題意識を共有できるだろう。この問題意識に立った時、学校づくりは、組織マネジメントの観点から、どのようなアプローチが求められるだろうか。

第 28 章　学校づくりと自律的学校経営

　第一に、学校づくりの思考様式が求められる。寺島実朗は、時代の問題について構想する条件として次の点をあげている。「１．問題の所在の確認＝われわれは、可能なかぎりの想像力を駆使して、現代社会の問題性がどこにあるのかを考察せねばならない。２．解決方向の模索＝確認した問題の解決のためにどのような変革の道がとられるべきなのかを、現在諸潮流および諸勢力の思想・イデオロギーを批判的に検討することによって考察せねばならない。３．変革のための現在の条件の分析＝問題解決の方向を模索すると同時に、その変革論を実践するための社会の現状の分析が必要とされる。その変革論を促進させる諸条件と阻む諸条件の冷静な分析が、理論を補強していくはずだ。４．変革主体の確認＝最後に、変革論を推進させうる主体を、すなわち誰（個人・組織・階層）がどのような社会的・心理的基盤でその変革に参加するかを考察するべきであろう。」[7]

　これは学校づくりの思考様式を考える際に参考になる。例えば、子どもの実態や学校組織の問題性がどこにあるのか。このような包括的な思考様式を基盤としてこそ、学校づくりも意味あるものになってくる。子どもの実態や学校組織、および学校をとりまく環境の吟味なしに、連携だけを構想しても、連携を軸とした学校づくりは現実から遊離した単なる作業に陥るだろう。連携は、望ましい子どもの育ちを実現するための手段であって、目的ではないのである。

　第二に、学校づくりの羅針盤として、学校変革プランを開発することである。寺島は次の指摘も行っている。「このところ、海外で日本経済の現状について議論すると、知日派の外国人から不思議がられる。『日本は経済を構成する要素のすべてに高い潜在性を有す。人材も技術も金もある。にもかかわらず、総合設計力がないために生かしきれないんだね』というのである。『総合設計力』、つまりこれが構想力であり、日本においてもっとも欠けている力なのであろう。個別の要件を満たしながら、微視的テーマに沈潜し、『中央戦略なき個別解』の世界でさまようというのが、日本の現実なのである。」[8]

　この指摘は、学校にそのまま当てはまる。一般に、個々の教師はまじめである。にもかかわらず、多忙化から疲労感、そして無力感への悪循環に陥る理由の一つは、学校に「総合設計力」が欠如しているからである。もっとはっきり言えば、教育行政の「総合設計力」の欠如が学校現場を苦しめている。そこで、

筆者は学校変革プランの作成を提案している。学校変革プランの作成方法は次の通りである⁽⁹⁾。①「学校の未来図（好ましい未来）」を「基本理念、子ども像、教師像」の観点から作成する。②「未来図に到達するための組織的計画」を「何を、どのように、だれが、いつ、どのような変化が起こったら達成したことにするのか」の観点から作成する。連携を実施する前に、まず、未来像を描く必要がある。次に、未来像に到達するための連携に関する組織的計画を作成する必要があるだろう。

2．学校のソーシャル・キャピタル

ブライアン・コールドウェル（Brian Caldwell）とジェシカ・ハリス（Jessica Harris）は、学校変革のためには、インテレクチャル・キャピタル（Intellectual Capital）（教師や学校関係者の知と技）、ソーシャル・キャピタル（学校と個人）、スピリチュアル・キャピタル（Spiritual Capital）、ファイナンシャル・キャピタル（Financial Capital）の4つのキャピタルが必要であると述べている⁽¹⁰⁾。インテレクチャル・キャピタルは教師や学校関係者の知と技を意味する。ソーシャル・キャピタルは学校と個人・組織・機関の連携とネットワークを意味する。スピリチュアル・キャピタルは道徳的目的の強さ、生活と学習に関する価値観と態度の共有を意味する。ファイナンシャル・キャピタルは学校を支える資金を意味する。これら4つのキャピタルを統合し、学校の目的を達成しようとするプロセスをつくるために、ガバナンス（Governance）が必要と指摘している。

連携を軸とした学校づくりという観点から、ソーシャル・キャピタルが重要なことは言うまでもない。ただし、ソーシャル・キャピタルは、独立した存在ではない。成功している学校では、「4つのキャピタルの様態の間に、強い相互作用が存在している。」⁽¹¹⁾この点をふまえて、学校のソーシャル・キャピタルの現状を測定することが、連携の方途を探るために有効であろう。コールドウェルとハリスは、表29-1のようなソーシャル・キャピタルの指標を示している。この指標をもとに、例えば、4段階の尺度（①まったくそう思わない、②あまりそう思わない、③少しそう思う、④とてもそう思う）を作って教職員等の意識調査を行うと、学校の実態が分かってくるだろう。教職員の属性によっても回答に違いが出てくるのではないだろうか。そのことによって、連携推進の課題

表29-1　学校のソーシャル・キャピタルの指標

1．学校の目標・ビジョン・計画は、保護者・地域住民等の期待と合致している。
2．保護者・地域住民等は、学校の教育活動・諸行事に活発に参加している。
3．保護者・地域住民等は、学校運営協議会またはその他の組織（PTA、保護者会等）に参加し、学校に貢献している。
4．保護者・地域住民等は、学校を支持しており、学校が新しい活動に挑戦する時も支援してくれる。
5．学校は、個人または組織（公共機関、会社等）から、予算や物品を提供されている。
6．学校は、地域社会から支援を受けると共に、地域社会に貢献している。
7．学校は、関係機関のネットワークに参加することによって、情報と知識を共有し、問題に対処している。
8．学校は連携を開発・展開し、連携に関わったメンバーが満足感や達成感を得ている。
9．学校は、連携を構築するために、予算を措置し、人員を配置している。
10．学校は、近隣の組織と連携することによって、学校の教育活動を向上している。

出典：Caldwell, B. and Harris, J., *Why not the best schools?*, ACER Press, 2008, p.60.
注　：一部意訳した。

と方法も明らかになるだろう。特に、評価が低かった指標、評価にばらつきがあった指標については、聞き取り調査や自由記述アンケートを実施し、対応策を協議する必要がある。

3．学校づくりを可能とする教師の力量

　学校づくりを可能とする教師の力量とは何か。それは、教師が専門職になることである。専門職の力量は、アート（教育専門家としての直観的判断）、クラフト（教師が子どもを教えた経験および子どもと共に育った経験）、サイエンス（教育内容・方法等に関する教師の専門的知識と教養）の三次元によって構成されている(12)。学級においても子どもの表情を見て「今この子に当てるのだ」とか、学校経営の場面においても「この先生は若いけれど、今これに問題意識を持っているからこの係・行事をやらせてみよう」という直観的判断が専門職

のコア・コンピテンシーである。学校改革におけるリーダーシップの重要性がよく指摘されるが、リーダーシップの発揮は直観的判断の連続なのである。では、直観的判断力を発揮するための鍵は何だろうか。

　第一に、聴く力を身に付けることが求められる。「『職人』としての教師の性格も『聴く』ことに集約的に表現されている。これまで20か国以上の学校を訪問し、それぞれの国々で優秀な教師として評価される人々に『教師にとって最も大切な能力は何か』という質問をしてみた。そのほとんどは『聴く力』という回答であった。ここで言われる『聴く力』は、もちろん子どもの声（発言やつぶやきだけでなく、声にならない沈黙の声を含む）を聴き取る力を中心としているが、それにとどまるものではない。テキストの中に隠された声を聴き取る力、そして教師自身の内なる声を聴き取る力も含まれている。」[13] この聴く力が土台になって、教師は物事を判断することが可能になる。

　第二に、教師が安心して働ける同僚性を築き、直観的判断力が発揮できるような職場をつくることである。同僚性を築くためには、教師間のコミュニケーションの大切さが指摘される。だが、問題の核心はコミュニケーションの質である。教師同士のいがみ合い、張り合いは無益である。無関心、利己主義、自己完結主義も、時間を効率的に使っているように見えるが、学年経営等の実践に悪影響を及ぼすため、結局のところ、仕事を増やしてしまう。公開授業研究会の協議会等で、教育内容・方法に関する協議が理論的裏付けを伴いながら和やかに進み、子どもの学びや生活の姿について自然に語り合えることが望ましい。なぜなら、教師の苦悩は、子どもの成長を十分に助成できないことに起因するからである。教師達が子どもの育ちをめぐる思いを語り合い、一年に一回程度、交流できた時に、カタルシス（苦しみの感情の浄化）が得られる。カタルシスが得られた時、教師の間にスピリットが共有される。そのことによって、教師が安心して働ける同僚性が築かれる。「自分は一人ではない」と思うことができた教師の判断力は研ぎ澄まされていく。

　教師が聴く力を持っていること、同僚性を築いていること、そして、これらを土台にアート（教育専門家としての直観的判断）を発揮できること、これらの条件が備わってこそ、連携によって学校の内側も変わっていく。連携の協力を地域住民や関係機関に要請する前に、教師の専門性を確立しておく必要があ

る。

第3節　学校づくりと自律的学校経営

1．自律的学校経営の概念と論点

　自律的学校経営とは、言い換えれば、自律性のある学校経営である。学校経営の概念は論者によって様々に定義されているが、自律性の意味は何だろうか。一般に、自律性は、自分の行動を調整・管理・決定できる性質と言われている。「自律的学校経営は、リソースの配分に関して決定を行う権限と責任（authority and responsibility）が、大幅かつ一貫して学校レベルに与えられている。ここで、リソースとは、幅広く、教育課程、人事、財務、設備に関する事柄を含んでいる。ただし、自律的学校経営は、中央が設定した目標、重点、アカウンタビリティの枠組を伴う教育システムの中に位置づいている。」[14] この定義をふまえつつ、公立学校に限定し、その経営的文脈で考えると、自律性をめぐって次の論点を指摘できるだろう。

　第一に、教育行政との関係で、学校がどれだけ意思決定の権限を有するかが問われる。これは、制度的な権限関係の自律性を意味する。その主な領域は、カリキュラム編成、教職員人事、予算編成である。第二に、学校の構成員、校長、教頭、主幹、教諭（主任）等が、学校の成果と課題を把握し、改善、解決、変革に向けて組織的に行動できるかどうかが問われる。学校構成員の組織的自律性は、日常の学年経営、分掌組織の運営はもとより、校内研究、校内研修によって実現される。第三に、個々の教職員が、専門的な力量をどれだけ有し、その専門性に裏付けられた自律的な思考と行動ができるかどうかが問われる。学級経営の成否は、学年経営の組織的な運営に影響されながらも、基本的に個々の教職員の専門性と自律性に依拠しているからである。第四に、これら第一から第三の観点が、質の高い「子どもの学び」とその成果につながるかどうかが問われる。学校が、豊かな「子どもの学び」を実現するために、裁量を活用して効果的な決定を行い、組織的に実践を進め、同時に、個々の教員が専門的かつ自律的に行動することが重要である。

　よく「自律的学校経営を実現することが必要だ」と言われる。だが、日本の

公立学校の現状を考えると、上記の四つの論点は、実現されてきたのか疑問が残る。学校の決定権限は、徐々に拡大されてきたとはいえ、イギリス、アメリカ、オーストラリア、ニュージーランド等、諸外国の自律的学校経営に比べると、十分ではないからである。ここで述べている諸外国の自律的学校経営は、学校のローカルマネジメント（Local Management of Schools）（イギリス）、学校に基礎を置いた経営（School-Based Management）（アメリカ）、自律的学校経営（Self-Managing Schools）（オーストラリア、ニュージーランド）と呼ばれるものである。結局、第一の論点、すなわち学校裁量の大幅な拡大は、日本では実現されていない。

学校裁量以外の論点に着目して考えてみたい。日本で、学校の組織的活動、および、個々の教職員の自律性は、各学校の状況によって多様であろう。学校経営の意思決定、組織的・個人的活動が、豊かな「子どもの学び」の実現に結合しているかも、各学校の状況次第である。個々の教職員の「思い」や「希望」は別として、すべての意思決定、活動、行動が「子どもの学び」を意識している学校は、それほど多くないだろう。

なお、学校の自律性、学校経営の自律性という概念も用いられることがある。もちろん、語義は多様である。だが、公立学校が教育行政との関係を看過できないこと、教育実践を行う組織であることを考えると、力点の差異はあるものの、おおよそ、上記の四つの論点を含んでいると言えよう。

日本の学校は、学校づくりの実践が展開されており、その可能性は大きい。しかし、自律的学校経営は導入されていない。特に学校裁量の観点から、導入されたとは言い難いだろう。2004年に法制化されたコミュニティ・スクールも、従来の日本の公立学校に比べれば裁量は拡大されているが、イギリスやオーストラリアの公立学校に比べると裁量は小さいのである。学校の裁量拡大、すなわち、自律的学校経営の導入は、学校づくりの可能性を広げる。スクールリーダーのリーダーシップが、学校づくりの創造性を高めることは言うまでもない。

2．2010年代の自律的学校経営

自律的学校経営の導入は、教育改革の着地点ではない。オーストラリアやイギリスの最近の動向を見ると、自律的学校経営が導入されても、時間が経過す

るうちに、教育行政機構の管理主義、機能不全、肥大化が生じている。現在、この問題を克服するために、教育行政の刷新、規制緩和、学校裁量の拡大が改めて提案・実施されている。

例えば、オーストラリアでは、1993年にビクトリア州で自律的学校経営が導入されたが、2000年代末から、連邦政府（労働党政権）が、オーストラリア・カリキュラム評価報告機構（Australian Curriculum, Assessment and Reporting Authority）等の強力な独立行政法人の設置、全国的教育政策の実施を意図した2012年オーストラリア教育法、教育財政改革にも踏み込んだ2013年同法の制定によって、州政府や学校をコントロールしようとしてきた。これに対して、2013年9月の連邦議会選挙で勝利し、首相になったトニー・アボット（Tony Abbott）（自由党政権）は、教育行政の規制緩和と独立公費運営学校（Independent Public Schools）の全国的な増加を提唱している[15]。

同様の現象は、イギリスでも起こっている。イギリスでは、1988年に学校のローカルマネジメントが導入された。だが、労働党政権時代に、地方教育行政が官僚的・非効率的であるとの不満が校長から出されていた。2010年5月に発足したデビッド・キャメロン（David Cameron）首相率いる保守党政権は、より自由裁量の大きい公立学校のアカデミー（Academy）を増加する方針を出した。アカデミーは、地方自治体の管理から離脱できる公費運営独立学校（Independent School funded by the State）であり、学校経営の自由度が非常に高い。

このように、自律的学校経営を導入したオーストラリアやイギリスでも、20年以上の時間が経過する中で、教育行政の機能不全が生じ、現在、教育行政の刷新、規制緩和、学校裁量の一層の拡大が求められている。教育行政は、時間が経つと、そこに既得権や権力が発生し、組織が肥大化し、管理主義的になる傾向があるため、刷新される必要があると言えよう。

自律的学校経営の新たなコンセプトとして、オーストラリアでは独立公費運営学校が提案され、イギリスではアカデミー（公費運営独立学校）が増加している。2010年代の自律的学校経営の新たな潮流と言えよう。こうした動向をふまえて、日本の学校づくりの在り方を考える時、教育行政の刷新、規制緩和、学校裁量の拡大が、新たな文脈において、再び理論的・政策的な検討課題になるのではないだろうか。

(佐藤博志)

〔注〕

(1) 日本総合研究所のホームページ（http://www.jri.co.jp/consul/theme/sc/index.html）より引用。2009年6月22日アクセス。
(2) 佐藤博志・岡本智周『「ゆとり」批判はどうつくられたのか――世代論を解きほぐす』太郎次郎社エディタス、2014年。
(3) 福田誠治『競争やめたら学力世界――フィンランド教育の成功』朝日新聞社、2006年、133頁。
(4) 小島弘道「現代の学校問題と教育裁量の課題」日本教育法学会『日本教育法学会年報』第22号、1993年、102頁。
(5) Robinson, *The Element*, Viking, 2009, p. 249
(6) *Ibid*., p. 238.
(7) 寺島実朗『われら戦後世代の「坂の上の雲」――ある団塊人の思考の軌跡』PHP研究所、2006年、26～27頁。
(8) 同上書、181頁。
(9) 学校変革プランの詳細は次の文献の第1章と終章を参照。淵上克義、佐藤博志、北神正行、熊谷愼之輔共編著『スクールリーダーの原点――学校組織を活かす教師の力』金子書房、2009年。
(10) Caldwell, B. and Harris, J., *Why not the best schools?*, ACER Press, 2008, p.10.
(11) *Ibid*., p.75.
(12) アート、クラフト、サイエンスについては次の文献を参照。ミンツバーグ『MBAが会社を滅ぼす』日経BP、2006年、125～127頁。
(13) 佐藤学『教師花伝書――専門家として成長するために――』小学館、2009年、53～54頁。
(14) Caldwell, B. J. and Spinks, J. M., *Leading the Self-Managing School*, 1992, p.31.
(15) Liberal Party and National Party of Australia, *The Coalition's Policy for Schools: Students First*, 2013, p.8.

索 引

【あ行】

アカウンタビリティ	129, 468
アカデミー	507
アクティブ・ラーニング	296
アクレディテーション	131
新しい職	389
アート	503, 504
新たな資質能力	97
アレルギー	455
アンラーニング	421
いい学校	28, 29
意思決定	365
いじめ	453
今を生きる教育	20
インクルーシブ教育システム	344
親の学校選択権	90
親の教育権	431

【か行】

格差	17
外国人児童生徒	275
——教育	285
学習権	82
——宣言	85
学習言語の獲得	278
学習社会論	173
学習評価	195, 196
学制	49
学制序文	50
学年経営	211
学力	15
学力テスト（全国学力・学習状況調査）	473
カタルシス	504
学級	200
——活動	267
——経営	200
——経営力	286
——担任	208
——担任経験	288
——集団	202
学校	11, 18, 19
——力	29, 30
——運営協議会制度	148, 433
——衛生	317
——会議	151
——改善	135
学校化社会	174
学校関係者評価	468
学校教育の目的	13
学校協議会	150
学校経営	359, 360, 363
学校行事	269
学校研究	22
学校支援地域本部	433
学校選択	179
学校組織開発	406

509

学校知	11, 15
学校づくり	23, 498
——論	23, 171
学校に期待される役割	16
学校の公共的使命	299
学校の使命	10
学校の総合力	29
学校評価ガイドライン	466
学校評議員制度	148, 433
学校文化	115
学校変革プラン	501
学校保健安全法	455
学校保健計画	322
学校保健のプログラミング	322
学校力	360
家庭の教育力	144
ガバナンス	133
カリキュラム	186
——開発	186-195, 197
——経営	189-192, 194, 197
——評価	195, 196, 197
カリキュラム・マネジメント	211, 472
考える教師	119
カンファレンス	404
官僚制原理	368
危機管理	374
——マニュアル	459
企業経営	355, 357
キー・コンピテンシー	128
技術的熟達者	403
基礎的・汎用的能力	241, 245
義務教育	33, 35, 36, 37, 40
キャリア教育	193, 194, 235, 236, 238-241
キャリア発達	239
——課題	239
——段階	239
教育委員会	70
——制度改革	76
——法	58
教育改革三法	67
教育格差	88
教育課程	186, 187, 189
教育基本法	42, 43, 45, 66
教育行政	68, 352
教育計画論	171
教育権論争	84
教育財政	72
教育事業	361
教育実践の裁量	108
教育刷新委員会	56
教育勅語	52
教育の自由化論	173
教育の法化	74
教育のユニバーサル・デザイン	342
教育評価	195
教育への権利	86
教育法の体系	65
教育令	50
教育を受ける権利	80
教員経験	288
教員免許制度改革	95
教科指導力	286
教師教育	94
教師集団は第二の学校	100
教師の学習	414
教師の教育権	431

教師の研究	426	公教育	33-35, 37-40, 44
教師の仕事	112	高校三原則	57
教師の資質	101, 102, 103	校内委員会	338
教師の指導力	106	合理的配慮	344
教師の使命感	102	国民教育	37, 39, 40, 45
教師の人間力	107	個人情報保護	454
教師の学び	414	コーディネイター	329
教職員評価	475	コーディネート力	287
教職専門職基準	119	子ども・若者ビジョン	297
教職の専門性	98, 105, 112	個別の教育支援計画	340
教師を変えるもの	98	個別の指導計画	340
共生	179	コミュニケーション	408
協働	113, 372, 373, 383	コミュニティ・スクール	148
協働指導体制	291	――論	141
協働の専門性	111, 115	コンドルセ	35
協働の文化	113	コンプライアンス	374
京都教育大学連合教職大学院・教職専門職基準試案	122		
京都教育大学院連合教職大学院・スクールリーダー専門職基準試案	375		

【さ行】

クライシス・コミュニケーション	462	サイエンス	503
クライシス・マネジメント	460	再生産論	175
クラブ活動	269	サービス・ラーニング	300, 301, 302
クラフト	503	三者協議会	304
クリック・レポート	294	自己評価	468
グローバリズム	44	資質	101
経営	354, 356, 358	実践の硬直化	419
――空間	367	質保証	125
――評価	195, 196	シティズンシップ教育	293-299, 304-306
研究指定校制度	403	児童会	268
健康支援	313	指導教諭	389
顕在的カリキュラム	187	児童の権利に関する条約	432
合議制	368	就学義務	87
		自由研究	264
		主幹教諭	389

準公選制	145
準公選制教育委員	145
省察	418
職員会議	368
自律性	505
自律的学校経営	210, 505, 506
ジレンマ	426, 427
進路指導	234-236, 238-240
——主事	252-254
スクールカースト	203
スクールリーダーシップ	377, 378
政治的リテラシー	294
生徒会	268
設置者負担主義	72
セルフリーダーシップ	371, 379
潜在的カリキュラム	187
専門家の試練	117
専門性	116
戦略	361
組織	371
——学習	424
——原理	367
ソーシャル・キャピタル	497

【た行】

第三者評価	468
大正自由教育	54
体罰	455
地域教育協議会	433
地域の教育力	143
力のある学校	26
地教行法	58
知識基盤社会	14, 128

知的成長環境	19
地方分権一括法	75
道徳教育	306
得意分野を持つ個性豊かな教員	104
特別活動	261
特別教育活動	264
特別支援教育	334
特別支援教育コーディネーター	339
特別なニーズを持つ子どもたち	204, 205
独立公費運営学校	507

【な行】

日本国憲法	41, 43
日本語指導が必要な外国人児童生徒	278, 279

【は行】

パフォーマンス評価	196
開かれた学校	144, 147
開かれた専門性	111
避難場所	449
部活動	269
副校長	389
普通教育	37, 42
フリースクール	181
分散型リーダーシップ	377
米国教育使節団	56
ヘルスプロモーション	313
保健室経営	328
ボーダーレス化	180
ホームルーム活動	267

【ま行】

学び続ける教員像	94, 119
学びの共同体	25, 404
ミドルリーダー	411
模擬選挙（模擬投票）	300, 301
モントリオール・システム	36, 37
森有礼	39
問題教員	97
文部科学省	70

【や行】

優しい関係	204
融合型リーダーシップ	380
養護教諭	328

【ら行】

リスク・マネジメント	459
リーダーシップ	133, 373, 504
リテラシー	128
理念	361

【わ行】

わいわい・がやがやモデル	380
ワークショップ型研修	409

【アルファベット】

PDCA サイクル	191, 469
P→D→C→A サイクル	191, 192, 197
PDS サイクル	469
P→D→S（Plan→Do→See）システム	190
P→D→S サイクル	191
PISA 型学力	15
PLC	135
PTA	141, 142

執筆者一覧

編著者

小島弘道	龍谷大学	（第1、6、20章）

執筆者（執筆順）

平井貴美代	山梨大学	（第2章）
西山　亨	秋田大学	（第3章）
北神正行	国士舘大学	（第4、5章）
照屋翔大	愛知東邦大学	（第7章）
柳澤良明	香川大学	（第8章）
武井敦史	静岡大学	（第9章）
水本徳明	同志社女子大学	（第10、25章）
山﨑保寿	静岡大学	（第11章）
安藤知子	上越教育大学	（第12章）共著
内田沙希	女子美術大学短期大学部	（第12章）共著
横山剛士	金沢大学	（第13章）
福島正行	盛岡大学	（第14章）
森　貞美	聖徳大学	（第15章）
臼井智美	大阪教育大学	（第16章）
古田雄一	筑波大学大学院	（第17章）
留目宏美	上越教育大学	（第18章）
佐藤克敏	京都教育大学	（第19章）
川口有美子	公立鳥取環境大学	（第21章）
吉田ちひろ	関東学園大学	（第22章）
朝倉雅史	早稲田大学	（第23章）
大林正史	鳴門教育大学	（第24章）
加藤崇英	茨城大学	（第26章）
末松裕基	東京学芸大学	（第27章）
佐藤博志	筑波大学	（第28章）

編著者略歴

小島　弘道（おじま　ひろみち）
龍谷大学文学部教授、京都教育大学連合教職大学院教授、筑波大学名誉教授
福島県生まれ。東京教育大学教育学部、同大学院教育学研究科博士課程単位取得満期退学。神戸大学、奈良教育大学、東京教育大学、筑波大学、平成国際大学を経て現職。この間、モスクワ大学で在外研究。横浜市在住。

学会活動：日本教育経営学会理事、日本学習社会学会理事、日本教育経営学会元会長、日本学習社会学会前会長

主要著書：『学校と親・地域』東京法令出版、1997年
　　　　　　『21世紀の学校経営をデザインする　上・下』教育開発研究所、2002年
　　　　　　『教務主任の職務とリーダーシップ』東洋館出版社、2003年
　　　　　　『校長の資格・養成と大学院の役割』東信堂、2004年（編著）
　　　　　　『時代の転換と学校経営改革』学文社、2007年（編著）
　　　　　　『教師の条件―授業と学校をつくる力―（第3版）』学文社、2008年（共著）中国で翻訳
　　　　　　『学校経営』学文社、2009年（編著）
　　　　　　『スクールリーダーシップ』学文社、2010年（共著）　中国で翻訳
　　　　　　『学校づくりとスクールミドル』学文社、2012年（共著）

全訂版　学校教育の基礎知識　　　　　　　　　　　　ISBN978-4-319-00271-9
2015年8月1日　第1刷発行

編著者　小島弘道
発行者　小貫輝雄
発行所　協同出版株式会社
　　　　〒101-0054　東京都千代田区神田錦町2-5
　　　　　　　　電話 03-3295-1341
　　　　　　　　振替 00190-4-94061
印刷所　協同出版・POD工場

乱丁・落丁はお取り替えします。定価はカバーに表示してあります。

本書の全部または一部を無断で複写複製（コピー）することは、著作権法上での例外を除き、禁じられています。

新教職教育講座

全8巻　A5判　並製カバー
各巻定価：本体価格 2,200円+税

- 第 1 巻　**教育の思想と歴史**
  筑波大学教授　新井 保幸　小樽商科大学教授　上野 耕三郎　編
  ISBN 978-4-319-10660-8

- 第 2 巻　**学校教育と経営**
  筑波大学副学長　清水 一彦　筑波大学教授　窪田 眞二　編
  ISBN 978-4-319-10661-5

- 第 3 巻　**学校教育のカリキュラムと方法**
  筑波大学教授　田中 統治　筑波大学教授　大髙 泉　編
  ISBN 978-4-319-10662-2

- 第 4 巻　**生徒指導とカウンセリング**
  筑波大学副学長　石隈 利紀　筑波大学教授　庄司 一子　編
  ISBN 978-4-319-10663-9

- 第 5 巻　**教科教育の理論と授業Ⅰ　人文編**
  筑波大学教授　塚田 泰彦　筑波大学教授　井田 仁康
  筑波大学教授　卯城 祐司　編
  ISBN 978-4-319-10664-6

- 第 6 巻　**教科教育の理論と授業Ⅱ　理数編**
  筑波大学教授　清水 美憲　筑波大学教授　大髙 泉　編
  ISBN 978-4-319-10665-3

- 第 7 巻　**発達と学習**
  筑波大学教授　櫻井 茂男　筑波大学教授　茂呂 雄二　編
  ISBN 978-4-319-10666-0

- 第 8 巻　**道徳教育の理論と実践**
  筑波大学名誉教授　福田 弘　筑波大学教授　吉田 武男　編
  ISBN 978-4-319-10667-7

　協同出版